Zu diesem Buch

Die Vorstellungen bei uns über die Ereignisse in Portugal seit dem 25. April '74 sind bestimmt von einer Berichterstattung, die nur die spektakulären Ereignisse aufgreift. Sensationsmeldungen in Presse, Funk und Fernsehen zufolge gab die Militärrevolte das Land einer kommunistischen Schreckensherrschaft preis – euphorische Erfolgsmeldungen ungeduldiger Linkskräfte über eine vollzogene Revolution ließen dagegen die realen Möglichkeiten demokratischen Handelns nach 48 Jahren Faschismus außer acht. Schlagstock und Maschinenpistolen, Bespitzelung und Folterkammern hatten aufgehört zu regieren, und es sollten plötzlich alle für die Entwicklung ihres Landes zur Demokratie verantwortlich sein. Sie alle: Soldaten, Gewerkschafter, Schüler und Priester, Männer, Frauen, Unternehmer und die Offiziere der MFA versuchen, in einem praktisch-politischen Lernprozeß zusammen Selbstbewußtsein, Ausdrucksmöglichkeiten, technische Kenntnisse und die Fähigkeit zur demokratischen Gestaltung gesellschaftlicher Verhältnisse zu entwickeln. Volkserziehung in Portugal, das ist nicht Erziehung von «oben», sondern Selbsterziehung in Gesprächen und Aktionen.

Beiträge zur Geschichte des Landes und zur Entwicklung der Bewegung der Streitkräfte, aber auch zur Rolle von Kirche, Parteien und dem Ausland in einem Prozeß bewußter Volksverdummung, bilden den Verständnisrahmen für Berichte und Dokumente von

- Landbesetzungen,
- Selbstverwaltung in Dorfkommissionen, Arbeiterkommissionen und Landwirtschaftskooperationen,
- Dynamisierungskampagnen auf dem Land und in den Industriezentren,
- Selbstverteidigung gegen reaktionäre Verschwörungen,
- Wahlveranstaltungen,
- der Modellschule für Volkserziehung in Val de Mondego.

Dieser Band läßt – wie auch der Film «VIVA PORTUGAL» – die Betroffenen selbst sprechen. Ihre Erfahrungen im Bereich politische Selbstbestimmung, Erziehung, Verteidigung erkämpfter Positionen könnten für uns eine Aufforderung sein, unsere politische Demokratie mit Inhalt zu füllen.

Hinweise auf die Autoren finden sich auf der Seite 379.

Christiane Gerhards, Malte Rauch,
Samuel Schirmbeck

Volkserziehung in Portugal

Berichte, Analysen, Dokumente

rororo

Rowohlt

Die mit dem Aufdruck «Politische Erziehung» versehenen Bände veröffentlichen im Rahmen des rororo-Sachbuch-Programms für Schüler, Lehrlinge, Studenten, Sozialarbeiter und Lehrer:

- Projektberichte aus Schul-, Hochschul-, Stadtteil-, Betriebs- und Sozialarbeit,
  Berichte und Analysen wichtiger Erziehungskonzeptionen, auch aus anderen Ländern,
  Erfahrungen und Perspektiven der Organisation aller im Ausbildungsbereich Tätigen;

- Vorschläge, Modelle und Materialien für eine veränderte Praxis in den genannten Bereichen, insbesondere Vorschläge zum Unterricht für Lehrer und Schüler;

- Untersuchungen des Zusammenhangs von Produktion, Ausbildung und Bewußtseinsbildung, die Voraussetzungen sind für eine politische Erziehung.

Herausgeber: Johannes Beck, Heiner Boehncke, Gerhard Vinnai

ERSTAUSGABE

Veröffentlicht im Rowohlt Taschenbuch Verlag GmbH,
Reinbek bei Hamburg, Juli 1976
Umschlagentwurf Jürgen Wulff

Satz Aldus (Linotron 505 C)
Gesamtherstellung Clausen & Bosse, Leck/Schleswig
Printed in Germany
980-ISBN 3 499 16984 3

Inhalt

Wir danken Vasco Esteves für seine Mitarbeit an diesem Buch, ebenso dem Deutsch-Portugiesischen Arbeitskreis in Frankfurt am Main, sowie Joaquim de Silveira, Edith Keller, Elisabeth Rauch und Christa Schell.

Einleitung
Volkserziehung – Selbsterziehung zur Demokratie

Das Wort Volkserziehung hat im Deutschen einen häßlichen Klang. Volksgenosse, Volkssturm bis hin zum Volkstrauertag – alles sehr häßliche Vorstellungen, die in Verbindung mit Erziehung allenfalls an Erziehungsheim oder an die Praxis des «an den Ohren ziehen» erinnern. Bei Volkserziehung in Portugal ist an etwas anderes gedacht. Nicht um Erziehung von oben geht es hier, sei es durch Indoktrination oder durch demagogischen Hokuspokus. Es geht um die Selbsterziehung zur Demokratie, um die Politisierung von Leuten, die jahrzehntelang zum Schweigen verurteilt waren und dann plötzlich, in befreienden Aktionen ihre Chancen und die ihres Landes entdeckt haben – und zugleich die Kräfte, die sie unterdrückten und zum Schweigen gebracht hatten.

Fast 50 Jahre lang hat Portugal eine faschistische Diktatur erduldet. Dann – scheinbar plötzlich – stürzte die Armee am 25. April 1974 den Diktator Marcello Caetano, ohne einen Schuß abfeuern zu müssen. Alle, die davon erfuhren, waren überrascht, viele waren skeptisch. War es vielleicht ein von dem amerikanischen Geheimdienst CIA gelenkter Putsch wie so viele andere, diesmal nur geschickter getarnt? War es eine vom Regime selbst gewollte Veränderung, eine als Umsturz aufgemachte ‹Modernisierung› und Image-Aufbesserung? Der gestürzte faschistische Diktator Caetano empfand sich – anders als sein Vorgänger Salazar – durchaus als ‹Liberaler›, und mit General Spínola, seinem Nachfolger nach dem 25. April, teilte er die Ansicht, daß eine «bürgerliche Demokratie» (vielleicht entsprechend der Adenauer-Erhardschen «formierten Gesellschaft») den geänderten Verhältnissen in Westeuropa angemessener wäre als die bisherige Diktatur aus Finanz-Oligarchie, Geheimpolizei, Kolonialkrieg und Kirche. Caetano erklärte den putschenden Offizieren am 25. April, er würde nur unter der Bedingung abtreten, daß General Spínola seine Nachfolge anträte, denn andernfalls würde womöglich «die Macht auf die Straße fallen». Das hätte der Diktator, der für Folterungen im eigenen Land und für Massaker und Völkermord in Afrika verantwortlich war, nicht verantworten können. Auch General Spínola wollte das nicht, denn auch ein moderner, EWG-orientierter Kapitalismus verträgt es nicht, daß die «Straße», also die arbeitende Bevölkerung, sich allzusehr einmischt. Eine «politische» Lösung in Afrika, sprich «Neokolonialismus» verträgt es ebensowenig, daß subalterne Offiziere oder gar die Soldaten, statt in Afrika zu kämpfen wie bisher, sich jetzt selbst Gedanken um Krieg und Frieden, um Kolonialismus oder Unabhängigkeit der Völker machten.

Doch genau das war es, was den Beobachter schon bald nach dem 25. April davon überzeugt hat, daß hier ein Umsturz stattgefunden hatte und kein taktisches Betrugsmanöver für die Weltöffentlichkeit: die Bevölkerung mischte sich ein, mißachtete schon am Tage des Putsches die Anweisungen der Armee, zu Hause zu bleiben, und eroberte am 1. Mai in einer der größten und großartigsten Demonstrationen, die Europa in den letzten Jahrzehnten gesehen hat, die Straßen der Hauptstadt Lissabon zurück. Schon zuvor hatten die Lissabonner – während die Putschoffiziere noch mit Caetano verhandelten – die Zentralen der Macht gestürmt: das Hauptquartier der gefürchteten Geheimpolizei PIDE/DGS, und sie hatten unter Lebensgefahr die Kaserne der mörderischen und zur Verteidigung des alten Regimes entschlossenen Sonderpolizei GNR (Republikanische Nationalgarde) umstellt. Die progressiven Offiziere und die Soldaten hatten ihrerseits der Bevölkerung sogleich signalisiert, auf welcher Seite sie zu stehen gedachten. In ihre Gewehrläufe steckten sie rote Nelken, das traditionelle Symbol der kämpfenden Arbeiterschaft. «Wir suchten beim Einmarsch nach Lissabon nach irgend etwas Rotem als Symbol», erzählte später ein Offizier der «Bewegung der Streitkräfte» (MFA), «da kamen wir auf die rote Nelke, die wir in die Gewehrläufe steckten.» In den Tagen nach dem 25. April hatten progressive Offiziere unter dem Druck der Bevölkerung die Freilassung aller politischen Gefangenen gegen den Willen General Spínolas und seiner neuernannten «Junta der Nationalen Rettung» durchgesetzt.

In einem gewaltigen Lernprozeß versuchten Bevölkerung und Militär das durch den Sturz der Diktatur entstandene Machtvakuum mit demokratischer Macht zu füllen. Wo Bespitzelung und Folterkammern zu existieren aufhörten, wo Schlagstock und Maschinenpistole weggesteckt werden mußten, weil sie bisher im Dienste der Faschisten standen, da schien sich wie von selbst und ganz natürlich «Demokratie» zu entwikkeln.

Arbeiter gründeten in ihren Betrieben Gewerkschaften und nahmen Kontakt zu den im Untergrund organisierten Gruppen auf. Sie organisierten Arbeiterkommissionen und Kampfkomitees. Landarbeiter besetzten brachliegende Felder und Großgrundbesitz und bildeten Landarbeiterkooperativen. Journalisten warfen – nachdem die staatliche Zensur abgeschafft worden war – auch die «inneren Zensoren» hinaus, sie gaben sich Redaktionsstatute mit dem Ziel der Selbstverwaltung. Fabriken, die pleite gehen sollten, wurden von den Arbeitern besetzt und in eigener Regie übernommen. Bewohner bildeten Stadtteilkomitees und funktionierten Herrensitze und Prunkbauten in Schulen und Kliniken um. All das wurde bis November 1975 nicht etwa in Straßenschlachten oder Schießereien erkämpft, sondern in einer Art portugiesischer «Kulturrevolution», einem Selbsterziehungsprozeß, nicht auf der Schulbank und nach Lehrbüchern, sondern getragen von dem Verlangen der arbeitenden Bevölkerung, endlich ein menschenwürdiges Leben zu beginnen.

Der Begriff Volkserziehung erhält so einen umfassenderen Sinn als etwa nur Alphabethisierungskampagne oder Volksschulreform, engagierter Kulturbetrieb oder «Dynamisierungskampagne» der Armee. Vieles wurde etwa von Studenten und Offizieren, von Lehrern und Künstlern angeregt und unterstützt. Die eindrucksvollsten und lehrreichsten Lektionen der Volkserziehung in Portugal lieferte jedoch die arbeitende Bevölkerung selbst.

In Portugal war keineswegs ein Paradies entstanden. Die Erfahrungen, die andere Völker, die sich befreien wollten, etwa in Indochina, Afrika oder Südamerika, gemacht hatten (und die Arbeiter, die nach 1945 die Betriebe bei uns wieder aufbauten), sollte auch für die Portugiesen zu einer bitteren Lektion in ihrem Lern- und Befreiungsprozeß werden. Der Versuch, in Portugal aus einem antifaschistischen Putsch von Militärs (hinter dem «moderne» Kapitalisten ebenso standen wie Kommunisten und Sozialisten) eine Revolution für eine sozialistische Demokratie zu entwickeln, stieß zunehmend auf den Widerstand wirtschaftlich einflußreicher Mächte in Europa und anderswo, mit deren Hilfe die abgedankte Bourgeoisie nach und nach wieder Fuß fassen konnte. Auch das gehört zur Darstellung des Prozesses der Volkserziehung in Portugal: die Gegenkampagne, die neben der ökonomischen auch eine Art kultureller «Destabilisierung» herbeiführte. Sie begann mit der Wiederbelebung alter faschistischer Mythen (besonders durch die Kirche), führte über Wahlkampfdemagogie bis hin zur direkten Einschüchterung durch die Polizei, die am Ende dieses Prozesses, der bei uns ganz ernsthaft als «Normalisierung» bezeichnet wurde, wieder, wie unter Salazar und Caetano, Demonstranten und Streikposten erschießt (Januar 1976).

Anknüpfungspunkte für die Reaktion gab es genug. Die Narben von fünfzig Jahren Faschismus können nicht in einigen Monaten geheilt werden. Besonders im Norden des Landes, in Trás-os-Montes, (hinter den Bergen) und anderen von der Küste und den Metropolen entfernten Landstrichen hatte die Herrschaft von Kirche und Geheimpolizei, von «Caciques» (Großgrundbesitzer, Arbeitgeber, Beamte und Lehrer) und GNR-Sonderpolizei jene «Kultur des Schweigens» erzeugt, von der der Volkspädagoge Paulo Freire auch aus Brasilien berichtet.

Ein liberaler Volksschullehrer – um die fünfzig – im Dörfchen Nelas in der Provinz Viseu, etwa 300 Kilometer nördlich von Lissabon, schilderte die Leute seiner Gegend ein Jahr nach dem Sturz der Faschisten folgendermaßen:

«Die Leute dieser Gegend? Sie haben Angst. Diese Angst ist der Rest von fünfzig Jahren einer Diktatur, die nicht aufgehört hat, sie zu verdummen. Als ich noch auf die Volksschule ging, betrug die Schulpflicht fünf Jahre. Dann ging sie auf vier zurück und dann auf drei! Und ich kann Ihnen sagen, wenn Marcello Caetano zu den Wahlen zurückgekommen wäre, hätte er 80 Prozent der Stimmen bekommen, so hat man alle hier getäuscht und in der Furcht erzogen. Selbst heute, draußen, in dieser

Straße, wenn die Leute sprechen, drehen sie sich vorsichtig um, um sicher zu sein, daß ihnen niemand zuhört! Die Programme der politischen Parteien interessieren die Bevölkerung nicht. Sie glaubt nur an Männer. Und die, denen sie vertraut, sind dieselben wie vor dem 25. April. An die wenden sie sich, um sich Rat zu holen! Machen Sie sich klar, daß die Leute hier keinerlei Initiativen ergreifen können. Sie können nicht wollen.»

Ein Reporter der Monatszeitschrift «Le Monde Diplomatique» findet auch an der Atlantikküste in der Fischer- und Touristenstadt Nazaré dieselbe Atmosphäre von Mißtrauen und Schweigen. Nachdem er bei drei Fischern vergeblich versucht hatte, ins Gespräch zu kommen, hat er bei einem vierten Erfolg. Dieser ist allein und ist bereit zu sprechen:

«Wir wissen nichts. Wir können nicht lesen. Wie können wir uns vorstellen, was gut für uns ist? Wir können das, was die Parteien vorschlagen, nicht beurteilen.» Der Mann zögerte, wagte nicht, zuviel zu sprechen, aber er mochte auch nicht den Anschein erwecken, daß er sich nicht zu sprechen traut. Seine Frau kommt hinzu und zieht ihn am Arm weg, nachdem sie einige Worte des Gesprächs mit angehört hat. Doch, durch eine Frage provoziert, die sie direkt herausfordert, explodiert sie:

«Was wir wollen ist, fischen zu können und einmal am Tag essen. Ich verlange nicht, daß wir fünfmal am Tage essen, wie gewisse Leute, nur einmal.»

In einem Dorf im Alentejo, jener fruchtbaren Gegend im Südosten des Landes, wo wenige Großgrundbesitzer riesige Ländereien besitzen und wo die Bevölkerung schon immer gegen die Faschisten Widerstand geleistet hat, sieht man Fremde gern. Hier ist man stolz darauf, daß jemand in diese entlegenen Gebiete kommt. Die Wirtin der winzigen Herberge eines Dorfes, eine kräftige Frau um die sechzig, spricht gern, während sie die Gäste mit Käse und Milchkaffee bewirtet. Ihr Unglück sei, nicht lesen und schreiben zu können: Wie etwa 30 Prozent der Portugiesen. Mit Nachdruck betont sie immer wieder jenes Minderwertigkeitsgefühl:

«Ich würde gerne entscheiden, was gut für mich ist und für das Volk, aber sehen Sie, ich bringe es nicht einmal fertig, das auf den Plakaten zu lesen, die sie an die Wände geklebt haben oder auf dem Kalender, nicht einmal die ganz großen Buchstaben. Mein Mann kann auch nicht lesen. Wir können die Geschichten der politischen Parteien nicht verstehen und überhaupt nichts.» Die Lage erscheint ihr heute besser als früher, obwohl das Leben teurer geworden ist. «Denn jetzt kann man reden.»

«Was wir wollen ist, was zu essen zu haben und Frieden. Vor allem, daß es keinen Bürgerkrieg gibt . . .»

Vieles in Portugal erinnert an die Dritte Welt. Die Bevölkerung, vor allem auf dem Land, war, so könnte man sagen, vom Faschismus und den großen internationalen Konzernen sowie den eigenen «zwanzig Familien» kolonialisiert. Die arbeitende Bevölkerung hatte keine Kultur, das heißt, ihre Kultur war jahrzehntelang unterdrückt worden. Kolonialismus und Imperialismus haben die Zerschlagung gewachsener Kulturen zur Voraussetzung. Die Kolonisatoren nahmen nicht nur Macht und Land, sie mußten auch die Identität der Beherrschten brechen.

Die Invasoren, schrieb Frantz Fanon, «machten alle Anstrengungen, um den Kolonisierten dazu zu bringen, die Minderwertigkeit seiner in instinktive Verhaltensweisen abgesunkenen Kultur einzugestehen ... und im äußersten Fall den unorganisierten und unvollendeten Charakter seiner eigenen biologischen Struktur.»

«Kultur ist die Freiheit des Volkes», stand auf einem der ersten Plakate der Kulturkampagne der Bewegung der Streitkräfte. Wie in der Dritten Welt haben «die Verdammten dieser Erde» nach dem 25. April 1974 in Portugal begonnen, Recht auf ihre eigene Geschichte anzumelden. Nicht die der Seefahrer und Welteroberer, der Könige und Staatsmänner, sondern die der Soldaten, Bauern, Arbeiter. Kultur ist so für sie identisch geworden mit Befreiung.

Volkserziehung in Portugal war – und ist – vor allem die Selbsterziehung der Portugiesen zur Befreiung, so wie Paulo Freire Erziehung als «fortwährendes Zusammenspiel von Aktion und Reflexion» definierte. Freire, der die Bewegung der Volkserziehung (O movimento da educação popular) in Brasilien mitbegründet hat und später in Chile für die «Unidad Popular» Programme zur Alphabetisierung der Landarbeiter entwikkelte, ging es bei seinem Konzept der Volkserziehung nicht nur darum, den Leuten Lesen und Schreiben beizubringen, sondern sie sich ihrer Situation bewußt werden zu lassen, sie dadurch zu politisieren, damit sie ihre Lage verändern könnten.

Freire prägte in diesem Zusammenhang den Begriff des «politischen Analphabeten»: «Ist der sprachliche Analphabet derjenige, der nicht weiß, wie man liest und schreibt, dann ist der politische Analphabet, ganz abgesehen davon, ob er lesen und schreiben kann, derjenige, der eine naive Vorstellung vom Menschen und seinem Verhältnis zur Welt hat, ein naives Verständnis zur sozialen Wirklichkeit. Für ihn ist diese Wirklichkeit eine bloße Gegebenheit, etwas, das ist, wie es ist, und nicht etwas, das sich im Werden befindet. Er neigt dazu, von der konkreten Wirklichkeit abzusehen, wodurch er sich vollständig in abstrakten Vorstellungen von der Welt verliert ... Indem er aber der objektiven Welt entflieht, dient er nicht nur der Erhaltung des Status quo, sondern er erleichtert auch die entmenschlichende Manipulation der Welt, der er sich verweigert.»

Für die Initiatoren der Volkserziehungskampagnen in Portugal waren nicht nur die Theorien Freires einflußreich, sondern mehr noch die Vorbilder aus Kuba oder China und vor allem die Alphabetisierungskampagnen, die die afrikanischen Befreiungsbewegungen in den ehemaligen portugiesischen Kolonien Guinea-Bissau, Moçambique und Angola durchgeführt hatten.

Doch wäre es sicher falsch, den Befreiungsprozeß in Portugal nur als ein «Dritte-Welt-Phänomen» zu sehen, vielleicht gar als eine jener exotischen Entwicklungen, von denen wir glauben, daß sie wie die Hungernden in Südamerika und Asien uns nicht unmittelbar beträfen. (Wie Staatsmänner und Politiker etwa im Zusammenhang mit Demokratisierungsaktionen in der BRD nicht müde werden zu betonen, «in Südamerika wäre ich auch Revolutionär, aber hier ist das etwas anderes».)

Portugal ist das Armenhaus *Europas.* In der Produktivität rangierte es vor der Türkei an zweitletzter Stelle. Zu denen, die es zum Beispiel als Billiglohnland ausgebeutet und versklavt haben, gehören auch große Unternehmen aus der Bundesrepublik. Doch mehr noch weist der Begriff des politischen Analphabeten auf Parallelen zu unserem Land. Nicht nur, was die unterdrückte Kultur der Arbeiter betrifft. Gerade die Tatsache, daß der Befreiungsprozeß, die Volkserziehung in Portugal, von der arbeitenden Bevölkerung selbst vorangetrieben wird mit einem ungeheuren Reichtum an Erfahrungen und Möglichkeiten, macht ihn für uns so wichtig und lehrreich. Denn das kapitalistische System mit seiner «domestizierenden Erziehung», die Menschen als leeren Raum mit Wissen anfüllt, mit Tatsachen oder, wie Freire sagt, mit «Spareinlagen» anhäuft, so als sei auch der Schüler ein «Anlageobjekt» und der Lehrer der «Anleger», der Investor –, dieses System hat auch bei uns seine Opfer und nicht nur unter den Unterprivilegierten rund 90 % der Volksschulabgänger.

25. April 1974: Das Volk mischt sich ein.

Die Kultur des Schweigens: Kirche, Geschäft und Polizei

Viele von uns haben Portugal erst nach dem 25. April 1974 entdeckt, andere haben es nach diesem Tag abgeschrieben, sei es als Urlaubsland oder als wirtschaftlichen «Partner». Was nach dem 25. April kam, war etwa für die Bildzeitung (also auch für die meisten Zeitungsleser in der Bundesrepublik): «Rote Nelken, rote Fahnen, rotes Blut.» Eine Orgie aus Gewalt, Haß und Anarchie.

Was aber war vorher? 1910 hatte es schon einmal eine Revolution in Portugal gegeben, die eine auf Kirche und Großgrundbesitz gestützte Monarchie ablöste. Damals hatte die europäische Presse ganz ähnlich berichtet wie heute. Dann, 1926, wurde der Republik von Militärs ein Ende gemacht, und 1933 folgte der Finanzminister António de Oliveira Salazar dem Beispiel Mussolinis und Hitlers und ließ sich diktatorische Vollmachten geben. Seine Herrschaft sollte 36 Jahre lang dauern, bis zu seinem Tod. Aber auch dann war die Diktatur für die Portugiesen noch nicht zu Ende. Fünf Jahre lang herrschte noch Salazars Schüler und Nachfolger Marcello Caetano, ehe eine Gruppe von portugiesischen Offizieren mit einem Teil der Armee dem faschistischen System ein Ende bereitete.

Ohne eine Vorstellung davon zu haben, wie die faschistischen Diktatoren unter Salazar und Caetano die arbeitende Bevölkerung systematisch zu entpolitisieren und zu verdummen versucht haben, kann man sich wahrscheinlich kein Bild machen von der ungeheuren Anstrengung der Befreiung, von dem Demokratisierungsprozeß, der im April 1974 in Portugal begonnen hat.

Salazar hatte in einer Rundfunkansprache 1934 Republik und Diktatur folgendermaßen beschrieben:

«Damals gab es eine ständige Agitation, Staatsstreiche, Straßenschlachten, Anarchie, unzureichende öffentliche Dienste, Unsicherheit für Leben und Besitz, schlechtes Ansehen, wirtschaftlichen Ruin, allgemeinen Rückschritt und viele Revolutionen und dennoch keine Revolution. Dann kam die Diktatur, die Frieden brachte, Ordnung sicherstellte, die moralische Atmosphäre reinigte, der politischen Handlung Würde gab, die öffentlichen Moralvorstellungen anhob, das Ansehen des Staates kräftigte, das nationale Bewußtsein weckte, das Wirtschaftswachstum des Landes anleitete, den Lebensstandard der ländlichen Bevölkerung anhob, Arbeit zuteilte, die materiellen und geistigen Interessen der Nation zum gemeinsamen Wohl organisierte und weltweite Achtung schuf.»

Und so sah es im Land tatsächlich aus: Im Dorf Campo de Besteiros im Jahre 1939: António de Figueiredo, der später eine Geschichte der fünfzig Jahre der Diktatur schreiben wird, war als Junge einer der wenigen in seinem Dorf, der lesen und schreiben konnte. Er verdiente sein Geld damit, für schreib- und leseunkundige Bauern Briefe vorzulesen oder zu schreiben.

«Ich lernte damals, wie die Bauern sich mit Zeichen behelfen mußten. Farben und Figuren statt des geschriebenen Wortes, und wie sehr sie das behinderte, so als seien sie mit einer Art Blindheit geschlagen. Ich erinnere mich gut daran, wie Ehefrauen und Mütter über meine Schultern guckten, während sie mir ihre Briefe diktierten, so als wollten sie sich vergewissern, daß ich die Dinge auch richtig niederschrieb. Ich fühlte, wie sehr meine Anwesenheit sie behinderte, und ich sah, wie schwer sie sich ausdrücken konnten – manchmal berührten sie das Schreibpapier . . . als ob es so ihre Botschaft besser vermitteln würde.»

Die Leute, für die Figueiredo schrieb, waren in ihrer großen Masse Landarbeiter, die auf großen Familien-Besitztümern arbeiteten – für einen unglaublich geringen Lohn – oder es waren Bauern, die aus ihrem immer kleiner werdenden Landbesitz versuchten, das Lebensnotwendige von Tag zu Tag herauszuwirtschaften. Einige von ihnen – so erinnert sich Figueiredo – waren verzweifelt arm:

«Ein Landarbeiter, der nebenher noch Totengräber war, ein Witwer mit fünf Kindern diktierte mir einmal eine ängstliche Bitte an den weit entfernt wohnenden Landbesitzer, ihn nicht aus seinem kleinen Haus und von seinem Stück Land zu vertreiben, weil er mit der Miete im Rückstand war. Er versprach, daß die Dinge bald besser ständen, und fügte hinzu: ‹Eure Exzellenz, bitte versteht, daß die Luft hier herum sehr gut ist und da niemand stirbt, verdiene ich nicht genug zum Leben.› Als ich mich umdrehte, um ihm meine Zweifel an dem Satz kundzutun, bemerkte ich, wie er die Hände rang und Tränen in den Augen hatte, und seit damals wußte ich, daß Armut nichts war, worüber man lachen konnte.»

Die portugiesischen Bauern lebten in dieser Zeit ähnlich wie im Mittelalter. Ihre Anbaumethoden hatten sich jahrhundertelang kaum verändert. Eine patriarchalische Gesellschaft, die schon die Kinder ausbeutete und wo die Alten sich an ihre erwachsenen Töchter und Söhne klammern mußten, um zu überleben, da es weder eine ausreichende Altersversorgung noch eine Sozialversicherung gab. Der Mißbrauch auch der alten Leute war weit verbreitet, Hilfe war selten. Die katholische Religion war von einem Gott des Terrors beherrscht, dem eine abergläubische Angst entgegengebracht wurde. Doch dahinter stand kein heidnischer Medizinmann und Zauberer, sondern gewöhnlich der Dorfpriester, der die Lehre vertrat, daß Auflehnung gegen die kleinen und großen Heiligen und Schutzpatrone mit Mißernte oder Krankheiten unter den Tieren und Kindern bestraft würde. Und dafür mußten die Leute auch noch bezahlen. Zwar wurde ihnen gestattet, ihre «Sakraments-Gebühren» entweder in Geld oder in Naturalien zu entrichten, aber sie waren genau festgesetzt. Maßstab dafür war, daß der Priester auf demselben gesellschaftlichen Niveau stehen mußte wie der reichere Bauer oder Ladenbesitzer im Dorf (oder der Arzt, wenn es überhaupt einen gab).

Analphabetentum und Armut waren für die Herrschenden durchaus kein Ärgernis. Einiges spricht sogar dafür, daß sie die Unwissenheit bewußt als Teil ihrer Herrschaft verstanden haben. Neben dem Priester gab es auch die Polizei im Dorf. Figueiredo berichtet:

«Eines Nachmittags während des Zweiten Weltkrieges, gegen Ende einer Lesestunde, bei der ich einer Gruppe von Bauern eine von den Reden vorlas, in denen der amerikanische Präsident Roosevelt allen Menschen Freiheit versprach. Ich wurde plötzlich von einem ländlichen GNR (Republikanische Nationalgarde) gepackt, der mich offensichtlich schon eine Weile beobachtet hatte. Er drohte mir, mich zusammenzuschlagen, wenn ich weiterhin die Leute im Dorf mit diesem – wie er sagte – kommunistischen Gift verwirren würde.»

Diese Szenen aus dem Jahr 1939 spielten sich Jahrzehnte später sicher nicht grundlegend anders ab. So, als ob Portugal tatsächlich einfältig und fromm auf alle Ewigkeit als «Tochter Marias, der Mutter Gottes und Schutzheiligen des Landes», oder als «Tochter der Kirche» vor den Ereignissen der übrigen Welt abgeschirmt sei (beides Formulierungen des Diktators Salazar).

Die Republik von 1910

Dabei war sich die Revolution von 1910, die von republikanischen Intellektuellen geführt wurde und die mehr kulturelle als soziale Umwälzungen anstrebte, bei aller Zerstrittenheit einig in ihrem Kampf gegen die Macht der katholischen Kirche gewesen. Gleich zu Beginn schon war ein Dekret erlassen worden, das die Aktivitäten der Jesuiten und anderer Orden einschränken sollte; dann war der religiöse Schwur abgeschafft, der katholische Unterricht in den Schulen verboten worden. Schließlich war das Scheidungsrecht in Portugal eingeführt worden und bald darauf die Eheschließung nur noch standesamtlich erlaubt (was von den Katholiken schon bald als «Freiliebe», «legalisierte Prostitution» bezeichnet wurde). Der bis 1910 uneingeschränkten Macht der Kirche sollte durch ein neues Gesetz der Todesstoß gegeben werden: die Trennung von Staat und Kirche sah zugleich die Verstaatlichung allen Kirchenbesitzes vor, von den Kathedralen bis zu den Seminargebäuden.

Doch dazu sollte es nicht kommen. Die Revolution von 1910 hatte auch die portugiesische Arbeiterklasse in Bewegung gesetzt, und das erschreckte die Führer der Republikaner und deren mittelständische Basis. Auf die Probe gestellt, erwiesen sich die sozialistischen Neigungen vieler republikanischer Revolutionäre als bloße intellektuelle «Einstellung». Im Konflikt erwies sich der Abwehrinstinkt der besitzenden Klasse, der

TRIGESIMO ANNO N.º 10:350 — Numero avulso 10 réis — Quarta-feira, 5 de outubro de 1910

O SECULO

LISBOA REVOLUCIONADA

O rei, segundo consta, procurou um asylo inviolavel, mas que equivale ao abandono do paiz

Artilharia 1 e as baterias de Queluz

Como se iniciou a revolta

O dia de hontem

Os revoltosos na Rotunda

Os estrangeiros em Lisboa

Os feridos

5. Oktober 1910. Revolution und Republik.

sie angehörten, als stärker. Zwar waren sich – angesichts des Versagens der letzten Monarchien – von linken Republikanern bis rechten Monarchisten alle einig gewesen, daß irgendeine Umwälzung stattfinden mußte. Aber schon über die Ursachen des Versagens der Monarchie hatte es unter ihnen unterschiedliche Auffassungen gegeben. Die Traditionalisten gaben der aufgeklärten «libertären» Periode der konstitutionellen Monarchie die Schuld; der Pressefreiheit und allen jenen Erscheinungen der parlamentarischen Regierungsweise, die die «Saat der Subversion für die etablierten gesellschaftlichen und religiösen Werte» in sich trugen. Aber auch die fortschrittlichsten der wohlhabenden republikanischen Führer wollten nicht allzutief in den Ursachen herumrühren. So blieb es dabei, daß die blau-weiße königliche Flagge von der rot-grünen republikanischen abgelöst wurde und daß ein König, der nicht regierte, von einem Präsidenten, der keine Macht hatte, abgelöst wurde. So sah es ein zeitgenössischer Beobachter, der damit schloß, daß es deshalb auch «so sicher wie das Schicksal sei, daß die Kapitalisten reicher und die Masse der Armen noch ärmer werden».

Die portugiesische Arbeiterklasse wollte schon damals dieser Entwicklung nicht untätig zusehen, doch ihre Kräfte waren gering. 1911 arbeiteten noch 51 Prozent der Bevölkerung in der Landwirtschaft und nur 21 Prozent in der Industrie. Die Zahl der Analphabeten betrug 69 Prozent, nur 7 Prozent der erwachsenen Gesamtbevölkerung konnte lesen und schreiben. Das war nahezu die gesamte arbeitende Bevölkerung. Zwar gab es schon Ansätze von Organisierung – zwischen 1838 und 1871 hatten sich sogenannte «Vereine zur gegenseitigen Hilfe» gebildet, die bei Arbeitslosigkeit, Krankheit und im Alter Unterstützung boten und deren Hauptanliegen die «Volksbildung» war, vor allem die Alphabetisierung –, doch vertrauten die Arbeiter noch auf Bündnisse mit scheinbar wohlwollenden, «sozialen» Unternehmern, auf eine «Klassenkollaboration», die jedoch zu nichts führte. 1875 wurde die Sozialistische Partei gegründet, nachdem Marx und Engels knapp drei Jahre vorher auf dem Kongreß der Internationale in Den Haag (mit namentlicher Unterstützung der Vertreter Portugals) die Schaffung sozialistischer Parteien in den europäischen Ländern vorgeschlagen hatten. Auch sie betrieb vor allem Bildungsarbeit, und zwar ohne daß sie die direkte Ausbeutung am Arbeitsplatz in Frage stellen konnte, weil sie die Arbeitenden nicht am Arbeitsplatz selber organisierte. Außerdem nahm sie an der Bewegung fürs allgemeine Wahlrecht teil und ging fast völlig in den Vorbereitungen zu den Wahlen zur konstitutionellen Monarchie auf, von denen die Arbeiterklasse mit ihren 95 Prozent Analphabeten ausgeschlossen war. Ab 1887 gewannen die anarcho-kommunistischen Strömungen, beeinflußt von Kropotkin, Malatesta, Cafiero und anderen, an Bedeutung. Das Organ «Revolução Social» wurde in den Fabriken vorgelesen. Schon 1871 hatte die Kunde von der Pariser Kommune als erstes Beispiel in der neueren Geschichte des Proletariats, wo es, wenn auch nur für kurze Zeit, die Macht ergreift, die fortschrittlichen Intellektuellen in Lissabon stark beschäftigt. Auch bei den politisierten Druckern und Tabakarbeitern war in einem Manifest des «Vereins zur Verbesserung der Lebensbedingungen für die arbeitenden Klassen» von den Erfahrungen der Pariser Kommune berichtet worden.

Da sich am Ende der Monarchie und während der Republik die politische Praxis in der institutionalisierten Form des Parlamentarismus erschöpfte, in aufgeblasenen, inhaltsleeren Debatten und reformistischen Etappenkonzepten, hatte die Arbeiterklasse eine starke Abneigung gegen den Parlamentarismus entwickelt. Und auch die Presse des Mittelstandes stellte fest, daß mehr Zeit mit Parteipolitik und parlamentarischer Rhetorik verbracht wurde als mit praktischen Aufgaben. César Oliveira, der unter anderem die Geschichte der portugiesischen Arbeiterklasse geschrieben hat, schreibt über die Zeit vor der Gründung der Republik:

«Durch die direkte Aktion gegen die Unternehmerschaft, den frontalen Angriff auf das Kapital ohne Rückgriff auf irgendwelche Vermittlungsinstanzen, durch den Generalstreik und durch die Propaganda der Tat ohne Vorurteile oder antipolitische Sperren versuchte man, der lohnabhängigen Bevölkerung den vollen Handlungsspielraum und ein Höchstmaß an Dynamik wiederzugeben. All das sind Komponenten, die ein Bestandteil der revolutionären Alternative in Portugal zu einem Zeitpunkt bildeten, als auch anderswo Alternativen zur Taktik der II. Internationale auftauchten. Zwischen 1903 und 1909 entstand die CGT in Frankreich, ereignete sich die polnische Revolution, an der auch Rosa Luxemburg teilnahm, gab es die ersten Sowjets, und formierten sich die Bolschewiki in Rußland, in Spanien gewann der Anarchosyndikalismus an Bedeutung, in Frankreich hatte Sorel einigen Einfluß und Labriola mit einigen anderen in Italien.»

Die Lage der portugiesischen Bevölkerung am Ende der Monarchie spiegelt sich in einem Bericht, in dem es heißt, daß der Arbeitstag bis zu 17 Stunden lang war und daß im Zentrum und im Norden des Landes die Bauern oft ihr eigenes Stück Land nachts bebauten, um tagsüber auf dem Land anderer Besitzer arbeiten zu können. 35 Prozent der Industriearbeiter waren Frauen und 15 Prozent Kinder, und der Großteil der Arbeiter war auf unzählige Betriebe verteilt. Auch in dieser Situation nutzte die Arbeiterklasse die Möglichkeiten der Republik, um sich zu organisieren.

In den Streiks dieser Zeit ging es natürlich um Lohnerhöhungen, aber oft ging es auch um bessere Arbeitsbedingungen, wie zum Beispiel den 8-Stunden-Tag, der 1919 schließlich erkämpft wurde. Hunderte von Arbeiterzeitungen von unterschiedlicher Bedeutung erschienen mit Titeln wie «A Batalha» (Die Schlacht), «A Bandeira Vermelha» (Die Rote Fahne) oder «A Conquista do Pão» (Die Eroberung von Brot). Neben verschiedenen Gewerkschaftsorganisationen wurde 1921 auch die «Partido Comunista Português» gegründet. Während die Landarbeiter – wie so oft zuvor – in Massen auswandern mußten, hauptsächlich nach Brasilien, beschreibt Alexandre Vieira in seiner Geschichte der Gewerkschaftbewegung in Portugal die Haltung der organisierten Arbeiter:

«Wenn auch die Gewerkschaftsbewegung nicht kollektiv an den Vorbereitungen zur Errichtung der Republik beteiligt war, so hatten sich doch viele Mitglieder individuell an den Vorbereitungen beteiligt – und die Wahrheit ist, daß die Arbeiterklasse das neue politische Regime mit berechtigter Zufriedenheit begrüßte, denn dafür hatten nicht wenige Arbeiter mit der Waffe in der Hand gekämpft.

Die Masse der Leute war überzeugt, daß mit der Republik auch die Verbesserung ihrer prekären wirtschaftlichen Situation kommen würde. Aber als bis Ende 1910 keine positive Veränderung festgestellt werden konnte, begann sich die Ungeduld der Arbeiter auszudrücken, und viele Belegschaften traten 1911 in den Streik, besonders die der Lissabonner Straßenbahngesellschaft, der portugiesischen Eisenbahn, aber auch die Ladenverkäufer, die Metallarbeiter, die Arbeiter der Gaswerke, die Fährboot-Schiffer und die Packer im Lissabonner Hafen und die Drucker. In der Stadt Setúbal traten die Arbeiter der Sardinen- und Thunfischbüchsen-Fabrik ebenfalls in den Streik, und als man mit Gewalt gegen die Streikenden vorging, wurden sie von allen anderen Gewerkschaftsorganisationen der Stadt unterstützt. Die Ermordung von zwei Streikenden durch die Republikanische Garde erhöhte den Unwillen der Bevölkerung.»

Während immer mehr streikende Arbeiter und Demonstranten erschossen wurden, nahm auch die Zahl der von Individuen oder Geheimbünden erschossenen Politiker und hohen Persönlichkeiten zu. Und immer wieder versuchten monarchistische Generäle – zumeist von Spanien aus – in Putschen das Blatt zu wenden. Das «Jahrbuch für Portugal von 1921» verzeichnete allein für das vorausgegangene Jahr «neun Regierungen, wobei eine 24 Stunden dauerte und eine andere sechs Tage». Die «Demokratische Republik» verzeichnete in ihrer sechzehnjährigen Existenz – bis zum endgültigen Staatsstreich von 1926 – neun Präsidenten, 44 Regierungen, 25 Erhebungen und drei mehr oder weniger lang befristete konterrevolutionäre Diktaturen.

Die Errungenschaften der Republik

Für den überwiegenden Teil der Portugiesen war es unmöglich, festzustellen, um was es bei all diesen Auseinandersetzungen wirklich ging, bei welcher Gruppe oder Politik die Vor- oder Nachteile lagen. Der Kommunikationshorizont ging meistens nicht über das Dorf und das persönliche Gespräch hinaus. So wie die Religion von Aberglauben und obskuren Ängsten beherrscht war, so war der Zugang zu den politischen Ereignissen vor allem durch Gerüchte und gezielte Propagandakampagnen versperrt. Wegen der großen Armut und dem nie endenden Arbeitstag kamen die wenigsten aus ihrem Dorf heraus, viele starben – so berichtet ein zeitgenössischer Beobachter –, ohne je das Meer gesehen zu haben,

Salazar (3. v. l.): vom christdemokratischen Studenten zum faschistischen Diktator.

dabei wohnten sie vielleicht nur 100 km davon entfernt. Was wußten sie von den Errungenschaften der Republik, die, historisch gesehen, nicht unbedeutend waren: Schon 1867, noch vor der Republik, war unter dem Druck einer liberalen und humanistischen Tradition die Todesstrafe abgeschafft worden. Glücksspiel und Prostitution wurden verboten. Die Gesetze zur Trennung von Kirche und Staat und die geplanten Reformen und Erweiterungen des Erziehungssystems waren von entscheidender Bedeutung für das zurückgebliebene und obskurantistische Portugal. Immerhin hält die Statistik fest, daß 1911, also ein Jahr nach Errichtung der Republik, die Anzahl der Schulen um 20 % zugenommen hatte.

Doch die Revolution war auf halbem Wege stehengeblieben, und da sie die große Masse der Portugiesen noch kaum berührt hatte, gab es auch wenig Widerstand, als 1926 eine faschistische Diktatur begann, die nahezu alles Erreichte wieder zurücknahm und das Elend der Bevölkerung zu verewigen schien. Wie alles bisher in der Geschichte Portugals, mit Ausnahme der gottlosen Republik, so schien jetzt auch das neue Regime wieder von Gott gesandt zu sein.

Und das war es nun wirklich, sogar mit Unterstützung von direkten Abgesandten des Himmels, die drei Analphabeten auf dem Lande erschienen waren. Hätten diese drei Bauernkinder und Millionen anderer Portugiesen lesen und schreiben gelernt und dazu noch eine Chance gehabt, das politische Analphabetentum zu überwinden, so hätten sie höchstwahrscheinlich keine Erscheinung gesehen, sondern sie hätten gesehen, wie Menschen, die auf ihre Vorteile und Privilegien bedacht waren, der göttlichen «Vorsehung» gewaltig unter die Arme griffen. Einer, der es besonders gut verstand, war Salazar.

In der Nähe des Ortes, wo Figueiredo Briefe für die ausgebeuteten Bauern schrieb, gab es den Ort Santa Comba Dão. Die Familie des António Oliveira vertrat im Dorf die Interessen der in Viseu, Porto oder Lissabon wohnenden Landbesitzer. Er war für Portugal ebenso typisch wie die Tagelöhner und Kleinpächter, die er überwachte und zu denen er ebenso streng war wie seinen Arbeitgebern gegenüber unterwürfig. António Oliveira und seine Frau Maria do Resgate Salazar gehörten zum Mittelstand. Sie waren nicht reich, aber als Verwalter für die reichen Leute in den Städten gehörten sie zu den Reichen im Dorf. Für ihren einzigen Sohn (neben 5 Töchtern) António de Oliveira Salazar hatten sie eine große Zukunft im Sinn, wobei ihre Beziehungen zu den Reichen (Großgrundbesitzern) und Mächtigen (Kirche) eine Rolle spielen sollten. Neben der Möglichkeit, sich als Verwalter der Reichen hochzuarbeiten, gab es für diese Leute auf dem Land nur noch eine andere, eine Erziehung zu erhalten oder in eine höhere Klasse aufzusteigen: Wenn es Mädchen waren, träumten sie von einer guten Heirat, für die Jungen gab es die Möglichkeit, einen der freien Plätze zu bekommen, die die katholische Kirche in ihren Priester-Seminaren jedes Jahr zur Verfügung stellte. Die Kirche brauchte so viele Priester wie möglich, und bei entsprechendem religiösen und gesellschaftlichen Verhalten plus guten Beziehungen (das heißt den richtigen Empfehlungen) konnte der Sohn eines «Bauern» zu einer höheren Schulbildung kommen. Daß viele dann kurz vor der Ordinierung zum Priester an Religiosität plötzlich verloren, um sich mit den erreichten Qualifikationen eine bürgerliche Karriere aufzubauen, störte die Kirche wenig. Denn meistens waren diese Schüler später zuverlässige Vertrauensleute, die als «weltlicher Arm» der Kirche funktionierten. (Nur in den Kolonien, wo dieses System auch auf einige Afrikaner angewandt wurde, klappte es nicht so reibungslos: Viele der abgesprungenen Seminaristen wurden Führer der Befreiungsbewegungen von Angola, Guinea-Bissau und Moçambique.)

Die ersten Schritte von Salazars Erziehung sind also typisch für ganz Portugal. Als er in der überfüllten Volksschule von Santa Comba Dão nicht die besten Resultate zeigte, schickte ihn sein Vater in die Privatklasse, die ein geschäftstüchtiger Lehrer im Ort abhielt. Später kam er in eine kleine katholische Schule in der Provinzhauptstadt Viseu, nicht weit vom Priesterseminar und dem Haus des Bischofs entfernt. Schon auf der Volksschule, wo er von der reichen Familie, bei der sein Vater angestellt war, finanziell unterstützt wurde, zeigte der junge Salazar eine auffallende Hingabe zur Kirche und zum Priestertum. Im Alter von 11 Jahren tritt er folgerichtig in das Seminar von Viseu ein.

Salazars Katholizismus war bestimmt von seinem Vater, der traditionellen kulturellen Umgebung und durch Indoktrination. Sein Nationalismus, der später stark an Hitler, Franco und Mussolini orientiert war, war in den Werten der herrschenden Klasse in Portugal verankert. Sie stellten zugleich die Grundlage der Erziehung dar, von der Volksschule bis zum Studium, das Salazar an den drei großen Universitäten des Landes, Coimbra, Porto und Lissabon, absolvierte. Auch er hatte kurz vor der Weihe zum Priester seinen (darum nicht weniger religiösen und missionarischen) Hang zum weltlichen Amt entdeckt.

Der Christdemokrat Salazar

Zu Beginn der Republik finden wir Salazar als Sekretär einer katholischen Studiengruppe in Coimbra, die zeitgemäß «Akademisches Zentrum für Christliche Demokratie» hieß und von der Figueiredo schreibt:

«Für die nächsten Jahre war die CADC (Centro Académico de Democracia Cristã) der bedeutendste Kern der katholischen Intellektuellen im Land. Es war das verbindende Glied in einer Generation von Männern, die später die höchsten Ämter in der Regierung, der Kirche und den Universitäten innehaben sollten. Die ideologischen Verschwörer . . . waren den Massen der unwissenden portugiesischen Bauern ebenso entfremdet, wie es die republikanischen Gegenspieler waren. Wegen der Unwissenheit der Masse des portugiesischen Volkes konnten die Männer des CADC niemals erhoffen, irgendeine Partei oder Massenorganisation aufzubauen, bevor sie an die Macht kam – so wie es Hitler oder Mussolini getan hatten. Anders als die deutschen Träumer von einer Neuen Ordnung, blickten viele CADC Mitglieder gebannt auf die Vergangenheit und hofften auf eine Restaurierung der absolutistischen Monarchie. Statt Parteiuniformen trugen sie die traditionellen schwarzen Umhänge, die die Universität von Coimbra wie einen mittelalterlichen Ort des Studiums erscheinen ließen.»

Salazar und sein Studiengefährte Cerejeira, der später während der ganzen Regierungszeit Salazars Kardinal-Patriarch von Lissabon und die Hauptstütze des Terrorregimes werden sollte, gaben eine Wochenzeitung heraus, die etwas irreführend «Unparteiisch» (Imparcial) hieß. Sie lasen die Encyclica Rerum von Leo XIII oder die Schriften von französischen rechten Intellektuellen und trugen, wenn sie abends zur Messe gingen, um den «Marien-Monats-Feierlichkeiten» beizuwohnen, Knüppel und Pistolen unter dem Studentenumhang. Sie gaben Schriften heraus mit Titeln wie «Der Friede Christi unter der Arbeiterklasse», aber auch Schriften mit fachwissenschaftlichen Titeln über Wirtschafts- und Finanzfragen. Denn nach und nach machte sich Salazar durch hervorragende Examen einen Namen als Wirtschafts- und Finanzfachmann (während er seine katholischen Artikel in der antiklerikalen Atmosphäre der Republik zunächst noch unter Pseudonym schrieb).

Doch bevor ein Mitglied der CADC eine neue volkstümlichere Zeitschrift mit dem Titel «Die Stimme von Fátima» herausgab und der katholische Widerstand gegen die Republik auf allen Ebenen organisiert wurde, kamen andere Kräfte den Träumen der rechten Elite-Katholiken entgegen.

Als am 5. Oktober 1910 die Republik ausgerufen wurde, waren fast alle Länder Europas – vom zaristischen Rußland bis zum Nachbarland Spanien – unter der Herrschaft reaktionärer Monarchen. Für sie war die Entwicklung in Portugal (und den Satz hätte man 1974/75 genauso schreiben können) mehr als beunruhigend. Das «revolutionäre Omen» aus Portugal ließ die sonst zerstrittenen europäischen Großmächte alle ihre diplomatischen Reserven zusammenkratzen, um sie über die zahlreichen Verbindungen von Königshaus zu Königshaus und besonders auch zum Vatikan dazu zu benutzen, die «Republik der Terroristen» zu isolieren. Die Untertanen in den Ländern der Großmächte Großbritannien, Deutschland, Frankreich und Italien erfuhren (und auch hier sind Parallelen zu den heutigen Verhältnissen zu erkennen) von den wirklichen Zielen der neuen Republik in Portugal ebensowenig wie die lese- und schreibunfähigen Bauern im eigenen Land, obwohl hier die Begeisterung für die Republik am Anfang «instinktiv» unter der arbeitenden Bevölkerung vorhanden war.

Statt dessen wurden in den europäischen Ländern allen Ernstes Ziele der portugiesischen Republikaner in Umlauf gebracht wie: Sie wollten, so hieß es, «den letzten König mit den Gedärmen des letzten Priesters erwürgen». Gleichzeitig wurden – besonders in England – Untersuchungskommissionen und Unterstützungskomitees für die gefangenen Priester ins Leben gerufen. «Die Großmächte Europas sind gegen irgendeine Anerkennung der Republik», sagte deren inoffizieller Sprecher Sir Arthur Hardinger, britischer Gesandter in Lissabon. Und auch Jahre später noch, als die Auseinandersetzungen diese Großmächte in den Ersten Weltkrieg führten (wo Portugal an der Seite Englands kämpfen mußte), war keine wirtschaftliche Hilfe oder sonstige Unterstützung für die «zum Sozialismus tendierende» Republik zu erwarten.

Kolonie von Rom, Frankreich und England

Das war nicht unwichtig für die junge Republik, denn während die meisten Portugiesen an Brasilien als Ausland dachten (weil viele dorthin emigrierten – als «Gastarbeiter»), wußten die Eingeweihten, also die Mitglieder des Mittelstandes mit höherer Bildung, daß «Portugal schon immer eine Kolonie» war – «eine religiöse Kolonie Roms, eine intellektuelle Kolonie Frankreichs» und vor allem «eine politische und wirtschaftliche Kolonie Großbritanniens». So beeinflußte auch England nicht unwesentlich die Geschichte der ersten Republik.

Schon 1373, noch bevor der Prozeß der Welteroberung begann, hatte Portugal mit England eine «unkündbare» Allianz geschlossen und wurde bald von seinem Bündnispartner derart überholt, daß es zu einer Art Satellit der englischen Großmacht wurde. Das Reich in Indien war sehr schnell ein Britisches Imperium geworden, und Portugal mußte sich auf kleine Enklaven wie Goa zurückziehen. Das portugiesische Weltreich war gegen die anderen imperialistischen Mächte nur dadurch zu halten, daß Portugal sein «besonderes Verhältnis» zu England aufrechterhielt und es als «Protektor» seiner Übersee-Kolonien anerkannte.

Die Engländer machten das nicht umsonst. Im «Methuen-Vertrag» von 1703 mußte sich Portugal unwiderruflich verpflichten, Industrie-Produkte aus England zu importieren und dafür Wein und andere Landwirtschaftsprodukte dorthin zu exportieren. Das ging nicht nur zu Lasten der gerade beginnenden Textilindustrie in Portugal, sondern hinderte das Land überhaupt daran, in das industrielle Zeitalter einzutreten. Andere Verträge (wie der von 1810) verstärkten diese Tendenz, machten Portugal schon damals zum Eldorado für englische Investoren und etablierten ein kolonial-ähnliches Verhältnis. Der portugiesische Bauer, der von alledem vielleicht bis heute noch nichts erfahren hat, mußte jedoch die Hauptzeche auch hier bezahlen. Er wurde um die erzieherischen, politischen und gesellschaftlichen Errungenschaften gebracht, die das Vordringen der Technologie in anderen Ländern mit sich bringen sollte.

«In Teilen Europas und der Vereinigten Staaten werden die Flüsse und sogar die Seen von Schiffen mit Feuer befahren», schrieb José Acurcio Neves in einem Bericht um die Mitte des 19. Jahrhunderts, «ohne Masten, Segel oder Ruder; und unter uns Portugiesen gibt es keine einzige Dampfmaschine in den Fabriken.» Und António de Figueiredo berichtet, was Ende des 19. Jahrhunderts aus Portugals Reich in Afrika geworden war:

«In Afrika war der Traum von der Errichtung eines Reiches von Lourenço Marques bis Luanda durch das englische Ultimatum von 1890 zerschlagen worden. Denn die Länder im zentralen Südafrika wurden als lebensnotwendig dafür erachtet, daß Cecil Rhodes seinen Plan von einem *britisch* beherrschten Empire vom Kap bis Kairo verwirklichen konnte. Und wenn Portugal nicht einmal die notwendigen Mittel für ein Kriegsschiff aufbringen konnte, um der mächtigen britischen Flotte zu begegnen, nicht einmal durch öffentliche Ausschreibungen gelang es, so hatte es sicherlich auch nicht genügend Kapital, um die Reste seiner vernachlässigten afrikanischen Besitzungen weiterzuentwickeln. Portugal war im Zeitalter der Elektrifizierung zurückgeblieben und hatte so weder die Erkenntnisse noch die Geräte, um schnellere Meeresverbindungen zu schaffen; auch nicht die Häfen und Eisenbahnlinien, die notwendig waren, um Meereszugänge für das Binnenland Zentralafrikas zu schaffen, von dem goldreichen südafrikanischen Rand bis hoch zum kupferreichen Katanga.»

Die Hafenanlagen und Eisenbahnen werden dennoch gebaut, von den Engländern. Sie schienen (wie so vieles später in Portugal) in portugiesischem Besitz zu sein, aber tatsächlich gehörten sie den Engländern und wurden von ihnen kontrolliert. So wie die reichen Bauern in den portugiesischen Dörfern oft nur den Reichtum der Oberschicht aus den Städten verwalteten, so verwaltete die portugiesische Großbourgeoisie oft nur den Reichtum der ausländischen Besitzer.

Während also die europäischen Supermächte – und allen voran England – im Zusammenspiel mit ihren «Verwaltern» in Portugal die erste «Demokratische Republik» nach außen abschnürten, während von Spanien aus immer häufiger Überfälle und Einmärsche monarchistischer Feldherren mit immer größeren Opfern zurückgeschlagen werden mußten, setzte die katholische Kirche schließlich zum entscheidenden Gegenangriff an.

Die Beobachter der portugiesischen Geschichte sind sich weitgehend darüber einig, daß das Ende des «Liberalismus» (die Rebublik war die Fortsetzung des monarchischen Liberalismus in bürgerlich-demokratischer Form) im Jahre 1917 mit der «Erscheinung von Fátima» begann. Von da an wurden die Weichen für die Militärdiktatur und das faschistische Regime Salazars neun Jahre später gestellt. Nicht, daß diese Beobachter an die Wunderkraft jenes «schönen Mädchens von 16» glaubten, das drei Hirtenkinder am 13. Mai 1917 auf einer Korkeiche stehend gesehen haben wollen und das sich später – so erfuhr es die Nation – als «Unsere liebe Frau vom Rosenkranz» zu erkennen gab. Doch indem die Beobachter die «Erscheinung von Fatima» als Wendepunkt bezeichnen, verweisen sie auf die Wirksamkeit des mit solchen Mitteln geführten Kreuzzugs gegen die Republik.

Zunächst schien die später vom Bischof von Leiria als «Unser liebe Frau von Fátima» offiziell sanktionierte Erscheinung nur Praktisches im Sinn gehabt zu haben. Mit dem Hinweis, sie käme direkt aus dem Himmel, verband sie die Aufforderung, eine Kapelle zu bauen und mehrmals im Jahr Pilger zu versammeln, was bis heute zu einem blühenden Touristik-Geschäft in der sonst bettelarmen Gegend führte.

Doch darüber hinaus verbreitete sich in Windeseile ein Gerücht. Besonders unter der Landbevölkerung hielt es sich hartnäckig: «Unsere liebe Frau von Fátima», so besagte das Gerücht, hätte Portugal auserwählt, das bolschewistische Rußland zum Katholizismus zu bekehren. Das traf sich mit dem, was die Priester, Landbesitzer und Arbeitgeber schon immer gesagt hatten. Zufällig oder nicht, das Gerücht fiel zeitlich mit einer Bewegung «Kreuzzug Nuno Àlvares» zusammen, die zusammen mit Bischöfen und Dorfpriestern, aber auch mit den Arbeitgebervereinigungen «Confederaçâo Patronal» und der «União dos Interesses Económicos», sowie mit einer Anzahl nationalistischer und national-syndikalistischer Gruppen einen breiten antikommunistischen und antidemokratischen Feldzug begann.

Fátima und Mussolini

Der Vatikan mit seinen guten Beziehungen zu den katholischen Königshäusern Europas und zu vielen einflußreichen Pressehäusern hatte nun endlich auch in Portugal selbst eine genügend breite Basis gefunden, um der Republik den Garaus zu machen.

Es war auch höchste Zeit: Unter dem Eindruck der russischen Oktoberrevolution waren nicht nur die ersten kommunistischen und anarcho-syndikalistischen Arbeitergruppen entstanden, sondern auch die ersten Ansätze von Landarbeitergewerkschaften. Auch hatte sich ein Flügel der großen Republikanischen Partei abgespalten und als «Esquerda Democrática» (Demokratische Linke) sogar zeitweise den Ministerpräsidenten gestellt. Die Gefahr, daß die republikanisch-bürgerliche Revolution in eine soziale oder gar eine sozialistische münden könnte, war immer mehr zu einer konkreten Bedrohung geworden für alle, die Privilegien und Besitz zu verlieren hatten.

Andererseits hatten in Italien mit Mussolini und in Spanien mit Primo de Rivera Männer die Macht ergriffen, deren Konzeption vom Staat denen der «Christdemokraten» um Salazar und Cerejeira sehr nahe kamen. In Portugal wurden nun die religiösen Mythen und nationalistischen «Lusitanismen» immer massiver in der antidemokratischen Propaganda eingesetzt. Eine neue Zeitschrift wurde in rechten Bürgerkreisen begeistert weiterempfohlen: «Ordem Nova» – Die Neue Ordnung. Ihr junger Redakteur Marcello Caetano (der Nachfolger Salazars) war vielleicht noch etwas stürmisch, aber dennoch «ein vielversprechender junger Mann». Auf dem Titelblatt der ersten Ausgabe von «Ordem Nova» hieß es:

«Eine anti-moderne, anti-liberale, anti-demokratische, anti-bürgerliche und anti-bolschewistische Zeitschrift; konterrevolutionär und reaktionär; katholisch, apostolisch und römisch; monarchistisch, intolerant und unnachgiebig; die keine Solidarität zeigt mit Schriftstellern, Journalisten oder anderen Anhängern der Künste, der Literatur oder der Presse.»

Während in der Presse immer häufiger Sätze zu lesen waren wie: «Portugal braucht einen Diktator! Wer wird das Vaterland retten?», verbreitete sich das Gerücht, das von anonymer Literatur bestätigt wurde: «Unsere liebe Frau von Fátima» hätte bei ihrer Erscheinung große Sorge über die Zustände in Portugal gezeigt, zugleich aber den drei Hirtenkindern anvertraut, daß das Land bald vom Krieg und vom moralischen, wirtschaftlichen und finanziellen Chaos durch einen «Retter» befreit würde. Auch die Jungfrau schien an Salazar zu denken, der inzwischen eine Art Doppelstrategie entwickelt hatte: Während er sich einerseits der von Zeitschriften wie «Stimme von Fátima» und «Neue Ordnung» verbreiteten Haßtiraden bediente, hatte er sich andererseits durch «Fachveröffentlichungen» einen Namen als kühler, genialer Wirtschafts- und Finanzexperte gemacht. Doch erst einmal fühlten sich andere berufen, die Regierung zu stürzen.

Ein militärischer Messias, der alternde General Gomes da Costa, imitierte Mussolinis Marsch auf Rom, indem er mit einer kleinen Armee auf Lissabon zumarschierte und dort (nachdem ihm kaum Widerstand entgegengebracht wurde) eine Rede hielt, die manche Historiker für eine Übersetzung von Mussolinis Rede ins Portugiesische hielten. Nur der Ausgangspunkt des Marsches war sehr portugiesisch. Er begann in jener stockkonservativen Stadt Braga im Norden, von deren Gemarkung Portucale man sagt, es sei die Urlandschaft Portugals. Braga ist damals wie heute zugleich die Hochburg der katholischen Kirche: mit dem Sitz des Erzbischofs, sieben Priesterseminaren, einer theologischen Akademie und «heiligen Festen und Prozessionen» jahraus, jahrein. Nach siegreichem Marsch und dem Beifall aller republikanischen Parteien – außer der «Demokratischen Partei», die gerade an der Macht war – holte sich der General noch zwei Kollegen; der eine, General Carmona – ein persönlicher Freund des spanischen Diktators –, hatte im Juli 1925 schon einmal geputscht, der andere war General Cabeçadas.

General Carmona war mächtig genug, sich seiner beiden Kollegen bald zu entledigen und selbst fest im Sattel zu bleiben. Aber er war nicht in der Lage, das Hauptproblem zu lösen, mit dem auch seine republikanischen Vorgänger nicht fertig geworden waren: die riesigen Auslandsschulden zu bezahlen, die durch Portugals Eintritt in den Ersten Weltkrieg entstanden waren.

Großbritannien hatte zwar die Kosten für das portugiesische Expeditionscorps, das in Frankreich kämpfte, übernommen, nicht aber die Kosten, die durch die Abwehrmaßnahmen in Moçambique und Angola gegen die Deutschen entstanden waren, denen die angrenzenden Kolonien gehörten. Hierfür hatte die portugiesische Regierung in England Anleihen aufgenommen, die zuletzt mit 13 Prozent Zinsen zurückgezahlt werden mußten. Durch die Abwertung des Escudos betrug die Schuld schließlich 8 Millionen Escudos. In dieser Situation wurde Herr Professor Dr. António de Oliveira Salazar von der Universität von Coimbra von der konservativen und katholischen Presse als der «größte Intellektuelle» und als «einer der mächtigsten Geister der neuen Generation» angeboten. Der General kaufte den geschickt taktierenden «Christdemokraten» als Finanzminister ein, zu Bedingungen, die Salazar praktisch auch die Kontrolle über alle anderen Ressorts gaben. Im April 1928, in einer ersten Rede vor dem Kabinett, gab Salazar eine Kostprobe von seiner Rhetorik, die von da an jahrzehntelang das politische Leben Portugals beherrschen sollte:

«Ich habe dieses Amt angenommen, aber bitte danken Sie mir nicht dafür. Für mich bedeutet ein derartiges Opfer, daß ich es nicht hätte annehmen können, lediglich um jemandem einen Gefallen zu tun. Es ist ein Opfer, das ich willens bin, für mein Land zu tun, in ernster und ruhiger Erfüllung einer gewissenhaften Pflicht. Nichtsdestoweniger hätte ich diese schwere Aufgabe nicht übernehmen können, wenn ich nicht wenigstens sicher gewesen wäre, daß meine Tat nützlich ist, und wenn mir nicht wirksame Arbeitsbedingungen zugesagt worden wären.»

Die Arbeitsbedingungen waren so wirksam, daß Salazar schon sehr bald Ministerpräsident wurde und schließlich uneingeschränkter Diktator, von dem Figueiredo sagt:

«Wenn es je einen Mann gegeben hat, der das Schicksal von Millionen Menschen über Generationen hinweg praktisch alleine bestimmte, dann war es Salazar.»

Sein Rezept war einfach und im Prinzip dasselbe, das seine Eltern auf dem Land angewendet hatten: Er war der Verwalter der Reichen und Garant für die Privilegierten und, wie Cunha Leal schreibt: «Seine Technik war es, die archaische und ruinöse Militärkaste bei Laune zu halten.» Zwischen ihm und den Generälen, den «excelêntissimos senhores generais», wie sie sich nennen ließen, gab es ein stillschweigendes gemeinsames Verständnis, sich an der Macht zu halten. Auch später, als Salazar die einzig legale Partei, die «União Nacional» (Nationale Union) gründet, wird man als «Programm» lediglich Opportunismus und die Absicherung der Macht finden.

Das Wirtschafts- oder Finanzwunder, das Salazar schon im ersten Jahr seiner Tätigkeit als Finanzminister vollbrachte, hatte nichts Geniales, und das Geld, mit dem er in diesem Jahr sämtliche Auslandsschulden bezahlen konnte, kam nicht vom Himmel, obwohl der katholische Politiker die «Vorsehung» (providentia) genauso gerne und oft beschwor, wie der atheistische Adolf Hitler. Salazar selbst gab das Geheimnis preis, wo er das Geld her hatte. In einer Rede im August 1929 sagte er:

«Die Nation wurde mit mehr als 360 Milliarden Escudos Steuerschuld belastet. Es kann sein, daß dies in vielen Fällen ihr Elend, ihre Tränen und ihr Blut bedeutet hat.»

Wofür Salazar dieses viele Geld anlegte, zeigen die Prioritäten seines Budgets: Daß vor allem die Armee ausgebaut wurde, deutete auf die Absicherung seiner Macht und Karriere hin. Das bettelarme Portugal gehörte 1928–29 zu den europäischen Ländern, die den größten Rüstungshaushalt hatten. Das «Geniale» daran war vielleicht, daß diese Ausgaben bei den anderen Ressorts eingespart wurden, vor allem bei öffentlichen Dienstleistungen, bei der Sozialfürsorge, dem Gesundheitswesen und der Erziehung. Später, als deutsche Flugzeuge die spanische Stadt Guernica für Franco bombardierten und der britische Premier Chamberlain im Münchener Abkommen den Nationalsozialisten gegenüber klein beizugeben schien, erklärte Salazar seinen «Estado Novo» (neuen Staat) folgendermaßen: «Wir sind anti-parlamentarisch, anti-demokratisch, anti-liberal, und wir sind entschlossen, einen Ständestaat aufzubauen.»

Das Regime übernahm viele Zwangsmaßnahmen und Organisationsformen aus dem Hitlerdeutschland und dem faschistischen Italien. Die portugiesische Geheimpolizei wurde von deutschen Gestapo-Beamten ausgebildet, die paramilitärische «Portugiesische Legion» (Legião Portuguesa) war der deutschen SA und SS nachempfunden, und die für alle Jugendlichen obligatorische «Mocidade Portuguesa» (Portugiesische Ju-

«Mocidade Portuguesa» – Hitlerjugend auf portugiesisch

Weihnachten 1952: Bild aus einer Untergrundzeitung

gend) hatte – ähnlich wie die Hitlerjugend – Uniformen, einen streng hierarchischen Aufbau (mit Marcello Caetano an der Spitze) und ein «S» auf dem Gürtel, was offiziell «Servir» (dienen) heißen sollte, aber allgemein als «Salazar» gedeutet wurde. In der Schule mußten Lehrer und Schüler zu Beginn des Unterrichts aufstehen und mit ausgestrecktem Arm (identisch mit dem Hitlergruß) grüßen. Dabei fragte der Lehrer dreimal «Wer lebt?» und «Wer befiehlt?» Die Klasse mußte dann im Chor antworten: «Portugal, Portugal, Portugal» und «Salazar, Salazar, Salazar».

Auf dem Land wurden von einem «Nationalen Arbeitsinstitut» sogenannte «Häuser des Volkes» (Casa do Povo) und «Häuser der Fischer» (Casa do Pescador) errichtet, die Propaganda- und Überwachungsfunktion hatten. Später wurden sie auch in ein Programm integriert, das dem nationalsozialistischen «Kraft durch Freude» entsprach und sich «Nationale Stiftung für die Freude bei der Arbeit» nannte (FNAT).

Daß die Arbeitervereinigungen und -parteien und die Gewerkschaften zuerst zerschlagen wurden, versteht sich fast von selbst, an ihrer Stelle wurden hierarchisch von oben nach unten gegliederte «Sindicatos» (wörtlich Gewerkschaften) errichtet. Grundlage der «Nationalen Statuten der Arbeit», die sich an der italiensichen «Charta der Arbeit» Mussolinis orientierten (wo auch das erste «Mitbestimmungsmodell» – ‹partizipatione› – verankert war!), war die private Organisation der gesamten Produktion und die perfekte Disziplinierung der arbeitenden Bevölkerung. Auch hier war Salazars einziges Anliegen, die Oligarchie aus Großgrundbesitzern, Bankiers und Industrieeignern sowie die Armee und die Kirche auf seiner Seite zu halten und ihre Angst vor der «entsetzlichen Bedrohung durch den Bolschewismus» Rechnung zu tragen. Salazars Hang zu «Gesetz und Ordnung» ließ ihn andererseits für diese Oligarchie wie ein Geschenk des Himmels erscheinen. Mit schonungsloser Härte ging er gegen alles vor, was er «die Herrschaft des Mobs» nannte, die «Macht der Straße» und die «Unterwanderung der Massen».

Die Konsequenz dieser Politik faßte der Wirtschaftswissenschaftler Eduardo Guerra einige Jahre nach dem Machtantritt Salazars so zusammen: «Der Prozeß der wirtschaftlichen Entwicklung war den arbeitenden Klassen völlig fremd, da sie keinerlei Einfluß auf ihn hatten und nur seine Auswirkungen tragen mußten. Als Beweis für diese Aussage braucht man sich nur die Stagnation und die äußerst geringen Verbesserungen des Lebensstandards vor Augen zu halten, im Gegensatz zu der eindrucksvollen Ansammlung von Reichtum in der Hand einer kleinen Gruppe von Großgrundbesitzern und Kapitalisten.»

Tatsächlich sank der Lebensstandard der arbeitenden Bevölkerung auf dem Land und in den Industrie-Städten in den fünfziger Jahren noch, da durch einen staatlich verordneten Lohnstopp die Lebenshaltungskosten stärker anstiegen als die Löhne und Gehälter. Bis 1970 hatten schon über eine Million Portugiesen das Land in Richtung EWG-Staaten verlassen.

Anfang der sechziger Jahre betrug der Durchschnittslohn für einen Industriearbeiter 180 Escudos für eine 6-Tage-Woche (heute etwa 18 DM), außerhalb der Industriezentren verdienten Männer und Frauen im Durchschnitt 150 Escudos die Woche (heute etwa 15 DM) und Landarbeiter um die 114 Escudos (11,40 DM). So war der Verdienst von über einem Drittel der Landbevölkerung gerade an der Grenze zum physischen Überleben. Hunger war weit verbreitet. Im Nordosten gab es Regionen, die überhaupt kein Geld als Zahlungsmittel hatten. Hier wurde nur in Naturalien gehandelt. Die Anbaumethoden hatten sich seit dem Mittelalter kaum geändert, und so verwundert es nicht, daß Portugal den geringsten Ertrag pro Kopf und Morgen Land hatte. Die Besitzverhältnisse gingen fast unverändert auf die Zeit der christlichen Rückeroberung des Landes von den Mauren zurück. Nur 1,3 % des Landbesitzes war über 50 Morgen groß, von dem Rest waren 88 % unter 5 Morgen, 50 % unter 1 Morgen. Die vier größten Grundbesitzer des Landes, der Herzog von Cadaval, der von Palmela, Poser de Andrade und Santos Jorge hatten zusammen 235 000 Morgen, soviel wie 50 400 Bauern.

Für die meisten Bauern und Landarbeiter war es eine Existenzfrage, daß auch die Kinder vom frühestmöglichen Alter an in der Landwirtschaft mitarbeiteten. So mußten sich die Eltern auch noch gegen den obligatorischen Volksschulbesuch wehren.

Salazars Hauptanliegen war es, Bedingungen für die Akkumulation von «nationalem» Kapital zu schaffen, ohne auf ausländische Investitionen zurückgreifen zu müssen. Das ging nur durch die optimale Ausbeutung der Fabrik- und Landarbeiter und die Versklavung der afrikanischen Bevölkerung in den Kolonien. Wie «genial» Salazar diese Aufgabe anpackte, zeigte sich am Aufbau der Infrastruktur. Bei der Errichtung eines riesigen Staudammsystems zur Elektrifizierung der Industrie wurde nicht nur die billige Arbeitskraft der Bauarbeiter eingesetzt, sondern es wurden zur Finanzierung des Projekts die Zwangsmitgliedsbeiträge der «Gewerkschaften», sowie das Geld der Sozialfürsorge- und Pensionskassen der Arbeiter «investiert». Als die Kraftwerke fertig waren, dienten sie jedoch rein privaten Unternehmen. Die meisten Stromleitungen (ebenso wie Telefonleitungen, oft auch Wasserleitungen und Straßen) gingen an den Dörfern vorbei, ohne daß die Bewohner davon profitieren konnten. In Trás-os-Montes gibt es zum Beispiel ein Dorf, das direkt neben einem riesigen Staudaum mit einem Kraftwerk liegt. Trotzdem gibt es im Dorf keinen Strom; der Strom fließt in eine Fabrik, deren Besitzer auch der Staudamm und das Kraftwerk gehören.

Salazars Konzeption von Nation und Nationalismus, schreibt Figueiredo, «. . . war auf die elitären Werte der Ober- und Mittelklassen beschränkt; seine Wirtschaftspolitik stellte ganz klar die Mehrheit der Arbeiterklasse und die Völker der Kolonien in den Dienst einer Plutokratie. Die portugiesische Mittelklasse konnte sich keinen besseren Verwalter wünschen. Der Vorrang, den Salazar den Wasserkraftwerken gab, war ein Mittel, um die Bedingungen zur Etablierung der Privatindustrie zu schaffen, und kann als eine Form von öffentlicher Finanzierung der Privatunternehmen gesehen werden.»

Doch selbst die massivste Ausbeutung der portugiesischen Bevölkerung konnte die Ansprüche der portugiesischen Elite auf die Dauer nicht befriedigen. So wurde mehr und mehr die Ausplünderung der afrikanischen Besitzungen vorangetrieben. Auch hier gingen die Staatsbeamten der «Neuen Ordnung» – die Verwalter, Militärs und Geheimpolizisten – Hand in Hand mit der katholischen Kirche vor. Das Konkordat von 1940 erlaubte es dem Salazar-Regime, alle kirchlichen Aktivitäten in Afrika lückenlos zu kontrollieren und für seine Interessen zu benutzen. So wurden die Gehälter der portugiesischen Priester, Missionare und Bischöfe vom portugiesischen Staate bezahlt. Die Hauptsäulen der Kolonialverwaltung waren General-Gouverneur und Kardinal, und beide bekamen – vom Staat – dasselbe Gehalt.

Die Versklavung der Afrikaner

Salazar, der wie Hitler die Afrikaner als minderwertige Rasse bezeichnete, hatte endlich die Lösung gefunden, um die verschwenderische, zurückgebliebene und korrupte portugiesische Wirtschaft auf Vordermann zu bringen. Es mag zunächst harmlos klingen, wenn Salazar 1936 verkündet: «Unter den Umständen ist die logische Lösung für die Kolonien, daß sie die Rohmaterialien produzieren und sie im Austausch gegen Fertigprodukte ins Mutterland schicken.»

Doch was im Prinzip ein ähnlicher Vorgang war wie die Ausbeutung Portugals durch England, wurde jetzt gegenüber Afrika – als eine Art Sub-Imperialismus – viel massiver und brutaler durchgeführt. Dabei ging es nicht nur um die Ausbeutung der Rohstoffe; was sich als ebenso profitabel erwies, war die konsequente Nutzung der menschlichen Arbeitskraft.

Es ist unmöglich, hier abstrakt und in wenigen Sätzen das unendliche Leid der afrikanischen Bevölkerung in Angola, Moçambique, Guinea-Bissau und den anderen Kolonien zu beschreiben. In dem Klima von Zensur und polizeilicher Unterdrückung, das in Portugal herrschte, hatten selbst die kritischsten Beobachter fast bis zum Schluß das Ausmaß der Unterdrückungsmaschinerie in Afrika übersehen. Erst als die Afrikaner selbst den bewaffneten Widerstand gegen die Portugiesen organisierten und nach jahrelangem Kampf den Sieg davontrugen, begannen portugiesische Militärs und Politiker, Priester und Studenten zu begreifen. Es war dieser von den afrikanischen Befreiungskämpfern ausgelöste Lernprozeß, der in Portugal schließlich zum Sturz der Diktatur führte. Ohne auf formale Feinheiten wie Bürgerrechte für «assimilierte» Afrikaner oder auf kaum spürbare «Reformen» im Verlauf des faschistischen Regimes einzugehen, soll hier nur ganz knapp die Bedeutung des vom Salazar-Regime erlassenen «Eingeborenen-Status» zusammengefaßt werden, wie es António de Figueiredo in seinem Buch «Portugal: Fünfzig Jahre der Diktatur» an einer Stelle beschreibt:

«Anders als die portugiesischen Bürger standen Afrikaner nicht mehr unter dem Schutz eines normalen Gesetzeszusammenhangs und wurden direkt den Behörden der Kolonialverwaltung unterstellt. Das war der beste Status für eine Situation, in der Afrikaner von örtlichen Verwaltungsbeamten massenhaft als Zwangsarbeiter benutzt werden konnten. Selbst wenn das bedeutete, daß sie Tausende von Kilometern wegtransportiert werden mußten, entweder innerhalb des Territoriums oder zu der reichen, Kakao produzierenden Insel von São Tomé, wo immer auch ihre Arbeitskraft gebraucht wurde ... In der Praxis bedeutete das die massive Ausbeutung der Arbeit der Afrikaner in den Kolonien selbst, nachdem die Portugiesen jahrhundertelang ihre Kolonisierung darauf aufgebaut hatten, daß sie die Arbeitskräfte als Sklaven nach Amerika transportierten, von Handelsposten der Westküste Afrikas aus und zuweilen auch von der anderen Seite Afrikas, von Moçambique ... Das neue System war in vielen Aspekten sogar gewinnträchtiger und angenehmer als das System der Sklaverei, das formal abgeschafft worden war. Es waren keine finanziellen Investitionen mehr nötig, um etwa eine neue Flotte von Sklavenschiffen zu bauen. Der individuelle Besitz von Sklaven, der immer noch einen gewissen Aufwand zur Erhaltung des angelegten Kapitals erfordert hatte, wurde dadurch ersetzt, daß die afrikanischen Zwangsarbeiter jetzt insgesamt den Weißen gehörten, und zwar so lange, wie sie im aktiven Alter waren ... So sollten also die Afrikaner in dem weiten und abgeschlossenen Reich wie Legionen von Arbeitsameisen so viele Jahrzehnte arbeiten, wie es für die Wiederherstellung Portugals notwendig war, während sich Portugal nur gelegentlich in europäische Angelegenheiten einmischte – sei es als heimlicher Unterstützer von Francos Bürgerkrieg oder als zweideutiger Neutraler im II. Weltkrieg.»

Zensur, Propaganda und Gefängnisse

Der normale Portugiese hörte von alledem so gut wie gar nichts. In einer Welt von erdrückend schmalem Spielraum, umgeben von Bespitzelung und Angst, von religiösen Mythen und von Gerüchten, war sein ganzes Trachten aufs Überleben gerichtet. Was er von «Übersee» hörte, klang meistens so wie etwa die folgende Antrittsrede des Generalgouverneurs von Angola: «Als ich die Regierung dieser Kolonie übernahm, dieses schönsten Juwels des kolonialen Reiches, geschaffen von dem größten Visionär, Heinrich dem Seefahrer aus dem Vorgebirge von Sagres, der in einer gigantischen Anstrengung die Geheimnisse des Ozeans entwirrte und damit ein für allemal die Schrecken und Legenden beendete, die sie umgaben, da habe ich mich dem Mutterland gegenüber verpflichtet, den konkreten und unverschleierten Ausgleich des Haushaltes zu erreichen.»

So pompös und undurchsichtig waren die meisten offiziellen Verlautbarungen, und in Ermangelung wirklicher Nachrichten füllten sie fast

Nieder mit dem Faschismus, Schulreform . . .

alle Spalten der Zeitungen (für die «Tagesschau»-, «Heute»-, oder «Bericht aus Bonn»-Zuschauern der BRD von 1976 ist diese Art der Berichterstattung nicht einmal so schwer vorstellbar!).

Schon die Erstklässler der Schule, Hauptzielscheibe des «Umerziehungsprozesses», bekamen eine Landkarte Europas zu sehen, auf der die Umrisse der Überseegebiete über die europäischen Länder eingezeichnet waren, und die Kinder mußten aufsagen: «Portugal não é um país pequeno», (Portugal ist kein kleines Land). Dasselbe hing als Plakat bis 1974 an Mauern und Häuserwänden im ganzen Land.

Den Schulkindern wurden die großen Taten der Erbauer des Reiches eingehämmert, Namen von Helden, von denen es in den Schulbüchern hieß, sie hätten den Kolonien «Frieden» gebracht. Die Lehrer mußten wohl oder übel die Rolle des Propagandisten spielen, ständig von der Angst verfolgt, die Kinder könnten zu Hause irgend etwas berichten, was den Mangel an Patriotismus des Lehrers hätte nachweisen oder gar Anlaß für die PIDE (Polizei zur Internationalen- und Staats-Verteidigung) hätte sein können, im Morgengrauen an die Haustür zu klopfen.

Hauptthemen der Schulbücher waren neben den «großen Eroberungen» und dem Überseereich auch «Salazars Werk» und vor allem die katholische Kirche. Hierbei spielte in Schulbüchern wie auch in der außerschulischen Propaganda «Unsere liebe Frau von Fátima» immer (sogar heute noch) eine überragende Rolle. Das offizielle Lehrbuch für

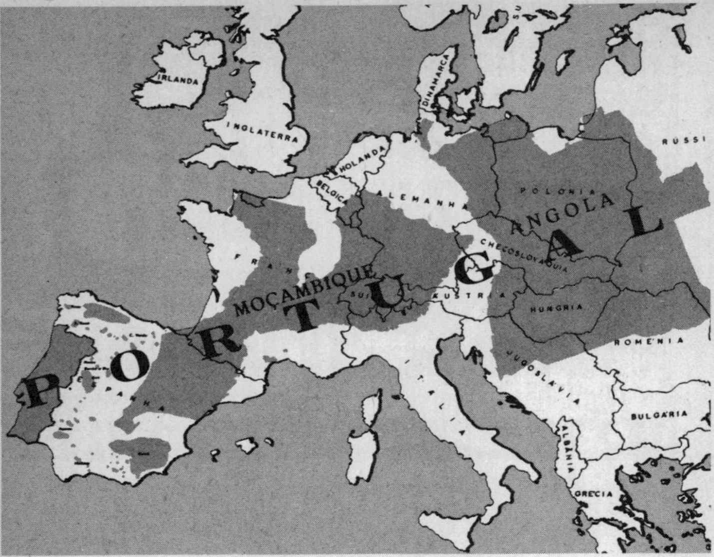

In allen Schulen: «Portugal ist kein kleines Land».

die erste Volksschulklasse enthielt 38 Lektionen über die Kirche, das für die zweite 40. In der Jugendbewegung «Mocidade Portuguesa» wurde – neben dem militärischen Training – der sogenannte «moralische Unterricht» fortgesetzt. Verantwortlich für die Richtlinien und die Schulbücher war unter anderem der Direktor der obersten Zensurbehörde.

Zensur- und Propaganda-Behörden ließen das Abhören der BBC verbieten und förderten zugleich die Verbreitung von Schriften und Filmen aus Nazi-Deutschland. Ein besonderer Trick war es, Artikel über Portugal als bezahlte Anzeigen in der englischen Presse erscheinen zu lassen, die dann wiederum in den portugiesischen Zeitungen als objektive Berichte aus der englischen Presse «nachgedruckt» wurden. Ansonsten gingen die Journalisten unter dem Druck der Zensurbehörden immer mehr dazu über, ihre Spalten mit langen Namenslisten zu füllen, von Persönlichkeiten, die irgendeiner Einweihungsfeier beigewohnt hatten, wer befördert wurde, welche Politiker wohin flogen und welche zurückkamen (auch das ist unserer «demokratischen» Berichterstattung keineswegs so fremd).

Die meisten Portugiesen – besonders der Mittelstand – waren während des Zweiten Weltkrieges froh, aus dem Kriegsgeschehen herausgeblieben zu sein, was die Staatspropaganda dem «diplomatischen Genie Salazars» und dem Schutz «unserer lieben Frau von Fátima» zuschrieb. Salazar, so war die offizielle Version, nahm die Probleme Portugals auf sich, und die Nation war «glücklich, sich nicht entscheiden zu müssen».

«Wir werden über Gott nicht diskutieren», sagte Salazar, «wir werden über das Vaterland nicht diskutieren, wir werden nicht über Obrigkeit diskutieren.» Auf diesen simplen Grundgedanken baute das Zensurdekret auf, das tatsächlich nahezu jede geistige Regung – zumindest in der Öffentlichkeit – erstickte. Dabei war es zwar sehr stark von der Persönlichkeit Salazars beeinflußt, konnte aber auf eine lange Tradition aufbauen. Der Historiker A. Cardoso Pires schrieb unter dem Titel: «Wie man das Denken einer Nation verändert»: «In den fünf Jahrhunderten seiner geschriebenen Geschichte hat Portugal 420 Jahre der Zensur erlebt ... Während politische Regime und wissenschaftliche wie kulturelle Bewegungen sich ablösten, schleppte sich eine langsame Prozession von Märtyrern Generation um Generation jenen Weg entlang, der Tausende von Kilometern aus Texten besteht, die auf Scheiterhaufen verbrannt oder in staubige Archive weggeschlossen wurden ... Und die Tradition der Unterdrückung wurde zunehmend verfeinert, bis hin zu dem straff organisierten, technischen System, wie es unter Salazar erschaffen wurde.»

Salazars verfeinerte Unterdrückung sah schwere Strafen vor: für das Drucken, Vorbereiten oder Ausführen von «Vergehen jeglicher Art gegen das Prestige des Staates oder gegen die Ehre und Achtung vor Präsident oder Regierung; für Aufwiegelung oder Propaganda, die gesellschaftlichen Ungehorsam oder Unterwanderung ermutigt; für Aufwiegeln oder Ermuntern zur Nichterfüllung der militärischen oder Beamten-Pflichten, oder Mißachtung von Behörden oder Gesetzen; Aufwiegelung mit dem Ziel, Fabriken oder Werkstätten zu schließen oder die Arbeit niederzulegen; das Weitergeben von Gerüchten, die Gesetz und Ordnung stören oder die öffentliche Glaubwürdigkeit beeinflussen, jeder Verstoß gegen die Fahne oder die Nationalhymne.»

Von den vielen Gefängnissen und Lagern war das berüchtigtste «Tarrafal» auf den Kapverdischen Inseln. Viele wurden dorthin geschickt ohne Urteil oder nach Abbüßen ihrer «regulären» Haftstrafe. Die meisten der Gefangenen – darunter viele Bauern und Arbeiter, aber auch Studenten, Soldaten und Offiziere – gehörten der Kommunistischen Partei an. Der PCP-Generalsekretär Bento Conçalves, selbst aus der Arbeiterklasse, starb dort einen qualvollen Tod. In einem Flugblatt, das ein Überlebender schrieb, hieß es:

«Aljube, Caxias, Peniche, Angra (auf den Azoren) – Gefängnisse aus einem Reiseführer der Gewalt und des Horrors ... Aber weiter entfernt ist das schlimmste Teilstück dieser Folter- und Todesmaschinerie, Tarrafal ... Es liegt auf der Kapverdischen Insel Santiago, wo die Afrikaner verhungern, weil das Land und die Dürren die Nahrung vorenthalten; wo die Eingeborenen an vernichtendem tropischem Fieber sterben, denn das Klima ist allem Menschlichem gegenüber feindlich. Hier haben sie 300 tapfere Portugiesen eingekerkert, die sich gegen den faschistischen Salazarismus erhoben haben ...»

Obwohl das Regime dem Ausland gegenüber eine möglichst totale

Nachrichtensperre über diese Lager und Gefängnisse zu verhängen suchte, war es ihm gar nicht so unrecht, wenn im Inneren solche Berichte zirkulierten und darüber gesprochen wurde, denn sie sollten ja abschrekkend wirken, wie folgender Bericht eines Arbeiters zeigt:

«Wenn wir auf der Straße über Politik sprachen, dann guckten wir erst mal in alle Richtungen, ob kein Spion in Hörweite steht. So sieht der Terror aus, der Portugal im Griff hat. In den Cafés, auf den Plätzen, in den Fabriken und Werkstätten, überall diese Furcht vor der Inquisition Salazars und Cerejeiras (Kardinal-Patriarch von Lissabon). Die Leute sind so erschreckt, daß sie Angst haben, ihre eigenen Kinder würden sie vor der Polizei denunzieren. Und die Wirklichkeit ist nicht viel anders. Wie viele Bürger sind verhaftet worden, gefoltert und verschleppt, nur weil sie einer Gruppe von Arbeitern eine Zeitung vorgelesen haben, vielleicht am Tor der Fabrik oder am Tisch in einem Café? Wie vielen Leuten wurde ihr Radiogerät abgenommen, nur weil sie den Sendungen der BBC für Portugal zuhörten? Wie viele Analphabeten unter den Leuten sind an Armen und Beinen verstümmelt oder haben sich im Gefängnis Tuberkulose oder Augenlidentzündung zugezogen, nur weil sie Flugblätter auf der Straße aufgelesen haben, Flugblätter, die sie als Analphabeten nicht einmal lesen konnten?»

Diese Repression verlor zwar später unter Caetano nichts an Brutalität, aber sie wurde differenzierter angewandt (die Experten der deutschen Gestapo waren von Spezialisten der amerikanischen CIA ersetzt worden).

Widerstand, Revolten, Streik

Dennoch hat es unter dem portugiesischen Faschismus von Anfang an Widerstand gegeben, Militärrevolten, riesige Streikbewegungen, Aufrufe, Informationen und Aktionen aus dem Untergrund. Schon ein Jahr nach der Errichtung der Militärdiktatur hatte es eine Militärrevolte gegeben, die eine Rückkehr zur republikanischen Verfassung forderte. Sie scheiterte, mit 120 Toten und 650 Verwundeten, wie alle anderen auch.

1938 versuchten Offiziere und Arbeiter zusammen, den verhaßten Diktator zu stürzen. Unter der Führung eines volkstümlichen Luftwaffenoffiziers schlugen revoltierende Militäreinheiten los, während Arbeitsniederlegungen und Sabotageakte in der Industrie das Geschäftsleben lahmlegten. Doch die Geheimpolizei PIDE war von Informanten gewarnt worden, und faschistische Truppenteile konnten Marinha Grande erobern, eine Industriestadt, die durch einen Generalstreik lahmgelegt worden war. Für die Besiegten ließ der Innenminister eigens ein Konzentrationslager im Süden Angolas einrichten, von wo viele der Widerstandskämpfer nie mehr zurückkehrten. Zu den spektakulärsten Versuchen des antifaschistischen Widerstandes gehörten sicherlich die Meutereien auf den Kriegsschiffen «Dão», «Afonso de Albuquerque» und

«Bartolomeu Dias» im Jahre 1936. Es war die Zeit, in der Hitler seine Bomber gegen die spanische Stadt Guernica fliegen ließ, und Salazar – trotz offizieller Neutralität – zwanzigtausend «Freiwillige» für Franco nach Spanien schickte, von denen etwa die Hälfte getötet wurde. Der Plan der meuternden portugiesischen Matrosen war es, mit ihren drei Kriegsschiffen nach Valencia auszufahren, um der republikanischen spanischen Flotte in ihrem Kampf gegen die Faschisten beizustehen. Im letzten Moment erfuhr Agostinho Lourenço, der gefürchtete Chef der PIDE, von den Vorkommnissen auf den Schiffen und ließ sie sofort von der Küsten-Artillerie unter Beschuß nehmen. Die Matrosen mußten aufgeben, wurden verhaftet und nach «Tarrafal» verschleppt.

Politische Gefangene in Stierkampfarenen
Selbst in den schwierigen Jahren des Zweiten Weltkrieges gab es immer wieder Streiks, an denen Zehntausende von Industrie- und Landarbeitern beteiligt waren. Viele der Proteste, Streiks und «Hungermärsche» richteten sich gegen die strenge Rationierung der Lebensmittel und die weitverbreitete Not, wobei gleichzeitig Nahrungsmittel in großen Mengen nach Hitler-Deutschland geschickt wurden. Es war auch kein Geheimnis, daß Portugals Geschäftswelt mit Unterstützung der Regierung – die wieder offiziell neutral war – den Nazis das kriegswichtige Wolfram lieferte (75 %) und dabei, wie auch bei Geschäften mit den Briten und den Amerikanern (25 % des Wolfram), ja sogar – so berichten Beobachter – mit der Not der jüdischen Emigranten die dicksten Geschäfte machten. So groß war die Not der Bevölkerung, bei gleichzeitigem «Wirtschaftswunder» einer «Elite», daß Armee, Polizei und PIDE gemeinsam gegen Hungermarschierer und Streikende eingesetzt werden mußten. Zu Tausenden wurden die Menschen verhaftet und (Jahrzehnte vor Pinochets Chile) in Stierkampfarenen eingesperrt. 1945, mit der Niederlage Hitler-Deutschlands, glaubten viele Portugiesen, daß auch die faschistischen Ideologien – und damit die Herrschaft Salazars – bald am Ende sein würde. Der Widerstand im Lande wurde intensiviert. Eine demokratische Bewegung gegen Salazar hatte 1946 sogar die Zustimmung des Staatspräsidenten, der «auf dem Boden der Verfassung» eigentlich das Recht hatte, Salazar abzusetzen. Doch die «Verschwörung», die vor allem von literarischen und fortschrittlichen Persönlichkeiten des Bürgertums getragen wurde (darunter die besten Wissenschaftler des Landes, Ärzte, Ingenieure), scheiterte im letzten Moment, weil die beteiligten Generäle sich nicht einig waren. Unter den anschließend Verhafteten befanden sich auch der junge Mário Soares (zusammen mit seinem Vater, einem Professor und früheren Minister der Republik) und ein junger Luftwaffentechniker, Hermínio da Palma Inácio, der zur Unterstützung der Aktion, unmittelbar vor dem geplanten Coup, fast eigenhändig einen Großteil der portugiesischen Luftwaffe in Sintra fluguntüchtig gemacht hatte. Palma Inácio gründete später, nach seiner Flucht aus dem Gefäng-

nis, eine Guerilla-Bewegung, die LUAR und wurde bei der Bevölkerung eine populäre Widerstandsfigur, eine Art portugiesischer Robin Hood.

Salazar, der bei Hitlers Tod die Fahnen im Land auf Trauer setzen ließ, schlug einen geschickten Überlebenskurs ein, indem er für den internationalen Gebrauch sein Terrorregime in pseudo-legale Formen kleidete und intern mit noch raffinierteren und härteren Methoden gegen die Opposition vorging.

Außenpolitisch hoffte Salazar auf Portugals «ältesten Verbündeten»: Großbritannien. Schon 1942 hatte er in einer Rede ironisch angemerkt, daß es «sicher übertrieben wäre, zu glauben, daß Großbritannien die Ausbreitung des Kommunismus in Europa begrüßen würde». Salazar hatte recht. Die Rede Churchills in Fulton 1948 prägte nicht nur den Begriff «Eiserner Vorhang», sondern kündete zugleich das Ende vieler Demokratisierungsprozesse in Europa an. Die Rechte in aller Welt witterte schon wieder Morgenluft. Die Südafrikanische Regierung führte im selben Jahr ihre rassistische Politik der «Apartheid» offiziell ein, und Salazar machte sich an den Ausbau seines Polizei-Staates. Die «Berliner Blockade» durch die Sowjetunion stärkte sein Regime noch weiter, denn die amerikanischen Flugzeuge, die Nachschub für Berlin nach Europa brachten, mußten auf den Azoren zwischenlanden.

Ein Radikalenerlaß am Jahrestag von Fátima

Die nach Gestapo-Vorbild operierende Geheimpolizei, die ursprünglich einmal «Polizei für gesellschaftliche Wachsamkeit und Verteidigung» hieß, wurde in PIDE (Polizei zur Internationalen- und Staatsverteidigung) umgetauft. Der berüchtigte Chef Lourenço sollte bald zum General-Direktor der Interpol in Paris ernannt werden, ein schwerer Schlag für die portugiesische demokratische Opposition. Schon eine Woche vor der Kapitulation der deutschen Nationalsozialisten im April 1945 hatte Salazar die Gesetze ändern lassen. Sie schienen jetzt nicht mehr politisch motiviert und hatten Namen wie «Präventivmaßnahmen gegen die Kriminalität». Sondergerichte sollten den Kampf gegen «Vagabunden» und andere «hartnäckig antigesellschaftlich eingestellte Straffällige» führen. Erst jetzt eigentlich war die Macht und Willkür der PIDE gesetzlich abgesichert mit solide und korrekt klingenden Begriffen.

Auch einen «Radikalenerlaß» hatte Salazar am 13. Mai 1945 – am Jahrestag der Erscheinung von Fátima – per Dekret verkünden lassen. Danach hatte die Regierung die Macht,

a) «Offiziere der Streitkräfte zu entlassen, die in ihren Aufgaben gegenüber den öffentlichen Ämtern versagt haben, wodurch sie ihre Verpflichtungen gegenüber den Behörden und denen, die für sie verantwortlich sind, verraten haben

b) «alle jene Personen zu entlassen, die einen herausragenden Anteil an aufrührerischen Handlungen nahmen, oder wo Beweise dafür vorlagen, daß sie aktive Opposition gegen die in Kraft befindliche politische

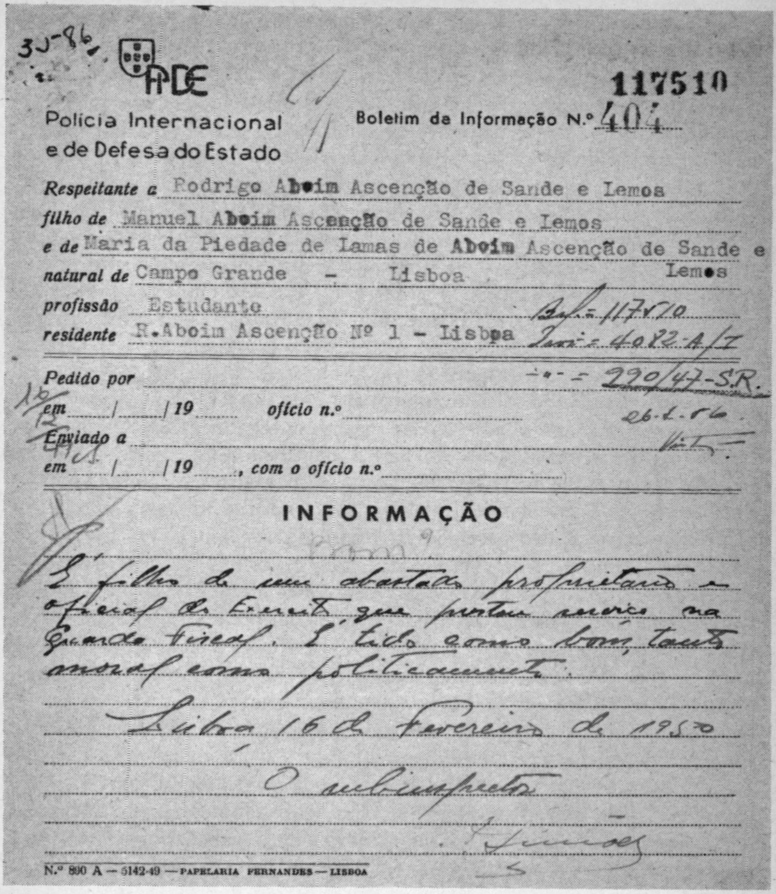

PIDE

117510

Policia Internacional e de Defesa do Estado

Boletim de Informação N.º 404

Respeitante a Rodrigo Aboim Ascenção de Sande e Lemos

filho de Manuel Aboim Ascenção de Sande e Lemos

e de Maria da Piedade de Lamas de Aboim Ascenção de Sande e Lemos

natural de Campo Grande – Lisboa

profissão Estudante

residente R. Aboim Ascenção Nº 1 – Lisboa

Pedido por

em ..../..../19.... ofício n.º

Enviado a

em ..../..../19...., com o ofício n.º

INFORMAÇÃO

É filho de um abastado proprietário e oficial do Exército que prestou serviço na Guarda Fiscal. É tido como bom, tanto moral como politicamente.

Lisboa, 16 de Fevereiro de 1950

O subinspector

N.º 890 A — 5142-49 — PAPELARIA FERNANDES — LISBOA

Bespitzelung der Bürger: der Sohn eines wohlsituierten Bürgers bekommt von der Geheimpolizei bescheinigt: «Nach unserer Kenntnis gut, sowohl moralisch wie politisch.» Fiel also nicht unter den portugiesischen Radikalenerlaß.

Verfassung betreiben und die konsequenterweise keine Garantie für eine Zusammenarbeit bei der Verwirklichung der hohen Ziele des Staates bieten, besonders auf so empfindlichen Gebieten wie dem der Erziehung und insbesondere dem Beruf des Lehrers.»

Während die Regierung prominente Lehrer, Professoren und Wissenschaftler entließ (oder «beharrliche Agitatoren» sogar in die Kolonien verschleppte), bezeichnete die Presse diese Personen als «berufsmäßige Verschwörer» oder «Verräter», ohne daß die Betroffenen irgendeine

Möglichkeit hatten, sich dagegen zu wehren. Wer ins Gefängnis kam und dort – durch eine Reihe scheinbar komplizierter und sich widersprechender Gesetze legal und dennoch willkürlich – auf unbestimmte Zeit festgehalten wurde, konnte den schlimmsten Foltern ausgesetzt werden. Besonders dann, wenn er unter den «negativos e pertinazes» (den Negativen und Hartnäckigen) eingestuft wurde. Von der Folter betroffen waren meistens die Arbeiter, kleinen Angestellten und Bauern, weil sie oft keinen Kontakt zu liberalen Anwälten oder anderen einflußreichen Mitgliedern der Bourgeoisie hatten. Aber auch prominente Gegner des Regimes, wie zum Beispiel der Vorsitzende der verbotenen Kommunistischen Partei, Alvaro Cunhal, wurden gefoltert. Mit dem Kalten Krieg in Europa wurde der Begriff «kriminell» wieder durch «kommunistisch» ersetzt, was letztlich auf jeden zutraf, der marxistisch, sozialistisch, progressiv oder auch nur kritisch war. Aus einer Untergrund-Studie mit dem Titel «Die systematische Zerstörung der menschlichen Wesen», die 1969 unter der Hand herumgereicht wurde, ging das ganze Ausmaß der Unterdrückung hervor. Daß Salazars Scheinlegalität nur zum Gebrauch für die Auslandsöffentlichkeit bestimmt war, zeigt neben vielen anderen Beispielen der Fall des General Marques Godinho im Jahre 1947. Der General war nach der gescheiterten demokratischen «Verschwörung» von 1946 auf mysteriöse Weise ums Leben gekommen. Hohe und höchste Offiziere verlangten daraufhin eine Untersuchung des Falles, aber nichts fand statt. Als die Witwe Godinhos daraufhin die Verantwortlichen nach dem geltenden Gesetz wegen Totschlags anzeigte, ließ Salazar nicht nur die Witwe verhaften, sondern auch ihren Anwalt und ihren Sohn. Und weil die ganze Sache ein «Staatsgeheimnis» war, ließ er alle Dokumente beschlagnahmen und die beteiligten Staatsbeamten auf absolute Verschwiegenheit vereidigen.

Doch das westliche Ausland störten diese Aspekte des Salazar-Regimes weniger. Hatte der «Kampf gegen die Kriminalität» trotz weltweiter Niederlage der Faschisten den Diktator auf dem internationalen Parkett wieder hoffähig gemacht (Vorsitz bei Interpol), so hatte ihm sein «Kampf gegen Subversion und Kommunismus» sogar die NATO-Mitgliedschaft gebracht.

Über Salazars Schreibtisch hing jetzt nicht mehr das Bild Mussolinis, sondern das von Königin Elisabeth II. von England. (Später, bei Salazars Nachfolger Caetano, als es um die Aufnahme Portugals in den Gemeinsamen Markt ging, konnte man hinter demselben Schreibtisch ein Foto des Bundeskanzlers der Bundesrepublik Deutschland, Kurt-Georg Kiesinger, sehen.)

Die Imperien der großen Familien

Spezifisch portugiesisch war an Salazars Diktatur der besondere Schutz der einheimischen Industrie gegenüber ausländischem Kapital (eine Politik, die unter wirtschaftlichem Druck in den 60er Jahren aufgegeben werden mußte). Ein Gesetz zur Kontrolle der Industrie, «Lei de Condicionamento Industrial», machte es im Portugal Salazars unmöglich, eine Fabrik zu errichten oder ein Unternehmen zu erweitern, ohne die Zustimmung der Regierung dafür zu haben. Was fast wie sozialistische Kontrolle klingt, begünstigte in Wirklichkeit einige wenige private Monopole, die sich in der Hand einiger sehr reicher Familien befanden und die – von der Regierung mit Hilfe des Gesetzes geschützt – zu riesigen Imperien anwuchsen. Es ist kaum verwunderlich, daß diese Familien durch dick und dünn die Politik des Diktators stützten und verteidigten.

Neben CUF, Espírito Santo, Quina etc. gehörte auch Champalimaud zu diesen Imperien. Das Imperium war kurz nach dem Ersten Weltkrieg entstanden, als ein Kapitalist der ersten Generation, Henrique Sommer, die Gelegenheit sah, mit Zement schnell großen Profit zu machen. Portugal mußte bei hohen Transportkosten nahezu seinen ganzen Bedarf an Zement importieren, was um so ärgerlicher war, als Zement im Vergleich zu seinem Wert ein sehr hohes Gewicht hat. Sommer hatte in Deutschland gelernt, wie man Zement produziert und machte in Portugal eine Fabrik auf. Er konnte alle Importeure unterbieten und hatte schon bald eine marktbeherrschende Stellung. So weit mag es «zum Wohle der Nation» gewesen sein, wie es in Portugal immer hieß. Als dann Salazar an die Macht kam, gehörte Sommer bald zum Freundeskreis des Diktators, und durch die neue Gesetzgebung hatte er schnell das Monopol für Zement. 1940 vermachte er das Unternehmen seinem Neffen António Champalimaud, der dem rasch anwachsenden Unternehmen seinen Namen gab. Mit den wenigen anderen Zementherstellern (darunter eine dänische Firma) gründete Champalimaud ein Kartell und machte Preisabsprachen. Unter Förderung des korporatistischen Staates konnte dieses Kartell die Zementpreise willkürlich bestimmen, auch gegenüber seinem größten Kunden, dem Staat. Aus den ungeheuren Profiten kaufte er – ebenfalls mit Unterstützung des Staates – andere Unternehmen auf, Versicherungen, die Bank Pinto und Sotto Mayor, Viehherden in Angola und das einzige Stahlwerk in Portugal, die Siderurgia, die dem Schwiegervater António de Spínolas gehörte. Es war alles eine große Familie, und Spínola, obwohl er seiner militärischen Karriere nachging, war Verwaltungsdirektor der Siderurgia und auch noch Direktor anderer Firmen. Das war durchaus so üblich, denn die meisten hohen Offiziere und Generäle wurden dadurch in die «Familie» geholt, daß man sie während ihrer Dienstzeit zugleich zu Direktoren der Privatindustrie machte, was oft nicht mehr bedeutete, als daß sie an jedem Monatsende das Gehalt überwiesen bekamen.

Noch größer war der CUF-Konzern, der zuletzt ein Monopol in Tabak, Chemie und Textilien hatte. CUF hatte den sagenhaften Reichtum auf dem Monopol in Düngemitteln aufgebaut. Bezahlen mußten das alles die Arbeiter und Bauern. Sie selbst konnten die Preise nicht kontrollieren und ihre «Regierung» ging nicht mal mehr symbolisch gegen Kartelle und Preisabsprachen vor (wie das soziale und demokratische Regierungen anderer kapitalistischer Staaten gerade noch tun), nein, sie förderten Monopolbestrebungen, wo immer sie sich zeigten.

Wie sehr selbst geringe demokratische Lücken im totalitären Netz gefährlich werden können, mußte Salazar 1958 erkennen. Ein Überbleibsel aus der Republik, das auch nach 30 Jahren Diktatur noch bestand, war die Wahl des Staatspräsidenten alle 7 Jahre. Das Präsidentenamt war nicht viel mehr als ein Titel, und obgleich der Präsident laut Verfassung den Premierminister (und das war offiziell der Diktator Salazar) absetzen konnte, war das ein ebenso toter Buchstabe wie etwa die ebenfalls in der Verfassung garantierte Pressefreiheit.

Dennoch war das Wahljahr immer eine Gelegenheit für die demokratische, sozialistische, ja sogar auch für die kommunistische Opposition, eine gewisse politische Aktivität zu entfalten. Die Geheimpolizei PIDE sah es nicht ungern, war es doch eine Gelegenheit, zu überprüfen, was trotz Unterdrückung noch an politischen Strömungen vorhanden war. Trotzdem waren die nicht genehmen Präsidentschaftskandidaten bis zum Wahltag meist schon verboten oder ausgeschlossen. So war bei der Wahl von 1951 einer der Kandidaten der demokratischen Opposition, der angesehene Mathematiker Prof. Rui Luis Gomes, kurz vor dem Wahltag vom obersten Gerichtshof für «unwählbar» erklärt worden. Bei einer seiner Wahlveranstaltungen hatten zuvor «fromme» PIDE-Agenten den Kandidaten und einen Diskussionsteilnehmer zusammengeschlagen, nachdem der Fátima-Kult kritisch angesprochen worden war. Die Presse nahm dieses Ereignis zum Anlaß, Gomes als den leibhaftigen Antichrist zu porträtieren.

Doch schwierig wurde es für Salazar, als 1958 Portugals Delegierter bei der NATO, General Humberto Delgado, als demokratischer Gegenkandidat auftrat. Die Schwierigkeit für das Regime lag nicht nur darin, daß die Streitkräfte für die Geheimpolizei PIDE absolut tabu waren, sondern daß Delgado während seiner Zeit als portugiesischer Militärattaché in Washington die neuesten amerikanischen Wahlkampfmethoden gelernt hatte. Delgado machte keinen Hehl daraus, daß er – falls gewählt – Salazar sofort absetzen würde: «Wir sind es leid, wie eine Herde von Schafen behandelt zu werden.» Die ungeheure Popularität Delgados war nicht zu übersehen. Tatsächlich schaffte er es, bis zum Wahltag durchzukommen. Zwar waren weniger als 1 Million Portugiesen zur Wahl zugelassen (Analphabeten etwa durften nicht wählen); zwar war die ganze Wahlmaschinerie in der Hand der Regierung; dennoch rechneten viele mit einem Wahlsieg Delgados. Salazar ließ nach der Wahl verkünden, weniger als ein Drittel hätten Delgado gewählt. Gleichzeitig ließ er – um sich in Zukunft diese Blöße zu ersparen – die direkte Wahl des Präsidenten abschaffen. Delgado gab sich nicht geschlagen. Geschickt interpretierte der General seine Niederlage als eine der Armee. Sein offener Brief an die vier höchsten Generäle im Land ist eines der ersten wichtigen Dokumente in der Entwicklung auf den 25. April hin. In seinem Brief heißt es:

«. . . wegen der bequemen Laissez-faire-Haltung der portugiesischen Generäle . . ., wegen der Gleichgültigkeit der Armee befindet sich das Land in demselben Zustand, als sei es von einer fremden Streitmacht besetzt, mit dem einzigen Unterschied, daß weder der Einsiedler von Belém (Palast des Präsidenten in Lissabon) noch die Streitkräfte irgendeine politische Macht haben. Und durch ihre Offiziere tun letztere nichts weiter als den schändlichsten aller Dienste auszuführen, die PIDE zu unterstützen, die Polizei, die Zensur, ja, im Grunde als prätorianische Garde zu handeln . . . Glaubt Ihr Generäle, daß die portugiesischen Männer und Frauen derart unwichtige Mitglieder des menschlichen Geschlechts sind, daß sie trotz acht Jahrhunderten ihrer Geschichte weniger privilegiert sind als die Ghanesen in Afrika oder die Inder in Asien? Glaubt Ihr Generäle, daß es der Geist des Patriotismus oder der Selbstaufopferungsgeist ist, der Salazar und Santos Costa (Verteidigungsminister, Anm. d. Hrsg.) dazu bewegt, an der Macht zu bleiben? Was für eine Art Opfer ist das wohl, das sie veranlaßt, an der Macht zu bleiben, trotz der erstickten Schreie der Nation, die sie zum Gehen drängt? Wißt Ihr Generäle denn nicht, daß sich uniformierte Offiziere nicht mehr auf die Straße trauen? Wenn sie es tun, müssen sie die verächtlichen Bemerkungen oder zumindest die feindseligen Blicke der Zivilisten ertragen.»

Die Generäle reagierten ablehnend, doch soll der Brief bei den niederen Rängen beträchtliche Diskussionen ausgelöst haben. Das Jahr 1958 erlebte eine Reihe von politischen Streiks, und der Mythos von der Unbesiegbarkeit der PIDE erhielt einen ersten schweren Schlag. Der Generalsekretär der verbotenen Kommunistischen Partei, Àlvaro Cunhal, der zu 14 Jahren Gefängnis verurteilt war, konnte zusammen mit zehn anderen Gefangenen aus der Gefängnis-Festung Peniche nördlich von Lissabon entkommen und nach Ost-Europa fliehen.

Delgado gründete eine «Unabhängige Militärbewegung», unter deren Mitgliedern sich schon Offiziere wie Vasco Gonçalves (der spätere MFA-Premierminister) oder Varela Gomes (der spätere Leiter der 5. Division, die die MFA-Dynamisierungskampagne leitete) befanden. Zu der Gruppe gehörte auch ein junger Offizier der Handelsmarine, Manuel Serra, der aus der katholischen Jugendbewegung kam und nach 1974 zuerst dem Vorstand der PS von Mário Soares angehörte und dann seine eigene Partei, die FSP, gründete. Die ersten Sitzungen dieser Gruppe, die später einige Putschversuche unternahm, fanden im Büro eines jungen, politisch aktiven Rechtsanwalts, Mário Soares, statt. Zehn Jahre nach seiner Präsidentschaftskandidatur wurde Delgado von der PIDE nach Spanien gelockt und dort mit seiner Begleiterin umgebracht.

Im gleichen Jahr erlebte der Diktator Salazar, von der «Vorsehung» auserwählt und von der PIDE geschützt, den Beginn eines unwürdigen

Endes: sein Liegestuhl brach zusammen, und auch die vom amerikanischen Präsidenten eiligst eingeflogenen Mediziner konnten die entstandene Kopfverletzung nicht mehr heilen. Bezeichnender vielleicht ist die Tatsache, daß Salazar am Ende seines Lebens noch selbst zum Opfer seiner das ganze Land beherrschenden, Verdunklungs- und Verschleierungspolitik geworden ist. Nachdem die amerikanischen Ärzte festgestellt hatten, daß der Diktator sich von einem Gehirnschlag nicht mehr erholen würde, läßt Salazar dennoch verkünden, es gäbe keinen geeigneten Nachfolger. Während er nominell Ministerpräsident bleibt, ist Caetano schon vom Staatspräsidenten zum Nachfolger ernannt. Salazar erfährt davon bis zu seinem Tode – 20 Monate später – nichts.

Die Kirche und die höheren Geschäftsleute hatten es eilig, nach Salazar einen neuen Verwalter und Beschützer ihrer Privilegien zu finden. Die Wirtschaft des Landes stand vor dem Bankrott, und in den Kolonien mußten immer mehr Portugiesen gegen die afrikanischen Befreiungsbewegungen kämpfen. Caetano empfahl sich als «Liberaler» und erließ nach seinem Amtsantritt einige scheinbar reformerische Gesetze und Erlasse. Wieder einmal wurde die Geheimpolizei umbenannt (diesmal in DGS – Generaldirektion für Sicherheit), ohne daß sie wirklich geändert wurde, und einige Befürworter des Caetano-Regimes im Ausland verkauften dies allen Ernstes als «liberalen Faschismus» oder als «vorwärtsschauenden Traditionalismus».

Imperialismus auf Kredit

Vor allem sollten die afrikanischen Kolonien gehalten werden, um dort «die westliche und christliche Zivilisation zu verteidigen». Der Krieg in Afrika hatte 1961 mit einer verzweifelten Erhebung der Slumbewohner von Luanda in Angola begonnen. Die neuzeitliche Verteidigung der christlichen Zivilisation, beziehungsweise der Kolonialkrieg begann mit einem der größten Massaker in der Geschichte Afrikas. Als Antwort auf afrikanische Überfälle auf weiße Siedler im Norden des Landes fielen portugiesische Siedler, Polizei und Armee über die schwarze Bevölkerung her und massakrierten zwischen 20000 und 60000 wehrlose Menschen. Über 200000 Angolesen flohen im letzten Moment in den Kongo, wobei ungezählte unterwegs verhungert sind. Die von Jahr zu Jahr steigenden Kosten des Kolonialkrieges wurden mit den Goldreserven bezahlt, die schwarze Arbeiter von Moçambique in den «freiwilligen» Arbeitslagern der Südafrikanischen Republik erarbeiten mußten. Doch nicht nur «portugiesisches» Gold bezahlte den afrikanischen Krieg. Caetano wurde nicht müde, auf Portugal als Bastion der freien Welt hinzuweisen und auf die «loyale NATO-Partnerschaft». Großbritanniens wirtschaftliche Hilfe im Rahmen der Freihandelszone EFTA war beträchtlich, und 1963 schon hatte auch die Bundesrepublik ein Abkommen mit der Diktatur geschlossen, das es ermöglichte, daß deutsche Flugzeuge sogar in einigen Fällen (noch bevor das Balkenkreuz übertüncht war)

BUNDESDEUTSCHE
WAFFEN
BONN lieferte nachweislich von 1961 - 71 folgende Waffen für den Kolonialkrieg Portugals:
– 8 Patroullienboote (Revista de Marinha, 9/1965)
– 3 Korvetten (1365 t). (Neue Zürcher Zeitung, 6. 7. 69)
– 190 Propellerflgz. Typ Do-27 für Buschkriegführung. (Cockpit 3/1968; U. Albrecht: Deutsche Waffen für die Dritte Welt, Hmbg. 1972 S 31)
– 219 Düsenkampfflugzeuge der Typen F 86, Fiat G91, Fouga Magister. (Die Zeit, 1. 9. 67; FAZ 29. 1. 66; Deutsches Panorama 19. 1. 67)
– Zahlreiche Panzer, Artillerie und Unimogs. (Defeca National 1-2/1966)
– Mörsergranatenzünder und Maschinengewehrrohre. (Bundestagsanfrage Horn)
PORTUGIESISCHE
KOLONIALTRUPPEN
Guinea Bissao
Angola
Mosambik
AFRIKANISCHES
BLUT
Aktionskreis
Dritte Welt
Wolfhard Koth
46 Dortmund-Hörde
Am Richterbusch 6

afrikanische Dörfer mit US-Napalm beschossen.

Portugals «Imperialismus auf Kredit» war längst fest eingefügt in die wirtschaftlichen Interessen der «freien Welt». Salazars Politik der Selbstgenügsamkeit hatte angesichts der Zurückgebliebenheit der nationalen Bourgeoisie und der sprunghaft ansteigenden Kriegskosten schon vor Caetano aufgegeben werden müssen. Während der Wettlauf vor allem des südafrikanischen, anglo-amerikanischen, französischen und bundesrepublikanischen Kapitals auf die Ausbeutung der Schätze der «Überseeprovinzen» (so hießen die Kolonien jetzt) in Afrika auch der portugiesischen Elite sagenhafte Reichtümer brachte, versuchten die Banken (und hatten zunehmend Erfolg damit), den einzigen Reichtum des Mutterlandes ebenfalls ans ausländische Kapital zu verkaufen: die portugiesischen Arbeiter. So warben die Banken zum Beispiel folgendermaßen:

«1. Ziemlich geringe Löhne und Lebenshaltungskosten und reichlich disziplinierte und anpassungsfähige Arbeitskraft, die denselben Grad an Produktivität erreichen wie in den industriellen Ländern Europas. Diese Tatsache hat es Industriezweigen wie Kleidung, Elektronik und Textilien erlaubt, günstig mit Ländern und Gebieten wie Singapur, Formosa und Südkorea zu konkurrieren ...

5. Das günstigste Steuersystem Europas für Privatunternehmen, bei dem die Besteuerung der Profite, einschließlich aller örtlichen Steuern, 38 Prozent vom tatsächlichen Gewinn nicht übersteigt.»

Zu den «Dienstleistungen», die von der portugiesischen Regierung nun auch zum Wohle der ausländischen Investoren bereitgestellt wurden, gehörte auch die Geheimpolizei PIDE. Denn die hervorragend disziplinierte und billige Arbeitskraft war kein Geschenk des Himmels. Aber natürlich kostete auch die PIDE Geld. Aus Dokumenten, die man nach dem Umsturz im April 1974 gefunden hat, geht hervor, daß die PIDE größere Zuwendungen direkt von privaten Firmen erhalten hatte, wofür sie wiederum Informationen über Bewerber bei diesen Firmen lieferte oder mögliche Streiks im Keim erstickte. Viele Konzerne stellten auch PIDE-Beamte als Privatdetektive ein und sahen darin zugleich einen politischen Beitrag zur Aufrechterhaltung von Ruhe und Ordnung.

«Lissabonner Frühling» und «Intersindical»

Zu Beginn der Caetano-Zeit hatte es so etwas wie einen wirtschaftlichen Aufschwung gegeben. Die nach Westeuropa ausgewanderten Arbeiter schickten soviel Geld nach Hause, daß mit den DM, Francs und anderen Währungen über 1/3 der portugiesischen Einfuhren beglichen werden konnten. Außerdem brauchten für die im Ausland lebenden Portugiesen – und es waren in den siebziger Jahren schon über eine Million – keine Arbeitsstellen, Wohnungen, Schulen oder Krankenhäuser bereitgestellt zu werden. So konnte dieses Geld für den Kolonialkrieg ausgegeben werden. Während 40 % der Regierungsausgaben für den Krieg waren, hatte die Regierung zwischen 1967 und 1971 für Investitionen in Portugal nur 18 % des Bruttosozialprodukts übrig und stand damit in Europa an letzter Stelle.

Auch die in den sechziger Jahren hereinflutenden Auslandsinvestitionen sorgten mit für das kurze «Wirtschaftswunder». CUF hatte sich mit dänischen und schwedischen Firmen zusammengetan und unter anderem die LISNAVE-Schiffswerft aufgebaut, die bald die größte Schiffs-Reparaturwerkstatt der Welt wurde. Ihre Bank «Totta Aliança» tat sich mit südafrikanischen Konzernen zusammen, bei denen wiederum die Amerikaner Anteile hatten, vor allem die «American Chase Manhattan Bank». Der Quina-Konzern tat sich in Angola mit der «General Tire and Rubber» zusammen und in Portugal mit dem Werberiesen «J. Walter Thompson». Die Familie Espírito Santo schließlich vermählte sich mit der belgischen «Petrofina», der amerikanischen «First National City Bank» und mit der «ITT», um nur einige Beispiele zu nennen. Zwar blieb das alles im Rahmen der wenigen großen Familien, die allein den Profit machten, doch zu Beginn schien es, als ob auch das Land davon profitieren würde: Der Escudo blieb fest, und zwischen 1963 und 1970 stiegen die Industrielöhne wesentlich stärker als die Preise. Der «liberale Faschismus» Caetanos, auch «Lissabonner Frühling» genannt, schien gute Startchancen zu haben, und es verbreitete sich schnell die Illusion, Portugal könne den Kolonialkrieg in Afrika verkraften.

Doch war es wohl eine Illusion Caetanos, er könne durch «kleine Freiheiten» die Last der afrikanischen Kriege für das Volk erträglicher

Von der Zensurbehörde entschärfte Überschrift der «Republica». Statt einem Dreispalter über «Generalstreik in ganz Frankreich» nur noch ein Zweispalter über «Generalstreik in Frankreich».

machen. «Ohne Afrika wären wir ein kleines Land», beschwor er die Portugiesen in einer Rede im April 1970, «mit Afrika aber sind wir eine Großmacht.»

Als im selben Jahr in 18 der salazaristischen «Gewerkschaften» (sindicatos) regierungsfeindliche Mehrheiten in den Führungsgremien zustande kamen und hier und da unabhängige «Fabrikkomitees» entstanden, glaubte Caetano, diese leicht integrieren zu können. Die über Fernsehen und Rundfunk und durch die kommerzielle Werbung im ganzen Land verbreitete moderne Konsumwelt nach westeuropäischem Vorbild mit ihrem Mythos vom Wohlstand für alle und ihren entfremdenden Massenmobilisierungen wie Fußball und Fátima, Wettkämpfen und Skandalen, sollte die Bewegung unter den Arbeitern neutralisieren. Im Oktober 1970 schlossen sich die radikalisierten Gewerkschaften sogar zu einem Dachverband, der «Intersindical», zusammen und forderten Versammlungsrecht, Streikrecht und die freie Wahl ihrer Gewerkschaftsführer. Auch das ließ Caetano zu. Die Zensur sollte allerdings dafür sorgen, daß im Lande nichts von alledem bekannt wurde. Gleichzeitig sollte ein inoffizieller Mindestlohn von ca. 200 DM im Monat (die Regierung wies die Unternehmer an, bei den nächsten Lohnerhöhungen nicht darunter zu bleiben) der Intersindical das Wasser abgraben. Doch während «die Unternehmer dachten, das Arbeitsministerium sei von Kommunisten übernommen worden», so der damalige Finanzminister Costa André später, machte sich die Maßnahme für die Arbeiter kaum bemerkbar. Die Intersindical ging einen Schritt weiter und wandte sich an die Weltöffentlichkeit mit der Forderung, eigene Vertreter in die ILO nach Genf (dem der UNO angeschlossenen Internationalen Arbeitsamt) entsenden zu dürfen. Das wurde dem Caetano-Regime bereits zu gefährlich. Nach drei Monaten «Lissabonner Frühling» für die Gewerkschaften war es vorbei damit. Die Intersindical wurde verboten, die unliebsamen Gewerkschaftsführer aus den «sindicatos» hinausgesäubert und durch regimetreue Leute ersetzt.

Staatlich kontrolliert, sollten die Gewerkschaften wieder zurück ins gemeinsame Boot des Ständestaates, wo die «grémios», die Berufsstände, und die «sindicatos» harmonisch zusammenarbeiten und wo Konflikte von Arbeitsrichtern geregelt werden, die von der Regierung ernannt sind.

Die Intersindical ging jedoch in den Untergrund, erweitere ihren Einfluß und arbeitete zunehmend mit anderen Untergrund-Gruppen, besonders mit der «Partido Comunista Português» (PCP) zusammen.

Die Intersindical unterstützte und koordinierte sogenannte Einheitskomitees, die in den Fabriken (illegale) Streiks und andere Arbeitskämpfe organisierten. Inzwischen hatte die weltweite Inflation auf Portugal überzugreifen begonnen, die später, als die Erhöhung der Erdölpreise auf dem Weltmarkt dazukam, katastrophale Folgen für das Land hatte. Aus den ständig steigenden Preisen wurde bis 1974 eine galoppierende Infla-

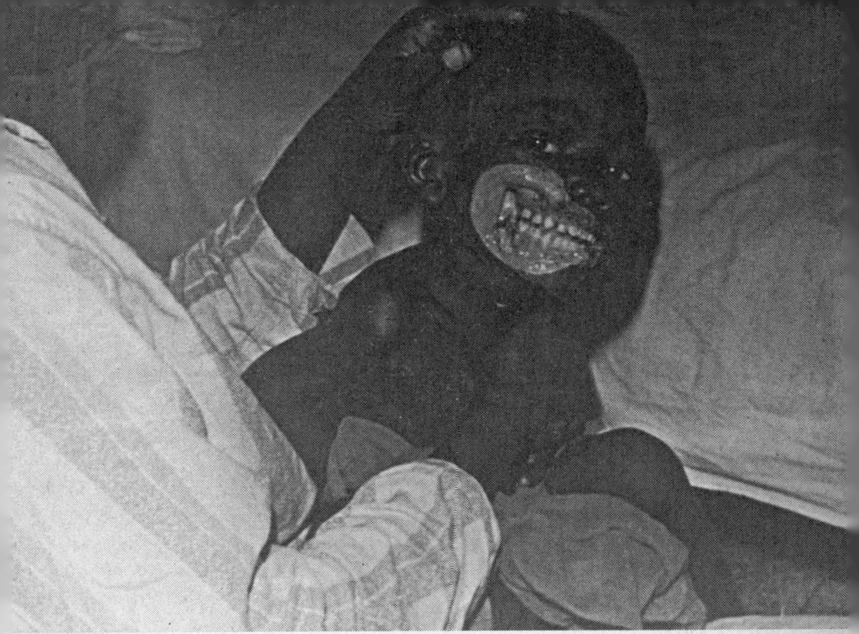

Napalm-Opfer in Moçambique

tion. In den ersten drei Monaten des Jahres 1974 waren die Preise schließlich um 63 % gestiegen. Dennoch ging der Krieg in Afrika weiter und kostete von Tag zu Tag mehr. Die Wirtschaftswissenschaftler B. und C. Rodrigues versuchten 1974 den Preis zu skizzieren, den die Bevölkerung für den Krieg in Afrika bezahlten mußte:

«1. Mobilisierung der portugiesischen Jugend für den längsten Militärdienst der Welt; 2. 10000 Tote; 3. 20000 Verwundete und Verstümmelte; 4. unermeßliche psychologische Folgen; 5. schwere Steuererhöhungen; 6. beträchtliche Erhöhung der Lebenshaltungskosten; 7. Verlust der Märkte in Ländern, die gegen den Kolonialismus waren; 8. stückchenweise Verkauf des Landes an ausländische Unternehmen; 9. Ausbau der politischen Macht von bestimmten Wirtschaftsgruppen, denen die Fortsetzung der Kriege Gewinn bringt ...»

Im Sommer 1973, gerade als Caetano einen großaufgemachten Staatsbesuch beim ältesten Verbündeten Portugals, dem Königreich Großbritannien, vorbereitete, gelang es portugiesischen Arbeitern in England, zusammen mit portugiesischen, spanischen und englischen Priestern, die weltweite Nachrichtensperre über die Kriegsführung der portugiesischen Armee in Afrika zu durchbrechen. Während das deutsche Fernsehen etwa weiterhin «public-relations»-Sendungen über die zivilisatorische

Mission Portugals in Afrika brachte (so in Klaus Stephans «Report» vom Bayrischen Rundfunk und in «Ortszeit» vom ZDF), begann am 10. Juli 1973 in der Londoner «Times» eine Artikelserie des englischen Paters Adrian Hastings über die Ausrottung ganzer afrikanischer Dörfer im Stil von Oradour und My-Lai. Bald darauf wurden diese Nachrichten auch in Portugal selbst hinter dem Rücken der Geheimpolizei weitergereicht. Zum Schluß waren nicht nur die Arbeiter gegen das Caetano-Regime und nicht nur die wachsende Zahl der Familien, deren Söhne nicht mehr aus Guinea-Bissau, Moçambique oder Angola zurückkamen, auch die großen Unternehmerfamilien und mit ihnen die von ihnen «versorgten» Generäle fühlten sich nicht mehr richtig vertreten, wie es doch Salazar noch jahrzehntelang so erfolgreich getan hatte.

Sie drängten jetzt auf eine «politische Lösung» des Afrika-Krieges, auf ein neo-kolonialistisches Modell, wie es Frankreich, England und andere europäische Länder doch längst erfolgreich praktizierten, und bei dem Ausgaben und Einnahmen wieder in einem «vernünftigen» Verhältnis zueinander stehen würden. General António de Spínola artikulierte diese Vorstellungen in einem Buch, «Portugal und die Zukunft», das von einem der modernen Kapitalisten, dem CUF-Konzern, herausgegeben wurde und natürlich auch die Unterstützung von Spínolas eigenem Familien-Konzern, Champalimaud, hatte.

Als am 25. April 1974 die Offiziere der «Bewegung der Streitkräfte» (MFA) das Caetano-Regime stürzten, gab es eigentlich nur noch eine Gruppe von Geschäftsleuten, die vollauf zufrieden war: die Spekulanten. Sie erlebten in den letzten Monaten des alten Regimes noch einmal einen Aufschwung, die unzähligen Ruinen von halbfertigen Bürohochhäusern und Luxusappartments sind heute noch in Lissabon zu besichtigen.

In der vornehmen rua Maria Cardoso kann man von den obersten Fenstern eines Gebäudes aus auf ein solches Spekulationsgrundstück gegenüber hinuntersehn. Es ist aus den Fenstern des Hauptquartiers der Geheimpolizei PIDE/DGS zu sehen, wo die Gefangenen mit der Bemerkung «bis hier hoch kommt kein Gesetz» gefoltert wurden. Das Grundstück gegenüber gehört einem mächtigen Presse-Cäsaren aus der Bundesrepublik. Aus diesem Geschäft ist dann nichts mehr geworden. Ob deshalb die Berichte über das neue Portugal in seinen Zeitungen ganz besonders verbittert waren?

Ein Dokument: «moderne» Folter

«Ich heiße Àlvaro Augusto Veiga de Oliveira. Ich wurde am 20. Dezember 1965 gegen 8 Uhr morgens von einer Brigade von etwa dreißig Leuten verhaftet. Der bewaffnete Anführer hielt mir die Pistole vor die Brust, man steckte mich in ein Auto, und ich wurde ins PIDE/DGS, das Hauptquartier der Geheimpolizei in der rua António Maria Cardoso, gebracht. Zuerst kam ich in eine Sonderzelle im Parterre. Die Zelle hatte eiserne Türen, die magnetisch geöffnet wurden, das heißt, durch einen elektrischen Knopfdruck. Man nahm eine Leibesvisitation vor, und gegen 11 Uhr wurde ich in eine andere Zelle zum Verhör gebracht. Ich kann mich noch gut erinnern, es war am 20. Dezember 1965, und die erste Nacht, in der ich schlafen durfte, war die Nacht vom 7. zum 8. Januar 1966, das heißt 18 Tage nach der Verhaftung. In diesen 18 Tagen hatte ich nur die Möglichkeit, auf einer Holzbank zu sitzen. Die Mahlzeiten wurden mir in die Zelle gebracht, ich durfte die Zelle nur verlassen, um zur Toilette zu gehen und mich zu waschen. Man hat mir keine Fragen gestellt, weil man wußte, daß ich nicht antworten würde. Man hat mir zwar von Zeit zu Zeit Schläge angedroht, aber während dieser Zeit wurde ich nicht geschlagen. Ich wurde in dieser Zeit leider berühmt, weil die Dauer meines Schlafentzugs der Rekord für Portugal war. Für die Nacht vom 7. zum 8. Januar erhielt ich ein Bett. Dann begann der Schlafentzug von neuem für 10 Tage, ja, das heißt bis zum 18. Januar. Während dieser Zeit durfte ich nicht mehr sitzen, das heißt, ich hatte Schlafentzug und «Statuenstehen» gleichzeitig. («Statuenstehen»: der Gefangene wird gezwungen, stehenzubleiben, und wird geschlagen, sobald er sich bewegt, Anm. d. Hrsg.). Und ich wurde sehr oft geschlagen, auf verschiedene Weise. Ich kam zum Beispiel in einen Kreis von fünf bis sechs Agenten, die ganz unregelmäßig (diese Unregelmäßigkeit war System) auf mich einprügelten. Ich habe seitdem «Boxerohren», das heißt, die Ohrmuscheln sind von Fausthieben zerstört. Das kann man wahrscheinlich nicht sehen, aber sie sind ohne Gefühl, man kann sie wie einen Lappen in alle Richtungen bewegen. Nach diesen zehn Tagen erhielt ich wieder ein Bett für eine Nacht, dann erneut Schlafentzug für sieben Tage und Nächte. In diesen sieben Tagen war ich dem Tod sehr nahe, und ich habe öfters geglaubt, schon tot zu sein, als Folge der Prügel und der Übermüdung. Ich war einfach am Ende meiner physischen Kraft. Diese sieben Tage wurden mit einer Tracht Prügel beendet, ich fiel dabei in Ohnmacht, und meiner Berechnung und Schätzung nach befand ich mich 24 Stunden lang im Koma. Danach hörte man auf, und ich wurde in eine normale Zelle gebracht. Das ist nur ein kleines Resümee darüber, wie diese Tage verliefen. Im einzelnen kann ich noch sagen: ich wurde nicht mit normalen Mitteln geschlagen und bedroht. Nicht normal ist ein von der Polizei benutztes Instrument, das keinen Namen hat. Es hat Ähnlichkeit mit den elektrischen Ochsenziemern, die man in Kalifornien benutzt. Diese Instrumente werden auch dort hergestellt, sie werden dort benutzt, um Viehherden in ihre Gatter zu treiben. Ich weiß nicht, ob Sie das kennen, vielleicht haben Sie es nie gesehen, aber in den Vereinigten Staaten kann man es kaufen. Es sieht wie ein Polizeiknüppel aus, auf der einen Seite Gummi, auf der anderen Seite schwarzer Kunststoff, Bakelit. Auf einen Druck treten zwei Stäbchen, das sind zwei elektrische Pole, hervor, und bei Annäherung erhält man einen elektrischen Schock. Das heißt, Elektroschocks, die für das Vieh nicht sehr stark sind, für einen Ochsen von dreihundert bis vierhundert Kilo bewirkt das, daß er schneller läuft. Aber die Menschen sind ja kein Rindvieh, das abends in die Gatter getrieben werden muß. Außerdem benutzte man Gummiknüppel mit einem besonderen Endstück, mit dem man auf ganz bestimmte Stellen am Körper einschlug. Diese elektrischen Knüppel hatten den Zweck, die Leute wachzuhalten, und sie waren eine zusätzliche Folter. Es wurden ganz bestimmte Stellen des Körpers geschlagen und geprügelt, und die DGS-Leute sagten selbst: «Wir sind nicht daran interessiert, alle Stellen des Körpers zu treffen, vor allem nicht solche Stellen, an denen es blaue Flecke gibt, weil solche blauen Flecken dann als Beweis gegen uns benutzt werden könnten.» Natürlich ist am ersten Tag der Schmerz nach solchen Schlägen «normal», aber am Ende des dritten oder vierten Tages wurde dieser Schmerz unerträglich. Neben diesen Prügelmethoden ist der Schlafentzug die wichtigste Foltermethode. Und Menschen, die das nicht durchgemacht haben, können sich nicht vorstellen, was es bedeutet, Tage und Nächte ohne Schlaf zu sein. Wenn man todmüde ist und nicht schlafen darf. Aber die PIDE-Leute wissen, man hat das Bedürfnis zu schlafen, deshalb läßt der Agent zu, daß man für wenige Sekunden die Augen schließt. Dann weckt er einen brüsk auf (er läßt ein Brett fallen oder kratzt mit einer Münze über eine rauhe Glasscheibe) und jedes Mal schlägt das Herz heftig wie ein Blitz, und das zerstört die Gesundheit des Opfers vollkommen. Das ist die Hauptabsicht beim Schlafentzug. Der andere Effekt des Schlafentzuges sind Halluzinationen. Der Gefangene beginnt zu glauben, daß er etwas sieht, daß er etwas hört, was es nicht gibt. Und sie fördern sogar noch diese Halluzinationen, sie vereinfachen den Weg dahin. In dieser Zelle gab es ein Abhörsystem, das in einen Raum führte, wo man alles abhören konnte. Man kann die Leitung noch sehen, und sie hatten die Möglichkeit, das Gehörte auf Tonband aufzunehmen.

Frage: Wurden auch Geräusche oder Stimmen in die Zellen eingespielt?

Antwort: Diese Frage kann ich beantworten, aber es ist sehr schwierig, solange wir keine konkreten Beweise haben. Es ist nämlich sehr schwer, diese Geräusche von Halluzinationen zu unterscheiden. Ich glaube tatsächlich, daß man das konkret erst dann beweisen kann, wenn Tonbandaufnahmen darüber zur Verfügung stehen. Ich habe das zwar gehört, aber ich hatte nach so vielen Tagen ohne Schlaf Halluzinationen, und deshalb kann ich nicht und will ich auch nicht Dinge sagen, die man mir über Lautsprecher oder vom Tonband überspielt hat, oder über Schreie, ich habe sie gehört, aber ich kann es nicht beweisen. Man sieht Personen, die nicht da sind, man hört Zurufe, Appelle von bekannten Stimmen, man hört Schreie von Stimmen, die einem bekannt vorkommen, aber das beweist meiner Ansicht nach nicht, daß diese Stimmen existieren. Was ich beweisen kann, ist dies: daß die Schlaffolter, Mißhandlungen und all das, Halluzinationen hervorruft und man sich alles mögliche vorstellen kann. Das ist es, was erreicht werden soll: physisch und moralisch zerstören, aber nicht töten. Und es führte bis an die natürliche Grenze des Lebens. Ich habe erlebt, daß ich oft das Gefühl hatte, gestorben zu sein. Das ist ein entsetzliches Gefühl: ein Mensch, der erfährt, daß er sterben muß, nicht weil er krank ist, sondern weil er nicht sprechen will, das ist schrecklich. Menschen in einer solchen Situation wie meiner sind einem Herzanfall sehr nah. Ich erinnere mich an Halluzinationen sehr deutlich: ich kniete an einer Wand und habe diese Wand geküßt, weil ich dachte, daß ich meine Frau küssen würde. Ich glaubte, sie sei da. Aber sie lebte auch im Untergrund, und die Polizei hat sie nie gefunden. Als ich aus der Halluzination aufwachte, merkte ich, daß ich die Wand geküßt hatte. Ich habe es erst bemerkt, daß es eine Halluzination war, als die Bewacher laut lachten: das ist Halluzination . . . Die Verhöre waren abhängig von der jeweiligen Lage: manchmal wurden dem Gefangenen pausenlos Fragen gestellt; manchmal waren es viele, die gleichzeitig fragten, manchmal war es nur einer, der verhörte. Es kam aber auch vor, daß, wenn der Gefangene nicht antwortete, auch keine Fragen gestellt wurden. Man versuchte ihn physisch und moralisch zu zerstören, ehe man weiterfragte.

F.: Haben auch Ärzte bei den Verhören mitgewirkt?

A.: Es gab Ärzte, die gerufen wurden, zwei von ihnen sitzen jetzt im Gefängnis, sie mußten aufpassen, daß die Folter nicht lebensgefährlich wurde. Sie kamen, sahen sich den Gefangenen an, und wenn der Arzt der Ansicht war, der Gefangene könne das Verhör noch weiter ertragen, dann wurde weiter gefoltert. Wenn sie aber Bedenken hatten, ordneten sie an, daß mit der Folterung aufzuhören sei, weil sie kein Interesse an einem Toten hatten.

F.: Haben auch Rechtsanwälte auf seiten der PIDE mitgewirkt?

A.: Was ich über die Ärzte gesagt habe, trifft auch für Rechtsanwälte zu: aber das waren keine Rechtsanwälte, sondern Funktionäre der PIDE/DGS.

Noch etwas über den Schlafentzug: Die Bewacher trugen dabei Oropax, damit sie selbst nichts hörten von den Geräuschen, denen die Gefangenen ausgesetzt waren. Die Geräusche sollten den Gefangenen wachhalten, und er allein sollte die Geräusche hören. Die Halluzinationen haben ihn physisch, aber nicht moralisch zerstört. Die Bewacher erzeugten auch andere Geräusche: sie schlugen auf den Tisch, auf die Fenster; und diese – meist plötzlichen – Geräusche wirkten auf die Gefangenen in ihrem besonderen Zustand eben anders als unter normalen Umständen. Das bedeutet, daß man Geräusche als Folter einsetzte. Das sind alles subtile Dinge. Erfahrungen wurden im Laufe der Jahre gesammelt, und die Methoden wurden immer raffinierter, um die Menschen nicht zu töten, ja, ihnen nicht einmal einen Arm zu brechen, denn ein gebrochener Arm kann heilen, während man auf diese andere Weise das Leben eines Menschen zerstört.

Befreiung
der politischen
Gefangenen

Von der Antiguerilla-Armee zum Anwalt des Volkes

In der Nacht zum 26. April 1974 leuchteten von einem Feld in der Nähe des Gefängnisses Caxias Morsezeichen zu den Zellen der politischen Gefangenen hinüber. STAATSSTREICH lautete die Botschaft. Nach einer Weile kamen aus einer der Zellen ebenfalls Lichtzeichen. Ob von links oder von rechts, wollten die Gefangenen von ihren Freunden draußen wissen. MILITÄR kam die Antwort zurück.

«In dieser Nacht fürchteten wir ernsthaft um unser Leben», schilderte ein Gefangener später die langen Stunden des Wartens, bis endlich im Laufe des nächsten Tages mehr über den Militärputsch bekannt wurde.

Im Zentrum Lissabons, in der vornehmen Gegend um den Park Eduardo VII., war das vierstöckige Gebäude des Privatsenders «Rádio Clube Português» Ziel der ersten «militärischen Eroberung» am 25. April. Gegen 3 Uhr morgens klopften 8 junge Offiziere in Uniform an die Pforte. Als der Pförtner öffnete, zogen die acht ihre Pistolen und wünschten verlegen «Guten Abend», bevor sie sich an die vorausbestimmten Plätze begaben. Einige gingen zum Generator (der Sender war ausgewählt worden, weil er seinen eigenen Generator hatte). Einer blieb beim Pförtner, und ein anderer «besetzte» die Telefonzentrale. Drei Mann gingen in das Studio 2, von wo aus gerade gesendet wurde. Sie kannten die Örtlichkeiten gut. Als «Radio-Arbeitsgruppe der Kaserne» hatten sie in den vergangenen Wochen, von einem Freund und Techniker bei RCP (Rádio Clube Português) vermittelt, öfters die Einrichtungen des Senders besichtigt, Fragen gestellt, Notizen gemacht und sich stets am Ende freundlich bei allen bedankt.

Als sie jetzt pistolenfuchtelnd dem Disk-Jockey bedeuteten, weiterzumachen und alle anderen in einer Ecke zusammentrieben, fragte der Studio-Leiter empört: «Was geht hier vor? Was fällt Ihnen ein?» Einer der Offiziere – er hatte, wie alle anderen, bei General Spínolas Abteilung für psychologische Kriegsführung in Guinea-Bissau gedient, antwortete: «Meine Freunde, wir wollen eure Mitarbeit. Wenn wir sie nicht bekommen, wird es unangenehm für euch sein. Ihr befindet euch in einem Staatsstreich.» Auch hier – von einem Journalisten ängstlich gestellt – die Frage «von links oder von rechts?» Der Offizier antwortete zögernd: «Von der richtigen Seite. Wir wollen ein demokratisches Land. Wir wollen Freiheit für alle Menschen.» Für einen der Journalisten war diese Information vielversprechend genug, um seine 4-Uhr-Nachrichten für eine Botschaft anzubieten. Aber die Offiziere winkten ab. Sie warteten auf einen Kurier aus der Pionier-Kaserne von Pontinha, wo sich die zentrale Leitung des Putsches unter Hauptmann Otelo Saraiva de Carvalho installiert hatte, nachdem das Regiment nahezu lautlos seine eigene Kaserne besetzt und die wenigen nicht beteiligten höheren Offiziere verhaftet hatte. Der Kurier kam um zehn nach vier, und das erste Communiqué wurde gesendet.

In der Kaserne der portugiesischen Kavallerie-Schule in Santarém, etwa 70 km nordöstlich von Lissabon, hatte kurz vor Mitternacht eine Gruppe von Offizieren sich zum gemeinsamen Abhören einer Sendung des privaten katholischen Senders «Rádio Renascença» eingefunden. Es war die Sendung «Limite» (Grenze, äußerster Termin), ein Insider-Programm für Intellektuelle. Der Autor und Moderator von «Limite», José Vasconcelos hielt sein Programm gerne für links, was allenfalls an dem sonst kaum gespielten Liedern, etwa eines José Afonso, zu bemerken war. Die Offiziere hatten – wie vereinbart – in der Abendzeitung «República» vom Tag zuvor eine Notiz gelesen. Neben dem Kino-Programm hatte da folgender Text gestanden: «Die Sendung ‹Limite› ist von Woche zu Woche besser geworden. Wegen der Qualität ihrer Nachrichten und ihrer Musik-Auswahl muß man die Sendung unbedingt hören.» Ein Redakteur bei «República» und José Vasconcelos von «Rádio Renascenca» waren die einzigen Journalisten gewesen, denen die Offiziere so absolut vertrauen konnten, daß sie sie in ihre Vorbereitungen mit einbezogen. Die Gruppe in Santarém hörte eine Weile dem tiefschöpfenden Limite-Programm zu, nicht ohne sich hin und wieder einen fragenden Blick in die Runde zuzuwerfen, bis endlich ein Aufatmen durch die Runde ging. Am Sender ertönte das Lied «Grândola, Vila Morena». Das alte Lied aus dem Alentejo, in dem José Afonso Gleichheit, Brüderlichkeit und Freiheit besingt; es war das Zeichen zum Aufbrechen. Die Offiziere weckten die Mannschaften zum angekündigten «Routine-Manöver», und wenige Stunden später rasten die Panzer der Kavallerie-Schule nach Lissabon.

Bis um 8 Uhr hatte sich den Panzern aus Santarém und den anderen Einheiten, die jetzt zum Stadtkern Lissabons vordrangen, kein Widerstand entgegengestellt. Die Bevölkerung war schon im Morgengrauen hier und da zu sehen, zunächst noch skeptisch und abwartend. Gegen 8 Uhr kam dann ein erstes Communiqué an die Bevölkerung über die Sender, in dem es hieß, Ziel des Militärputsches sei es, «dem Regime ein Ende zu machen, das das Land so lange unterdrückt hat». Jetzt wurden die ersten Zigaretten zu den Panzern hochgereicht, und erste Schilder mit den Worten «Freiheit» tauchten auf. Die Aufforderung im Communiqué, zu Hause zu bleiben und nicht auf die Straße zu gehen, überhörten die Lissabonner einfach. Immer größer wurden die Menschenmassen um die Fahrzeuge der Soldaten herum. Als die Panzer aus Santarem vom Rossio-Platz im Zentrum aus die kleinen steilen Straßen zum Hauptquartier der GNR-Polizei fuhren, wurden sie von Hunderten von Zivilisten geschoben . . . Für ihren 29jährigen Kommandeur, Hauptmann Salgueiro Maia, waren dies die größten Ovationen, die je der Armee entgegengebracht wurden. «Wenn wir 100 Prozent zuversichtlich waren, als wir Santarém verließen», berichtete er später, «so waren wir es jetzt mindestens 1000 Prozent.»

Doch das Zentrum der Macht, die Kaserne der republikanischen Nationalgarde GNR auf dem Carmo-Platz, war noch nicht eingenommen. Diese Polizei gehörte zur Hauptstütze des alten Regimes. Sie hatte durch dessen Sturz am meisten zu verlieren. Der Diktator Caetano hatte sich hierher geflüchtet, und es sprach sich im Laufe des Mittags herum, daß die Polizisten Flak-Geschütze aufgefahren und einen gepanzerten Kampfhubschrauber angefordert hatten. Maia berichtete von diesem Stand: «Es war jetzt nahezu unmöglich, die Soldaten und die Zivilisten auseinanderzubringen. Alles konnte passieren . . . die drei Luftabwehrgeschütze, die sie hatten, konnten eine üble Schweinerei unter den Leuten anrichten, die draußen mit uns auf dem Platz waren.»

Otelo de Carvalho hatte in den Wochen vor dem Putsch die Polizeikräfte genau beobachtet, besonders bei dem gescheiterten Putschversuch des Regiments von Caldas am 16. März. Als einen der vielen Mythen des alten Regimes hatte er die Vorstellung von der ungeheuren Schlagkraft der Staatssicherheitsorgane, besonders der GNR, entlarven können. Sie hatten nicht einmal das moderne Gewehr G-3, wie allgemein angenommen wurde (sie sollten es erst im Laufe des Jahres bekommen), und der Aufstand von Caldas hatte von einer Einheit der Armee niedergeschlagen werden müssen. Die GNR und PIDE/DGS-Polizisten waren nur mit von der Partie gewesen, um mit der gewohnten Brutalität und Härte die Verhaftungen vorzunehmen. Brutalität sei nicht unbedingt identisch mit erfolgreicher Organisation und Schlagkraft, hatte Carvalho seinen Kollegen in den Vorbereitungssitzungen klargemacht: die GNR sei ein Papiertiger. Immerhin gab es neben der GNR und der Geheimpolizei auch noch loyale Truppenteile, die sich sicherlich jetzt irgendwo gruppieren würden. Tatsächlich war gegen 8 Uhr morgens eine Panzerkolonne aufgetaucht. Es war dasselbe Regiment, das den Aufstand von Caldas gestoppt hatte. Sei es, daß die Offiziere dieses Regiments in dem Monat seit Caldas einen Lernprozeß durchgemacht hatten, sei es, daß ihnen die Übermacht der anderen Seite zu groß war, sie fuhren mit acht Panzern bis dicht an die Fahrzeuge von Maias Einheiten heran. Der Kommandeur der loyalen Einheit, ein höherer Offizier, saß im 5. Panzer. Geleitet wurde die Kolonne von einem Leutnant im ersten Panzer, der seine Luke aufmachte und Maia zurief: «Ich bin hier, um Sie anzugreifen, aber darüber kann ich nur lachen.» Bis der Kommandeur aus der Luke seines (sicheren) fünften Panzers kam, war er bereits umstellt und wurde verhaftet.

Etwas schwieriger war es mit einer anderen Einheit, die von einem General Reis (dem einzigen General, der sich so weit vorwagte) befehligt wurde. Aber auch hier fand die Schlacht mit Worten statt, wobei die Waffen der Putschisten freilich die Voraussetzung dafür waren. Als die

República

Fundado por ANTÓNIO JOSÉ DE ALMEIDA — Director RAUL RÊGO

ANO 62 (2.ª SÉRIE) N.º 15 422 — SEXTA-FEIRA 26 DE ABRIL 1974 — Preço 2$50

O PROGRAMA DO MOVIMENTO

- EXTINÇÃO IMEDIATA DA D. G. S., LEGIÃO E A. N. P.
- AMNISTIA IMEDIATA PARA OS PRESOS POLÍTICOS
- ABOLIÇÃO DA CENSURA E EXAME PRÉVIO
- REORGANIZAÇÃO E SANEANENTO DAS FORÇAS ARMADAS
- COMBATE EFICAZ CONTRA A CORRUPÇÃO
- PERMITIDA A FORMAÇÃO DE «ASSOCIAÇÕES POLÍTICAS»
- LUTA CONTRA A INFLAÇÃO E A ALTA DO CUSTO DE VIDA

2ª EDIÇÃO

Considerando que, ao fim de treze anos de luta em terras do Ultramar, o sistema político vigente, não conseguiu definir concreta e objectivamente, uma política ultramarina que conduza à paz entre os portugueses de todas as raças e credos;

considerando que a definição daquela política só é possível com o saneamento da actual política interna e das suas instituições, tornando-as pela via democrática indiscutidas representantes do Povo Português;

considerando ainda que a substituição do sistema político vigente terá de processar-se sem convulsões internas que afectem a paz, o progresso e o bem-estar da Nação;

O Movimento das Forças Armadas Portuguesas, na profunda convição de que interpreta as aspirações e interesses da esmagadora maioria do Povo Português

(Continua na 11.ª pág.)

O nosso jornal saiu ontem pela primeira vez desde há mais de quarenta anos, sem ir à Censura. Podemos informar os nossos leitores que da Secretaria de Estado da Informação e Turismo nos telefonaram para enviarmos provas ao Exame Prévio. Do Exame Prévio insistiram diversas vezes, pedindo provas. Mas os nossos leitores tiveram um jornal, como saiu dos trabalhadores que o fazem. Assinalemos também que foi «República» o primeiro jornal a anunciar o fim do regime que dominou a Nação durante 48 anos. Como se vê da insistência do Exame Prévio, não sairam a bem os homens que pela força obtiveram o poder e que só à força o abandonaram

OS QUE NÃO VIRAM O DIA DE ONTEM

A euforia do povo de Lisboa constitui um plebiscito. Como foram as manifestações do fim da Guerra, as consentidas do MUD das candidaturas de Norton de Matos e Humberto Delgado, todas aquelas em que foi permitido ao povo exprimir o seu sentimento.

Foi longa a noite, muito longa e durante ela muitos foram os combatentes abatidos uns na aspereza do combate ou que a morte foi levando. Nomes? São tantos aqueles que desejaram ver o ruir dos muros da cadeia e contra eles se esforçaram, desde os que em 3 de Fevereiro, no Porto, e em 7 de Fevereiro em Lisboa, se revoltaram com Sousa Dias e Fernando Freiria, Jaime Cortesão, e Jaime de Morais, e de que está ainda presente João Sarmento Pimentel, no distante exílio de São Paulo, que dificilmente se podem citar todos. E foram realmente legião desde nomes conhecidos ou simples anónimos, abatidos a tiro no Rato, ou no meio das febres do Campo de concentração do Tarrafal.

Agatão Lança e Ribeiro de Carvalho, Francisco de Aragão, Areoa Feio, tantos outros militares que não abdicaram jamais dos seus direitos cívicos e por isso tiveram a prisão e o exílio! Alvaro de Castro foi dos primeiros a partir; Helder Ribeiro foi-se embora há meses. Entre eles toda aquela falange dos Jovens Turcos, com Vitorino Godinho, Américo Olavo, Vitorino Guimarães, outros.

Dos homens públicos da Primeira República, desde Afonso Costa a Cunha Leal passando por Domin-

(Continua na 15.ª pag

A P.I.D.E.-D.G.S. RENDEU-SE ESTA MANHÃ

(Ler na última página)

24 PÁGINAS

ESTE JORNAL NÃO FOI VISADO POR QUALQUER COMISSÃO DE CENSURA

Die erste «Republica» nach dem Umsturz mit dem Hinweis: «Diese Zeitung wurde von keinerlei Zensurkommission geprüft.»

zwei loyalen Panzergruppen unter dem Brigadegeneral Reis ihre Kanonen auf die quergestellten gepanzerten Fahrzeuge der Putschisten gerichtet hatten, floh die Bevölkerung in die Hausflure und Nebenstraßen der Avenida Ribeiro. Einer der Panzer gab sogar unter ohrenbetäubendem Lärm einen Warnschuß in die Luft ab. Daraufhin gingen zwei Offiziere der Putschisten an diese Panzer heran und riefen: «Wenn Sie noch einen Schuß abgeben, bedeutet das Bürgerkrieg. Soll die Armee auf die Armee schießen?» – Die Offiziere der beiden Seiten hatten mehr oder weniger die gleichen Erfahrungen gemacht, einige kannten sich von der Militärakademie, und alle hatten seit Caldas wohl an diesen Moment gedacht. Brigadegeneral Reis stieg aus seinem großen Patton-Panzer und schrie seine Offiziere an: «Geben Sie Feuer!», er lief von einem Panzer zum anderen und wiederholte seinen Schießbefehl, wobei er mit Verhaftung und Militärgericht drohte. Die Panzer schossen nicht, aber es ergab sich auch niemand. So ging die Diskussion noch etwa eine Stunde weiter, bis die «loyalen» Truppen sich schließlich doch ergaben.

Vor der Carmo-Kaserne der GNR-Polizei, in der Caetano Zuflucht gefunden hatte, verwiesen die Polizeioffiziere bei der Aufforderung, sich zu ergeben, jeweils an den nächsthöheren Offizier, bis der Kommandeur schließlich mitteilte, er könne nicht entscheiden, die Putschisten müßten sich an Caetano selbst wenden, was sie auch taten.

Auf Vorschlag des Staatssekretärs in Caetanos Informationsministerium, der zugleich ein Freund des Generals Spínola war, sollte Caetano sein Amt an Spínola abtreten. Die Putsch-Offiziere waren einverstanden, obgleich Spínola nichts mit den Vorbereitungen oder der Durchführung des Putsches zu tun hatte. Caetano übergab Spínola sein Amt schließlich mit den Worten: «Passen Sie auf und behalten Sie die Kontrolle. Mich ängstigt der Gedanke, daß die Macht an die Straße übergehen könnte.» Spínola versprach's und forderte sogleich, daß der Vertreter der MFA, der ihm die Bedingungen der putschenden Offiziere mitteilen sollte, nicht unter dem Rang eines Oberstleutnants sein dürfte. Die Offiziere schickten den einzigen unter ihnen, der diesen Ansprüchen gerecht wurde, Oberst Vasco Gonçalves. Gonçalves, der spätere Ministerpräsident, stand politisch am weistesten links und kam also dem, was Caetano und Spínola wohl unter «Straße» verstanden, am nächsten.

Die nächste Schlacht fand nur noch mit Worten statt – in dem Offizierskasino der Pionierkaserne von Pontinha. Die Putsch-Offiziere verhandelten mit Spínola über die nächsten Schritte. Eine «Junta der nationalen Rettung» mit höheren Offizieren besetzt und mit Spínola an der Spitze, sollte dem Land als neues Führungsorgan vorgestellt werden, und das von der Offiziersgruppe ausgearbeitete «Programm der Bewegung der Streitkräfte» mit kurz- und mittelfristigen Schritten sollte als Grundlage dazu dienen.

So wie die militärischen Aktionen im Morgengrauen des 25. April mit der Besetzung einer Radiostation begonnen hatte, so sollte sie am Abend

Die ersten Demonstrationen. Auf dem Schild: «Niemand hat uns bezahlt. Wir sind freiwillig gekommen.»

«Endlich! Liebe, Freiheit, Gerechtigkeit, Arbeit, Brot, Sozialismus.»

mit einem Fernsehprogramm enden, in dem der Bevölkerung klar die Richtung, Personen und das Regierungsprogramm der neuen Machthaber dargestellt würden. Doch die Diskussion zwischen den MFA-Offizieren und dem selbstsicheren General war schwierig. Spínola war gegen «das Recht auf Unabhängigkeit», wie es das MFA-Programm den afrikanischen Völkern in den portugiesischen Kolonien garantieren wollte. Schließlich willigten die Offiziere ein, diesen Abschnitt ihrer «mittelfristigen Schritte» in eine vage Formulierung von «Überseepolitik, die zum Frieden führt», umzuformulieren. So konnten sie schließlich Spínola mit seiner Junta um 1.20 Uhr des nächsten Morgens der wartenden Nation am TV vorführen. Zuvor hatten die Offiziere jedoch ihr ursprüngliches Programm mit dem «Recht auf Unabhängigkeit» an die Abendzeitung «República» gegeben, wo es auch so erschien. Die MFA gedachte daran festzuhalten, und so war der Konflikt mit Spínola vom ersten Moment an auf der Tagesordnung. Jetzt, wo zumindest klar war, daß diese Offiziere und ihre «Bewegung der Streitkräfte» (MFA) nicht rechts standen, ja sogar eine ausgesprochene Neigung für demokratische Veränderungen und Maßnahmen «für die am wenigsten Begünstigten im Land» zeigten, fragte sich alle Welt, wie es kam, daß Militärs ausnahmsweise einmal nicht von rechts kamen.

Warum linke Offiziere

An die zahllosen Militärrevolten, die in den letzten zehn Jahren vor allem in Afrika, Südamerika oder im Nahen Osten stattfanden, haben wir uns gewöhnt. Wir vergessen dabei leicht, daß drei davon (vor dem 25. April 1974) auch in Europa stattfanden. In Griechenland und der Türkei, oder auch in Frankreich 1958, als General de Gaulle mit Hilfe höherer Generäle an die Macht kam. Keiner von diesen Militär-Coups war fortschrittlich oder demokratisch. Auch in Portugal war es nicht von Anfang an klar, daß der Militärputsch «links» sein würde. Die Erkenntnis, daß die faschistischen Diktaturen Salazars und Caetanos eng verbunden waren mit dem kapitalistischen System und daß deshalb nur ein anderes System, so etwas wie «Sozialismus», die Grundlage einer neuen Demokratie sein müßte, kam für viele der Offiziere erst ganz am Ende eines langen Lernprozesses, ja, einigen erst lange nach dem 25. April.

Bis 1961, der ersten schwarzen Erhebung in Angola, hatte Portugal noch eine völlig andere Armee, die mehr dem klassischen Modell entsprach. Während die Soldaten zum größten Teil aus den ärmsten Familien der Landbevölkerung und unter den Eingeborenen in den Kolonien rekrutiert wurden, kamen die Offiziere meistens aus der Aristokratie und den Oberschichten. Diese Offizierskaste war eng mit der Geschäftswelt verbunden, Generäle saßen in den Aufsichtsräten der großen Unternehmen, andere Offiziere stellten Gutachten her oder machten andere Geschäfte. Selbst später, als der Krieg in Afrika tobte, hatten die meisten Generäle in Lissabon, Luanda und Lourenço-Marques mit Geschäften zu

MFA – Wachposten des Volkes.

tun, während sie die «Arbeit» im Busch den jungen Offizieren überließen. Diese jüngeren Offiziere strömten nach 1961 in die Militärakademien, wo die Aufnahmebedingungen aus Mangel an Nachschub drastisch heruntergeschraubt worden waren. Für die Armee in Afrika (die teilweise bis auf 200000 Mann anschwoll) brauchte das Regime Offiziere. Die herrschende Klasse aber verspürte immer weniger Lust, ihre Söhne in diesen ehrenwerten Beruf zu schicken. Die Militär-Akademien waren plötzlich für die Kinder kleiner Geschäftsleute, Handwerker und Facharbeiter das Tor zur höheren Bildung geworden, und die jungen Männer, die im Frühjahr 1974 in Lissabon die Korridore der Macht bevölkerten – in Uniform und in Bluejeans – sie hatten in den 60er Jahren diese Chance ergriffen, selbst auf die Möglichkeit hin, in Afrika gegen «schwarze Terroristen» kämpfen zu müssen.

In Afrika machten die aufstrebenden jungen Männer aus den portugiesischen Kleinbürgerfamilien ihren ersten politischen Lernprozeß mit. Was Dinis Almeida, später einer der ersten Verschwörer, Artillerie-Hauptmann und nach dem 25. April Kommandeur des «roten Regiments» RAL I bei Lissabon, erzählt, ist typisch für diese neue Offiziersgeneration:

«Ich war mit der Oberschule fertig und wollte studieren. Mein Vater hatte nicht genug Geld, aber ich wollte deshalb die Weiterbildung nicht vernachlässigen, so ging ich in die Armee. Mir gefiel die Armee aus einer Reihe von Gründen. Dennoch gab es nicht nur für mich, sondern für die meisten der jungen Offiziere eine totale Trennung von der älteren Generation – das war nicht nur eine Frage der Generationen, es war auch eine der gewaltigen wirtschaftlichen Unterschiede. Wir kamen aus anderen menschlichen Verhältnissen. So begegneten wir dann in Angola und Moçambique schwarzen Menschen, die ein sehr ärmliches Dasein führten, und wir fanden es schwierig, einen Menschen zu erschießen, der mit all seinen Sinnen kämpfte. Sie waren zornig. Sie hatten nichts anzuziehen. Und damals entstand ein sehr wichtiger Satz, den wir uns gegenseitig sagten: ‹Wenn ich ein Schwarzer wäre, würde ich auch ein Terrorist sein.› Wir hatten keinen Grund, sie zu bekämpfen.»

Diese ersten Einsichten führten noch keineswegs zu Verbrüderungsszenen mit den afrikanischen Befreiungsbewegungen. Zwar glaubten die wenigsten, in Afrika «die westliche und christliche Zivilisation zu verteidigen», wie es die offizielle Propaganda nannte, aber der «Dienst» war eben Teil ihres «Weiterkommens», ihre Chance, danach das Studium an der Militärakademie oder der Universität mit einem Stipendium fortsetzen zu können. Für viele endete dieser Traum freilich mit dem Rücktransport nach Portugal «in einem Kasten aus Pinienholz», wie Luis Cilia danach im Untergrund sang (nach einem Gedicht von Manuel Alegre). Einige wenige andere, Soldaten und Offiziere, liefen zum Gegner über und schilderten auf Pressekonferenzen in Algier die Grausamkeit der

1. Mai 1974.

portugiesischen Kriegsführung und die Unterstützung Portugals durch die NATO.

Andere mutige Einzelkämpfer versuchten, durch militärische oder politische Aktionen den Kurs in Afrika zu ändern. Während der Hauptmann Henrique Galvão 1961 den portugiesischen Luxusdampfer «Santa Maria» kaperte, in «Santa Liberdade» umtaufte und als schwimmende Pressekonferenz im Mittelmeer auf und ab fuhr, versuchte der unermüdliche Hauptmann Varela Gomes ein Jahr später vergeblich, mit ein paar Leuten die Kaserne in Beja im Alentejo zu erobern, um von dort aus das Regime zu stürzen. Varela Gomes wurde niedergeschossen und verhaftet. In demselben Jahr versuchte der 46jährige Oberst Costa Gomes (nach dem 28. September 1974 Staatspräsident) als Unterstaatssekretär im Kriegsministerium auf Salazar einzuwirken, um jene «politische Lösung» durchzusetzen, die Spínola zwölf Jahre später in seinem Buch propagiert. Gomes wird strafversetzt. Allen diesen Initiativen fehlte es an einer breiten und organisierten Unterstützung in der Armee.

Andere Lektionen im Lernprozeß der Offiziere mußten erst noch gemacht werden. Eine davon kam als Schock für die ganze Armee. In Indien hatte Premierminister Nehru seit Jahren die Rückgabe der portugiesischen Kolonie Goa gefordert, doch Salazar antwortete weder mit

Der Befreiungskampf der Afrikaner, Lektion für die Portugiesischen Offiziere.

Spinola und Soares gelingt es nicht, Frieden in Afrika zu machen.

Diplomatie noch mit militärischen Verteidigungsvorbereitungen. Statt dessen hielt er einen Mythos aus portugiesischen Schulbüchern wie einen Fetisch hoch: «Wir würden die Portugiesen in Indien im Stich lassen oder sogar verkaufen, das Land Afonsos von Albuquerque und unsere epochalen Errungenschaften im Osten, die Heiligen unserer Kirche, die Märtyrer unseres Landes. Und für wieviel? Für wieviel?»

Als am 18. Dezember 1961 die Inder mit ungeheurer Übermacht in Goa einmarschierten, unterstützt von modernsten Kampfschiffen und Flugzeugen, konnte der portugiesische Garnisonskommandeur Vassalo e Silva nur müde abwinken. Die Ausrüstung war vorsintflutlich, die Offiziere erzählten später, nur drei von hundert Gewehren hätten funktioniert. Doch Salazar schickte ein Telegramm, in dem es hieß:

«Ich dulde keinen Waffenstillstand. Ich wünsche nicht, daß portugiesische Soldaten sich gefangennehmen lassen. Unsere Soldaten und Matrosen werden siegen oder sterben.» Nur wenige waren bereit, diesen markigen Führerworten zu folgen. In 36 Stunden war Goa in der Hand der Inder. Vier Jahrhunderte Besatzungszeit waren zu Ende. Salazar ignorierte die Niederlage, die er als nur vorübergehend bezeichnete. Was die portugiesische Armee dann restlos schockierte – selbst den völlig korrupten Generalstab – war die Tatsache, daß Salazar die Niederlage als Feigheit und Unfähigkeit der Armee auszulegen versuchte und General Vassalo e Silva vor ein Kriegsgericht stellte.

In Afrika versuchten dann verschiedene Generäle mit verschiedenen

Strategien ein ähnliches Fiasko zu verhindern. Während der absolut Salazar-treue Kaúlza de Arriaga nach Art des amerikanischen Generals Westmoreland ganze Landstriche in Afrika vernichten ließ und die Menschen in Konzentrationslagern ähnlichen sogenannten «strategischen Dörfern» zusammentrieb (von der bundesrepublikanischen Propaganda in Presse und Fernsehen liebevoll mit «Wehrdörfer» übersetzt), setzte General Spínola mehr auf psychologische Kriegsführung. Ohne auf herkömmliche Kriegsführung zu verzichten, versuchte er gleichzeitig, zusammen mit den portugiesischen Firmen – zunächst in Guinea und später in Moçambique und Angola – eine Art «Sozialdienst» für die Bevölkerung einzurichten. Die Verpackung dieser Kampagne («Für ein besseres Guinea») war auffallender als der Inhalt. Dennoch wurden einige Schulen gebaut und hier und da auch eine Krankenstation. Während Spínola als «Verteidiger der Interessen des Volkes in Guinea» großspurig sogar einen Sitz in der OAU (Organisation für afrikanische Einheit) forderte und verkündete, es gäbe «keinen afrikanischen Führer, der so viel für sein Volk getan hätte wie er», vergaß er dennoch nicht die Realität. In enger Zusammenarbeit mit der Geheimpolizei PIDE ließ er den wirklichen Führer des schwarzen Widerstandes in Guinea-Bissau, Amílcar Cabral, ermorden.

Diese Kampagne ermöglichte indes den jüngeren Offizieren einen weiteren Schritt auf dem Weg zu einer Politisierung. In Guinea mußten Offiziere wie Otelo de Carvalho im Rahmen der psychologischen Kriegsführung Spínolas (im internationalen Sprachgebrauch «hearts and minds campaign» genannt – etwa Eroberung von Herz und Verstand) die Schriften von Amílcar Cabral und seiner PAIGC (Afrikanische Partei für die Unabhängigkeit Guineas und der Cap Verden) lesen. Die Offiziere stellten fest, daß diese Schriften nicht nur die Theorie für den afrikanischen Befreiungskampf lieferten, sondern – in bestem Portugiesisch geschrieben – die sozialistischen Theorien zur Befreiung waren, die für die gleichfalls ausgebeuteten und unterdrückten Portugiesen zu Hause nicht geschrieben werden durften. Zugleich sahen sie die Afrikaner nicht nur durch Kimme und Korn, sondern mußten lange und vor allem politische Gespräche mit gefangenen Aufständischen führen. In Lissabon wurden gleichzeitig Kurse in «Gegen-Guerilla-Kriegsführung» an der Militärakademie durchgeführt. Hier las man Marx, Lenin und Mao Tse-tung, um besser gegen diese Ideen angehen zu können. Vom Hauptmann Melo Antunes (dem späteren Wirtschafts- und Außenminister) berichtete sein damaliger Lehrer stolz, er sei während dieser Kurse zum perfekten Marxisten geworden. An einem Satz, den die Offiziere hier lernten, wurden sie nach dem 25. April besonders erinnert. «Der Kampf gegen die Subversion ist ein Kampf für das Volk und niemals gegen das Volk.» Sie begannen sich im afrikanischen Busch ihren eigenen Reim auf all diese Weisheiten zu machen. Hinzu kamen jetzt plötzlich andere Offiziere, sogenannte «Milicianos». Immer noch reichten die Offiziere nicht aus, und das Regime versuchte jetzt Leute von der Universität zu holen. Sie bekamen günstige Bedingungen und konnten in der Hierarchie schnell aufsteigen. Viele von ihnen waren weit gereist, hatten viel gelesen, und einige waren sicher so etwas wie «Linksintellektuelle». Die zunehmende Politisierung der unteren Offiziere hatte jedoch noch keinen direkten Einfluß auf die Politik in Afrika oder in Portugal. In Angola – so berichtete später ein Offizier der Luftwaffe – spielten sie zwischen Bombeneinsätzen im Offizierskasino Theater. Auf dem Programm stand Brechts «Die Ausnahme und die Regel». Aber dann flogen sie wieder ihre Einsätze mit Napalm, Splitterbomben und chemischen Entlaubungsmitteln.

Der eigentliche Konflikt, der den Stein ins Rollen brachte und der es den politisch aktiven Offizieren erlaubte, eine Offiziersbewegung aufzubauen, war ein recht prosaischer. Alle bisherigen Erkenntnisse über die Verhältnisse in der Armee und im Land hatten wenig mehr als endlose Kasino-Gespräche ausgelöst. Jetzt sollte es den Offizieren an die eigene Existenz gehen. Der erwähnte «Miliciano»-Erlaß von 1973, der dazu dienen sollte, mehr Offiziere für den Krieg in Afrika zu bekommen, schien für viele Berufsoffiziere ein Rückfall in die Zeit vor 1961 zu bedeuten. Damals – vor Beginn des Afrika-Krieges – konnten lediglich die Söhne reicher und reichster Familien Offiziere werden. Seit dem Beginn des Afrikakrieges aber strömten Mitglieder der Mittelschichten in die Militärakademien, die ihre Aufnahmebedingungen drastisch gesenkt hatten. Zwar waren die höheren Offiziere und vor allem die Generäle noch von der alten, großbürgerlichen Offiziersgeneration, aber in den unteren bis mittleren Offiziersrängen dominierten die «Leute aus dem Volk». Jetzt plötzlich, nachdem sie die Hauptlast des Krieges in Afrika praktisch allein mit den Soldaten über zehn Jahre lang getragen hatten, wurde wieder um die Söhne der Reichen fürs Offizierscorps geworben. Denn Milicianos waren Universitätsabsolventen, die ihren Wehrdienst gemacht hatten, und jedermann wußte, daß an die Universität nur gehen konnte, wer den dicken Geldbeutel seiner Eltern im Rücken hatte. Sie sollten jetzt nach nur einem Jahr zusätzlicher Militärakademie Berufsoffizier werden können. Alle anderen Offiziere hatten dazu vier Jahre gebraucht. Und was schlimmer war, nach diesem Erlaß bekamen die akademischen «Milicianos» ihre Dienstzeit so günstig angerechnet, daß sie an allen anderen vorbei befördert werden konnten. So war es nicht nur eine Bedrohung der Aufstiegschancen für die «normalen» Offiziere, sondern zugleich auch eine starke Beeinträchtigung ihrer Lebensbedingungen, denn ein Hauptmann verdiente nicht mehr als 700 Mark im Monat. Kaum war der Erlaß von Caetanos Verteidigungsminister verkündet worden, da hagelte es Proteste aus allen Kasernen. Aus Guinea traf eine Unterschriftensammlung von über hundert Offizieren ein. Gesammelt hatte sie Spínolas Spezialist für Psychologie und Public Relations, Hauptmann Otelo Carvalho. Es bestand bei allen anderen

Bedenken auch noch die Gefahr, daß diese Miliciano-Offiziere schlecht vorbereitet in den Krieg geschickt würden, was, wie Otelo Carvalho in seinem Protestbrief schrieb, «die Würde, das Ansehen und den professionellen Eifer» derjenigen verletzte, die bis zu über zehn Jahren schon in Afrika kämpften.

Die Verschwörung der MFA

Anfang September 1973 lud eine Gruppe von fünfzehn Offizieren etwa 120 Kollegen zu einer als «Grillparty» getarnten Versammlung ein, um über diese beruflichen Probleme zu reden. Sie wurden einzeln oder in kleinen Gruppen von Dinis Almeida dorthin dirigiert. Über verschiedene Anlaufstellen, nach den Regeln einer Pfadfinder-Schnitzeljagd. Schon diese erste Versammlung nannte sich «Bewegung der Streitkräfte» (MFA). Ihr folgten viele weitere, die auf ähnliche Weise zustande kamen. Der 38jährige Infanterie-Hauptmann Vitor Alves, einer der «Denker» der 15, erklärte später die Zusammensetzung dieser «MFA»: «Wir alle hatten unterschiedliche politische Ideen . . . Einige waren Marxisten, andere waren Konservative. Zuerst waren wir zusammengekommen, einfach weil wir befreundet waren; dann holten wir andere dazu.» Rekrutiert wurden die MFA-Mitglieder bei Unterhaltungen in den Kasinos oder bei zwanglosen Familienpicknicks an Wochenenden, wobei einfach darauf geachtet wurde, wer gegen die neuen Erlasse der Regierung war und auch bereit, offen dagegen zu protestieren.

Denn es handelte sich keineswegs um «Subversion», nicht um Vorbereitung eines Umsturzes, gar einer Revolution. Es ging nicht einmal um Politik. Die abenteuerliche Organisationsweise der Versammlungen war lediglich deshalb notwendig, weil der Geheimpolizei auch solche «fachbezogenen» Versammlungen suspekt waren und gewöhnlich aufgelöst und verboten wurden. «Wir sagten den anwesenden Offizieren, daß es sich nicht um eine politische Versammlung handelte, sondern um eine berufsmäßige. Wir wollten lediglich Probleme diskutieren, die den Beruf betrafen. Bei dem Treffen beobachteten wir die anderen Offiziere, was sie sagten, was sie dachten und die allgemeine Diskussion. Wir machten Notizen, besonders von dem, was diejenigen Offiziere sagten, die wir noch nicht sehr gut kannten.» Das Fazit dieser ersten Diskussionen faßte ein anderer Offizier mit den Worten zusammen: «Es war außergewöhnlich, mit welcher Begeisterung einige der Offiziere, die niemals zuvor gegen ihr Land gesprochen hatten, jetzt gegen die Politik der Regierung loszogen.»

Die Offiziere merkten immer deutlicher, daß ihre legalen Schritte, wie Unterschriftensammlungen, die Drohung, massenhaft zurückzutreten oder Besuche bei sympathisierenden Generälen wie Spínola und Costa Gomes und so weiter, nichts einbrachten. Lediglich Costa Gomes, der von Caetano rehabilitiert und zum Generalstabschef befördert worden war, setzte sich für die Gruppe ein («ich werde dieses Problem lösen oder meine Stellung verlieren»). Aber auch er brachte nicht mehr zustande als ein Versprechen des Verteidigungsministeriums, einen Untersuchungsausschuß einzuberufen, der Gehalts- und Beförderungsprobleme in Zusammenhang mit dem Miliciano-Erlaß prüfen sollte. Für Costa Gomes Grund genug, die MFA-Gruppe zur Geduld zu ermahnen und zum Aufgeben jeder Agitation. Die Organisatoren der Gruppe waren jetzt mit einem anderen Problem konfrontiert. Zwar war es ihnen gelungen, die Mitgliederschaft zu systematisieren und bei allen Waffengattungen Vertreter zu haben. In ihrem Bemühen jedoch, von Anfang an demokratische Spielregeln gelten zu lassen, hatten sie sich in eine Sackgasse manövriert. Die Versammlungen der MFA waren jetzt immer größer geworden, und alles sollte durch Abstimmungen gelöst werden. Dabei hatte jeder «Delegierte» so viel Gewicht hinter seiner Stimme, wie er vorgab, Sympathisanten für die Sache in seiner Kaserne zu haben. Dabei waren die Fallschirmjäger nach ihren eigenen Angaben offensichtlich die besten Organisatoren, denn sie gaben stets mehr «Mitglieder» an als alle anderen; da sie aber zugleich auch die Konservativsten waren, blockierten sie in den Abstimmungen jeden Vorschlag, der über Papier-Proteste hinausging. Das sollte ein neugegründetes Organisationskomitee jetzt ändern, zumal die angegebenen Zahlen ohnehin nicht nachzuprüfen waren. In einer Mitteilung an alle «Interessierten» (die Mitteilungen wurden per Kurier in die Kasernen gebracht und dort von Vertrauensleuten vervielfältigt und verteilt) hieß es:

«Es gibt keine Führer in ‹unserer Bewegung›, aber es gibt ein ‹Koordinierungskomitee›, das mehr wie eine Zeitung ist und das einer größeren Anzahl von Kameraden ermöglichen soll, eine aktivere Rolle bei unseren Problemen zu spielen.» Das Komitee vertrat ungefähr 200 Mitglieder (von insgesamt 2200 Berufsoffizieren), und die Diskussionen umfaßten jetzt auch «subversive» Möglichkeiten, ohne sie jedoch ernsthaft zu erwägen. Der erste direkte Vorschlag, durch einen Putsch das Regime zu stürzen, kam von einem Oberstleutnant, der zum ersten Mal bei einer Versammlung aufgetaucht war und gleich diesen Vorschlag gemacht hatte, weil er des «Papierkrieges» überdrüssig sei. Doch der Oberstleutnant hatte es derart eilig, daß sein Putschplan allgemein als «opportunistisch» abgelehnt wurde. Denn niemandem war entgangen, daß der hohe Offizier mit seiner Einheit demnächst nach Guinea verlegt werden sollte. Der Vorteil dieses kurzlebigen Vorschlages war es jedoch, das Tabu für illegale, subversive Möglichkeiten gebrochen zu haben. Später ließ sogar ein General, der rechtsradikale Feuer- und Schwefel-General Kaúlza de Arriaga anfragen, ob die MFA bei seinem bevorstehenden Sturz des «liberalen» Caetano mitmachen würde. Arriaga, der unter der weltweiten Diskussion der Wiriamu-Massaker in Moçambique litt, trat im Gegensatz zu Spínola für eine Eskalation der Kriegsführung in Afrika ein, eine Vernichtungsstrategie nach dem «search and destroy» – Rezept des amerikanischen Generals Westmoreland.

Die Offiziere der MFA hielten ihn hin, um mehr zu erfahren, warnten aber zugleich Spínola und Costa Gomes, die bei dem Putsch «beseitigt» werden sollten. Als die Putschpläne Arriagas vorzeitig zum Tagesgespräch in allen Kasinos wurden, ergriff er die Flucht nach vorn und warnte Caetano vor den Umtrieben der MFA. Einige MFA-Offiziere wurden daraufhin verhaftet. Andere wurden ständig von einer Kaserne zur anderen versetzt, was ihnen allerdings die Chance gab, ihre Kontakte in diesen Kasernen auszubauen. Von Arriagas mißglücktem Putschversuch an reifte bei den Mitgliedern des Koordinierungsausschusses der MFA der Plan, das faschistische Regime zu stürzen.

Inzwischen war auch Hauptmann Melo Antunes zur Gruppe gestoßen. Er, der während der Präsidentschaftswahlen auf seiten der Vereinigten Linksparteien (CDE) politisch gearbeitet hatte, wollte zunächst nichts von der MFA wissen, die er eine «reaktionäre Kooperative zur Verteidigung ihrer Privilegien» nannte. Andererseits war er auch den MFA-Offizieren zu «gefährlich», wußte man doch von den politischen Parteien, besonders der Kommunistischen, aber auch anderer Linksgruppierungen, daß sie von der PIDE/DGS nicht nur überwacht, sondern auch stark infiltriert waren. Jetzt, als endlich feststand, daß die MFA zum Handeln entschlossen war, machte Antunes mit und wurde beauftragt, zusammen mit Vitor Alves und Vasco Gonçalves ein politisches Rahmenprogramm auszuarbeiten. Auf einer der wichtigsten Sitzungen der Bewegung am 5. März 74 legte die «politische Kommission» die grundlegenden Ideen der Versammlung vor. Die streng geheime Versammlung fand bei Major Sanches Osório statt, ein Freund Spínolas (und nach dem 25. April Gründer und Führer der rechten Christlich Demokratischen Partei, der PDC, die nach dem 11. März 75 suspendiert wurde). General Spínolas Buch «Portugal und die Zukunft» war gerade erschienen und hatte Furore gemacht. Die wenigsten hatten es gelesen, aber alle wußten, daß es die These vertrat, die auch die «progressiven» Sprecher der MFA vertraten, daß der Krieg in Afrika militärisch nicht zu gewinnen sei. An diesem 5. März 74 wurde der Putsch endlich beschlossen. Otelo de Carvalho sollte ein militärisches Konzept vorlegen, und die «politische Kommission» sollte nach den von ihr vorgeschlagenen Linien ein politisches Programm ausarbeiten. Alle waren sich einig, daß es «progressiv» sein mußte, vor allem, um sich deutlich von dem – auch international verachteten – alten Regime abzusetzen. Akzeptiert wurde auch die These der engen Verbundenheit mit der Bevölkerung. Der Slogan «MFA – POVO, POVO – MFA» wurde geprägt: die Bewegung der Streitkräfte mit dem Volk, das Volk mit der Bewegung der Streitkräfte. So vage diese These auch klingen mochte, sie war ein entscheidender Sieg der Offiziere um Antunes, Gonçalves, Carvalho und Dinis Almeida. Sie schloß von vornherein aus, daß die Militärs auf dem Rücken der Bevölkerung eine faschistische Machtelite einfach dadurch ablösen würden, indem sie die Posten aus ihren eigenen Reihen neu besetzen. Hier und in der Afrika-

Politik sollte es deshalb die größten Auseinandersetzungen mit Spinola geben, dessen Vorstellungen da ganz anderer Natur waren.

Doch Caetano – unter dem Druck der reaktionären Generäle, die sich um den alternden Staatspräsidenten Thomaz gruppierten – kam allen zuvor. Am 8. März erhielten acht wichtige MFA-Offiziere, darunter Melo Antunes, ihre Versetzung nach Übersee. Am 14. März wurden Generalstabschef Costa Gomes und sein Stellvertreter António de Spínola entlassen. Weitere MFA-Offiziere wurden verhaftet und ins Gefängnis gebracht. Die Empörung unter den Offizieren – über die Entlassung der bei ihnen beliebten Generäle – ging weit über den Kreis der MFA-Verschwörer hinaus. Spontan gruppierten sich zum Beispiel Offiziere in Lissabon und marschierten in ihren Gala-Uniformen vor das Haus ihres Vorgesetzten. Die Erregung, aber auch Verwirrung ging nicht spurlos an den MFA-Anhängern vorbei. Ein ursprünglich für den 13. bis 14. März von Otelo de Carvalho vorgesehener, dann aber wieder verworfener Putschversuch führte dazu, daß eine Einheit in Caldas am 16. März losschlug und auf Lissabon marschierte. Zwei andere Einheiten hatten Schwierigkeiten und blieben zu Hause. (Davon eine, weil die Offiziere verspätet feststellten, daß an einem Freitag schon zu viele Lastwagenfahrer zum Wochenende nach Hause gefahren waren.) Otelos Bericht über den 18. März gibt einen Eindruck von der allgemeinen Konfusion: «Ich wußte nicht, ob die Revolution angefangen hatte oder nicht und was mit meinen drei Kollegen passiert war, die an den Vorbereitungen beteiligt waren. Ich rief in der Wohnung von einem von ihnen an und erfuhr von seiner Frau, daß die DGS (Geheimpolizei) da war . . .»

Etwa zweihundert Offiziere und Soldaten wurden sofort von der Geheimpolizei verhaftet. Otelo blieb verschont. So konnte er genau die Fehler studieren und den Plan für den nächsten Putsch (an dem alle MFA-Offiziere festhielten) besser vorbereiten. Die Verhaftungen erhöhten die Bereitschaft unter den Offizieren, an einem Sturz des Regimes mitzuarbeiten. Denn der Putschversuch von Caldas hatte unter den portugiesischen Offizieren einen weiteren Lernprozeß ausgelöst: Ihren Kollegen passierte jetzt, was beinahe schon als «normal» erschien: sie wurden von der Geheimpolizei verhaftet, einer entwürdigenden Behandlung unterzogen, willkürlich und ohne Erklärung festgehalten. Bisher hatte die Geheimpolizei PIDE/DGS nicht in den Kasernen aktiv werden dürfen. Dieses Verbot schien jetzt aufgehoben. Und wieder gab es einen Sturm des Protestes aus dem Offizierscorps: um fünf Uhr morgens seien sie in das Haus eines ihrer Kameraden, eingebrochen, hieß es in einem Offizierscommuniqué, und hätten die Frau und die Kinder «physisch, moralisch und psychologisch» mißhandelt.

Melo Antunes und Vitor Alves arbeiteten fieberhaft an dem politischen Programm, und, nicht untypisch für die Caféhaus-Arbeitsweise, die die MFA auch später kennzeichnete, wurde das Programm an dem Tag fertig, an dem beide nach Afrika abflogen. «Um zwei Uhr morgens lieferten wir das Programm ab, um drei Uhr ging das Flugzeug nach Guinea», berichteten sie später. Nach dem gelungenen Putsch vom 25. April wurde dieses «Programm der Bewegung der Streitkräfte» zur Grundlage der Politik erklärt und Teil der Übergangsverfassung. Doch während alle Welt Spínolas Buch analysierte, um Aufschlüsse über die bis dahin völlig unbekannte «MFA» zu erhalten, nahm kaum jemand dieses Programm ernst, das von «einer Politik für die am wenigsten Begünstigte der Bevölkerung» sprach, von einer «antimonopolistischen» Politik zur «Verteidigung der arbeitenden Klassen».

Tatsächlich war jedoch dieses Programm viel bestimmender als Spinolas «epochales» Buch. Der amerikanische Journalist Kenneth Maxwell schrieb schon damals (in der New York Review of Books): «Die merkwürdige Wahrheit war, daß in einem Land mit viel Rhetorik und wenig Inhalt ein Dokument aufgetaucht war, das genau das meinte, was es sagte.»

Aber auch Spínola schien die Absicht der MFA-Offiziere nicht zu verstehen. Ein Militärputsch von jungen idealistisch eingestellten Offizieren war in Portugal keine Seltenheit gewesen, aber stets war die Macht an Generäle, Anwälte oder Wirtschaftsprofessoren «abgegeben» worden. Spinola hatte ohnehin große Pläne, und seine Entlassung durch Caetano war nur als Zwischenlösung gedacht. Er wußte, daß Caetano an eine Triumvirat-Lösung gedacht hatte, wenn Staatspräsident Thomaz sterben oder aus Altersgründen zurücktreten würde. Dieser Überlegung nach sollte Caetano Staatspräsident werden, Spínola für die Überseegebiete zuständig sein und der als «progressiv» geltende Erziehungsminister Veiga Simão hätte Ministerpräsident werden sollen. Eine andere reale Möglichkeit für die nicht allzu ferne Zukunft war für Spínola auch die Nachfolge von Thomaz als Staatspräsident, denn nach einem ungeschriebenen Gesetz wäre ein Militär aus der Armee drangewesen. Nun hatte ihn die Bewegung der Hauptleute früher als erhofft an die Macht gebracht, und er hielt damit die Aufgaben der MFA für beendet. «Er dachte, der Gedanke wäre gewesen, nur kleine Dinge zu verändern», berichtete Vitor Alves. Spínola holte sich sofort seine Freunde in den Staatsrat, die Übergangsregierung und an die Spitze der Streitkräfte. Doch als Veiga Simão Ministerpräsident werden sollte, da zeigte sich schon, daß weder die MFA-Offiziere noch der politisch aktive Teil der Bevölkerung bereit waren, sich mit der Veränderung «von kleinen Dingen» zufriedenzugeben. Simão hatte als Caetanos Erziehungsminister zugelassen, daß die PIDE/DGS auch auf Universitätsgelände operieren konnte. Das wollten ihm die Studenten und die von ihnen neugewählten Professoren nicht verzeihen. Die progressiven MFA-Offiziere machten sich zum Fürsprecher der Proteste aus den Universitäten: Spínola mußte auf Veiga Simão als Ministerpräsident verzichten. Statt dessen berief er den konservativen Rechts-Gelehrten Palma Carlos in dieses Amt. Die progressiven MFA-Offiziere mußten in den Tagen und Wochen nach ihrem erfolgreichen Putsch lernen, daß es zumindest ebenso schwer war, die Macht zu verwalten wie sie zu erobern. Sie hatten – getreu ihrer militärischen Tradition – höhere und höchste Offiziere an die Spitze des Staates geholt, und sie hatten – getreu ihrem westeuropäischen Demokratie-Verständnis, die Politiker aus dem Exil zurückgeholt. Aber diese Maßnahmen, zusammen mit der Auflösung der Geheimpolizei und einiger anderer rein faschistischer Organisationen, sowie die vorzeitige Pensionierung von etwa 24 hohen Generälen brachten noch keine Demokratie, ja, es schien noch nicht einmal die Verwirklichung ihres «liberalen» politischen Programms zu sichern. Sie lernten in dieser Zeit, daß die These, die sie bei ihren Versammlungen als Theorie aufgestellt hatten, POVO – MFA, MFA – POVO (Volk) jetzt tatsächlich ihre einzige praktische Möglichkeit war, ihr demokratisches Programm gegen die starken Widerstände Spinolas und seiner Umgebung durchzusetzen.

Schon bei der Befreiung der politischen Gefangenen hatten sich die MFA-Offiziere nicht gegen Spínola durchsetzen können. Während sie die sofortige Freilassung *aller* politischen Gefangenen wollten, hatte Spínola nur die Freilassung einiger «leichter Fälle» angeordnet, und die sorgfältige Prüfung der anderen, langjährigen, möglicherweise «kriminellen» Fälle (im Sinne der politischen «kriminellen Vereinigung»). Den Verwandten, Freunden und Sympathisanten der Gefangenen, die sich am 26. April vor dem Gefängnis in Caxias immer zahlreicher versammelt hatten (der Verantwortliche der Vorortbahn Lissabon–Caxias hatte beschlossen, sie an diesem Tag umsonst zu befördern), war ein Vertrauensoffizier Spínolas – Dias de Lima – mit einer altvertrauten Rhetorik entgegengetreten:

«Wir können selbstverständlich nicht die sofortige Freilassung aller Gefangenen durchführen. Es wird jetzt damit begonnen werden, einige Gefangene nach und nach freizulassen. Wir können die Türen nicht aufmachen und die Leute einfach herauslassen. Es wäre vielleicht spektakulär, jedoch weder logisch noch vorsichtig, so zu verfahren. Die Streitkräfte haben der Nation einfach einen Akt der Gerechtigkeit widerfahren lassen, aber die Gerechtigkeit muß behutsam verwaltet werden. Wir erwarten die Mitarbeit aller. Wir erwarten die Mitarbeit aller, nicht etwa die Erwiderung auf eine Vorleistung, sondern einfach, um mitzuarbeiten bei der Aufrechterhaltung der öffentlichen Ordnung, die im Augenblick so notwendig ist. Denn Gewaltakte produzieren Gewalt, was der Freiheit nicht guttut.»

Die Demonstranten ließen sich von solchen Reden nicht ablenken und verstärkten ihren Druck vor dem Gefängnis, was es schließlich den MFA-Offizieren erlaubte, die Freilassung bei Spínola durchzusetzen.

Ähnlich war es auch bei der Durchsetzung jener Politik, die «den am meisten Benachteiligten» dienen sollte. Spínolas rechtsgerichtetes Juristen- und Generals-Kabinett war nicht gewillt, gegen die Interessen der Champalimauds und Espírito-Santos zu arbeiten. Um sich gegen die erwarteten Unruhen, Streiks und Forderungen in der Arbeiterschaft abzusichern, hatte Spínola sich persönlich dafür eingesetzt, daß auch die Kommunistische Partei (PCP) in der Regierung vertreten sein sollte. Mit dem fast legendären antifaschistischen Kämpfer und Generalsekretär der PCP, Alvaro Cunhal, als Sonderminister und dem Intersindical-Gewerkschaftler, Avelino Gonçalves, glaubte er, als Chef einer «Regierung der nationalen Einheit», das Heft erst einmal fest in der Hand zu haben. Dann würde man weitersehen. Die Gruppe, die durch ihren Umsturz alles ermöglicht hatte, drohte mit der «Normalisierung» immer mehr an Einfluß zu verlieren. Allzusehr war sie als Umsturz-Organisation konzipiert. Dazu war die Einteilung in eine kleine handelnde und steuernde Gruppe (das Koordinierungskomitee) und eine große absichernde Versammlung (der Delegiertenversammlung der MFA) gut geeignet. Aber jetzt, wo es um politische Alternative, um die Notwendigkeit einer Revolution ging, erwiesen sich diese Formen als nicht ausreichend.

Jedoch auch Spínolas Regierungskonstruktion erwies sich als zu schwach, um mit der vom Faschismus hinterlassenen wirtschaftlichen Krise fertigzuwerden. Denn die Arbeiter zeigten sich – trotz Ermahnungen zur Disziplin, auch durch die Kommunistische Partei und Intersindical-Gewerkschaft, nicht bereit, die Zeche auf ihre Kosten begleichen zu lassen. Bald standen 200000 Arbeiter im Streik. Zeitungs- und Rundfunkredaktionen streikten ebenfalls, um nach der Abschaffung der staatlichen Zensur nun auch den «inneren Zensor» hinauszuwerfen und sich demokratische Selbstverwaltungs- und Redaktionsstatute zu erkämpfen. Alledem gegenüber war die Regierung Spínola–Palma Carlos machtlos. Da die GNR-Polizei zu sehr mit dem faschistischen Unterdrückungsapparat liiert gewesen war, konnte sie (noch) nicht gegen die Arbeiter eingesetzt werden. Also blieben nur die MFA-Offiziere und «ihre» Soldaten übrig. Überall in Fabriken, Werkstätten und auf dem Land traten sie Streikenden, Demonstranten und Fabrikbesetzern entgegen. Aber sie sprachen mit ihnen, hörten ihnen zu, und, während die Offiziere die Streikenden von der Notwendigkeit der Wiederaufnahme der Arbeit zu überzeugen versuchten, verbrüderten sich die Soldaten und Sergeanten mit den Arbeitern und demonstrierten mit gegen Arbeitslosigkeit und Inflation, gegen CIA und NATO. Ein 29jähriger Hauptmann, bis zum 25. April noch als Offizier einer «Commandos»-Elite-Einheit in Guinea stationiert, gleichzeitig Mitglied der MFA-Delegierten-Versammlung, schildert die Erfahrung der Militärs in dieser Zeit:

«In diesem täglichen Kontakt zwischen Militärs und wirklichen Arbeitern wurde uns das höchst ungerechte System klar, die schonungslose Ausbeutung, der die Arbeiter in Portugal unterworfen waren. Auf diese Weise wurden wir politisiert, erlangten wir politisches Bewußtsein, im täglichen Kontakt mit denjenigen, die seelisch und körperlich die widerlichste aller Ausbeutungen erlebten, eben die Ausbeutung durch die Kapitalisten. Wir, die Streitkräfte, wurden viele Male geholt, um zu vermitteln – als Schiedsrichter. Fast immer, als letzte Hoffnung, die die Arbeiter hatten, um mit ihren unmittelbaren Problemen fertigzuwerden, denen der Ungerechtigkeit, der sie täglich ausgesetzt waren.

Es gibt vielleicht ein Phänomen, eines der interessantesten Phänomene der portugiesischen Revolution, unserer Revolution: dieser politische Lernprozeß des Militärs im täglichen Kontakt mit der Bevölkerung, mit den wirklich Ausgebeuteten. Die Politiker von damals, wie Palma Carlos, waren unfähig, diese neue Situation zu verstehen. Sie glaubten, daß dieser Kampf der Arbeiter in sehr kurzer Zeit das ganze Land ruinieren würde. Es war klar, daß dieser Kampf für die Freunde dieser Politiker den Ruin bedeuten würde, für die Kapitalisten, mit denen sie liiert waren. Wir von der Bewegung der Streitkräfte haben das durchschaut.»

Erster Versuch eines Rechtsputsches: Spínola, Sá Carneiro, Palma Carlos

Als Mitte Juni die gesamte MFA mit etwa 400 Offizieren zum ersten Mal nach dem 25. April zusammentraf, kam es auch zur ersten offenen Kraftprobe mit Spínola, der bisher ungehindert im Namen der MFA regiert hatte. Schon bevor Spínola in Begleitung nahezu der gesamten Junta und einiger konservativer Minister eintraf, diskutierten die Offiziere lebhaft das politische Geschehen im Land. Verglichen mit den letzten – streng geheimen – Sitzungen noch unter der faschistischen Diktatur, hatten sie an politischem Interesse und an Selbstbewußtsein gewonnen. Für viele Offiziere bedeutete das freilich auch, daß sie sich ihres politischen Gewichts bewußt geworden waren, und keineswegs alle waren der Meinung, daß dieses Gewicht auf seiten der arbeitenden Klasse in die Waagschale geworfen werden sollte, wie es das MFA-Programm vorsah.

Die Diskussion bei dieser Versammlung hatte sich zunächst an dem Fernsehprogramm der RTP des Abends zuvor entzündet. Eine Theatergruppe hatte sich in einer Satire über den früheren Kardinal und Vertrauten Salazars Cerejeira lustig gemacht, eine – auch im Portugal des Nach-Faschismus – mutig erscheinende Tat. Dann aber war – ebenfalls zum ersten Mal seit dem 25. April – ein Zensor aufgetaucht, Major Mariz Fernandez, und hatte das Stück abgebrochen. Zwar waren später noch Mitglieder der Arbeiterkommissionen des Fernsehens auf dem Bildschirm aufgetaucht, um gegen diese Zensur zu protestieren, aber das Stück blieb abgesetzt, und selbst ein Mann wie Mário Soares von der Sozialistischen Partei beeilte sich, öffentlich zu erklären, daß dies berechtigt sei, denn solche Kritik an der Kirche sei «geschmacklos». Die Offiziere auf der MFA-Versammlung waren geteilter Meinung. Einige sprachen sich für die Zensur aus, andere fanden das Stück zwar auch geschmacklos, aber hielten die Zensur dennoch für wesentlich skandalöser. Die Gegner der Zensur überzeugten schließlich derart, daß Major Mariz Fernandez (der ein enger Vertrauter Spínolas war) bei seinem Eintreffen auf der

Versammlung sogleich gebeten wurde, wieder heimzugehen.

Erst jedoch als Spínola selbst eintraf, von den meisten Offizieren noch immer als militärisches Vorbild verehrt, wurde klar, daß es bei dieser MFA-Versammlung um eine tiefgreifende Entscheidung gehen sollte. Spínola setzte da an, wo es nicht nur in Portugal stets hieß, davon verstehe die Masse der Leute nichts, und wo auch Salazar 1926 angesetzt hatte: bei der Wirtschaft und den Finanzen. Deshalb hatte er den (konservativen) Finanzminister Vieira de Almeida und den Sonderminister Sá Carneiro («Wirtschaftsexperte» und zugleich Vorsitzender der rechtsliberalen PPD) mitgebracht.

Ein Reporter von der Londoner «Sunday Times» beschrieb das Auftreten dieser drei über das «Wirtschafts-Chaos» scheinbar zutiefst beunruhigten Männer folgendermaßen:

«Almeida begann, die wirtschaftliche Situation, mit der Portugal konfrontiert war, zu analysieren. Er wies darauf hin, daß das Programm der Bewegung der Streitkräfte als solches keine genügend drastischen Maßnahmen enthielt, um es der Regierung zu ermöglichen, die Wirtschaft zu kontrollieren, besonders an der industriellen Front . . .

Ihm folgte Sá Carneiro, dessen Aktien beim Ministerrat seit seiner Ernennung vor ein paar Monaten beträchtlich gestiegen waren. Als Minister ohne Geschäftsbereich war er Stellvertreter des Premierministers Palma Carlos geworden, und er war ein Verbindungsmann zwischen dem Ministerrat und Spínola. Gleichermaßen wichtig, unterhielt er enge Beziehungen zu Anwälten und Technokraten, die auf dem schnellsten Weg dabei waren, sich in der PPD eine politische Plattform gegen die Parteien der Linken zu schaffen . . .

Es gäbe für das Land im Moment nur zwei Alternativen, sagte er: entweder völlig in den Sozialismus überzugehen oder eine Militärdiktatur zu schaffen, die jedoch die demokratischen Zielrichtungen nicht aus den Augen verlieren würde. Er ließ keinen Zweifel bei seinen Zuhörern, daß es die zweite Alternative war, die er vorschlug.

Als Spínola nach vorne ging, sprach er die beiden Alternativen noch plumper aus. Entweder die Bewegung würde ihm ihr vollstes Vertrauen geben und ihn mit allen Vollmachten ausstatten, oder er würde sofort zurücktreten. Er forderte einen Ausnahmezustand mit dem Recht, eine Ausgangssperre zu verhängen, die Presse und das Fernsehen zu zensieren, Streiks zu verbieten und die Aktivitäten der politischen Parteien zu regulieren. Er erinnerte außerdem an die Forderung, die ‹spinolistische› Offiziere in Alfeite eine Woche zuvor gemacht hatten, daß, da die Versammlung der Bewegung der Streitkräfte keine weitere Existenzberechtigung hätte, sie in die normale militärische Hierarchie zurücktreten und lediglich ihre Vertretung im Staatsrat beibehalten solle.»

Es war den unmittelbar anschließend an Spínolas Beitrag vorgetragenen Fragen einiger progressiver MFA-Offiziere zu verdanken, daß das sich «staatsmännisch» gebende Notprogramm Spínolas nicht per Akklamation angenommen wurde. Nach langen Diskussionen wurde schließlich Spínola das Vertrauen ausgesprochen, ohne die gewünschten Vollmachten und ohne Auflösung der MFA.

Während General Spínola nach dieser ersten Niederlage jetzt verstärkt im Lande herumreiste und vor Zehntausenden von Menschen, besonders im Norden, patriotische Reden hielt und dabei seine Ambitionen, ein portugiesischer de Gaulle zu werden, immer weniger zu übersehen waren, verstärkten die MFA-Offiziere ihre politische Aufklärungsarbeit innerhalb der Armee und außerhalb. Die fünfte Abteilung beim Armee-Hauptquartier («Fünfte Division»), die unter dem alten Regime für die Öffentlichkeitsarbeit in Portugal und für die psychologische Kriegsführung in Afrika zuständig war, wurde jetzt zum Sammelpunkt der «politischen» Offiziere des alten Koordinationskomitees der MFA. Hauptanliegen war, wie Vitor Alves sagte: «Den Soldaten ein politisches Bewußtsein zu geben.» In Plakaten, Broschüren und der regelmäßig erscheinenden Zeitung «25. Abril – Boletim das Forças Armadas» wurde das betrieben, was für die Generalstäbe der ganzen Welt ein Alptraum ist: die Armee wurde «demokratisch unterwandert». Das Armeeblatt war bald eine der interessantesten Zeitungen im Land, wo über Landreform, Kooperativen, Arbeiterbewegung, Parlamentarismus, Dritte Welt und so weiter diskutiert wurde. Es sollte die Grundlage für die Diskussionsveranstaltungen sein, die jetzt überall in den Kasernen stattfanden. Später lancierte die 5. Division dann ihre «Kulturelle Dynamisierungskampagne» in den Dörfern und Kleinstädten, da die politischen Parteien dieser Aufgabe aus Angst um ihren Wahlerfolg nur halbherzig oder gar nicht nachkamen.

Die MFA-Offiziere waren jedoch nicht so naiv zu glauben, daß sie mit «Kultur» allein, mit Diskussion und Aufklärung den Mißbrauch der neugewonnenen demokratischen Freiheiten verhindern könnten. Der Versuch Spínolas und Sá Carneiros, die Macht an sich zu reißen, um die arbeitende Bevölkerung besser disziplinieren zu können, war ihnen eine Warnung gewesen. Um ihrer Aufgabe als «Ordnungsfaktor» nachkommen zu können, errichtete die MFA eine besondere Befehlsstruktur innerhalb der Armee, die, flexibel und stets einsatzbereit, überall im Lande, besonders aber in Lissabon, eingreifen konnte. Dieses «Operationelle Kommando für den Kontinent» (im Gegensatz zu den Überseegebieten), COPCON, war nicht gegen Spínola gerichtet – er war sogar nominell ihr oberster Befehlshaber –, aber, da alle dafür vorgesehenen Offiziere nach ihrer Treue zum MFA-Programm ausgewählt wurden, war es zunächst ein Schutz gegen eine «Rückkehr zum 24. April», wie man in Portugal sagte. Die Führung des COPCON übernahm jener Hauptmann, der schon die militärische Leitung des 25. April übernommen hatte, Otelo de Carvalho, der jetzt zum Brigadegeneral befördert und gleichzeitig zum Befehlshaber der Region Lissabon ernannt wurde.

Nach dem politischen Sieg gegen Spínola bei der letzten MFA-Versammlung hatte die MFA nun auch militärisch eine gewisse Absicherung gegen die Ambitionen des Generals, der inzwischen mit Nixon auf den Azoren seine Politik abzusprechen begann, besonders was «die portugiesischen Überseegebiete» in Afrika betraf.

Daß später auch Premierminister Palma Carlos besondere Vollmachten forderte, Aufschiebung der vorgesehenen Wahlen zur verfassungsgebenden Versammlung und statt dessen baldige direkte Wahlen des Staatspräsidenten (sprich General Spínola), waren nur noch Nachzugsgefechte. Selbst der Staatsrat lehnte sie ab, weil sie allzu offensichtlich gegen das Programm der MFA verstießen, und Palma Carlos sowie alle PPD-Minister, inclusive Sá Carneiro, mußten zurücktreten. Der erste Versuch, die Bewegung des 25. April im Sinne eines Modells des modernen westeuropäischen Kapitalismus auszulegen, oder, wie Sá Carneiro sagte, im Sinne der «Sozialdemokratie», war an den Offizieren der MFA gescheitert. Einige MFA-Offiziere der ersten Stunde traten direkt in die Regierung ein, Vasco Gonçalves wurde Ministerpräsident, «spinolistische» Offiziere erhielten das Verteidigungs- und Informationsministerium. Spínola selbst wandte sich der Afrikapolitik zu. Hier war er Experte, und hier galt es jetzt – auch im Sinne «seiner» Unternehmen Champalimaud und CUF – zu retten, was noch zu retten war. Auch Präsident Nixon hatte ihm – auf den Azoren – zu verstehen gegeben, daß, was immer in Portugal geschehen mochte, die USA ein Recht auf Selbständigkeit für Angola und Moçambique *nicht* anerkennen würden. Spínola wollte da nicht widersprechen, war es doch das Ziel auch seiner eigenen Politik, die reichen Afrika-Besitzungen im Rahmen einer neokolonialistischen Konstruktion dem freien Westen, beziehungsweise den portugiesisch-multinationalen Investoren zu erhalten.

Für die meist jungen Offiziere der MFA war diese Entfaltung neokolonialistischer Politik, die sie allenfalls als historischen und theoretischen Begriff kannten, eine weitere politische Lektion, die für sie um so eindringlicher war, als sie gezwungen waren, in der Praxis darauf eine Antwort zu finden.

Und so versuchte Spínola, seine Kolonialpolitik der portugiesischen und internationalen Öffentlichkeit zu verkaufen (zum Beispiel in der Zeitung «Diário de Notícias»): «In der modernen Welt ist politische Unabhängigkeit, wo sie existiert, das Produkt einer echten Selbstbestimmung, und Selbstbestimmung kann es nur in einer Atmosphäre der perfekt funktionierenden demokratischen Institutionen geben. Wir müssen schließen, daß es diese Institutionen in den Überseegebieten nicht gibt und daß deshalb ihre Bewohner keine wirkungsvollen Ausdrucks- und Mitbestimmungsformen besitzen und daß deshalb sofortige Unabhängigkeit in Wirklichkeit heute nichts anderes hieße als eine Negierung universell akzeptierter Ideen.»

Die politisch bewußten Offiziere der MFA waren enttäuscht über Spínolas Afrika-Politik, die sie sich nach seinem unter Caetano erschienenen Buch anders vorgestellt hatten. Aber auch die große Masse der anderen Offiziere (innerhalb und außerhalb der MFA) mußte gegen Spínolas Politik sein: denn für sie bedeutete der 25. April vor allem das Ende der Kämpfe in Afrika. Die afrikanischen Befreiungsbewegungen aber hatten Spínolas «demokratisches und pluralistisches» Konzept als die alte Politik des «Teile und Herrsche» erkannt und jeden Waffenstillstand abgelehnt. Der Führer der MPLA in Angola Agostinho Neto, zum Beispiel, lehnte eine Einladung Spínolas, nach Lissabon zu kommen, ab und rief statt dessen alle anderen Befreiungsbewegungen auf, den Kampf fortzusetzen und dem Feind «noch schwerere Schläge zu versetzen», denn seine Entkolonialisierungspolitik sei unklar.

Zwei Offiziere über die Afrika-Politik
So wie ihr Befreiungskampf ursprünglich die «Bewegung der Streitkräfte» und den Sturz der faschistischen Diktatur bewirkt hatte, war die klare Haltung der afrikanischen Befreiungsbewegungen auch jetzt wieder der eigentliche Grund für das Scheitern der Politik Spínolas. Was für die meisten Soldaten und Offiziere (und deren Familien) eine praktische Frage des Alltags war – sie wollten nicht mehr in Afrika für einen aussichtslosen Krieg kämpfen –, war für andere Offiziere zugleich ein «Lernschritt», der ein Hauptelement ihrer Politisierung darstellte. Zwei Offiziere, Hauptmann Matos Gomes und Admiral Rosa Coutinho (beide vor Gründung der MFA ganz «normale» Berufsoffiziere ohne ersichtliche linke Betätigung) interpretierten die Afrika-Problematik so:

Rosa Coutinho: Mein Freund, es kann keinen Zweifel daran geben, daß die Entkolonialisierung nach wie vor der Schlüssel zum gesamten portugiesischen Revolutionsprozeß ist. Ohne die Kolonialkriege wäre die MFA wahrscheinlich gar nicht entstanden, und wenn es auch nicht ganz so brillant war, wie die MFA in den ehemaligen portugiesischen Kolonien die Entkolonialisierung durchführte, so wäre doch ohne sie der ganze revolutionäre Prozeß in Portugal zum Stehen gekommen. Was meinen Sie?

Matos Gomes: Ich glaube, wie auch die jüngeren Offiziere der MFA – ich war vor dem 25. April in Guinea –, daß es die Kolonialkriege waren, durch die wir unser politisches Rüstzeug bekamen, eben im Kontakt mit den Völkern, mit den anderen Kulturen, die uns die Gewißheit gaben, daß die damalige Regierung keinerlei Probleme löste, daß sie überhaupt nicht den Willen hatte, sie zu lösen. Denn sie steckte ja ursächlich mit dem zusammen, was dort passierte: mit der Ausbeutung bis aufs Letzte, mit der Sklavenarbeit und der Ausplünderung der sehr reichen Rohstoffquellen. Ich stimme mit dem Herrn Admiral darin überein, daß es die Kolonialkriege waren, die uns den ideologischen Rückhalt verschafften, um mit den späteren Krisen fertigzuwerden.

Rosa Coutinho: Sicher! Man könnte sogar sagen, daß so die MFA entstand, als eine portugiesische Befreiungsbewegung. Übrigens gibt es da eine Sache, die Ihnen sicher schon aufgefallen ist: Die ganze Entkolonialisierung entwickelte sich vollkommen ohne das Zutun der politischen Parteien Portugals. Die Entkolonialisierung ist ausschließlich durch die MFA zustande gekommen. Etwas erstaunlich, nicht wahr?

Matos Gomes: Erstaunlich war es eigentlich nicht, denn die Verantwortung für die Kriegsführung lag immer in den Händen der Militärs. Es waren die Militärs, die die Probleme zu spüren bekamen, die die Initiative ergriffen, sie auch zu lösen. Die Politiker, insbesondere die Politiker der progressiven politischen Parteien, hatten gar keine Möglichkeit dazu, weil sie oft nicht einmal in Portugal lebten. Außerdem hatten sie meist eine Anschauung des Kolonialproblems, die sich von der der Militärs sehr unterschied. Denn wir standen den Völkern in den Kolonien sehr nahe, wir empfanden die Härte ihres Lebens und die Härte der Ausbeutung und fühlten uns viel weitgehender verantwortlich für diesen Prozeß als die politischen Parteien.

Rosa Coutinho: Genau, das ist eben der entscheidende Punkt. Denn ohne die Erfahrungen in den Kolonien hätte die Revolution niemals vorwärtskommen können.

Matos Gomes: Die Entkolonialisierung, so wie wir sie verstehen, konnten wir nicht besser machen, besonders in Angola nicht. Der Herr Admiral weiß das sicher besser als ich, denn wir hatten es auch mit anderen politischen Kräften zu tun, auf die wir keinen Einfluß hatten, obwohl wir sie bekämpft haben.

Rosa Coutinho: Aber es gibt keinen Zweifel daran, daß die Entkolonialisierung der Schlüssel zur Revolution war. Erst in dem Moment, in dem die Entkolonialisierung begann, konnte auch die Revolution beginnen, oder?

Matos Gomes: Ich glaube, das stimmt, und jetzt denken wir daran, daß wir die Befreiung in unserem eigenen Land realisieren müssen, die Umwandlung dieser Ausbeutungsstrukturen.

Rosa Coutinho: Sozusagen eine interne Entkolonialisierung?

... Wir waren mehr oder weniger Agenten eines Subkolonialismus gewesen. Wir praktizierten eine Art von Subkolonialismus, wie er auf der Welt seinesgleichen sucht. Wir waren die Sklaven anderer, die ihrerseits andere Völker versklavten. Wir dürfen nicht vergessen, daß die großen Konzerne, die sich letzten Endes auf Grund unserer Vermittlung in Moçambique zum Beispiel betätigten, gar keine portugiesischen Firmen waren; selbst schweizerische, deutsche, englische und holländische Firmen gab es dort. Die alle lebten ziemlich gut auf Kosten unseres portugiesischen Kolonialismus. Und man kann vielleicht sagen, daß der Lebensstandard vieler europäischer Länder, die uns heute angreifen, auf Grund der Reichtümer geschaffen wurde, die aus den Territorien stammten, die wir mit unserem Kolonialkrieg verteidigten.

Matos Gomes: Jetzt, was den internen Teil betrifft, die sogenannte innere Entkolonialisierung: da gab es einige Überfälle, das heißt, eben keine Überfälle, sondern Besetzungen von Land, Besetzungen bestimmter Güter, bestimmter Häuser, die von der Bevölkerung vorgenommen wurden. Was meinen Sie dazu, Herr Admiral?

Rosa Coutinho: Ich halte das für bedeutungslos inmitten einer Revolution; ich frage mich sogar, welche Revolution wurde in der Welt gemacht, wo nicht ein Haus in Flammen aufging oder eine Fabrik demoliert wurde? Aber das ist in Portugal nicht einmal passiert. In Wirklichkeit gab es einige Besetzungen von leerstehenden Häusern, die dann vom Volk genutzt wurden. Gestern noch sah ich in Beja ein Haus, das einem Großgrundbesitzer gehörte, der praktisch nie da war, denn er lebte in Lissabon. Und jetzt ist das Haus Sitz der Gewerkschaft von Beja. Ich finde das sehr gut, und ich bin der Meinung, wir sollten das legalisieren.

Matos Gomes: Ich kenne ein anderes Beispiel, und zwar aus Aveiras de Cima. Ich mußte dorthin, um ein Problem mit einem Herrenhaus zu lösen, das einer der großen Familien unseres Landes gehörte und das seit 14 Jahren leerstand, während die Bevölkerung nicht einmal Schulen für die Kinder hatte und nicht einmal ärztliche Versorgung. Das heißt, in der Klinik konnten nur zwei Leute untergebracht werden, die anderen mußten auf der Straße bleiben. Also besetzten sie dieses Herrenhaus.

Rosa Coutinho: Ist das Haus jetzt in Betrieb?

Matos Gomes: Jetzt hat man in diesem Gebäude – mit 40 oder ich weiß nicht wie vielen Zimmern – eine Klinik eingerichtet. Außerdem fand man eine brillante Lösung: Man machte mit den Besitzern und der Gemeinde einen Mietvertrag über eine symbolische Miete von 3 Mark im Monat, das heißt, 10 Pfennig pro Tag.

Rosa Coutinho: Sehr gut! Das ist der portugiesische Revolutionsprozeß, und wir schämen uns in keinster Weise, dies der Welt zu zeigen.

Matos Gomes: Es ist die einzige Möglichkeit, daß das Volk die Führung des Prozesses in die eigene Hand nimmt. So denken wir.

Rosa Coutinho: Natürlich, es gibt keine Revolution ohne das Volk.

Nicht nur Spínola, den sie zum Staatspräsidenten gemacht hatten, war für die MFA-Offiziere eine Enttäuschung, auch die Parteiführer der Linken, die sie aus dem Exil geholt und in die sie soviel Hoffnung für die Zukunft des Landes gesetzt hatten. Besonders Mário Soares, der als Außenminister Spínolas in London, Algier und Lusaka mit den afrikanischen Befreiungsbewegungen verhandelte. So sehr war er darauf bedacht, den Außenminister des Staatsmannes Spínola zu spielen, daß er nicht einmal bei den Verhandlungen mit der PAIGC vorankam, geschweige denn mit der FRELIMO oder der MPLA. Dabei hatte die PAIGC den Krieg in Guinea-Bissau militärisch längst gewonnen und eine Republik ausgerufen, die bereits von mehr Staaten in der Welt anerkannt war als Portugal selbst. Während die Parteiprogrammatik der Sozialistischen Partei ganz eindeutig war in ihrer Befürwortung einer vollkommenen

Unabhängigkeit für die ehemaligen portugiesischen Besitzungen in Afrika, machte Soares in Staatsmann und Realpolitik und war dadurch das, was Spínola damals privat von ihm sagte: «Er ist kein Genie, aber er spielt seine Rolle gut. Er wird einen anständigen Minister abgeben.»

Soares bestätigt das in seinen Gesprächen mit dem Le Monde-Korrespondenten Dominique Pouchin (abgedruckt in dem Buch «Portugal quelle Revolution?») und beklagt sich weinerlich darüber. Er berichtet, wie ihm General Spínola mitteilte, daß er zur Unterstützung seiner Verhandlungen einige Tausend Portraits von sich selbst nach Guinea geschickt habe (die der MFA-Offizier und damalige Militärgouverneur in Bissau, Fabião, allerdings einfach in den Kisten ließ) und fährt fort:

«Unbestreitbar ist, daß seine (Spínolas, Anm. d. Hrsg.) Haltung nichts zum Gelingen beigetragen hat. Im Gegenteil: seine Unbeugsamkeit, seine Ablehnung, die Situation richtig zu beurteilen, hat uns daran gehindert, in London einen Vertrag mit den Guinesen auszuhandeln, der viel vorteilhafter gewesen wäre, als der, den wir schließlich drei Monate später in Algier dennoch aushandeln konnten.»

Und stolz deutet Soares in demselben Gespräch an, was er alles hätte machen können, wenn Spínola nicht gewesen wäre: «Dabei hatte ich doch die besten Trümpfe in der Hand, um Portugal aus dem afrikanischen Wespennest zu ziehen. Als Emigrant hatte ich gewisse Kontakte mit den (afrikanischen, Anm. d. Hrsg.) Nationalistenführern hergestellt, die sich als sehr nützlich herausstellen sollten. In Holland hatte ich an Konferenzen teilgenommen, die vom Angola-Komitee organisiert wurden, das vor allem die MPLA unterstützte, und fünfzehn Tage vor dem 25. April war ich von den weißen Vätern (kath. Missionsorden, der von Caetano aus Moçambique ausgewiesen worden war, Anm. d. Hrsg.) zu einem Kolloquium über den nationalen Befreiungskampf nach Brüssel eingeladen worden.»

Mit diesen «Trumpfkarten» in der Hand, aber auch Spínolas Politik im Gepäck, trat Soares den Führern der Befreiungsbewegungen entgegen. Marcellino dos Santos, einer der Führer der FRELIMO, der Befreiungsfront von Moçambique, erzählte den Autoren dieses Buches in Dar-es-Salaam nach Verhandlungen mit Soares, es sei absolut nichts dabei herausgekommen, außer vielleicht, daß Soares sie immerzu mit «Genossen» hatte anreden wollen, was sie aber zurückweisen mußten, denn es hätte während der Verhandlungen keinerlei Anhaltspunkte dafür gegeben, daß Soares ihr «Genosse» sei. Erst als Offiziere der MFA wie Melo Antunes, Vitor Crespo, Rosa Coutinho oder Otelo de Carvalho sich bei den Verhandlungen mit den Befreiungsbewegungen über die Verhandlungsstrategie sowohl Spínolas als auch Soares' hinwegsetzten, kamen Einigungen mit der PAIGC in Guinea-Bissau und der FRELIMO in Moçambique zustande (was Soares nicht daran hinderte, im oben erwähnten Gespräch Otelo als «Spitzel» Spínolas bei den Verhandlungen zu bezeichnen). Nur in Angola war der «pluralistische Prozeß» schon so weit vorangeschritten, daß die Unabhängigkeit unter Führung der MPLA erst nach einem mörderischen Krieg mit den Pseudo-Befreiungsbewegungen FNLA und UNITA und Hunderttausenden von Opfern erreicht werden konnte. Hier hatte Spínola die Verhandlungen selbst in die Hand genommen und in Geheimgesprächen auf der Atlantikinsel Sal Abmachungen mit Mobutu (dem von Amerika unterstützten Präsidenten von Zaïre), dessen Schwager (und nach eigenen Angaben früheren Mitarbeiters des Geheimdienstes CIA) FNLA-Führer Holden Roberto, sowie UNITA-Chef Savimbi getroffen. Soares später dazu: «. . . er hat direkte Verhandlungen mit dem Präsidenten Mobutu angezettelt, ohne mir etwas davon zu sagen, und hat mich so von einer Angelegenheit ausgeschlossen, die zu allererst mich angegangen wäre.»

Ebenso empört wie Soares war auch Admiral Rosa Coutinho. Er war als einziges Junta-Mitglied ein enger Vertrauter der MFA-Offiziere geblieben und deshalb von Spínola, der ihn verächtlich den «roten Admiral» nannte, als Gouverneur nach Angola versetzt worden. Auch Coutinho, der in aller Stille die MPLA gegen ihre Widersacher unterstützte, offiziell aber auf eine «neutrale» Linie festgelegt war, hatte nichts von Spínolas Verhandlungen erfahren. Doch Coutinho nahm das nächste Flugzeug von Luanda nach Lissabon, mobilisierte die MFA und berief am 17. September 1974 eine Sondersitzung der Junta im Belém-Palast ein.

Diese Debatte, die wie fast alle Debatten der MFA-Offiziere nahezu die ganze Nacht hindurch geführt wurde, ließ nichts an Härte zu wünschen übrig. Es stellte sich heraus, daß bereits Einladungen an verschiedene prominente Geschäftsleute in Luanda (darunter sogar Mitglieder der alten Geheimpolizei) ergangen waren, um in Lissabon Verhandlungen über die Zusammensetzung der neuen angolesischen Regierung zu führen. Versteht sich, daß sie «pluralistisch» alle möglichen, zum Teil hastig gegründeten Parteien vertreten sollte. Ein Ex-PIDE-Mann war in Luanda – getreu den Ursprüngen des Salazar-Regimes – als «Christlicher Demokrat» aufgetreten. Doch nicht nur die schwarzen «Befreiungsbewegungen» FNLA und UNITA sollten in der demokratisch-pluralistischen Regierung vertreten sein, auch die mit ihnen zusammenarbeitenden weißen Parteien hatten alle einige «schwarze» Kollaborateure in ihren Reihen (vergessen die Zeit, wo die rassistisch-orientierte FNLA dazu aufgerufen hatte, *alle* Weißen und Mischlinge – vor allem der MPLA – zu töten).

Der Putschversuch mit «der schweigenden Mehrheit»

Doch als Präsident Mobutu am 27. September nach Dar-es-Salaam flog, um seine Abmachung mit Spínola den Staatschefs Nyerere von Tansania und Kaunda von Zambia vorzutragen, ging er davon aus, daß Spínolas zweiter Versuch, die Macht in Portugal an sich zu reißen, am 28. glücken würde (auch wenn kurz zuvor in Moçambique ein schlecht koordinierter Aufstand weißer Geschäftsleute, PIDE-Agenten und schwarzer Kolla-

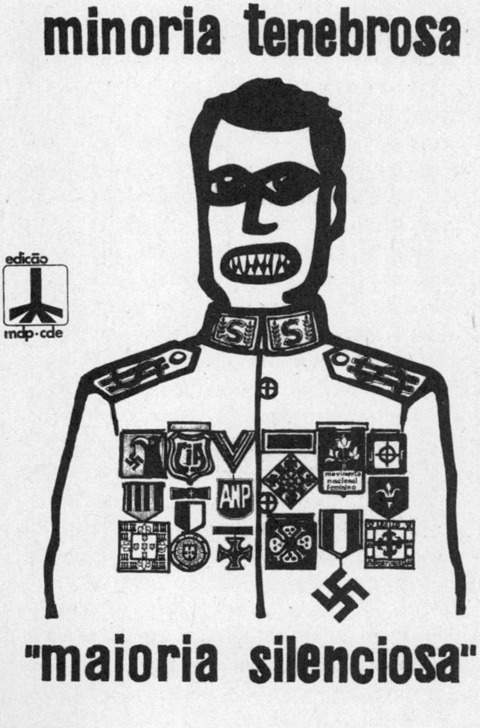

Nixons Erfindung der «schweigenden Mehrheit» auf portugiesisch. Text des Aufrufes zum 28. September: Unterstützungsdemonstration für General Spinola: nein den Extremismen, ja zu Festigkeit und Treue für das MFA-Programm.

Gegenplakat der Linken: Ist die schweigende Mehrheit in Wirklichkeit eine finstere Minderheit?

Oder eine Wählermehrheit?

borateure, die vom Erzbischof von Lourenço-Marques unterstützt wurden, schon gescheitert war).

Spínola hatte nach Absprache mit hohen Offizieren von Elite-Einheiten (besonders der Fallschirmjäger von Tancos) die Bevölkerung in ganz Portugal aufgerufen, am 28. September als «Schweigende Mehrheit» nach Lissabon zu kommen, um ihn *und die MFA!* zu unterstützen. An Transportmitteln sollte es nicht mangeln; die Banken und einige Rechtsparteien ließen sich mit der Unterstützung dieses «Marsches auf Lissabon» nicht lumpen.

Am 28. September verbot Spínolas getreuer Informationsminister Sanches Osório die Herausgabe aller Zeitungen und alle Radiosendungen. Im Radio war nur noch klassische und Marsch-Musik zu hören.

Gleichzeitig ließ Spínola die führenden MFA-Mitglieder, Premierminister Vasco Gonçalves und COPCON-Oberbefehlshaber Otelo de Carvalho im Belém-Palast unter Hausarrest stellen. Doch es erwies sich, daß zumindest die Truppen des COPCON nicht bereit waren – wie es die Hierarchie befahl – ihrem obersten Chef Spínola zu gehorchen. Sie besetzten statt dessen die Rundfunkstationen und das Fernsehen und ließen die Programme mit einem kräftigen «Grândola» wieder normal beginnen. Schon Tage vorher hatten die Gewerkschaften, die Kommunistische Partei, Teile der Sozialistischen Partei, die MDP und die links-revolutionären Gruppen die Bevölkerung vor dem «reaktionären Marsch auf Lissabon» gewarnt. Dahinter stecke keine «Schweigende Mehrheit», sondern eine «finstere Minderheit».

Die Transportarbeiter-Gewerkschaft hatte sich geweigert, irgendwelche Gruppen am 28. September nach Lissabon zu befördern. In der Nacht zum 28. schließlich errichteten Zivilisten der verschiedenen Linksgruppen Straßensperren an den Hauptzufahrtsstraßen und schickten Busse mit fröhlichen Provinzlern wieder nach Hause, die – wie zu Zeiten Salazars – kostenlos in die Hauptstadt reisen durften, um den Präsidenten der Republik «zu besuchen» und um (ebenfalls kostenlos) an einem Fußballspiel teilzunehmen. In den frühen Morgenstunden kamen Soldaten des COPCON dazu. Ursprünglich hatten Otelo und seine Offiziere einen Plan entwickelt – das «Unternehmen Stop» –, wonach die Truppen die Barrikaden abbauen und die Teilnehmer des Marsches bei der Einfahrt nach Lissabon nach Waffen untersuchen sollten. Jetzt, wo Otelo nicht da war und aus dem Belém-Palast seltsame Telefongespräche von ihm beim COPCON-Stab ankamen (hinter Otelo standen Spínola, General Galvão de Melo und der Luftwaffen-Stabschef Diogo Neto und paßten auf), führten sie das «Unternehmen Stop» zwar aus, hielten die Straßensperren an den Zufahrtsstraßen aber gemeinsam mit den Zivilisten aufrecht. Deutsche Touristen, die mit dem Bus aus der Algarve kamen, wußten Schreckliches zu berichten: nicht nur Soldaten mit Gewehren hätten sie angehalten, sondern Bauern seien mit dabei gewesen, die böse mit ihren Mistgabeln in der Luft herumgefuchtelt hätten. Das Ganze

«Lisnave»-Arbeiter verlassen die Werft zu einer verbotenen Demonstration.

geschah jedoch an allen Sperren in einer heiteren, völlig friedlichen Atmosphäre. Die Soldaten behielten die Gewehre auf dem Rücken und die roten Nelken in den Gewehrläufen. Als der Marsch der «Schweigenden Mehrheit» schließlich stattfand (vor dem Belém-Palast), waren es höchstens 30 Menschen, die etwa 5 Minuten lang marschierten und dann von Tausenden von Gegendemonstranten auseinandergetrieben wurden. Spínolas Pläne waren auch diesmal gescheitert. Er trat von seinem Amt zurück, nicht ohne jedoch im Fernsehen markige Worte von Chaos und Anarchie gegen die MFA zu schleudern. Diese Abschiedsrede erinnerte stark an die Antrittsrede des chilenischen Generals Pinochet, was Spínola von da an den Namen «Spinochet» eintrug. Costa Gomes wurde Spinolas Nachfolger.

Ein Interview mit LISNAVE-Arbeitern nach Spínolas Rücktritt
Frage: Die Presse in Deutschland berichtet von anarchistischen Zuständen in Portugal. Es sollen ständig Demonstrationen stattfinden, niemand arbeitet, überall wird gestreikt . . . Ist das alles wahr, oder entspricht das nicht den Tatsachen?

Antwort: Ich finde, daß das alles nicht wahr ist. Wir hier zumindest haben gearbeitet, stets so, wie wir auch früher gearbeitet haben, noch vor dem 25. April, und wir arbeiten genauso weiter. Was wir hier brauchen, ist Arbeit, und wir müssen bestrebt sein, einen Fortschritt zu erlangen.

Soldaten werden geschickt,
um ihnen entgegenzutreten.

Wir hatten nur eine Demonstration bisher, und nur eine Arbeitsniederlegung.

F.: Wie lange?

A.: Ja, etwa drei bis vier Tage, nicht wahr? Was wir brauchen, ist Arbeit, und auf die werden wir nicht verzichten.

F.: Nun, General Spínola hat erklärt, daß hier ein gewisses wirtschaftliches und soziales Chaos entstanden ist, und das sei der Grund, warum er zurückgetreten sei. Sind Sie davon überzeugt, daß dies zutrifft?

A.: Nein, ich muß dem widersprechen, denn von chaotischen Zuständen haben wir weder hier auf der Werft, noch in Portugal etwas bemerkt. Es ist sehr viel politisiert worden, aber von Chaos kann überhaupt keine Rede sein. Mein Leben sieht so aus wie immer: von zu Hause komme ich hierher um zu arbeiten, und von hier gehe ich nach Hause, um mich auszuruhen. Ich verstehe nicht sehr viel von Politik, ebensowenig von den Problemen, die diese Leute hatten oder haben, ich weiß von nichts.

F.: Was meinen Sie zu Spínolas Erklärung?

A.: Ja, da muß ich mich den Ausführungen meines Kollegen anschließen, falls solche Zustände tatsächlich herrschen sollten, haben wir hier nichts davon bemerkt. Eine Sache ist sicher, unser Wunsch ist zu arbeiten, und wir hoffen, daß die Revolution, die es hier gegeben hat, den Arbeitsfrieden nicht beeinträchtigen wird. Wenn wirklich ein ökonomisches Chaos bestehen sollte, so mögen die hohen Finanzbehörden, die

«Lisnave»-Arbeiter
und Soldaten treffen zusammen.

davon etwas verstehen, die Sache auch wieder in Ordnung bringen.

F.: Und was meinen Sie?

A.: Es gibt hier kein Chaos. Wir haben jeden Tag gearbeitet, jeder hat seine Schicht eingehalten, und die Arbeit verläuft so normal weiter wie immer.

F.: Und was ist Ihre Meinung?

A.: Ich glaube nicht, daß ein wirtschaftliches Chaos besteht. Darunter versteht man doch so etwas wie ein apokalyptisches Durcheinander, und das gibt es hier wirklich nicht. Sicher haben wir wirtschaftliche Probleme in unserem Land, die wir von der vorigen Regierung übernehmen mußten. Die neue provisorische Regierung hat Aufrufe erlassen, damit die Menschen hier im Lande mehr und mehr arbeiten. Aus diesem Grund kann man überhaupt nicht sagen, daß die Zustände hier so chaotisch sind, wie es behauptet wird.

A.: Was mein Kollege da geäußert hat, ist absolut richtig. Hier in Portugal haben wir nicht nur gegen die Zustände anzukämpfen, die nach einer fünfzigjährigen faschistischen Ära hier aufgelaufen sind, wir haben auch gegen das wirtschaftliche Chaos anzukämpfen, das der Faschismus uns hinterlassen hat. Dieses Chaos ist nicht erst jetzt von den Arbeitern verursacht worden, also nach dem 25. April, sondern dieser Zustand ist eine Hinterlassenschaft des alten kapitalistischen Regimes. Wir kämpfen nicht nur dagegen, sondern auch gegen alle reaktionären Kräfte, gegen

Arbeiter und Offiziere verhandeln. Die Offiziere werden von der Notwendigkeit der Demonstration überzeugt.

die internationalen kapitalistischen Kräfte, die jetzt die Arbeit der portugiesischen Massen, die Bewegung der bewaffneten Streitkräfte und die Bemühungen der provisorischen portugiesischen Regierung, dem portugiesischen Volk das zu geben, was es fünfzig Jahre lang entbehren mußte, sabotieren wollen. Unser Hauptproblem ist jetzt, daß wir die Unterstützung der zivilisierten Länder, der demokratischen europäischen Nationen, ja der Nationen der ganzen Welt erhalten. Ohne diese Unterstützung können wir überhaupt nichts anfangen.

F.: Möchte sich irgend jemand der Anwesenden über die sogenannte «Schweigende Mehrheit» äußern, fühlt sich hier jemand ihr zugehörig?

A.: Auf diese Frage können wir alle antworten: wir nicht! Ich glaube, wir sollten zunächst einmal erläutern, was unter der «Schweigenden Mehrheit» zu verstehen ist. Wir verstehen unter der «Schweigenden Mehrheit» die mächtigen Kapitalgruppen in unserem Land, die Großgrundbesitzer, und daher ist es Unsinn, anzunehmen, daß wir als Arbeiter dieser sogenannten «Schweigenden Mehrheit» angehören könnten, die sich völlig außerhalb der Vorstellungen und Ziele der arbeitenden Massen befindet.

A.: Es ist vollkommen klar, daß wir nicht zu der «Schweigenden Mehrheit» gehören, und im übrigen muß dieser Begriff unbedingt richtiggestellt werden. Denn es handelt sich nicht um eine «Schweigende Mehrheit», sondern es handelt sich um eine Minderheit verräterischer

Vor der amerikanischen Botschaft solidarisieren sich die dort eingesetzten Soldaten mit den Demonstranten.

Reaktionäre und statt einer schweigenden sollte man lieber von einer obskuren Mehrheit sprechen. Ich bin der Meinung, daß dieser Gruppe nur reaktionäre Kräfte angehören können, die das bisher Erreichte zerstören wollen. Da wir Arbeiter aber das Gegenteil wollen, können wir auch nicht dieser «Schweigenden Mehrheit» angehören. Zugegeben, wir befinden uns zur Zeit in einem gewissen Zustand der Agitation, denn natürlich müssen wir nach fünfzig Jahren des Stillhaltens jetzt endlich etwas tun. Aber das bedeutet noch lange nicht, daß das Land sich dadurch im Chaos befindet, wie mancherorts behauptet wird und was man uns oft einzureden versucht. Die Regierung hat gerade an uns Arbeiter appelliert, daß wir auch sonntags arbeiten sollen, gerade deswegen, um zu verhindern, daß unser Land in ein wirtschaftliches Chaos gerät. Wir Arbeiter sind daran interessiert und auch bereit, sonntags zu arbeiten, damit ein solches Chaos überhaupt nicht erst eintreten kann. Und darin sind wir uns alle einig.

Die «kollektive Unsicherheit» der MFA

Nach dem 28. September hatte die MFA ihre bisher größte Stärke erreicht. Die gesamte portugiesische Armee – und das war im Verhältnis zur Bevölkerung eine der größten der Welt – wurde von ihr kontrolliert. Trotz größter wirtschaftlicher Schwierigkeiten im Land war die MFA bei der Bevölkerung äußerst beliebt. Die politischen Parteien konnten es sich nicht leisten, gegen die MFA zu polemisieren. Nicht so sehr deshalb, weil diese bewaffnet war, sondern weil die Wahlchancen für jede Gruppe, die sich gegen die MFA aussprechen würde, sofort gesunken wären.

Dies war natürlich nur solange so, wie die MFA geschlossen auftreten konnte. Doch nach dem Abtreten Spínolas und den von der gesamten MFA erreichten Erfolgen im Entkolonialisierungsprozeß zeigte sich, daß die Rolle der MFA bisher fast ausschließlich die einer Opposition war – gegen Spínola und seine neokolonialistische Afrikapolitik, aber auch gegen Spínola als Vertreter der alten Kräfte schlechthin.

Wenn Spínola von Chaos und Anarchie sprach, dann verteidigten die Militärs demokratische Meinungs- und Versammlungsfreiheit. Wenn Spínola – und mit ihm alle größeren Parteien bis hin zur PCP (Kommunistischen Partei) – ein Streikgesetz befürworteten, das den Hauptakzent auf die Disziplinierung der Arbeiterschaft und eine Produktionssteigerung um jeden Preis setzte, ja, das sogar eine starke Einschränkung des gerade errungenen Streikrechts bedeutete, dann verhinderten Offiziere und Soldaten der MFA, daß aus den toten Buchstaben eine repressive Praxis wurde. Die Rolle der MFA hatte vor allem darin bestanden, die reaktionären Kräfte in Schach zu halten und dadurch den progressiven Kräften ihren Spielraum zu vergrößern. Das galt für die afrikanischen Befreiungsbewegungen ebenso wie für die arbeitende Bevölkerung in Portugal selbst. So konnten Arbeiterkommissionen entstehen und ihre Forderungen in den Betrieben durchsetzen, Stadtteilgruppen und Landarbeiterkooperativen konnten leerstehende Häuser und brachliegende Felder besetzen, Drucker und Journalisten konnten sich in den Redaktionsstuben neue Rechte erkämpfen. Wenn die Besitzer die Armee holten, um «ihr Recht» durchzusetzen, dann kamen die Soldaten in den meisten Fällen, nicht um die Arbeiter auseinanderzutreiben, sondern um mit ihnen zu diskutieren. Im Radio und im Fernsehen sowie in einigen Zeitungen ließ die MFA nach solchen Konflikten stets einen ihrer Offiziere als «Vermittler» zurück.

Jetzt, wo Spínola weg war, zeigte sich, daß die MFA als politische Bewegung kein klares, einheitliches Konzept hatte und schon gar keine «Führerfiguren», nach denen in Portugal alle Probleme zu verlangen schienen. Die politisch aktiven Offiziere der MFA hatten eine solche Abneigung dagegen, sich als Führer über ihre Kollegen zu stellen, daß sie jetzt sogar militärische Beförderungen ablehnten, derentwegen sie ursprünglich einmal zu revoltieren begonnen hatten. Major Melo Antunes zum Beispiel meinte als Wirtschaftsminister (und späterer Außenminister) mit seinem Dienstgrad gut zurechtkommen zu können. Und die Beförderung des Hauptmanns Otelo de Carvalho zum Brigadegeneral erfolgte aus taktischen Gründen, wobei es als allgemein ausgemacht galt, daß diese Beförderung auch wieder rückgängig gemacht werden könnte, falls es seine Funktion innerhalb der MFA nicht mehr erfordern sollte. Auf die besorgte Frage vieler Beobachter, wo denn unter solchen Umständen die Macht in Portugal läge, gab es zwei verschiedene Antworten. Die einen, besonders jene, die Spínola gerne als portugiesischen de Gaulle gesehen hätten, glaubten, es herrsche Chaos und Anarchie. Die anderen, und dazu gehörten besonders die führenden Militärs der MFA, sagten, die Macht läge in vielfältigen Formen bei sehr vielen Leuten verteilt. Für Hauptmann Vitor Alves war dieser Prozeß eine «Selbsterziehung zur Demokratie». Die «kollektive Unsicherheit» war zu Beginn des Prozesses allen progressiven Kräften im Lande gemeinsam. Mit dem Näherrücken der angekündigten Wahlen jedoch versuchten sich die Parteien mehr und mehr gegeneinander zu profilieren.

Wahlen zu gewinnen, so wußte man aus den westlichen Ländern, war außerdem eine Frage von Geld, und Geld war für die Linksparteien in größeren Mengen nur aus dem Ausland zu beziehen. Während die Kommunistische Partei sicher nicht bestreitet, großzügig aus den Ostblockländern unterstützt worden zu sein, erhielt die Sozialistische Partei von Mário Soares zunehmend Geld aus der Bundesrepublik und Skandinavien, ja sogar, wenn man einem Bericht der New York Times glauben darf, vom amerikanischen Geheimdienst CIA. Mit den Geldern an die PS war ein zunehmender Druck auf deren Führung verbunden, keine Allianz mit der Kommunistischen Partei einzugehen. Ein Teil der PS unter Manuel Serra spaltete sich daraufhin von der Partei ab. Der bei uns so bekannte Vorgang der Parteiausschlußverfahren war für Kritiker der sich immer stärker entwickelnden antikommunistischen Linie bald keine Seltenheit mehr. Die Spaltung der progressiven Kräfte begünstigte ein Klima, in dem es die rechten Kräfte wagen konnten, wieder öffentlich aufzutreten. Die progressiven MFA-Offiziere erkannten bald, daß ihre Vorstellungen von demokratischen Wahlen allzu idealistisch waren und daß diese Wahlen ein Jahr nach dem Sturz der 48jährigen Diktatur nicht unbedingt zur Stärkung der Demokratie beitragen mußten.

Wegen der Gefahr der Zersplitterung der fortschrittlichen Kräfte plädierten sie für die gemeinsame Suche nach demokratischen Modellen, unabhängig von Wahlchancen und Wahlergebnissen. Der Kommunistischen Partei fiel die Einsicht in diese Überlegung leicht. Denn erste Umfragen unter der Bevölkerung hatten schon darauf hingedeutet, daß nach einem Jahrhundert klerikaler und faschistischer Propaganda gegen alles, was links war, kaum mehr als zehn Prozent der Bevölkerung für die PCP stimmen würden.

Der Arzt und Hauptmann Ramiro Correia von der kulturellen Dynamisierungskampagne der MFA verband seine Abneigung gegen die Parteienpolitik mit der Idealisierung der «neuen Armee», als er in einem Interview (mit der Wochenzeitung «Sempre Fixe») sagte: «Die Armee tendiert dazu, als eine Partei zu funktionieren, und identifiziert sich mit dem Volk. Sie ist die Verteidigerin der arbeitenden Klassen, was sie zur ersten ihrer Art in Europa macht. Die politischen Parteien andererseits funktionieren wegen ihrer rigiden Schichtung . . . weiterhin getrennt von der Arbeiterklasse.»

Nüchterner, aber nicht weniger enttäuscht, drückte es Major Alves aus: «Nach dem 28. September bemerkten wir, daß unglücklicherweise die politischen Parteien nicht so stark oder so tief in der portugiesischen Bevölkerung verwurzelt waren, wie wir es am 25. April vermutet hatten. Mehr noch bekämpften sich die demokratischen politischen Parteien und zerbrachen so die Linke in Portugal. Wir bemerkten auch, daß der 25. April nicht sehr viele Orte im Lande erreicht hatte, so daß wir wirklich sehr weit von einer Demokratie entfernt waren. Mit der politisch gespaltenen Bevölkerung und mit den Parteien, die politische Ideen unter die Bevölkerung hätten bringen können, sich aber statt dessen gegenseitig bekämpften, konnte jene Demokratie in Portugal nur dadurch erreicht werden, daß die Bewegung der Streitkräfte eine gewisse Zeitlang weiterarbeitete.»

In solchen Äußerungen schwang neben politischem Wunschdenken, das in endlosen Debatten, wie wir sie von der Studentenbewegung her kennen, entstanden war, auch etwas von dem Corpsgeist mit, den die Offiziere im afrikanischen Busch weitab von den Generalstäben und den politischen Intrigen im Mutterland entwickelt hatten.

Doch an der Frage, welche Form diese Weiterarbeit der MFA für die portugiesische Demokratie haben könnte, zerstritten sich auch die Offiziere der MFA. Sicher nicht unbeeinflußt von dem Parteienstreit «draußen», begann sich auch innerhalb der MFA eine rechte und eine linke Gruppierung herauszubilden. In den endlosen Debatten zur «Institutionalisierung» der MFA hat es – bis zum Ende der MFA im November 1975 – eigentlich nie eine richtige Antwort gegeben. Die fortschrittlich engagierten Offiziere wollten die MFA auf Jahre hinaus zur beherrschenden Einrichtung der portugiesischen Politik machen. Ihre Offiziere sollten auch in der kommenden, noch zu wählenden Verfassungsgebenden Versammlung präsent sein. Tatsächlich sollte nach diesem Vorschlag die Macht im Staate bei einem Koordinierungskomitee der MFA liegen. Zwar waren die Wahlen der Delegierten in den verschiedenen Einheiten der Armee vorgesehen, aber es blieb unklar, wer das Koordinierungskomitee kontrollieren sollte. Ein zweiter, gemäßigterer Vorschlag, der die Rolle der MFA mehr beratend verstanden wissen wollte, erhielt von den Delegierten der MFA-Versammlung eine große Mehrheit. Überhaupt zeigte sich, daß eine demokratische Befragung der Offiziere in den Kasernen nicht unbedingt die fortschrittlichen Kräfte in der MFA förderte. Der konservativste Teil der Streitkräfte (die Luftwaffe) opponierte jetzt offen gegen die radikale Politik des Koordinierungskomitees der MFA. Der Führer der konservativen «Demokratischen Volkspartei» (PPD) nutzte die Chance, um demagogisch die Frage zu stellen, ob das Regiment der MFA nicht eigentlich eine Militärdiktatur sei. Die verunsicherten MFA-Führer, die gleichzeitig von den revolutionären Linksgruppen beschuldigt wurden, ein elitärer Offiziersklüngel zu sein, da die

Sergeanten und Soldaten nicht an dem Prozeß beteiligt seien, beschlossen, die politische Aufklärungsarbeit verstärkt in die Kasernen zu tragen, besonders zu den Soldaten. Zunächst noch symbolisch wurden 50 Delegierte aus den Reihen der Soldaten in die MFA-Versammlung gewählt. Von der offiziellen MFA-Zeitung «25. April – Boletim das Forças Armadas» initiiert, begann eine Diskussion über die Rolle der Armee in einer demokratischen Gesellschaft, die alle Kasernen erfaßte. Schon in ihrer ersten Nummer vom 9. September 1975 hatte das Boletim unter der Überschrift «Wem nutzen in der aktuellen Situation unpolitische, beziehungsweise ‹politisch neutrale› Streitkräfte?» unter anderem geschrieben:

Wem nutzen «politisch neutrale» Streitkräfte?
«Neben den naiven Vorstellungen von ‹politischer Zurückhaltung› oder von unpolitischen Streitkräften kommt jetzt auch die alte reaktionäre Vorstellung wieder hoch, nach der es die Aufgabe der Streitkräfte sei, ‹die traditionellen christlichen Werte der westlichen Zivilisation› zu erhalten oder einzugreifen, ‹um Ruhe und Ordnung› zu schaffen, also typische Eigenschaften des Faschismus.»

«Von unpolitischen oder ‹von politisch zurückhaltenden und neutralen› Streitkräften in der gegenwärtigen Situation zu reden, drückt nicht nur mangelnde politische Aufklärung aus, sondern dient objektiv den Interessen all derjenigen, die die bereits erreichten Freiheiten ausnutzend, offen oder insgeheim gegen dieselben Freiheiten konspirieren, um sie schließlich wieder auszulöschen. Die MFA und damit auch die Streitkräfte haben sich am 25. April vor dem portugiesischen Volk verpflichtet, den unterdrückerischen Faschismus zu bekämpfen und zu liquidieren, bis das MFA-Programm vollständig erfüllt ist.» Damit der Leser diese Gedanken nicht falsch versteht, fügte der Schreiber noch hinzu: «Wir sind der Meinung, daß die Streitkräfte nicht im Dienste irgendwelcher Parteien stehen sollten.»

Durch die Politisierungskampagne der MFA angeregt, bilden Ende Januar 1975 die Sergeanten ihre eigene Versammlung und fordern eine engere Zusammenarbeit mit der MFA. Auch die Soldaten beginnen, sich in fast allen Kasernen zu organisieren.

Am 20. Februar wird das erste kohärente und detaillierte politische Programm der MFA verabschiedet. Es ist das «Wirtschafts- und Sozialprogramm», für das Major Melo Antunes verantwortlich zeichnete. Die Militärs sprechen noch nicht von Sozialismus, sondern nennen ihre Politik noch vorsichtig «sozialisierend», wobei sie betonen, daß, falls die Unternehmer sich diesen sozialisierenden Maßnahmen widersetzen, sie zu stärkeren Mitteln greifen müßten. Der Melo Antunes-Plan wird von der Linken, besonders außerhalb der PCP, als nicht radikal genug abgelehnt. Tatsächlich sieht er keine radikale Veränderung der bestehenden Besitzverhältnisse vor. Die Imperien der wenigen großen Familien, die das Rückgrat der faschistischen Diktaturen waren, bleiben unangetastet. Immerhin wird zum ersten Mal in der Geschichte Portugals eine Arbeitslosenentschädigung gesetzlich verankert. Eine Landreform soll ebenso in die Wege geleitet werden wie eine Umverteilung der Steuerlast.

Der Wirtschaftsplan von Melo Antunes sollte schon bald überholt sein. Die Rechte fühlte sich durch ihn gestärkt und zugleich herausgefordert. Der beginnende Wahlkampf zwischen 14 zugelassenen Parteien erlaubte es auch Anhängern des alten Regime im Kleide des ehrbaren Kandidaten wieder öffentlich aufzutreten. Zum ersten Mal treten professionell organisierte Störtrupps auf, deren Bezeichnung als Söldner in einigen Zeitungen nicht ganz aus der Luft gegriffen zu sein scheint. Zu der Propaganda von der «Militärdiktatur» kommt die von der «Disziplinlosigkeit» der Armee hinzu. Um diese These zu stützen, tritt im März der Kommandeur einer der wichtigsten Einheiten des COPCON, des leichten Artillerieregiments RAL I bei Lissabon, zurück. Er lehne es ab, Soldaten zu befehligen, die nicht nur eine gemeinsame Kantine mit den Offizieren haben wollten, sondern auch ein Mitspracherecht bei militärischen Entscheidungen.

Wahlkampf und Rechtsputsch

In Porto wird eine Wahlversammlung der rechten CDS, in der viele Honoratioren des alten Regimes organisiert sind und zu dem die Crème der europäischen Rechten, wie zum Beispiel MdB von Hasse angereist war, von linken Demonstranten belagert. Die Soldaten, die sie befreien sollten, zeigten keine allzu große Lust dazu. Die «Empörung» über die Militärdiktatur-Anarchie in den westeuropäischen Medien schlägt hohe Wellen. Die portugiesischen Rechtsparteien – und immer weniger zögernd auch die Sozialistische Partei – profitieren davon für ihren antikommunistischen Wahlkampf. Während das politische Klima in Portugal sich durch Demagogie, gewaltsame Auseinandersetzungen und Provokationen immer mehr vergiftet, berichtet die angesehene linkskatholische Wochenzeitung «Témoignage Chrétien» in Paris, der amerikanische Botschafter Frank Carlucci, bekannt als harter Mann in Afrika und Südamerika, hätte General Spínola grünes Licht für einen Putsch gegeben. In Lissabon, wo Gerüchte von Links- oder Rechtsputschen ohnehin zur Wahlkampfmunition gehörten, fiel diese Meldung der Pariser Wochenzeitung nicht weiter auf.

Auffallend war nur das Verhalten der GNR-Polizei, die, kaum «entnazifiziert», sich deshalb auffallend zurückgehalten hatte, was sicher nicht nur auf ihre repressive Rolle unter dem alten Regime zurückzuführen war, sondern auch darauf, daß sie sich (neben der PIDE Geheimpolizei) am 25. April gegen die putschenden Offiziere der MFA gestellt hatte.

In den Märztagen griff sie wieder härter gegen Demonstranten durch. Am 7. März hatten ihre Übergriffe wieder das Ausmaß der Caetano-Zeit erreicht. In der Hafen- und Arbeiterstadt Setúbal südlich von Lissabon veranstaltete die «Demokratische Volkspartei» (PPD) eine Wahlveranstaltung. Für die Arbeiter der Fischindustrie, die Hafenarbeiter, für die ganze Linke der Stadt war diese Veranstaltung eine ziemliche Provokation, und als solche sicherlich auch gedacht. Denn es war seit dem 25. April die erste öffentliche Versammlung von Leuten, die sich bisher in der Öffentlichkeit nicht mehr gezeigt hatten: Die großen Bosse der Unternehmen von Setúbal, die vor dem 25. April mit allem, was das Regime für sie bereitstellte, die Arbeiter bei Disziplin gehalten hatten. Jetzt traten sie als «Popular und Democrático» auf. Das sollte nicht unwidersprochen bleiben. Etwa 400 Demonstranten hatten sich rechtzeitig im Saal eingefunden, und die Veranstaltung verlief etwa so, wie wenn Franz Josef Strauß bei uns auf der Höhe der Studentenrevolte eine Wahlveranstaltung an der Universität abhielte. Zu Schaden kamen dabei weder Personen noch Sachen – bis die Polizei eintraf, die die Demonstranten mit einer seit dem 25. April unbekannten Brutalität aus dem Saal prügelte. Diese sammelten sich vor dem Veranstaltungsaal und zogen in einem Protestmarsch vor das Polizeipräsidium der Stadt. Dort füllten sich ihre Reihen schnell, als die Kinovorstellungen zu Ende waren und sich die Vorgänge bei der PPD herumgesprochen hatten.

Da passierte das, was niemand mehr für möglich gehalten hätte und was sich im nachhinein nur als eine erste Phase des vier Tage später in Lissabon (auf der anderen Seite des Flusses) versuchten Rechtsputsches verstehen läßt: Die Polizei baute in einem ihrer Fenster ein Maschinengewehr auf und feuerte in die Menge, die in Todesangst auseinanderlief. Es gab viele Schwerverletzte und einen Toten. Jetzt kam fast die Bevölkerung der ganzen Stadt zusammen, belagerte das Polizeigebäude und forderte die Entwaffnung der Polizisten. Andere hatten die COPCON-Zentrale in Lissabon angerufen, die sofort Soldaten entsandte. Die Soldaten entwaffneten die Polizisten, verhafteten die gesamte Polizeitruppe und nahmen sie mit nach Lissabon.

Die internationale Presse war zwar über diesen für sie unnormalen Ausgang der Ereignisse erstaunt, ließ es sich aber nicht nehmen, die Demonstranten von Setúbal als leuchtende Illustration für den «kommunistischen Terror» bei demokratischen Wahlveranstaltungen vorzuführen. Ja, sogar die Moskauer «Isvestia» sah in dem Zwischenfall von Setúbal nicht die Brutalität einer Polizei, die, niemals «gesäubert», jetzt wieder Morgenluft witterte, die «Isvestia» wies ihre Leser vielmehr auf das unverantwortliche Treiben der Linksradikalen in Portugal hin. Einige der Demonstranten berichteten später in einem politischen Volkslied von den Ereignissen und von dem Putsch vier Tage später in Lissabon. José Afonso, der Autor von «Grândola», hat es vertont:

> Es war in der Stadt an der Sado
> in dem Jachtclub do Naval
> eine Überraschung war vorbereitet
> von den Bestien des Kapitals.

Am siebten des Monats März
am Donnerstag sagte man schon
hinter vorgehaltener Hand
daß hinter der PPD die CIA stand.

Ein Aufkleber in orange
der Bevölkerung tat kund
kommt alle zur Versammlung
der Sozial-Demokratie.

Es waren vierhundert vielleicht
die aus voller Kehle schrieen
Weg mit dem Kapitalismus
weg mit den großen Haien.

Da drinnen die PPD-Brüder
nur sechzig an der Zahl
flanierten mit Knüppeln und Waffen
und anderem, was man nicht sah.

Auf Grund des bestimmten Signals
kommt Polizei, schon ganz geil
schlag zu, Polizist, schlag zu
die Totta-Bank bezahlt's.

Freund, schlag die Tür ein
bevor sie dich umbringen
die Bestien schießen schon
da draußen mußt du kämpfen.

Das Tränengas und die Schüsse
der Aufwand der Polizei
das alles, um zu schützen
die PPD-Partei.

João Manuel ist ermordet
von der Algarve kam er her
und achtzehn sind verwundet
der Jachtclub ist jetzt leer.

Das Volk in der Nacht auf der Straße
nach seinem Recht verlangt
Tod der Polizei, den Mördern
mein Freund, der Sieg gehört Dir.

Am 11. desselben Monats
um 11 Uhr, am hellichten Tag
während sie João vorbeitrugen,
während João im Sarge lag.

Auf der anderen Seite des Flusses
stirbt Luis, der Soldat
Soldaten, Söhne des Volkes
wir werden ein Land aufbauen.

Am 11. März fand dann Spínolas vorläufig letzter Versuch statt, die Macht an sich zu reißen. Er zählte dabei auf die konservativen Eliteeinheiten, besonders auf die Luftwaffe und deren Fallschirmjäger von Tancos. Geschäftsleute, darunter auch Champalimaud und konservative Generäle, hatten zuvor unter verschiedenen Offizieren und Soldaten die Story vom «Ostermassaker» in Umlauf gebracht, wonach etwa vierhundert bis fünfhundert Soldaten und tausend Zivilisten – darunter natürlich auch Spínola – umgebracht werden sollten. Die genaue Geschichte dieses «Ostermassakers» wird man wohl nie erfahren, denn wie früher bei den Aussagen der Erscheinung von Fátima hatten diese Gerüchte zwar immer dieselbe politische Zielsetzung, waren aber niemals genau festzunageln. Als psychologische Vorbereitung, so berichtete später ein französischer Journalist, sollte ein ganz besonderes Fernsehprogramm von Spanien aus auf die portugiesischen Bildschirme gesendet werden (was dann an technischen Schwierigkeiten gescheitert sei): Jedesmal, wenn der «kommunistische» MFA-Premierminister Vasco Gonçalves oder einer seiner Kollegen auf dem Bildschirm erschiene, sollte das Bild der Jungfrau von Fátima eingeblendet werden. Ob diese Meldung stimmt oder nicht, diese Aktion hätte durchaus in die Reihe der Vorbereitungen des Putsches gepaßt. Den Fallschirmjägersoldaten, denen man die Eroberung der Artilleriekaserne des RAL 1 an den Toren von Lissabon befahl, hatte man erzählt, daß der Massenmord an den Soldaten und hochgestellten Zivilisten von dieser Einheit ausgeführt werden sollte, in die sich allerdings zuvor «Tupamaros» eingeschlichen hätten.

Bei alledem hat man wohl vergessen zu berücksichtigen, daß gerade unter den Soldaten, aber besonders auch unter der Lissabonner Arbeiterbevölkerung (in den Hochhäusern des sozialen Wohnungsbaus rund um die RAL 1 Kaserne) in dem knappen Jahr seit dem 25. April einiges von der jahrzehntelangen faschistischen Volksverdummung rückgängig gemacht werden konnte. Kaum hatten Flugzeuge aus Tancos die Kaserne beschossen (und den Soldaten Luis erschossen, den das Lied aus Setúbal besingt), kaum hatten Hubschrauber die Fallschirmjäger abgesetzt, da standen bereits Hunderte von Zivilisten herum, um über jeden Schritt der Soldaten Auskunft zu verlangen. Als auch aus den nahegelegenen Industrievororten immer mehr Menschen vor der Kaserne zusammenströmten, glich die Szene vor der Kaserne immer weniger einem Bürgerkrieg – wie es eigentlich gedacht war – und immer mehr einer massenhaften Diskussionsveranstaltung zwischen Zivilisten und Soldaten. Die Autoren dieses Berichts waren zwar wenige Minuten nach dem ersten Fliegerangriff mit Kamera und Tonbandgerät vor der Kaserne eingetroffen, verloren aber in diesem Durcheinander aus Diskussion und Schießerei vollends die Orientierung.

Nicht so ihr portugiesischer Kollege Adelino Gomes vom portugiesischen Fernsehen RTP, der in einer der wohl bemerkenswertesten Fernsehreportagen überhaupt die Ereignisse festhielt und noch am selben Abend der portugiesischen Bevölkerung vorführen konnte.

Nahaufnahme eines Putschversuchs

11. März 1975. Ein Flugzeug hat gerade die Kaserne des 1. Artillerieregiments (RAL 1) bei Lissabon, genannt das rote Regiment, angegriffen. Wenig später werden Fallschirmjäger mit Hubschraubern in der Nähe der Kaserne abgesetzt. Sie kommen vom Luftwaffenstützpunkt Tancos und haben den Auftrag, die Kaserne an den Toren Lissabons auszuschalten. Expräsident Spínola ist unter den Verschwörern in Tancos. Es ist ein Komplott, um die MFA zu liquidieren. Ihre linken Offiziere hatten gerade heimlich beschlossen, auch nach den Wahlen die Führung der Revolution nicht den Parteipolitikern zu überlassen. Während die Bevölkerung sofort herbeiströmt und die Fallschirmjäger in Gespräche verwikkelt, fahren Einheiten der MFA-Gruppe COPCON vor. Auch das portugiesische Fernsehen ist sofort zur Stelle. Hier Ausschnitte aus diesem Bericht, der zugleich ein wichtiges Stück Fernsehgeschichte ist.

«*Reporter:* Verehrte Zuschauer! Wir sind in der Nähe des Zivilflughafens von Portela in Lissabon, etwas entfernt vom Gebiet des 1. Artillerieregiments, wo offenbar geschossen wird, während zwei Flugzeuge dieses Gebiet überfliegen. In diesem Augenblick ist es 12.15 Uhr. Ich hoffe, daß mein Kollege (der Kameramann, Anm. d. Hrsg.) die drei Soldaten zeigen kann, die sich nahe bei diesem Gebäude aufhalten, 150 Meter vom 1. Artillerieregiment entfernt. Im Gebäude auf der anderen Seite kannst du auch die Soldaten zeigen, die sich neben dem Gebäude verschanzt haben. Man sieht allerdings auch Leute, die friedlich ihre Zigarette auf der Straße rauchen. Und jetzt sehen Sie zwei Soldaten, die dort über die Straße rennen. Drei Soldaten überqueren rennend die Straße. Wir haben den Eindruck – und das ist, was wir nicht verstehen können –, daß sie sich so verhalten, als wären sie in einem Hinterhalt, um sich vor etwas zu schützen. Bestimmt nicht vor den Flugzeugen. Deshalb brauchten sie nicht so über die Straße zu rennen. Wir hören wieder Schüsse. Das Flugzeug kreist weiterhin über dem 1. Artillerieregiment. Wir sehen es da hinten. Die Schüsse scheinen aber vereinzelt zu fallen. Wenn sich das Flugzeug nähert, hört man sogar Schüsse aus Schnellfeuergewehren, die natürlich nichts ausrichten können. Gerade vor zehn Minuten hat das Flugzeug das Regiment überflogen, und wir dachten, daß das Artillerieregiment Nummer 1 über Raketen und so weiter verfügen würde. Aber es kam nichts.

Passant: Möglicherweise wurde die Kaserne vom Angriff überrascht, und es gab dort ein Durcheinander. Gut möglich.

RAL 1-Offizier: Ich will jetzt niemanden mehr hier sehen. Die Reporter können ruhig eine Kugel abkriegen, sie müssen ja ihre Arbeit tun.

Reporter: Genau das, Herr Leutnant. Wir machen unsere Arbeit und Sie Ihre, und wir glauben, daß wir auf derselben Seite stehen, das heißt, Sie sind ja vom COPCON, auf der Seite der Bewegung der Streitkräfte, und es scheint so, als wäre hier etwas Merkwürdiges passiert, hier im RAL 1.

RAL 1-Offizier: Sehr merkwürdig und ernst. Ein Attentat gegen alles. Unvorstellbar.

Reporter: Können Sie uns kurz erzählen, was passiert ist?

RAL 1-Offizier: Kurz? Wenn ich Ihnen etwas über den Hintergrund sagen soll, ich weiß nicht. Der Kommandeur der Fallschirmjäger ist, wie er mir erzählt hat, auf unserer Seite. Er war gerade beim Turnen, als er mit seinen Leuten in vier Hubschrauber verfrachtet und hierher geschickt wurde. Also, diese Typen, zwei Fallschirmjäger-Kompanien tauchen plötzlich hier auf, aus zwei Nordatlas.

Reporter: Und griffen das RAL 1 an?

RAL 1-Offizier: Griffen das RAL 1 an, und davor griff uns die Luftwaffe an.

Reporter: Von der Luftwaffe angegriffen? Hat's Verluste gegeben?

RAL 1-Offizier: Das weiß ich noch nicht. Ich bin gerade mit allen Leuten, die ich versammeln konnte, hierher gekommen. Ich versuchte, alle Leute herauszuholen.

Reporter: Das scheint ein reaktionärer Putsch zu sein?

RAL 1-Offizier: Und was kann ich dafür?

Reporter: Ziemlich ernst, nicht wahr?

RAL 1-Offizier: Ein reaktionärer Putsch, sehr ernst!

Reporter: Gegen RAL 1?

RAL 1-Offizier: Gegen RAL 1, vielleicht auch gegen andere Einheiten, das weiß ich nicht. Ich weiß nicht, was woanders passiert ist.»

Mit dem Fernsehreporter Adelino Gomes der junge Kapitän Dinis de Almeida vom RAL 1 und mehreren Fallschirmjägern. Sie wollen verhandeln. Es ist den Fallschirmjägern nicht gelungen, die Soldaten des RAL 1 zu überraschen. Im Gegenteil. Sie waren von der feindseligen Haltung der Bevölkerung gegen sie überrascht. Fernsehreporter Adelino Gomes ist mit seinem Fernsehteam auch jetzt dabei:

«*Reporter:* Verehrte Zuschauer, wir befinden uns auf neutralem Gelände: Auf der einen Seite Fallschirmjäger, auf der anderen Seite Kräfte des COPCON. Wir wissen nicht, was geschehen wird, aber es werden Verhandlungen eingeleitet. Ich glaube, keiner versteht was.

Costa Correia (Offizier, der am 25. 4. 74 den Sitz der PIDE/DGS einnahm): Zuerst müssen wir die Leute versammeln. Nur durch Reden kann man sich verständigen.

RAL 1-Offizier: Es muß irgendein Mißverständnis vorliegen, das zu diesem ganzen Durcheinander geführt hat. Übrigens, der Unteroffizier der Paras (Fallschirmjäger, Anm. d. Hrsg.) hat auf ganz bezeichnende Weise reagiert. Als er nämlich erfuhr, daß Hauptmann Dinis de Almeida der Kommandeur der RAL-1-Soldaten ist, sagte er: «Ja, wenn das so ist! Wenn es Hauptmann Dinis de Almeida ist, dann können wir ja miteinander reden. Wenn das so ist, können wir uns verständigen.»

Ein Fallschirmjägeroffizier will nicht, daß gefilmt wird. Aber die Offiziere vom RAL 1 und die Zivilisten bestehen darauf, daß das Fernsehen als Zeuge dabeibleibt.

«*Dinis de Almeida:* Das ganze Problem ist einfach, daß wir alle – wir und ihr – von einem reaktionären Kerl getäuscht worden sind. Den müssen wir finden. Wir müssen dringend herausfinden, wer diese Sache angezettelt hat.

Fallschirmjäger-Offizier: Ich habe den Befehl gekriegt, eure Einheit zu besetzen.

Dinis de Almeida: Von wem?

Fallschirmjäger-Offizier: Von unserem Kommandanten.

Dinis de Almeida: Aber wir erhielten gleichzeitig den Befehl von unserem Kommandanten, Brigadegeneral Otelo, die Besetzung zu verhindern. Und von Carlos Fabião, dem Generalstabschef der Streitkräfte.

Fallschirmjäger-Offizier: Genau deshalb habe ich gleich versucht, mit euch zu sprechen, damit es keine Toten gibt. Auf unserer Seite wie auf seiten der Zivilisten. Wir haben einen Befehl gekriegt und ihr einen anderen. Jetzt ist der Moment gekommen, wo ihr euch entweder ergebt, oder wo wir aufeinander schießen müssen.

Dinis de Almeida: Nein, nein. Wir müssen die Gründe erfahren. Wir werden kämpfen, sobald wir wissen, um was es geht. Nur müssen eure Männer ebenfalls wissen, was sie tun. Ob sie Verrat begehen, das heißt, Befehle mißachten, oder nicht?

Fallschirmjäger-Offizier: Ich glaube, es geht um diese Flugblätter, die verteilt wurden. Lesen Sie bitte mal!

Dinis de Almeida: Ich persönlich habe keines bekommen. Wie? Nur wegen eines Flugblattes wollt ihr diese Einheit besetzen?

Fallschirmjäger-Offizier: Nein, dahinter steckt eine Anzahl hoher Persönlichkeiten, die mit der Entwicklung der Demokratie in unserem Land nicht zufrieden sind.

Dinis de Almeida: Es ist also ein Staatsstreich?

Fallschirmjäger-Offizier: Das ist kein Staatsstreich.

Dinis de Almeida: Von rechts? Wie in Chile . . .

Fallschirmjäger-Offizier: Wie in Chile, ganz im Gegenteil: Das ist, damit die Wahlen am 12. April wirklich stattfinden.

Dinis de Almeida: Mein lieber Freund! Wer in unserem Land befiehlt, das ist der Präsident der Republik, das ist der Ministerpräsident, das ist General Carvalho und der Generalstabschef, wie es der Befehlshierarchie entspricht.

Fallschirmjäger-Offizier: Habt ihr Befehle vom Generalstab?

Dinis de Almeida: Ja, die Kaserne zu verteidigen. Das ist der Befehl für den Angriffsfall.

Fallschirmjäger-Offizier: Also, ihr wollt verteidigen?

Dinis de Almeida: Selbstverständlich.

Costa Correia: Aber Leute, das könnt ihr nicht machen. Ich bin Costa Correia. Ich habe die Einheit kommandiert, die das Hauptquartier der Geheimpolizei besetzt hat. Und offen gesagt, ich habe das nicht gemacht, um jetzt einen Bruderkrieg zu erleben. Wir müssen die Interessen unseres Landes über diese Kleinigkeiten stellen. Sonst verwandeln wir uns in ein lateinamerikanisches Land, in irgendein Nicaragua, wo nur geputscht wird. Ein Offizier muß schon soviel politisches Bewußtsein haben, um zu sehen, daß es Befehle gibt, die das Land ins Chaos stürzen können.

Fallschirmjäger-Offizier: Gut, aber was bedeutet das?

Costa Correia: Wir sind wie die Bauern in einem Schachspiel. Wenn irgend jemand in den USA beschließt, einen bestimmten Zug zu machen.

Fallschirmjäger-Offizier: Entscheidend ist, wie man die Probleme sieht. Entweder wir glauben, daß der 25. April richtig war und das Programm so verwirklicht wird, oder wir glauben nicht daran. Das müssen wir jetzt entscheiden.

Costa Correia: Die logischste und beste Haltung für euch in diesem Moment wäre wohl – ich sage nicht etwa, Befehle zu mißachten –, sondern einfach mit dieser Scheißbesetzung nicht anzufangen und auf der gleichen Seite zu stehen.

Fallschirmjäger-Offizier: Nein, nein, wir stehen nicht auf der gleichen Seite.

Costa Correia: Ihr beide werdet das Problem jetzt lösen, selbst dann, wenn die Sache bis zum Staatspräsidenten Costa Gomes gehen muß.

Fallschirmjäger-Offizier: Nein, nein, bald werden andere Einheiten hier eintreffen.

Costa Correia: Offen gesagt, ihr überlaßt das Kommando einfach euren Stellvertretern und besprecht die Sache sofort mit Costa Gomes.

Dinis de Almeida: Besser wäre es, zum COPCON zu gehen und die Sache mit General Otelo zu besprechen. Ihr habt ja offensichtlich Befehle von einem Wahnsinnigen bekommen. Jawohl, von einem Wahnsinnigen, ja, es ist Wahnsinn, ohne Grund mit der Luftwaffe eine Kaserne anzugreifen. Ihre Männer schießen auf meine Männer, und dabei handeln sie vielleicht gegen ihre eigenen Interessen.»

Aufgeregte Soldaten und Sergeanten des Fallschirmjäger-Bataillons, das die Kaserne des RAL 1 einnehmen sollte, werden von der Bevölkerung umringt, die sich massiv auf die Seite des RAL 1 geschlagen hat. Sie beginnen zu begreifen, daß sie getäuscht wurden.

«*Fallschirmjäger-Soldat:* Oberst Durão trägt die Schuld. Major Mensurado hat die Schuld. Wir sind unschuldig.

Reporter: Wenn Sie erlauben, lassen Sie einen Ihrer Kameraden sprechen.

Fallschirmjäger-Soldat: Wir wollten keinem was zuleide tun. Wir bekamen Befehl, ohne daß uns der richtige Grund gesagt wurde. Weil wir meinen, daß unsere Vorgesetzten nicht imstande waren, uns so zu befehligen, wie es sein sollte, und weil sie der Bewegung der Streitkräfte nicht treu waren, werden wir jetzt alle direkt zum RAL 1 gehen, um auf diese Weise unser Problem erklären zu können.

Reporter: Woher seid ihr gekommen?

Fallschirmjäger-Soldat: Wir kamen aus Tancos.

Reporter: Und was hat man euch dort gesagt?

Fallschirmjäger-Soldat: Uns wurde gesagt, daß für morgen etwas geplant sei, von gewissen Leuten, die eine Liste hoher Persönlichkeiten aus der Bewegung der Streitkräfte hätten, so daß wir hierher kamen, um die Kaserne zu besetzen, um das zu verhindern.

Reporter: Also überzeugt ...?

Fallschirmjäger-Soldat: ... daß wir richtig handelten.

Reporter: Was für euch hieß, daß die Leute vom RAL 1 Reaktionäre wären?

Fallschirmjäger-Soldat: Ja, genau. Als wir hier ankamen, erlebten wir, daß es genau anders war. Deshalb wollte das RAL 1 auch nicht das Feuer auf uns eröffnen.

Reporter: Und wie ging's weiter?

Fallschirmjäger-Soldat: Meine Kameraden hatten dann die Idee, daß wir geschlossen abziehen sollten.

Reporter: Und eure Vorgesetzten?

Fallschirmjäger-Soldat: Die sind da drüben. Erst wollten wir einfach abziehen, aber dann sagten plötzlich einige: Laßt uns zu den Vorgesetzten rübergehen, unsere Waffen mitnehmen und so unsere Probleme lösen. Und ich sagte: Nicht dorthin, denn wenn hier schon fünfzig vom RAL 1 sind und wenn noch 50 von uns dazukommen, dann macht das hundert, so daß es besser ist, auf die andere Seite zu gehen, wo wir am stärksten sind. Wir werden es mit unseren Kameraden zu tun haben, geht ihr auf die andere Seite, auf die Seite des RAL 1, den Männern, die auf der Seite der Bewegung sind. Und unsere Vorgesetzten hier sollen nur mal versuchen ... wir gehen jetzt alle zum RAL 1!»

Diesmal, am 11. März, waren es die einfachen Soldaten, die Fallschirmjäger und die Männer vom RAL 1, die den Putsch verhinderten.

«*Reporter:* Wir verfolgen jetzt vom Aufnahmewagen aus diese Gruppe von Fallschirmjägern. Soweit es uns hier möglich ist, es zu erkennen, war der, der den höchsten Rang innehatte, ein Gefreiter. Wie man uns hier hinten sagt, haben sie vor, sich auf die Seite ihrer Kameraden vom RAL 1 zu stellen, weil sie sich von ihren Kommandeuren verraten fühlen. Sie gehen unbewaffnet dorthin, einige haben ein Bajonett am Gürtel, und jetzt gehen sie hin zum RAL 1, gemeinsam. Hier umarmen die Soldaten des RAL 1 die Fallschirmjäger. Das ist ein Augenblick, den wir vor kurzem noch nicht für möglich gehalten hatten.

Rufe: MFA! MFA! ...

Reporter: Während dort im Hintergrund ein Helikopter den Paradeplatz des RAL 1 überfliegt, umarmen die Soldaten des RAL 1 die Fallschirmjäger, die kurz zuvor noch gezwungen waren, wie sie bestätigen, das RAL 1 zu umstellen. Bei allen, die hier sind, sieht man denselben Ausdruck der Freude, und die Fallschirmjäger nähern sich immer mehr ihren Kameraden vom RAL 1 und gehen jetzt hinein, um so, wie schon vorher die anderen Soldaten, jetzt auch jene zu umarmen, die zur Verteidigung der Kaserne eingesetzt waren.»

(*Rufe:* «Soldaten – Söhne des Volkes!» «MFA, MFA!» und Beifall von der Bevölkerung.)

Der 25. April war die Sache der Offiziere. Der Kampf der MFA blieb bisher auf die Führungskräfte beschränkt. Mit dem 11. März treten auch die einfachen Soldaten in den revolutionären Prozeß ein. Sie werden in die Vollversammlung der MFA aufgenommen.

In Lissabon, wie zum Beispiel bei BMW, verlassen die Arbeiter spontan ihren Arbeitsplatz, um zum RAL 1 zu ziehen. In der angegriffenen Kaserne werden automatische Waffen an revolutionäre Gruppen verteilt, mit denen die Militärs schon vorher in Kontakt waren.

Über Radio kommt ein Communiqué der MFA:

«Hier spricht die 5. Division des Generalstabs der Streitkräfte. Wieder einmal müssen die Bewegung der Streitkräfte und das Volk Seite an Seite stehen, alarmbereit und wachsam diesen Manövern gegenüber, die in keinem Fall gelingen können. Wir glauben daran, und wir haben Vertrauen. Wir bitten das Volk um Wachsamkeit, in Übereinstimmung mit den repräsentativen Organen der Bewegung der Streitkräfte, namentlich mit ihrer Koordinierungs-Kommission, mit der 5. Division des Generalstabs und mit dem stellvertretenden Kommandeur des COPCON, Brigadegeneral Otelo Saraiva de Carvalho. – Das war vom portugiesischen Rundfunk an die Bevölkerung ein Aufruf zur Einheit und Wachsamkeit des Volkes.»

Am Abend organisieren die politischen Parteien in den Straßen von Lissabon eine antifaschistische Kundgebung. «Faschisten hört her, das Volk ist im Kampf», ist die Parole, die man ununterbrochen hören kann. Die populäre Volkspartei PPD ist nicht erschienen. «Da sieht man, wo die PPD steht», rufen die Anhänger der Kommunistischen Partei. Gerüchte kursieren, die PPD sei in den Putsch verwickelt. «Wir fordern Wahlen», rufen Mário Soares und die Anhänger der PS. Am Abend des Putsches, in der Stunde höchster Alarmbereitschaft und Wachsamkeit, sind die Wahlen die Hauptsorge der Sozialisten. Die PS befürchtet eine Verschiebung der Wahlen und beginnt sofort eine Kampagne, um Druck auf die MFA-Versammlung auszuüben, die noch in derselben Nacht zusammentritt. Die MFA-Versammlung tagt die ganze Nacht und trifft mehrere Entscheidungen von historischem Ausmaß: Gründung eines obersten Revolutionsrates, höchste Instanz für das Land und die Armee. Verstaatlichung des portugiesischen Finanzwesens. Säuberung der Armee. Und sie garantiert Wahlen noch vor dem 25. April.

Der Offiziersanwärter Teixeira nimmt zwei Tage später Stellung zu den Ereignissen vom 11. März. Ausländische Zeitungen schreiben bereits, der 11. März sei eine Farce gewesen.

Teixeira: Es war ein wohlvorbereiteter Coup, gut organisiert mit viel Unterstützung sowohl ziviler wie militärischer Art, der nur nicht klappte, weil es einige Gründe dagegen gab: wobei der wichtigste die Schnelligkeit der Antwort war und, in gewisser Weise, die Unterstützung, die die MFA oder ein gewisser Teil der MFA, bei den Soldaten und Unteroffizieren hat. Heute ist es in der Tat sehr schwierig, eine Einheit zu finden, die der Rechten völlig ergeben ist. Das ist sehr schwierig, weil die Arbeit, die wir bisher unter den Soldaten und Unteroffizieren geleistet haben, Früchte getragen hat. Jetzt sind sie viel bewußter, darum wird diese Arbeit auch fortgesetzt. Vorher konnte man einem Zug, einer Kompanie sagen: wir führen jetzt diesen oder jenen Auftrag aus, ihr gehorcht. Jetzt muß man die Sache vielleicht ein bißchen mehr erklären: was werden wir tun, für wen werden wir kämpfen und gegen wen.»

Vor weniger als einem Jahr lebte Teixeira noch als Gastarbeiter in der Bundesrepublik und als Student in Paris. Er war Deserteur. Am Pariser Mai 1968 war er aktiv beteiligt. Jetzt leistet er seinen Wehrdienst bei der 5. Division im Pressewesen. Er will in der Armee bleiben als Mitarbeiter bei der MFA-Zeitung «Movimento», er lebt bei Lissabon zwischen Büchern über Vietnam, über Arbeiterselbstverwaltung und die Rolle der Armee in der Dritten Welt. Neben ihm steht ein Gewehr, warum?

Teixeira: «Seit dem 11. März gibt es eine bestimmte Anzahl von Militärs, namentlich in der 5. Division, die sich, sagen wir, nicht in Alarmzustand befinden, die aber permanent da sind, um alles zu koordinieren, was zu koordinieren ist. Natürlich sind sie bewaffnet. Aber es gibt noch einen anderen Grund, der, so glaube ich, bald sehr wichtig sein wird: wie wir gesehen haben, ist die Rechte immer noch gut organisiert, und jetzt sind wir vielleicht zum ersten Mal im Begriff, sie frontal anzugreifen mit den Nationalisierungsmaßnahmen und anderen, die folgen werden. Wir wissen aber, daß die Rechte ihren Kuchen nicht einfach so hergeben wird. Da sie gesehen hat, daß sie derzeit bei den Militärs keine Unterstützung findet; jedenfalls keine operationelle – obwohl es ganz sicher noch Militärs gibt, die die Rechte unterstützen –, halten wir es für durchaus möglich, daß die nächsten Schläge der Rechten, sei es gegen die MFA, die Regierung oder die Linkskräfte, sich eher in terroristischen Attentaten ausdrücken werden oder durch Angriffe auf eine Einzelperson, vor allem, um die Leute zu treffen, von denen sie wissen, daß sie in dem Prozeß engagiert sind, und sie werden wahrscheinlich versuchen, sie zu beseitigen.»

Le Monde

Der 11. März und der chilenische Plan Z

Der politische Berater Allendes, J. E. Garcès zum 11. März: «Am 14. März 1975 erklärten der NATO nahestehende Persönlichkeiten in Brüssel: «Wir sprechen nur über Portugal . . . Sie können die Ereignisse vom 11. März als Niederlage der atlantischen Allianz betrachten.» Welche Rolle spielen bei diesen Ereignissen die politisch-militärischen Entscheidungszentren der westlichen Welt?

General Spínola und seine Anhänger haben, sagen sie, ihren mißglückten Versuch unternommen, um die Durchführung des Osterplans zu verhindern: am 30. März sollten 1500 militärische und politische Persönlichkeiten, Gegner der gegenwärtigen Regierung, von einer Regierungspartei – im Einvernehmen mit dem Präsidenten der Republik – ermordet werden.

Welche Erinnerungen diese Erklärung in mir wachruft! Es ist dieselbe Erklärung, die von den Urhebern des Staatsstreichs, der am 11. September 1973 die Regierung Präsident Allendes stürzte, benutzt worden war. Jene nannten ihn den Plan «Z», aber Inhalt und Gewandung waren gleich.

In Chile wurde die psychologische Kampagne über den angeblichen Plan «Z» in Zusammenarbeit mit Mitgliedern der Aufklärungsabteilungen von Marine und Luftwaffe aufgezogen, die enger mit den Spezialabteilungen des Pentagon als mit dem CIA liiert waren. Vor dem Staatsstreich vom 11. September wandte sich diese Kampagne an die Adresse «ausgewählter» Offiziere, um ihnen Angst zu machen und sie zu Gegnern der Parteien der Volkseinheit (Unidad Popular) zu machen. Es handelte sich darum, sie dazu zu überreden, mit der Regierung Schluß zu machen, ehe sie selbst von ihr beseitigt würden. In Portugal erklärte Spínola, daß «gut informierte Kreise» ihn über den Osterplan und seine Anwesenheit auf der Liste der Hinrichtungen auf dem laufenden hielten.

Erst nach der Errichtung des Pinochet-Regimes brachten die Propaganda-Abteilungen diesen imaginären Plan «Z» ganz groß heraus, um die Gesamtheit der Streitkräfte mit jener Gruppe zu verschmelzen, die den Putsch inszeniert hatte, und um das Gewissen derer zu beruhigen, die sich vielleicht Gedanken über all das Blut und die ganze Barbarei machen würden. Pinochet selbst übernahm es, dem Kardinal-Erzbischof von Santiago die «Vertraulichen Dokumente» vorzulegen, um das Vorhandensein des angeblichen Plans zu beweisen. Im Fall Portugal ist es General Spínola, der den Osterplan vorzeigt. Nach dem Fehlschlag des Putschs! Die spanische Armee hat ihre Mobilisierung entlang der Grenze nach Portugal wenige Tage vor dem 11. März mit der Behauptung gerechtfertigt, Militante der portugiesischen Linken hätten nach Spanien zu flüchten versucht. Darf man danach fragen, was in Portugal hätte passieren müssen, damit die Linke in Versuchung geraten könnte, en masse nach Spanien zu flüchten?

Ein dritter gemeinsamer Aspekt verdient Aufmerksamkeit. In beiden Fällen besteht der Wunsch, ein politisches System zu erledigen, das, im Fall Chile, sich auf den durch allgemeine Wahlen ausgedrückten Volkswillen stützt, oder, im Fall Portugal, nach einem halben Jahrhundert Diktatur nach Demokratie strebt, in der nun Arbeiterparteien sozialistischer Prägung mit in der Regierung sind.

Die Ereignisse dieser letzten Monate sind im Putsch zusammengekommen – der sichtbare Teil des Eisbergs; ich fürchte, daß eins der Ziele, das die Gegner der linken Militärs und der Volksparteien anstreben, noch nicht endgültig erreicht ist: die Spannungen zu verschärfen, Mißtrauen und Furcht anzuheizen, sowohl innerhalb der Linken wie zwischen ihnen und der Mitte. In dem Maße, in dem sich die soziale Basis des gegenwärtigen Regimes verringerte, in dem die Arbeiter-Organisationen mit Gruppierungen in Konflikt gerieten, die einst die Revolution vom 25. April mit Jubel begrüßt hatten, würde eine Spaltung der Streitkräfte und der Bürgerkrieg vorangetrieben. Wenn sich dies – in einem militärisch von der sozialistischen Welt isolierten Portugal – ereignen würde, dann könnte irgendein zweitrangiger NATO-Führer das Schicksal der Linken voraussagen!

Wieder einmal ist es nicht das Schicksal eines kleinen Landes, das solche Befürchtungen weckt, sondern sein Platz in der westlichen Welt. Daß eine Armee, gestern noch Bollwerk eines konservativen Staates und seines Kolonialreichs, zum demokratischen und sozialistischen Gärungsstoff wird, das ist für die mächtigsten Interessen des Westens zu wichtig, um nicht zu ihrer Unterdrückung zu mobilisieren; in Chile bestand die «Gefahr» darin, daß eine Allianz von Christen, Sozialisten und Kommunisten auf legale Weise zur Errichtung einer sozialistischen Ordnung in Freiheit an die Macht kam. Die Tragödie, die über die chilenischen Arbeiter hereingebrochen ist, müßte und muß eine Lehre für die anderen Länder sein, in Lateinamerika ebenso wie in Europa.

Wir können nicht passiv der Vorbereitung einer ähnlichen Tragödie in einem europäischen Land beiwohnen, das vor grundsätzlichen Entscheidungen und Bedürfnissen steht, die auf die eine oder andere Weise alle andere Nationen sehr wohl etwas angehen.»

(J. E. Garcès in «Le Monde» vom 21. 3. 76)

Von der Revolution zu «Freedom and Democracy»

Bei der Zusammenstellung des neuen «Obersten Revolutionsrats» zeigte sich innerhalb der MFA eine neue Gefahr. So groß war der revolutionäre Eifer unter den radikalsten der MFA-Offiziere, daß sie die mehr pragmatischen MFA-Mitglieder wie Melo Antunes oder Vitor Alves bei der Aufnahme in den Revolutionsrat schlicht «vergaßen». Doch die allzu leichtfertig heraufbeschworene Gefahr einer Spaltung der linken Offiziere konnte noch einmal überwunden werden. Die Proteste der Mehrzahl der MFA-Delegierten erzwang die Aufnahme von Melo Antunes, Vitor Alves und dem aus Moçambique schnell herbeigeeilten Konteradmiral Vitor Crespo (der als portugiesischer Hochkommissar in Moçambique die Regierungsgewalt an die Frelimo übergeben hatte) in den «Obersten Revolutionsrat» und sorgte dafür, daß nicht nur dieser Rat den MFA-Delegierten Rede und Antwort stehen mußte, sondern von diesen auch abgewählt werden konnte.

Die nächste große Aufgabe, die die MFA zu bewältigen hatte – und an der sie wie das Projekt der sozialistischen Demokratie letztendlich gescheitert ist –, waren die Wahlen zur Verfassunggebenden Versammlung, die jetzt auf den 25. April 1975 festgelegt wurden. Einerseits waren freie Wahlen während Jahrzehnten der Diktatur der Traum aller zum Schweigen verurteilter Demokraten gewesen. Andererseits war es ganz klar, daß ein Jahr nach dem Sturz der Faschisten die große Masse der Bevölkerung, die ja nicht an den Kämpfen und Diskussionen in Lissabon, Porto oder im Alentejo teilgenommen hatte, keineswegs progressiv wählen würde. Die Umfragen bestätigten es: Drei Viertel der Wähler würden nicht progressive Parteien wählen. Etwa die Hälfte der Wähler wußte überhaupt nicht, was sie wählen sollte. An der Entscheidung für die Abhaltung von Wahlen zeigte sich zum ersten Mal in aller Schärfe eine der größten Behinderungen der MFA: Ihr politischer Lernprozeß, verbunden mit der Wahrnehmung der konkreten Probleme Portugals, hatte eigentlich erst am 25. April 1974 begonnen. Aber fast gleichzeitig waren sie gezwungen, die politische Macht im Lande zu übernehmen, wollten sie die Grundelemente ihres Programmes nicht verraten. Während sie in ihrer Konfrontation mit der portugiesischen Realität eine Illusion nach der anderen über Bord werfen mußten, die von dem «Entkolonisator Spínola» und die von der Hoffnung darauf, daß demokratische Führer wie Alvaro Cunhal und Mário Soares ihnen ihre Aufgaben abnehmen würden, so mußten sie gleichzeitig tagtäglich Entscheidungen treffen, deren Konsequenzen nicht mehr rückgängig zu machen waren. Eine davon war das feste Versprechen, freie Wahlen abzuhalten.

Spínolas Versuch, sich als Sprecher der MFA und gleichzeitig als portugiesischer de Gaulle zum Staatspräsidenten und – so hatte es ihnen PPD-Führer Sá Carneiro klar gemacht – damit zum Diktator wählen zu lassen (ein Versuch, der zweifellos gelungen wäre, wenn ihn die Offiziere der MFA nicht verhindert hätten), hatte zu der Einsicht geführt, daß freie Wahlen nicht unbedingt mit demokratischer Entwicklung identisch sind. Der Wahlkampf und der von Tag zu Tag heftiger und demagogischer werdende Kampf der Parteien gegeneinander bestätigte sie in dieser Überzeugung. Nur vereitelte eben dieser Wahlkampf, daß die Bevölkerung dieselben Erkenntnisse gewann wie die am Hebel der Macht sitzenden Offiziere. Nicht ohne Zynismus, aber auch nicht ohne einen gewissen Wahrheitsgehalt schrieb der Leitartikler des mit der PS sympathisierenden Blattes «Jornal Novo» in einem offenen Brief an Otelo:

«Herr General, wenn Sie der politischen Parteien überdrüssig sind, wir sind es nicht, und das ist Ihre Schuld. Sie waren es, mit Ihrem Lachen, mit Ihrer Lederjacke, Ihren Kampffahrzeugen, Ihren Megaphonen, Ihren ‹Sendungen der Freiheit›, Ihrem ‹Grândola, Vila Morena›, der uns mit den Ellenbogen stieß, uns am Ärmel zog und uns zu diesem Luxus einlud, zu dieser seltsamen Sache, die die politischen Parteien für uns nach den Jahren der Diktatur darstellten ... Man muß sich fragen, warum wir Sie nur ein Jahr später die Stirne runzeln sehen über die Rhetorik von Herrn Mário Soares und Sie maulen sehen, angesichts der Gier des Herrn Alvaro Cunhals und gähnen über die Aufregung des Herrn Magalhães Mota (PPD) ... Es besteht da ein Risiko: die Zivilisten sind vielleicht nicht so schnell, um Ihnen folgen zu können, Herr General.»

In der Tat hatte die MFA in ihrer Dynamisierungskampagne bei der Frage nach den Trägern der neuen Demokratie immer auf die politischen Parteien verwiesen. So wie es im Lehrbuch stand, und artig hatten sie bei der Frage, welche Partei sie empfehlen würden, sich überparteilich, wenn nicht sogar neutral verhalten. Zu spät versuchten sie, angesichts der massiven Parteinahme der Kirche im Norden für die Rechtsparteien und der irrationalen antikommunistischen Kampagne der PS, für die «fortschrittlichen» Parteien Reklame zu machen. Doch selbst dabei konnten sie selbst nicht genau bestimmen, welche diese fortschrittlichen Parteien eigentlich waren. So hatten sie buchstäblich im letzten Moment eine Kampagne zur Abgabe eines «Weißen Stimmzettels» gestartet. Diese improvisierte und nicht einmal von allen MFA-Offizieren unterstützte Wahlkampagne hatte keinerlei Chancen gegenüber der Reklame der Parteien, die, mit Millionenbeträgen aus dem Ausland unterstützt, dem naiven politischen Bewußtsein der Bevölkerung mehr entgegenkam als die komplizierten Überlegungen der Offiziere.

Als es immer klarer wurde, daß eine vollkommene Machtübernahme durch die Parteien – wer immer auch der Sieger sein würde – unter den wirtschaftlichen und gesellschaftlichen Bedingungen eine vollkommene Aufgabe des MFA-Programmes bedeuten würde, wenn nicht gar eine Rückkehr zum «24. April», schlug die MFA den Parteien eine «Plattform der Verständigung» vor. Die meisten großen Parteien, die insgeheim diese Analyse der MFA teilten und die es sich (noch) nicht leisten konnten, der MFA offen entgegenzutreten, stimmten zu.

In diesem am 11. April 1975 unterzeichneten Papier heißt es unter anderem: «Die schweren konterrevolutionären Ereignisse des 11. März erforderten die Institutionalisierung der MFA und machten sie unaufschiebbar. Also schuf das Verfassungsgesetz Nr. 5/75 den Revolutionsrat, der die Befugnisse erhielt, die zuvor der Junta der Nationalen Errettung, dem Staatsrat und dem Rat der Stabschefs der Streitkräfte zugekommen waren . . .

Die MFA wird, vertreten durch den Revolutionsrat, zusammen mit den Parteien, die um die Erfüllung der Prinzipien des Programms der MFA und um die Festigung und Ausweitung der bereits erlangten demokratischen Errungenschaften bemüht sind, eine Plattform der staatlichen Politik aufstellen . . . Die vorliegende Plattform wird für einen als Übergangsperiode bezeichneten Zeitraum Gültigkeit haben, dessen Dauer in der neuen Verfassung auf 3–5 Jahre festgelegt wird und der durch eine Verfassungsänderung beendet wird . . . Unter Berücksichtigung, daß die bevorstehenden Wahlen allein zur Benennung einer Verfassunggebenden Versammlung durchgeführt werden, deren ausschließliche Mission darin besteht, die Verfassung auszuarbeiten und anzunehmen, obliegen eventuelle Veränderungen in der Zusammensetzung der Provisorischen Regierung bis zu den Wahlen zur Gesetzgebenden Versammlung und zur nachfolgenden Regierungsbildung allein dem Präsidenten der Republik, nach Anhören des Premierministers und des Revolutionsrates.»

Diese Plattform hat den Offizieren der MFA in der internationalen Presse den Vorwurf der «Militärdiktatur» und des «Steigbügelhalters für die Kommunisten» eingetragen. Die These lautete, da die Kommunisten in der Regierung im Verhältnis zu den für sie abgegebenen Stimmen (nach den Meinungsumfragen und später auch dem entsprechenden Wahlergebnis) überrepräsentiert waren, müsse die Plattform geschaffen werden, um den Kommunisten das Land zu überlassen. Nur wenige Stimmen der Presse des «Freien Westens» schilderten die Dinge so, wie sie wirklich waren und wie es Premierminister Vasco Conçalves ausdrückte: «Wir werden doch nicht riskieren, durch die Wahlen das zu verlieren, was Portugal unter so großen Opfern erreicht hat.» Während gerade auch in der deutschen Presse die antikommunistische und Anti-MFA-Berichterstattung einen ihrer vielen Höhepunkte erreichte und behauptet wurde, die progressiven Offiziere in Lissabon hätten die Abschaffung der Salazaristischen Diktatur nur erreicht, um eine «Volksdemokratie» nach osteuropäischem Vorbild dafür an ihre Stelle zu setzen, schrieb die französische Zeitung «Le Monde» am 9. April 1975 in ihrem Leitartikel auf der Titelseite:

«Mehrere Elemente erlauben es, im Gegenteil anzunehmen, daß die Hauptleute nicht vorhaben, einen monopolistischen Kapitalismus durch einen Staatskapitalismus zu ersetzen. Eine dritte Linie zwischen der Sozialdemokratie, die der Führungsstab der PPD und selbst ein Teil der Sozialisten anstrebt, und der kommunistischen Konzeption von der Demokratie scheint sich tatsächlich in Lissabon abzuzeichnen. Die Ernennung des Major Melo Antunes auf den Posten des Außenministers der Vierten Provisorischen Regierung sowie die Übernahme verschiedener verantwortungsvoller Posten in Wirtschaftsfragen durch Minister, die dem Marxismus zuneigen, die aber auf keinen Fall Kommunisten sind, sind ernstzunehmende Anzeichen dafür. Entscheidender noch sind die jüngsten Erklärungen gewisser im Revolutionsrat einflußreicher Offiziere – vor allem jene des Admiral Rosa Coutinho, dessen Stern unaufhörlich steigt – zugunsten der Schaffung einer ‹MFA in Zivil›, die alle oder einen Teil der Kräfte aufnehmen soll, die bis jetzt die Bewegung der Streitkräfte unterstützt haben.»

Der Wahlsieg der Sozialistischen Partei Mário Soares' (37,87 % der Stimmen) und der Demokratischen Volkspartei Sá Carneiros (26,38 %), sowie die relative Niederlage der Kommunistischen Partei Alvaro Cunhals (12,53 %) bedeutete nicht das Ende der antikommunistischen Kampagne der PS. Im Gegenteil wurde sie von Woche zu Woche stärker. Und, obgleich es bei der Wahl lediglich um die Delegierten zur Verfassungsgebenden Versammlung gegangen war und die PS in der «Plattform» dem Prinzip zugestimmt hatte, daß das Wahlergebnis nicht die Zusammensetzung der Provisorischen Regierung bestimmen würde, forderte sie jetzt mit Unterstützung der Rechtsparteien, der Kirche und der westlichen «Weltöffentlichkeit» mehr Anteil an der Regierungsgewalt. Hatte man vorher noch angenommen, daß der Antikommunismus der PS vor allem ein Instrument im Wahlkampf gewesen sei und eine der Vorbedingungen für die materielle Unterstützung durch die deutschen Sozialdemokraten (und über sie durch andere sozialdemokratische Parteien), so wurde es jetzt immer deutlicher, daß mit den Angriffen auf die PCP eigentlich die Offiziere der MFA gemeint waren, deren Rückkehr in die Kasernen zu den wichtigsten Zielen der PS-Führung gehörte. Als am 1. Mai 1975 die MFA zusammen mit der Intersindical-Gewerkschaft, einen überparteilichen «Feiertag der Arbeit» begehen will, benutzt die PS-Führung die Versammlung von etwa 1 Million Menschen im Lissabonner Stadion als Plattform für ihre antikommunistische Kampagne. Während auf der Tribüne Premierminister Vasco Gonçalves, Staatspräsident Costa Gomes, Offiziere, Gewerkschaftsführer und die Vorsitzenden der Kommunistischen Partei und der MDP zusehen, wie Hubschrauber im Auftrage der 5. Division Rote Nelken über der ausgelassenen Menge abwerfen, treffen die Mai-Demonstranten der PS unter Führung von Mário Soares verspätet im Stadion ein. Im Gegensatz zu den Einheitsparolen der übrigen Kundgebungsteilnehmer rufen die PS-Anhänger Slogans wie «Socialismo sim – Ditadura não!» «Sozialismus ja – Diktatur nein», was prompt die Anhänger der Kommunistischen Partei und der Intersindical zu dem Gegenslogan anstachelt: «Socialismo sim – Burgesia não!». Die Einheitsdemonstration war hinüber. Daß Mário Soares auf dem langen Weg durch die Hunderttausende zählende Menge nach vorn zum Podium mehr als einmal von aufgebrachten politischen Gegnern behindert wurde, konnte ihn kaum überraschen. Als MFA-Offiziere ihm bei seinem Weg nach vorn behilflich sein wollten, lehnte er es ab und trat mit seinen Anhängern den Rückzug an. Nur wenig später lief eine spontane und doch offensichtlich gut vorbereitete Serie von Protestaktionen gegen die «totalitäre Verhaltensweise der kommunistischen Intersindical-Funktionäre» im Stadion an.

Bereits vor den Wahlen war es um die gesetzlichen Grundlagen der Gewerkschaftsbewegung zu harten Auseinandersetzungen gekommen. Die Intersindical war bekanntlich schon unter der Diktatur im Untergrund entstanden. Ihre Führer waren damals schon Mitglieder der Kommunistischen Partei oder zumindest mit deren Kampf im Untergrund eng verbunden. Nach dem 25. April versuchte die Kommunistische Partei, ihre Schlüsselstellung in der Gewerkschaft zu behalten. Nicht nur aus diesem Grund plädierte sie für das Prinzip der Einheitsgewerkschaft; im Gegensatz zur Sozialistischen Partei und zur Demokratischen Volkspartei PPD, die für Richtungsgewerkschaften eintraten, nicht zuletzt deshalb, weil sie sich dadurch einen größeren Einfluß in der organisierten Arbeiterschaft versprachen. Einige Gruppen links von der Kommunistischen Partei, wie etwa die Bewegung der Sozialistischen Linken (MES), die von der Sozialistischen Partei abgespaltene FSP oder die aus einer Untergrundgruppe, den Revolutionären Brigaden, hervorgegangene PRP/BR traten zwar auch für das Prinzip der Einheitsgewerkschaft ein, wollten aber die aus der Untergrundzeit überkommenen hierarchischen und bürokratischen Strukturen der Intersindical verändert wissen. Doch schon damals stand auch diese wichtige Debatte derart unter parteipolitischen Vorzeichen, daß kaum ein Gedankenaustausch der verschiedenen politischen Gruppen einerseits und der MFA andererseits zustande kam. Wieder schien alle Welt – zusammen mit Mário Soares – «Diktatur» zu rufen, wenn die Kommunistische Partei und schließlich auch die MFA von «Einheitsgewerkschaft» sprachen. Daß in der Bundesrepublik das Prinzip der Einheitsgewerkschaft längst anerkannt ist, schien die Kritiker in diesem Land nicht anzufechten. Wie in einem schlechten Krimi tauchte auf dem Höhepunkt der Auseinandersetzungen der US-Gewerkschaftsspezialist Irvin Brown in Lissabon auf, der schon in den fünfziger Jahren in Frankreich und anderen westeuropäischen Ländern im Auftrag des CIA sich mit größeren Geldmitteln gegen das Prinzip der Einheitsgewerkschaft eingesetzt hatte. (Nach den neuesten amerikanischen Senatsuntersuchungen geht die Gründung der Sozialdemokratischen Gewerkschaft «Force Ouvrière» in Frankreich auf eine Initiative des CIA zurück.)

Die MFA beendete die Gewerkschaftsdiskussion mit einer Entscheidung für das Prinzip der Einheitsgewerkschaft, nicht ohne jedoch zugleich die Bedingungen für eine demokratische Kontrolle zu schaffen.

Das Beispiel «Republica»
Am 19. Mai, als die Delegiertenversammlung der MFA zusammentrat, um über Angola zu diskutieren und über die sich zuspitzende wirtschaftliche Situation sowie über die Strukturen der Mitbestimmung in Betrieben und in Kasernen, brach ein neuer Konflikt aus, der mehr noch als der Gewerkschaftskonflikt die Absicht der Führung der Sozialistischen Partei klarmachte.

In der Abendzeitung «República», die vor dem 25. April ein Sprachrohr aller progressiven Oppositionsgruppen gegen die Diktatur gewesen war, schwelte seit einiger Zeit ein Konflikt zwischen dem Herausgeber Raul Rego (prominentes Mitglied der PS und Informationsminister unter Spínola und Palma Carlos), einem Teil der «República»-Journalisten und nahezu allen Druckern. Die Raul-Rego-Gruppe hatte versucht, aus dem überparteilichen linken Blatt nach und nach ein Sprachrohr der Sozialistischen Partei zu machen. Redakteure anderer linker Gruppen oder Parteien waren entlassen worden oder «marginalisiert», an den Rand gedrängt. Dem widersetzte sich die Gegengruppe. Das Argument der PS, in einer Flut von kommunistisch beherrschten Zeitungen wollten sie eine Stimme der freien Meinungsäußerung (PS) erhalten, hielt einer Analyse des Zeitungsmarktes nicht stand. Zwar war eine Reihe von Lissabonner Zeitungen stark unter den Einfluß kommunistischer Redakteure geraten, aber es gab auch genügend andere, die linksunabhängig, linksliberal oder (besonders im Norden) sogar rechts waren. Hinzu kam, daß die große Mehrheit der Drucker und oppositionellen Journalisten von «República» einer parteipolitischen Fixierung auf die Kommunistische Partei mindestens so feindlich gegenüber standen wie der von Raul Rego vertretenen Linie. Zum Bruch kam es am 16. Mai, als Raul Rego einen Aufmacher auf das Titelblatt von «República» bringen wollte über die Rückkehr einer völlig unbedeutenden «maoistischen» Splittergruppe (PCP/ML) aus China, die kundtat, von ihrer Reise gestärkt mit noch größerer Kraft gegen die Sozialfaschisten der PCP vorgehen zu wollen. Die Drucker hielten diese Meldung für nicht so sensationell wie Raul Rego und weigerten sich, den Aufmacher zu setzen. Das war die Zuspitzung des Konflikts. Drei Tage später druckten sie eine «Piraten-Ausgabe», in der sie auf Seite 1 unter anderem erklärten: «Wir weisen die parteipolitischen Abweichungen zurück; wir lehnen die Halbwahrheiten ab; wir weigern uns, den Kampf der Arbeiter zu ignorieren; wir weigern uns, antifaschistische Ideologien zu ignorieren, welche auch immer es sein mögen.»

Die Drucker besetzten das Gebäude, der Herausgeber rief die Polizei, beziehungsweise die Armee, und die versuchte, wie immer, zu vermitteln. Im Laufe dieser wochenlangen Auseinandersetzungen kam es – lange vor den Ausschreitungen im Norden – zur ersten MFA-feindlichen Kundgebung. Unter Führung von Mário Soares versuchten Tausende von Demonstranten mit Rufen wie «Nieder mit der Diktatur», «Cunhal raus aus der Regierung», «Cunhal nach Sibirien», das von den Druckern besetzte Gebäude zu stürmen. Die Soldaten, die das Gebäude umstellt hatten, wurden von der Menge angegriffen. Als zwei Soldaten zu Boden gerissen wurden, gaben andere Warnschüsse ab, um die Menge zurückzuhalten, die daraufhin rief: «Mörder» – «Und auf welcher Seite steht die MFA?» Und zum ersten Mal seit dem 25. April wird nicht «Grândola» angestimmt, sondern die alte Nationalhymne.

Als die Regierung und der Revolutionsrat schließlich auf Grund des geltenden Pressegesetzes, das keine Mitbestimmung der Drucker, sondern lediglich der Journalisten vorsieht, anordnete, die Zeitung «República» an ihren «rechtmäßigen Besitzer» Raul Rego zurückzugeben, widersetzten sich die zur Ausführung dieses Befehles geschickten Offiziere und Soldaten, fraternisierten nach endlosen Diskussionen mit den Druckern und ermöglichten so die Herausgabe der ersten von Journalisten und Druckern selbstverwalteten Zeitung.

Ein Aktionsplan der MFA

Während Mário Soares die Regierung zu verlassen droht und die MFA beschuldigt, die «Illegalität zu begünstigen», beschließen die Delegierten der MFA in der Marinebasis von Alfeite, die Beziehungen zwischen der MFA und der Bevölkerung unabhängig von den politischen Parteien zu intensivieren. Ziel ist eine «MFA in Zivil» (Rosa Coutinho), die «die parteilichen Trennungen überwinden soll in dem gemeinsamen Kampf um die Produktionsschlacht und den wirklichen Aufbau des Sozialismus.» Basis dieser Massenbewegung sollen die überall entstehenden Bewohnerkommissionen und revolutionären Arbeiterräte sein, die von linksradikalen Gruppen, sowie von in den Fabriken verankerten Maoisten (UDP) und von Linken in der PS und der PCP unterstützt werden.

Schon dieser erste ausführliche politische Aktionsplan der MFA zeigt, daß die immer schärfer werdenden Auseinandersetzungen zwischen den politischen Gruppen außerhalb der Kaserne nicht ohne Einfluß auf die progressiven Offiziere der MFA geblieben waren. Das vom Revolutionsrat am 21. Juni 1975 vorgelegte Dokument ist bereits ein Kompromiß, dessen Widersprüchlichkeiten darauf zurückzuführen sind, daß er unterschiedlichen politischen Konzeptionen innerhalb der MFA gerecht werden mußte. Hier einige Ausschnitte aus dem Aktionsplan:

«*Politische Definition:*

– Die MFA ist die überparteiliche Befreiungsbewegung des portugiesischen Volkes, die die nationale Unabhängigkeit als ihr Hauptziel bestimmt. Die MFA erkennt, daß diese nationale Unabhängigkeit durch einen Prozeß der inneren Entkolonialisierung erzielt wird, die sich einzig

Die MFA nach dem 25. April . . .

. . . und nach dem 25. November.

Viva Republica!

Diffamierende Karikaturen dieser Art gehörten nicht zum Repertoire der neuen portugiesischen Presse. Erst die aus der Bundesrepublik finanzierte Gegen-«Republica», die Zeitung «A Luta» (Sprachrohr des rechten PS-Flügels) fand auf das Niveau des Landes ihrer Geldgeber zurück. Als die portugiesische Regierung im März 1976 der Gerüchtewelle entgegentrat, derzufolge Tausende von Kubanern nach Portugal eingedrungen seien, veröffentliche «A Luta» eine Karikatur: ein schwerbewaffneter Kubaner steht einem verängstigten portugiesischen Bauern gegenüber und sagt: «Also, wo sind die Latifundien?»

über die Errichtung einer sozialistischen Gesellschaft verwirklichen läßt.

– Unter der als Endziel zu verwirklichenden sozialistischen Gesellschaft wird eine Gesellschaft ohne Klassen verstanden, die durch die Vergesellschaftung der Produktionsmittel erlangt wird, in der alle Formen der Ausbeutung des Menschen durch den Menschen abgeschafft und allen Menschen ohne Ansehen von Geburt, Geschlecht, Religion und Ideologie gleiche Möglichkeiten in Bildung, Arbeit und Förderung gegeben sind.

Der Übergang von der gegenwärtigen Gesellschaft zu einer sozialistischen Gesellschaft vollzieht sich notwendigerweise in einander abwechselnden Phasen, deren erste durch die in der Plattform des Verfassungsabkommens festgelegten Übergangsperiode umschrieben wird und deren weitere Etappen durch die sozio-ökonomische und politische Entwicklung des portugiesischen Volkes bestimmt werden. Die MFA hat inzwischen bereits festgelegt, daß dieser Weg pluralistisch sein wird.

– Der Pluralismus bedeutet freien Ausdruck und Diskussion von Meinungen wie auch Erfahrungen im Aufbau der neuen Gesellschaft im offenen und ständigen Dialog mit dem gesamten portugiesischen Volk.

Der sozialistische Pluralismus umfaßt in Theorie und Praxis die Koexistenz verschiedener Formen und Konzeptionen der Errichtung einer sozialistischen Gesellschaft. Die MFA lehnt daher die Einführung des Sozialismus durch Gewalt oder auf dem Wege der Diktatur ab.

Der Parteienpluralismus, wie aus der Plattform des Verfassungsabkommens hervorgeht, schließt die Anerkennung der Existenz unterschiedlicher Parteien und Meinungsströmungen ein, selbst wenn diese nicht unbedingt für sozialistische Optionen eintreten. Folglich ist eine Opposition zugelassen, deren Kritik nützlich und konstruktiv sein kann, solange ihre Tätigkeit nicht der Errichtung der sozialistischen Gesellschaft auf demokratischem Wege entgegensteht . . .

– Verbindung der MFA mit den einheitlichen Volksstrukturen der Basis. Die MFA ist der Auffassung, daß in der gegenwärtigen Phase der Revolution die Stärkung und Dynamisierung der einheitlichen Volksstrukturen an der Basis als entscheidender Faktor der Einheit des Volkes und der Überwindung der auf der höchsten Ebene der politischen Struktur bestehenden Widersprüche außerordentlich wichtig und vielleicht entscheidend sind.

Diese neue Kraftlinie der Revolution beabsichtigt nicht, die Legitimität der existierenden politischen Parteien in Frage zu stellen, sondern vielmehr – über eine im Konkreten unterstützende Dynamik ihrer Basen – zu erreichen, daß von unten nach oben ein zusätzlicher Impuls zur Einheit und Kohärenz verläuft. Die zukünftige Vereinigung dieser einheitlichen Volksorgane wird dazu beitragen können, daß Ansätze zu Organen oder Versammlungen auf lokaler Ebene entstehen, die die Interessen der Bevölkerung vertreten und die allmählich und im Dialog mit den lokalen Organen der öffentlichen Verwaltung diese dynamisieren und mit den wirklichen lokalen Zielen des Volkswillens identifizieren werden.

Die allgemeinen Richtlinien dieser politischen Orientierung werden in diesem Moment von einer zu diesem Zweck konstituierten Arbeitsgruppe der MFA studiert, deren Schlußfolgerungen, ausgehend von den wirklichen, existierenden Gegebenheiten formuliert, in Kürze veröffentlicht werden.

Information und Dynamisierung:

– Es wird erkannt, daß der angestrebte Aufbau einer sozialistischen Gesellschaft auf dem festgelegten pluralistischen Weg nicht ohne eine Mobilisierung und Bewußtseinsbildung des gesamten portugiesischen Volkes durchgeführt werden kann, damit es dazu gelangt, sich positiv für den Weg des Überganges zum Sozialismus zu entschließen.

Es muß festgestellt werden, daß die Errichtung eines wirklichen Sozialismus notwendigerweise eine Fortentwicklung der Mentalität beinhaltet, so daß der größere Teil der Motivation, der nahezu ausschließlich, wie es für kapitalistische Gesellschaften charakteristisch ist, materialistisch orientiert ist, in eine ideelle Motivation umgewandelt wird, die es den Individuen ermöglicht, von einer egoistischen und individualistischen Haltung gegenüber ihren Mitmenschen zu einer altruistischen und gemeinschaftlich orientierten überzugehen, die ihre Aufmerksamkeit und Sorge auf das Gemeinwohl richtet.

Diese Mobilisierung und Bewußtseinsbildung wird einzig vermittels einer angemessenen Informationspolitik möglich sein, die unverzüglich durch tiefgreifende Veränderung der Strukturen der Organe und Dienste der sozialen Kommunikation zu initiieren ist.

Dies bedeutet nicht, daß die Information den monolithischen Charakter einer parteiischen Propaganda aufweisen muß, denn dies stünde nicht in Übereinstimmung mit den verfolgten pluralistischen Prinzipien der portugiesischen Revolution . . .

– Die Mobilisation des portugiesischen Volkes für den sozialistischen Weg erfordert außer einer neuen Informationspolitik eine konstante Dynamisierungsaktion, die durch die Anwesenheit und Praxis die von den zentralen Organen ausgehenden Empfehlungen und Programme sichtbar und wirksam macht.

Dafür ist eine intensive und wirksame Aktion der angemessenen militärischen kulturellen Dynamisierung in gemeinsamen Vorgehen mit den einheitlichen Basisorganisationen des Volkes erforderlich, welche besser als irgendeiner die überaus gerechtfertigten Wünsche und Notwendigkeiten der Bevölkerung reflektieren können. Für diese Aktion müssen hinreichende personelle und materielle Mittel zur Verfügung gestellt werden, denn es darf nicht vergessen werden, daß es dieses Volk sein wird, von dem ihre Kraft, Kontinuität und Daseinsberechtigung kommen wird.»

Verdächtig an dem Aktionsplan war, daß alle ihn begrüßten. Die

Zeitungen «Diário de Notícias» und «O Século», die mit der Kommunistischen Partei sympathisierten, feierten den «klassenlosen Sozialismus» des Aktionsplans, während die der PS nahestehende Zeitung «Jornal Novo» in einer Riesenschlagzeile den «Pluralismus» des Programmes begrüßte. Die Kritiker sagten, man fände alles in dem Programm, gleichzeitig aber auch das Gegenteil davon.

Die Verantwortlichen der MFA versuchten jetzt vor allem, die «Produktionsschlacht» zu gewinnen, das heißt die Wirtschaftsblockade durch die Wirtschaftsunternehmen, vor allem der Europäischen Gemeinschaft und der USA und die damit ständig sich verschlechternden Lebensbedingungen der Masse der Portugiesen zu überwinden. Doch gerade darüber, wie das zu schaffen sei, gingen die Meinungen in der MFA bereits weit auseinander. Sicher glaubte keiner der Offiziere an Patentlösungen – wie etwa die Kleinbauern von Rio Maior, die die Büros der kommunistischen und linkssozialistischen Partei (FSP) überfielen, weil, wie ihr PS-Bürgermeister sagte, die Kommunisten verhinderten, daß die Gelder des Gemeinsamen Marktes nach Portugal fließen können –; dennoch spalteten sich die progressiven Offiziere der MFA über der Frage nach den Formen der Zusammenarbeit mit den kapitalistischen Ländern. Die Gruppe der Pragmatiker, von den Radikalen verächtlich «die Gemäßigten» genannt, um Melo Antunes, bekämpften immer offener die Regierung des MFA-Premierministers Vasco Gonçalves. Sie warfen ihm vor, sich zu sehr auf die PCP zu stützen und eine «bolschewistische» Lösung von oben anzustreben. Tatsächlich aber hatte die Kommunistische Partei nach dem 25. April, den sie als Ergebnis von Widersprüchen zwischen bügerlichen Fraktionen einschätzte, die konservative Politik von Spínola und Palma Carlos (als die fortschrittlichere Fraktion) unterstützt. Gleichzeitig aber hatte sie versucht, möglichst viele ihrer Mitglieder in die wichtigsten Verwaltungsposten im ganzen Land zu schleusen, was oft genug bedeutete, daß «Kommunisten des 26. Aprils», sprich Opportunisten, diese Posten besetzten, weil die Kommunistische Partei für diese Aufgabe gar nicht genug Mitglieder hatte. Dasselbe galt natürlich mehr noch für die PS, die als Massenpartei erst nach dem 25. entstanden war. Konkret bezog sich die Kritik der Melo-Antunes-Gruppe auf das Wirtschaftsprogramm des Premierministers Vasco Gonçalves, das mit Hilfe einer schnellen Verstaatlichung der Wirtschaft und einer Akkumulation von Kapital durch dirigistische Methoden den sozialen Ungerechtigkeiten zu Leibe rücken wollte. Die Gefahr, die dabei gesehen wurde, war, daß die kleinen und mittleren Landwirte den Bedürfnissen des industriellen Sektors geopfert würden. Hier einige Ausschnitte aus dem Programm der Neun:

Die «Gruppe Melo Antunes» gegen die «Gruppe Vasco Gonçalves»
«Die MFA, die anfangs über den Parteien stehen wollte, ist mehr und mehr zu einer Gefangenen politischer Manöver von Parteien und Mas-

senorganisationen geworden. Schließlich hat sie sich mit einer Politik kompromittiert, die weder den ursprünglichen Zielen der MFA noch der Rolle, die das Volk ihr zugedacht hatte, entspricht. Eine stetig wachsende Kluft trennt eine Gruppe, die Trägerin eines revolutionären Projekts, aber eine kleine Minderheit ist, von der großen Mehrheit der Bevölkerung. Diese reagiert heftig auf die Änderungen, die eine gewisse «revolutionäre Avantgarde» dem Land aufzwingt, ohne die historische, soziale und kulturelle Realität zu berücksichtigen. In Angola stehen wir vor einem Problem, das über unsere Kräfte gehen dürfte. Der anwachsende Konflikt droht zu Katastrophen und zu tragischen Folgen zu führen, sowohl in Angola als auch in Portugal. Die Zukunft der Revolution in Portugal ist durch die Ereignisse in Angola in Frage gestellt . . .

Alle diese Aspekte des nationalen Lebens werden systematisch vertuscht. Sie werden gründlich entstellt von einer Anzahl von Medien, vor allem von den verstaatlichten, die sich unter einer starren Parteikontrolle befinden. Infolgedessen erleben wir das beschämende Schauspiel, daß ein beträchtlicher Teil der Bevölkerung in ausländischen Radiomeldungen Informationen über unser Land sucht . . .

Die Unterzeichner des Dokumentes erklären sich «gegen das sozialistische Gesellschaftsmodell Osteuropas, auf das eine politische Führung zusteuert, die hartnäckig daran festhält, daß eine auf sehr schmaler sozialer Basis stehende ‹Avantgarde› im Namen des ganzen Volkes die Revolution machen könne . . . Der bürokratische Dirigismus eines totalitären Regimes wird von allen jenen abgelehnt, die in der Vergangenheit gegen den Faschismus gekämpft haben und heute im gleichen Sinn gegen neue Formen des Totalitarismus kämpfen.

Wir lehnen das sozialdemokratische Gesellschaftsmodell ab, wie es in vielen westeuropäischen Ländern angewandt wird. Wir halten dafür, daß die großen Probleme Portugals nicht an Hand der klassischen Schemata des Spätkapitalismus gelöst werden können . . .

Wir kämpfen für eine linke Politik, die es ermöglicht, eine sozialistische Gesellschaft zu errichten – das heißt eine klassenlose Gesellschaft, in der die Ausbeutung des Menschen durch den Menschen abgeschafft ist –, aber in einem Tempo, das der portugiesischen Realität entspricht, so daß der Übergang sich schrittweise, ohne Konvulsionen und friedlich vollzieht.

Dieses Sozialismusmodell ist nicht zu trennen von der politischen Demokratie. Es soll sich auf den politischen Pluralismus gründen, mit Parteien, die sich zu den Zielen des Volkes bekennen. Dieses Sozialismusmodell ist auch untrennbar mit den grundlegenden Freiheitsrechten verbunden . . .

Es häufen sich Faktoren, die dem Faschismus eine breite soziale Basis zu verschaffen drohen. Es ist lächerlich, wenn man behauptet, es handle sich bloß um ‹Manöver der Reaktion›. Die Unzufriedenheit, das Unbehagen, die Angst sind nur zu real und offenkundig. Ihre tieferen Ursachen liegen in den politischen Fehlentscheidungen der letzten Monate und in der falschen Orientierung im Schoß der MFA.

Es gilt, das Vertrauen der Portugiesen zurückzugewinnen. Man muß Schluß machen mit den Aufrufen zu Haß und Gewalt. Es geht darum, eine Gesellschaft auf der Basis von Toleranz und Frieden zu errichten, nicht auf der Grundlage neuer Mechanismen von Unterdrückung und Ausbeutung. Dazu ist die gegenwärtige Regierungsgarnitur nicht geeignet, selbst wenn sie teilweise erneuert wird. Es fehlt ihr die Glaubwürdigkeit und die Fähigkeit zum Regieren.»

Die «COPCON-Gruppe» um Otelo

Das Programm der Neun erhielt den Applaus nicht nur der Pragmatiker unter den MFA-Offizieren, sondern auch nahezu der gesamten militärischen und zivilen Rechten, die hier einen Hebel sahen, die Regierung Gonçalves und mit ihr schließlich die gesamte Linke zu Fall zu bringen. Eine Gruppe von Offizieren des COPCON unter Otelo de Carvalho verfaßte daraufhin ein Gegenpapier, das unter dem Einfluß der revolutionären Linken den Akzent auf die Drosselung der hohen Agrarimporte und der wirtschaftlichen Unabhängigkeit des Landes sowie eine engere Zusammenarbeit mit den ehemaligen Kolonien und den Ländern der Dritten Welt überhaupt legte. Außerdem unterstrich es die Bedeutung der Basisgruppen der «Volksmacht». Einige Abschnitte aus dem COPCON-Papier:

«Die Situation, in die das Land infolge der Unfähigkeit aller Machtorgane, die konkreten Probleme auf allen Ebenen zu lösen, geraten ist, hat eine allgemeine Wirtschaftskrise hervorgerufen. Sie ist verbunden mit einer unvermeidlichen Verschärfung des Ungleichgewichtes zwischen den städtischen und den ländlichen Zonen sowie zwischen der Industriezone von Lissabon und anderen weniger entwickelten Industriezonen. Der betonte Dirigismus und die Kontrollversuche des Staatsapparates, wie sie von den Parteien – vor allem der PC – paraktiziert werden, haben einige Militärs, die sich ihrer Verantwortung bewußt sind, zur Veröffentlichung eines Dokumentes (des sogenannten Melo-Antunes-Dokuments) bewogen, das die gegenwärtige Situation klären will. Daraus resultierte jedoch ziemliche Verwirrung, weil in diesem Dokument eine Reihe von eindeutigen Doppeldeutigkeiten enthalten ist.

Um demgegenüber zur Klärung der Situation beizutragen, wollen wir dem Land unsere Position darstellen, weil wir der Meinung sind, daß die MFA ihre bisher begangenen Irrtümer erkennen und deren Gründe deutlich und klar aufdecken muß . . .

Die kleinen und mittleren Bauern im Norden und im Zentrum des Landes haben erleben müssen, wie sich ihre Situation seit dem 25. April konstant verschlechterte, weil die Lebenshaltungskosten und die Preise für die im Ackerbau notwendigen Materialien stiegen und weil die Schwierigkeiten im Absatz und Handel ihrer Produkte wuchsen. Man organisierte keinen internen Markt durch Beseitigung der Spekulation der Zwischenhändler, beziehungsweise durch Schaffung einer Verteilungskette, die die Zirkulation zwischen Produzent und Konsument erleichtert hätte – mit Vorteilen für beide. Es sind ohne Zweifel die kleinen und mittleren Bauern, die offensichtlich unter der Wirtschaftsmisere leiden. Materielle und menschliche Unterstützung für die Provinz, die wenigstens die drängendsten Notwendigkeiten der Bevölkerung hätten befriedigen können, kamen nicht dorthin. Wir haben zwar unter der Landbevölkerung eine Aufklärungs- und kulturelle Dynamisierungs-Kampagne gemacht, aber weil eine adäquate Vorbereitung fehlte, berücksichtigen wir oft nicht die sozio-kulturellen Eigenarten der Gegenden, in denen sie stattfanden. Sie verletzte sogar in einigen Fällen die Gewohnheiten der Leute. Diese Kampagnen, die von einem Verbalismus unterstützt waren, der nicht auf seine Zielgruppe einging, waren in der Mehrheit schädlich, denn sie waren von keinerlei Maßnahmen begleitet, die dem Volk hätten klarmachen können, daß das Ziel eine reale Verbesserung ihrer Lebensbedingungen sei.

Die Wahlen haben unter den Bedingungen, unter denen sie stattfanden, zur Verwirrung des Volkes beigetragen: Verwirrung gegenüber den Instrumenten, die für die Kontrolle des Staatsapparates und der Macht zu gebrauchen sind. Die Gründe sind:

– Die bürgerliche Struktur, die die portugiesische Gesellschaft bestimmt und organisiert, erlaubt nicht, den breiten Massen revolutionäres Bewußtsein zu vermitteln;

– in einer bürgerlichen Struktur kann bei allgemeinen Wahlen nur ein Ergebnis herauskommen: die Bourgeoisie;

– in einer bürgerlichen Struktur sind es die bürgerlichen und reformistischen Parteien, die die finanziellen Mittel haben, um mit ihrer Stimme das ganze Land zu erreichen;

– in einer bürgerlichen Struktur gibt es keine Versuche, über konkrete Probleme zu debattieren und sie zu lösen; es gibt nur demagogische Politik, die mit Wortspielen arbeitet, um das Volk zu verwirren und zu vergiften, das nach 48 Jahren Faschismus noch nicht in der Lage ist, dieses Wortgeklingel zu differenzieren. Man muß der MFA ein hohes Maß an Verantwortung zuerkennen, daß sie aus den Wahlen eine Ehrensache gemacht hat, die von den daran interessierten Kräften ausgeschlachtet wurde.

Die Ineffektivität der vier provisorischen Regierungen ist nicht allein eine Frucht des Dirigismus, den vor allem die PC anwenden wollte, indem sie den Staatsapparat und die Massenkommunikationsmittel infiltrierte, denn auch die PS, die PPD und der MDP/CDE, die darin vertreten waren, sind verantwortlich und wollen sich heute daraus wegstehlen. Von den Parteien rechts von der PS, eingeschlossen die Parteispitze der PS, kann man nichts anderes erwarten als den Versuch, den Lauf des revolutionären Prozesses umzudrehen. Dadurch sollen die Privilegien der Großbourgeoisie und ihre Ausbeutung der Arbeiter garantiert werden.

Indem die MFA darauf insistiert, alle Widersprüche mit Hilfe von Kompromißlösungen aufzuheben, die mit den bürgerlichen Parteien ausgehandelt und die von diesen als Schutzmantel für parteipolitische Machenschaften benutzt werden, ruft sie bei den Arbeitern den Mißkredit der Militärs hervor . . .

Analyse vom «Dokument der Neun» – «Melo-Antunes-Dokument»

Die wirtschaftliche Perspektive – bestehend in der Stärkung der Bindungen an EG und EFTA – wird die Unterwerfung des Landes unter eine schädliche Abhängigkeit in wirtschaftlicher, finanzieller und politischer Hinsicht verstärken, denn wer noch Illusionen darüber hatte, der hat sie jetzt unter den jüngsten Forderungen in Sachen «finanzielle Hilfe für Portugal» verloren. Eine neue Verstärkung der privaten Initiativen auf dem Investitionssektor des ausländischen Finanzkapitals wird sich einfach in den Verlust der nationalen Unabhängigkeit wandeln. Um ein solches Desaster zu verbergen, reicht es nicht, daß man auch mit der Dritten Welt und den osteuropäischen Staaten Handel treiben müsse, denn durch eine Öffnung der Tore für den Imperialismus wird man gerade nicht die Dekolonisierung der noch unter portugiesischer Verwaltung stehenden Territorien erreichen, die ebenfalls Opfer der imperialistischen Ausbeutung sind.

Eine überparteiliche Position ohne Abgrenzung gegenüber den Parteien der Rechten wird sich nicht die Glaubwürdigkeit dafür erwerben, daß sie den Sozialismus aufbauen will, das heißt eben keine bürgerlich-kapitalistische Demokratie – was objektiv eintreten würde. Wie kann sich ein Projekt links nennen, wenn es die Rolle der Massen unter den Tisch jubelt und die Aktion ihrer Avantgarden zurückweist? Wie kann man den Rhythmus der Verstaatlichungen «kritisieren»? Sollen die Produktionsmittel, die in den Dienst des Volkes gestellt wurden, weiterhin in den Händen der Bourgeoisie bleiben? Wie kann man das Kazikentum ignorieren und die Rolle des Klassenkampfes, der es zerschlagen wird? Wie kann man zur Eintracht aufrufen, ohne zwischen Ausbeutern und Ausgebeuteten zu unterscheiden? . . .

Vorschläge:

– Ein revolutionäres Programm zur Lösung der Krise muß vor allem zur Verwirklichung der Allianz Volk/MFA übergehen, denn sie garantiert die Führung der Arbeiter bei der Lösung ihrer Probleme. Ohne diese Beteiligung ist der Sozialismus unmöglich. Denn man muß eine Struktur der Organisation der Volksmassen zugrunde legen, die auf dem Aufbau und der Anerkennung der Dorf-, Fabrik- und Stadtviertel-Räte beruht, die wiederum Organe sind, mit denen die Arbeiter Entscheidungen zur Lösung ihrer eigenen Probleme fällen. Diese Machtorgane der Arbeiter müssen ein Instrument für wirtschaftliche Lösungen sein, für Sozialplanung (Schulen, Krankenhäuser, Wohnungen, Verkehr), sie müssen schließlich die wahren Organe der politischen Macht sein, die einzige Barriere, die sich siegreich der faschistischen und imperialistischen Aggression entgegenstellen kann.

– Die wirtschaftlichen Lösungen für dieses Land müssen eine Änderung der Strukturen, eine Neuorganisation der Wirtschaft mit dem Ziel anstreben, der Landwirtschaft totale und effektive Hilfe zukommenzulassen, so daß sie schnell eine weit höhere Menge an Lebensmitteln produzieren kann, deren Kauf im Ausland zur Zeit einer der Faktoren für unser Defizit in der Zahlungsbilanz ist. Dafür ist es notwendig, den Ackerbau zu planen, eine Agrar-Revolution zu machen in Übereinstimmung mit dem Willen der Dorfversammlungen und anderer Organe, die den Willen der kleinen und mittleren Bauern zusammenfassen. Im Süden werden sie geführt von den Landarbeitern, die demokratisch wählen. Sie müssen finanzielle und technische Hilfe haben, die den Bauern die Rentabilität und die Lebensbedingungen garantieren, die sich immer mehr denen der Arbeiter der Stadt annähern.

– Man muß Organe schaffen, die eine effektive und sofortige Hilfe für die kleinen und mittleren Händler und Industriellen ermöglichen und mit denen zur gleichen Zeit die Bedingungen für den Assoziativismus und Kooperativismus hergestellt werden.

– Portugal muß mit der Abhängigkeit vom Imperialismus Schluß machen, denn diese Abhängigkeit ist der Grund für die aktuelle Wirtschaftskrise. Außerdem muß die finanzielle und technologische Abhängigkeit von den imperialistischen Ländern beendet werden, selbst wenn man deshalb Industriebetriebe auflösen oder umwandeln muß, weil sie in unserem Land aufgebaut wurden, um die billige Arbeitskraft der portugiesischen Arbeiter auszubeuten. – So muß auch die Unterwerfung unter EG und EFTA ein Ende haben, die eine Politik der Erpressung gegenüber Portugal praktizieren. Um eine Wirtschaftspolitik von wahrhaft nationaler Unabhängigkeit zu machen, kann unser Land: mit den Ländern der dritten Welt zusammenarbeiten, wobei die Kooperation mit den alten portugiesischen Kolonien privilegiert sein kann, unter neuen Formen von Gleichheit und Brüderlichkeit; – Handelsbeziehungen und Kooperation mit allen Ländern der Welt aufrechterhalten oder aufbauen: auf der Basis von Gegenseitigkeit und gegenseitigem Vorteil.

Unter diesen Bedingungen wird unser Land in einer Machtposition die Blockade des Imperialismus besiegen können. Von Nutzen sind dessen innere Widersprüche – einer unter ihnen ist die öffentliche Meinung in diesen Ländern und vor allem die Solidarität der Arbeiterklasse. Für die Völker der Dritten Welt bedeutet unser revolutionärer Prozeß eine große Hoffnung und einen Faktor für die Einheit im Kampf.

Das Problem der Hunderttausenden von Arbeitslosen muß durch einen Wirtschaftsplan im Sinn von Vollbeschäftigung gelöst werden. Dafür muß man vor allem Arbeitsplätze in der Landwirtschaft und im Bauwesen schaffen. Wir haben das Bewußtsein, daß die Umwandlung der Wirtschaft in diesem Rahmen den Anfang einer sozialistischen Planung darstellt, die Unabhängigkeit gegenüber dem Imperialismus. Die Politik der Vollbeschäftigung wird große Schwierigkeiten und große Opfer mit sich bringen, aber daran müssen alle teilhaben. Man kann nicht fordern, daß nur die Arbeiter sie ertragen. In diesem Sinn muß das Höchstgehalt auf nationaler Ebene gesenkt werden, man muß bestimmten Minderheiten der Bevölkerung Privilegien nehmen.

– Für den Wohnungsbau muß eine richtige Politik definiert werden, die die großen Eigentümer, ihre Spekulation und Lebensweise frontal angreift. Sie muß sich für die kleinen Eigentümer einsetzen, damit sie mittels akzeptabler Erträge sich und ihre Familien am Leben halten können. In diesem Zusammenhang muß eine Mietobergrenze festgelegt werden, bei der die Örtlichkeiten, die Bauweise, die Zahl der Stockwerke zu berücksichtigen sind. Die Einwohner-Kommissionen haben bei der Erstellung der Kriterien eine entscheidende Aufgabe . . .»

Zerfall der MFA und Aufstieg der «Noskes»

Neben diesen Gruppen gab es noch eine vierte, die bisher kaum als Gruppe auszumachen gewesen war, die sich jetzt aber durch den Streit der progressiven Offiziere zu profilieren begann. Diese Gruppe hatte keinen Sprecher, Symbolfigur war jedoch der Chef der Elite-Truppe «Commandos» in der Amadora-Kaserne bei Lissabon, Jaime Neves, der sich während größerer Arbeitskonflikte insgeheim schon als «Noske» angeboten hatte, das heißt große Bereitschaft zeigte, «in die Fabriken zu gehen und die Kommunisten rauszuholen». Virgílio Delemos beschrieb in der Monatsschrift «Le Monde Diplomatique» diese Gruppe wie folgt: «Die vierte, schwer einzuschätzende Gruppe umfaßt jene, die wollen, daß die Armee sich entpolitisiert und in ihre Kasernen zurückkehrt; politisch Mário Soares nahestehend, unterstützt sie das sozialdemokratische Projekt, das die Direktion der PS ausgearbeitet hat und das von der deutschen SPD gutgeheißen und finanziell gefördert wird.» Hinter dieser Gruppe stehe – so schrieb Delemos schon im September 1975 – eine weitere Gruppe: «Die fünfte, organisatorisch unbedeutend, setzt sich aus ausgeschlossenen und hinausgesäuberten Offizieren zusammen, die jedoch von der einen oder anderen sich bekämpfenden Gruppe wieder hereingeholt werden können.»

Otelo de Carvalho und anderen vorausschauenden COPCON-Offizieren gelang es nicht, eine gemeinsame Basis zwischen der Gruppe der Neun und den radikaleren Offizieren des COPCON-Papiers zustande zu bringen. Auch nicht dadurch, daß alle gemeinsam Premierminister Vasco Gonçalves und sein umstrittenes Wirtschaftsprogramm fallenließen. Am 5. September muß Vasco Gonçalves zurücktreten, und er wird auch aus dem Revolutionsrat ausgeschlossen. Etwa ein Jahr vorher, nachdem Truppen des COPCON ihn im Morgengrauen des 28. September aus der Gewalt Spínolas und der reaktionären Offiziere befreiten, hatte er den

Autoren zu der Absicht der MFA, in Portugal eine sozialistische Demokratie entwickeln zu wollen, erklärt: «Was wir vorhaben, ist das Werk von Giganten, aber wir sind keine Giganten.» Damals schien es selbstverständlich, daß die Alternative zu einem Faschismus, dessen Hauptstütze der nationale und internationale Kapitalismus gewesen war, nur eine sozialistische Demokratie sein könnte. Ein Jahr später hatte die wirtschaftliche und politische «Destabilisierung» bereits solche Ausmaße angenommen, daß eine Rückkehr zum «24. April» nicht mehr auszuschließen war.

Die Soldaten organisieren sich
Während die linken Offiziere sich mehr und mehr gegenseitig lähmten, was einerseits alle Entscheidungsmöglichkeiten einschränkte (auch die der neuen Regierung unter Pinheiro de Azevedo), andererseits eine Rückkehr der rechten Militärs ermöglichte (unter anderem wurde auf Drängen der PS und der PPD eine spezielle Söldner-Einheit aus Afrika-Rückkehrern rekrutiert), begannen sich die einfachen Soldaten stärker zu organisieren, besonders in der SUV (Soldados Unidos Vencerão – Vereinte Soldaten werden siegen).

Begonnen hatte dieser Prozeß mit einer «illegalen» Aktion. Die einfachen Soldaten hatten einen äußerst geringen Sold. Er reichte nicht aus, um am Wochenende nach Hause zu fahren. Die Mitglieder der GNR-Polizei konnten kostenlos mit der Eisenbahn fahren, sie nicht. So beschlossen sie, gemeinsam die Bahn zu benutzen und gemeinsam das Fahrgeld zu verweigern. Aus diesen ersten Aktionen begannen die politischen Diskussionen, die schließlich zur Organisierung der SUV führten. Die SUV hatte freilich in der kurzen Zeit ihres Bestehens kaum Zeit, zu einem wirklichen Machtfaktor zu werden. Ihr Beitrag war defensiv. Sie sorgten dafür – wie es die progressiven Offiziere vor ihnen getan hatten –, daß die Armee nicht gegen die arbeitende Bevölkerung eingesetzt werden konnte. Als am 25. November die von Söldnern durchsetzten Einheiten des Kommando-Kommandanten Jaime Neves zum ersten Mal kriegsmäßig gegen andere Einheiten vorgingen (die Melo-Antunes-Gruppe hatte ein taktisches Bündnis mit den rechten «operationellen» Offizieren geschlossen), gab es weder bei den SUV-Soldaten noch bei den COPCON-Offizieren einen Plan, sich mit der Waffe zu verteidigen. Um einen Bürgerkrieg zu vermeiden, hatten sich progressive Offiziere wie Dinis Almeida sofort dem Staatspräsidenten gestellt und wurden verhaftet. Wenn die SUV in ihrem Manifest von «Kämpfen» sprach, dann dachte sie vor allem an politische Auseinandersetzungen: *Manifest der SUV:*

SUV ist eine überparteiliche Einheitsfront progressiver Soldaten, deren Gründung der Notwendigkeit folgt, sich angesichts der reaktionären Offensive in den Kasernen zu organisieren und zu vereinheitlichen und die Kämpfe in jeder Einheit zu entfalten.

Die schon erzielten Erfolge – die rasche Gründung und Strukturierung der SUV in allen militärischen Regionen und die großen Demonstrationen in Porto und Lissabon – zeigen, daß wir bereits eine Bewegung mit breiter Verankerung bei den Soldaten sind und in der weiteren Entwicklung eine wichtige historische Rolle zu spielen haben. Die Feinde der sozialistischen Revolution und alle Reaktionäre fürchten, daß die SUV die Struktur und Disziplin der bürgerlichen Armee in Frage stellen und entscheidend dazu beitragen könnte, den fortschrittlichen Soldaten Wege zu zeigen, sich in der Armee im Dienste der Arbeiterklasse und der Revolution zu betätigen. Deshalb versuchen sie verzweifelt, uns zu spalten mit Drohungen, Lügen und Verleumdungen und suchen ihre Zuflucht in einer Wiedereinführung der faschistischen Disziplin in den Kasernen, um so die Wurzeln unserer Bewegung abzuschneiden.

Die Militärregion Mitte nahm im Zuge der Rechtswende in unserem Lande eine herausragende Stellung ein. Die Befehlshaber der Region und die faschistischen Befehlshaber eines großen Teils der Einheiten haben als Speerspitze der Reaktion gedient. Sie haben schon mehr als einmal versucht, durch die Drohung mit einem Militärputsch den Weg des politischen Prozesses nach rechts abzudrängen.

Der rechtsgerichtete Coup der «Neun» vollzog sich auch in den Kasernen der Mittelregion. Doch konnte er sich nur deswegen so unangefochten durchsetzen, weil wir damals noch nicht genügend organisiert waren. Wir waren noch nicht in der Lage, unsere Stimmen vernehmbar zu machen, gegen die nach und nach durchsichtiger werdenden Manöver des Generals Charais und auf die gespenstischen regionalen Versammlungen zu reagieren, in denen hinter unserem Rücken über uns entschieden wurde, über unser Schicksal bei den von den Reaktionären geplanten Einsätzen.

Diejenigen von uns, die den Mut hatten, sich von Angesicht zu Angesicht den reaktionären Befehlshabern entgegenzustellen, waren oft den verschiedensten, zum Teil unverschämten Formen des Drucks, Drohungen, Versetzungen und anderen Schikanen ausgesetzt.

In den letzten Tagen verschärfte sich die Repression zusehends. Brigadier Charais besuchte die Einheiten. Etwa um die Wünsche der Soldaten anzuhören? Nein. Um uns zu drohen und anzukündigen, welche Formen der Heraussäuberung von linken Soldaten er ausgeklügelt hatte. Zur selben Zeit versucht er mit seinen reaktionären Kumpanen auf nationaler Ebene eine tragende Rolle zu übernehmen. So zeichnen sich schon neue Provokationen ab, die von Erpressung über politischen Druck bis hin zu «Spazierfahrten» in Militärkolonnen reichen.

Alle Sergeanten und fortschrittlichen Offiziere und die gesamte Bevölkerung müssen auf die Eskalation repressiver und reaktionärer Maßnahmen ein Auge haben. Dies alles gebietet uns zwingend, uns zu vereinigen, zu organisieren und Front zu machen gegen die Manöver, die allesamt in der Tendenz dahingehen, die erreichten Errungenschaften der Revolution rückgängig zu machen und sie in eine sozialdemokratische Perspektive einzubeziehen und so zu neutralisieren. Solche Absichten spielen letztlich nur dem Imperialismus in die Hände und werden unter den Bedingungen Portugals nur zu einer neuen faschistischen Diktatur führen.

Jetzt ist die Stunde gekommen, da wir deutlich unsere Stimme erheben müssen und damit Schluß machen, uns als Werkzeuge der Reaktion gebrauchen zu lassen. Die Schaffung der SUV im gesamten Bereich der Mitte-Region ist zur dringendsten Aufgabe geworden, der sich Soldaten aller Einheiten sofort gewidmet haben. Die Entstehung der SUV wurde bei zahlreichen Vollversammlungen in den Einheiten begrüßt.

Die SUV kämpfen für:

– Demokratie in den Kasernen;

– die Durchführung von Vollversammlungen;

– die Neustrukturierungen der Deligiertenversammlungen der Einheiten;

– das Versammlungsrecht für die Mannschaften;

– gegen die faschistische Disziplin des RDM (Regulamento Disciplinar Militar – militärische Disziplinarordnung aus der Zeit der Caetanodiktatur, Anm. d. Hrsg.) und für eine revolutionäre Disziplin, die es ermöglicht, das Heer in den Dienst der Ausgebeuteten zu stellen und für den Aufbau des Sozialismus zu nützen;

– für die Verbesserung der Lebensbedingungen der Soldaten und gegen den miserablen Sold, für kostenlosen Transport und ein gleiches Gemeinschaftsessen aller Armeeangehörigen;

– für den Rausschmiß der Reaktionäre aus den Kasernen;

– gegen alle Versuche, revolutionäre Angehörige der Streitkräfte zu entfernen;

– für eine festere Verbindung mit den Arbeitern und Angestellten (das heißt Arbeiterkommissionen, Nachbarschaftskommissionen, usw.).»

Nach dem 25. November berichten ein Soldat von der SUV und ein Offizier, der früher beim COPCON war, von den Entwicklungen seit dem 25.: «Am 25. November schickte Präsident Costa Gomes uns eine Botschaft in die Kaserne, um zu erfahren, ob wir für oder gegen ihn wären und ob wir Truppen hätten, über die er verfügen könnte. Am Dienstagnachmittag beriefen wir eine Vollversammlung des Regiments ein. Wir antworteten ihm: ja, die RALIS und die Militärpolizei.

Aber wir sagten ihm auch, daß wir keine Truppen hätten, die wir ihm zur Verfügung stellen könnten. Seit dem Nachmittag hatte sich die Soldatenkommission versammelt und die Kaserne in erhöhte Alarmbereitschaft versetzt.

Frage: Welche Rolle hat die SUV am 25. 11. gespielt?

Anwort: Nach Josés Ansicht gar keine. Unter anderem deshalb, weil das ganze Kommunikationssystem der SUV sich außerhalb der Kasernen befand. Da die Kasernen sich in erhöhter Alarmbereitschaft befanden, waren alle Telefone kontrolliert und das Verlassen der Kaserne verboten. So gab es keine Verbindungen nach draußen.

F.: Was geschah nach dem 25. 11.?

A.: Alle Soldaten, alle Unteroffiziere wurden entlassen, auch die, die erst im September einberufen worden waren. Der ganze 74er Jahrgang und in Lissabon zwei Klassen des 75er Jahrgangs. So wurden in der Militärregion Lissabon und in der Militärregion Mitte einige 10000 Soldaten entlassen.

F.: Warum auch das Regiment von Pontinha?»

A.: Weil wir viel mit den Kommissionen zusammengearbeitet haben. Nur bei der Marine kam es zu keinen Entlassungen. Bei den Landtruppen werden ab Januar neue Leute aufgenommen. In den Regimentern, die nicht aufgelöst wurden, geht es schon wieder los mit der militärischen Disziplin. Ich habe erfahren, daß beim Küstenartillerie-Regiment von Oeiras, einige Kilometer von Lissabon entfernt, der Kommandant den Soldaten wieder die Haare schneiden läßt. Was die Rechte mit Bitten nicht erreicht hat, schafft sie jetzt mit Gewalt.

In der Tat wurden alle politisierten Einheiten systematisch demobilisiert, die roten Regimenter von Lissabon und die Fallschirmregimenter.

Die SUV hat keine Chance, irgend etwas in den Kasernen zu machen. Man muß wieder ganz von vorne anfangen.

F.: Gab es seit dem 25. 11. eine Versammlung der SUV von Lissabon?

A.: Nein. Außerdem hatten wir niemals Versammlungen. Wir kontaktierten einen Verantwortlichen der SUV, dessen Telefonnummer wir hatten, und wir kannten nur ihn. Als ich entlassen wurde und die Kaserne verlassen mußte, verbrannte ich die Telefonnummer.

F.: Wie wurde das Sekretariat gebildet?

A.: Das waren neun Mann, alles Offiziere, Kader oder Milizionäre. Ich weiß nicht viel, aber drei gehörten der PCP an, drei der MES und drei der LCI. So konnten sie nie Entscheidungen treffen. Aber die SUV war in Lissabon weniger wichtig als im Norden. Im Norden brauchten sie die SUV, weil es kein anderes Mittel zur Führung des Kampfes gab. Es gab keine Soldatenkommissionen. Damals gab es nur in der Region Lissabon bereits eine Organisation, die revolutionäre Vereinigung der Armeesoldaten ARPE. Sie entsprach der Dynamisierungskommission der Marine. Diese Organisationen waren stark PC-dominiert, während die SUV im Norden ein Produkt der extremen Linken war. In der Militärregion Lissabon gehörten die Soldaten der ARPE zum Teil zur SUV. In Lissabon aber war es fruchtbar, weil jeder, ob von der PC oder der revolutionären Linken, im Namen des Sekretariats zu Demonstrationen aufrief.

José steht der PCP und dem MES nahe, aber er sagt: «Ich habe mich nie einfangen lassen.»

Die letzten Spaltungen in der portugiesischen Armee
Ein Kollege, José Lanory von Libération, sprach nach dem 25. November mit einem Offizier des ex-COPCON:

Frage: Seit dem 25. November spricht man vom Druck der Rechten. Können Sie sagen, wie es damit im militärischen Bereich steht?

Antwort: Man muß zwischen der nicht-demokratischen, faschistischen Rechten, die oft mit der MDPL (Spínolas von Spanien aus operierende «Demokratische Befreiungsbewegung Portugals») liiert ist, und der liberalen Rechten unterscheiden. Heute ist die faschistische Rechte vor allem auf Generalsebene, in den höheren Rängen zu finden. Sie wird von Leuten wie beispielsweise dem derzeitigen Kommandanten der republikanischen Nationalgarde (GNR) oder dem Kommandanten der Militärregion Nord verkörpert, Pires Veloso. Sie sind es, die wieder alle Posten besetzen. In den Zentren der Macht jedoch ist die nicht-demokratische Rechte noch nicht vorherrschend. In den Einheiten beginnt sich eine Spaltung abzuzeichnen der Rechten von den jüngeren Kadern, die, wenn sie auch keine klare politische Vorstellung haben, den Faschismus nicht wollen. Diese Spaltung gab es vor dem 25. November nicht. Heute gibt es sie in der Armee und sogar im Innern des Revolutionsrats. Ein sehr harter Kampf. Die Neun und sogar die liberale Rechte tendieren in der Tat zu einer Allianz mit der militärischen Linken, ja sogar mit der revolutionären militärischen Linken. Ein Mann wie Eanes, derzeitiger Generalstabschef, wünscht sie auch.

Eanes ist im übrigen kein Mann der Rechten, sondern vielmehr Legalist. Er ist der Ansicht, daß der negative Aspekt der revolutionären militärischen Linken auf ihrer Undiszipliniertheit beruht. Aber er ist sich auch ihrer Fähigkeit bewußt und möchte sie gewinnen.

F.: Wie ist die Armee nach dem 25. November umstrukturiert worden?

A.: Der Generalstab versucht, vier oder fünf sehr starke, sehr professionalisierte Einheiten zu schaffen. Wie zum Beispiel in den Kommandos von Amadora, wo man übrigens auch eine Spaltung beobachtet zwischen den aus Afrika zurückgekehrten, übriggebliebenen Söldnerkompanien und den Militärs des regulären Dienstes. Zweihundert Söldner sind von der Militärpolizei übernommen worden. Zwei Kompanien wurden in Porto aus Kommandos gebildet, ebenso zwei Kompanien Berufs-Fallschirmjäger (300 Mann). Schließlich ersetzen schon zwei Kompanien beweglicher Polizei das «Kavallerie-Regiment 7», eins der beiden Regimenter, aus denen die Militärpolizei bestand.

F.: Ist der jüngste Versuch, «Waffenräte» als Vertreter der einzelnen Waffengattungen einzuführen, so zu sehen, daß sie eine neue Versammlung der MFA darstellen, ist dieser Versuch Teil dieser Umstrukturierung?

A.: Die aus Offizieren und Unteroffizieren der regulären Truppe gebildeten Räte sind technische Berater, die technische und konkrete

Probleme einer Waffengattung (wie Zuwahl von Offizieren, Ausbildung) zu lösen haben. Aber offensichtlich haben sie eine sehr politische Bedeutung erhalten. Die Wahlen für die Waffenräte haben kürzlich stattgefunden. Bei der Wahl der Waffenräte der Infanterie hat die Verteilung der Kandidatenlisten zu Protesten geführt, weil man die Wahl für ein Manöver zur Einschleusung von Rechten hielt. Die Wahl der Offiziere wurde annulliert und neu begonnen. Das Infanterieregiment von Mafra zum Beispiel hat sich geweigert zu wählen, ehe es die Listen zu sehen bekam. In anderen Einheiten wurden die Listen telefonisch mitgeteilt – vom Generalstab: sieben von zehn Offizieren haben mitgemacht. Deshalb haben viele Militärs angenommen, daß es sich um einen Versuch zur Einführung der Vorherrschaft des Generalstabs handle, wie sie vor dem 25. April bestand.

In allen Waffengattungen sind die Listen der Rechten durchgekommen. In der Kavallerie, sozusagen die MDPL, in der Artillerie, die dennoch ihrer Tradition nach in der Mitte steht, wurden zwei oder drei dem Spinolismus nahestehende Militärs gewählt. Also heißt das, daß die Waffenräte in keinem Fall eine neue MFA-Versammlung sind. Die ist seit ihrer letzten Zusammenkunft in Tancos im September tot. «Die Waffenräte können nicht die Versammlung der MFA sein, weil sie ausschließlich aus Berufssoldaten zusammengesetzt sind», sagten die Neun. Um eben dies zu verhindern ... werden sie mit ihr brechen müssen, wenn sie sich nicht von ihr ausschalten lassen wollen.

Sie nennen sich links, aber die Arbeiter folgen ihnen nicht, und die kapitalistische Rechte will nichts von ihnen wissen. Auf der anderen Seite haben sie in der Armee die Unterstützung all jener Offiziere, die den Faschismus nicht wollen und irgendwelche Reformen wünschen ... Die Linke kann ihnen die Unterstützung bringen, die ihnen fehlt – die der Massen und die der Soldaten.

Wir nehmen diese Allianz an, denn wir haben einen politischen Plan, der von weiten Kreisen der Arbeiter und Soldaten unterstützt wird, aber wir sind, militärisch gesprochen, abhängig von der bestehenden politischen und militärischen Führung, wie man weiß, von der der Neun. Der Plan ist klar: wir versuchen, die Neun in dem Maß zu unterstützen, in dem sie uns die Positionen einräumen, die uns die Möglichkeit geben, dies zu tun.

Heute ist vorrangig, den Weg nach rechts zu sperren, um die Kräfte zur Gewinnung des politischen und militärischen Spielraums zu haben, der uns eine möglichst progressive politische Macht sichert.

F.: Portugal befindet sich bereits voll in der Wahlperiode. Hat die militärische Linke die Absicht, zusammen mit der revolutionären Linken einen Kandidaten aufzustellen?

A.: Im Augenblick nicht. Vasco Gonçalves war vielleicht eine Möglichkeit. Aber er lehnt ab. Überdies lehnten die Kommunistische Partei und die MDP-CDE es ab, ihn zu unterstützen, denn sie wollen sich nicht mit den Militärs, die heute an der Macht sind, überwerfen.

F.: Glauben Sie an eine gewisse «Stabilisierung» nach den Wahlen?

A.: Ich glaube nicht an eine «formale Demokratie» nach den Wahlen. Wir werden sicher eine Regierung der Rechten haben. Aber da sie gar keine Chance haben wird, die enormen wirtschaftlichen Probleme, die sich jetzt schon stellen, zu lösen, wird man nacheinander den Sturz mehrerer Regierungen erleben. Bis die Streitkräfte sich einschalten, um die Ordnung wiederherzustellen . . .

Die Militärs werden sich also entscheiden müssen, ob sie die Verfassung oder die Regierung verteidigen wollen. Die Rechte wird sicher der Ansicht sein, daß man die Regierung verteidigen muß. Die militärische Linke aber – die wird die Verfassung verteidigen.

F.: Gibt es die Spaltung, von der Sie gesprochen haben, auch innerhalb des Revolutionsrates?

A.: Im großen ganzen kann man von einer Rechtslinie im Revolutionsrat sprechen. Sie wird verkörpert von «traditionellen» Militärs, die kein großes politisches Verständnis haben. Sie wollen eine formelle Demokratie, die enge Beziehungen zu Westeuropa unterhält. Das trifft zu auf Pinto Freire und auf Sotto Cruz, Chef der Marine, und selbst auf Pinhero de Azevedo, den Premierminister. Danach kommen, mit gewissen Abstufungen jedoch, jene, die man die «Peruaner» nennen könnte: Melo Antunes, Eanes vielleicht . . . Sie sind der Ansicht, daß die Militärs sehr aufmerksam, sehr politisiert sein müssen. Wenn sich die Lage im Sinne einer formellen Demokratie stabilisieren sollte, wären sie damit einverstanden, daß die Streitkräfte «Garant» der Entwicklung zu sein hätten. Aber da sie wissen, daß dies wegen der wirtschaftlichen Lage unmöglich ist, sind sie dafür, daß die Militärs eine wichtige Rolle dabei spielen müssen. Die Neun halten noch wichtige Positionen besetzt, weil drei der vier Kommandeursposten ihnen gehören (die Militärregionen Lissabon, Mitte und Süd mit Vasco Lourenço, Charais und Pezzarat). Nun aber sind in den Streitkräften zwei Dinge besonders wichtig: die Legalität und ihre Anwesenheit in der Hierarchie . . . Sie verfügen über beide. Mehr noch, Eanes kommt ihnen zur Zeit wieder näher.

F.: Rechnen Sie mit der Möglichkeit eines Rechtsputsches?

A.: Im üblichen Sinne des Wortes – nein. Die Rechte zieht auf diesem Gelände die «Politik der kleinen Schritte» vor, das heißt täglich dadurch Terrain gewinnen, daß man von der politisch-militärischen Szene jene verschwinden läßt, die lästig sind. So sind sie zur Stunde gerade bei dem Versuch, Costa Gomes, den Präsidenten der Republik, und den Kommandeur der Region Mitte, Charais, zu «verbrennen».

Aber das Bewußtsein einer Gefahr von rechts ist indessen bei den Neun noch nicht groß genug, um sie dazu zu bringen, sich mit uns zu verbünden. Wenn sie es tun sollten, wäre dies aus taktischen Gründen gut. Nach der MFA-Versammlung von Tancos und zur Vorbereitung des 25. November waren sie sehr mit der Rechten liiert. Heute werden sie mit ihr brechen müssen, wenn sie sich nicht von ihr ausschalten lassen wollen.»

Nach dem 25. November 1975: Gedichte aus dem Gefängnis

In Santarém eingeliefert

Am 20. Januar Neunzehnhundertsechsundsiebzig
im Jahre 2 der Revolution
wurde ich festgenommen

In der freundlichen Wärme des
Empfangs
den mir die Genossen bereiten
in Santarém
finde ich wieder
den revolutionären Idealismus
der jungen Leute
für die das Wohl des Volkes:
Ideal
Mission
Willen
höchstes Gut geworden ist.

Für das verbitterte
ausgebeutete
gefesselte und betrogene Volk
– von der Bourgeoisie unterdrückt –
haben wir uns entschieden.
Offen und entschlossen
geht unser Kampf weiter
für eine gerechtere Gesellschaft
für das Ende der Ausbeutung
für das Lob der Arbeit
für das Ende des Imperialismus
für den Fortschritt der Revolution
Richtung Sozialismus.

Voller Vertrauen, schreckt uns nicht
der November-Sieg
der Bourgeoisie
Das Volk dieses Landes
wird eines Tages – er kommt gewiß –
höchster Richter sein
über diese höchstwichtige Sache
Dann wird es die eigene Kraft
endlich gebrauchen
um die Bourgeoisie zu richten
wohl wissend gegen wen es Anklage
erhebt.

Otelo

«Entreißen wir Otelo und die anderen revolutionären Militärs den Händen der Faschisten.»

Aufkleber der «Kommission der Gefangenen revolutionären Militärs».

CHILE: ein neues Wort.

Mein Sohn,
Du hast ein neues Wort gelernt:
CHILE.

Chile, das ist ein Land, das genauso
weit weg liegt wie Vietnam.

Chile heißt,
daß unser Hausbesitzer die Polizei
anruft:
«Hier wohnen Kommunisten! . . .»
Und im Morgengrauen
halten Jeeps vor unserer Tür.
10 maskierte Soldaten kommen;
die klingeln dann nicht, die
brechen die Tür auf,
stehen vor deinem Bett; dann
fragen sie nach deinem Vater,
und im Nebenzimmer hörst Du sie
brüllen:
«Hände hoch! . . . Keine Bewegung!»
Das ist kein Spiel
Und sie schleppen deinen Vater

zu ihrem Jeep.
Später sagt dir deine Mutter, daß er
in Custóias oder Caxias oder im Fußball-
stadion von Porto ist.

Das ist Chile,
mein Sohn,

wenn der Chef mittags anruft bei der
Polizei:
«Die Mutter ist nicht besser als der
Vater. Sie ist eine rote Nutte . . .!»
Da kommen nachts Zivile,
mit Schlagstöcken und Pistolen im
Gürtel;
dann lachen sie, sind betrunken,
reißen deiner Mutter die Kleider
vom Leibe,
werfen sie auf den Fußboden
und zerstechen ihren Körper mit
ihren Genitalien wie mit Messern.
Deine Mutter schreit und schlägt
um sich,
aber die Männer lachen nur.
Sie stürmen in die Zimmer,
stoßen die Bücher aus den Regalen,
auch deine Asterix, Malfaldas.
Machen Feuer im Hof;
Werfen die Möbel um
und kacken in der Ecke auf das
Leninbild,
das sie von der Wand gerissen
haben.
Sie stoßen deine Mutter in unseren
Wagen.
Du willst mit ihr gehen,
aber sie schlagen dir ins Gesicht.
Und verschwinden.
Du stehst allein vor unserem Haus,
ganz allein,
und kein Nachbar wagt es, aus
dem Fenster zu gucken.

Das ist Chile,
mein Sohn.

Erst nachts tritt Senhor Silva,
unser Freund, aus dem Haus nebenan,
durch die eingestoßene Tür,
streichelt dir über die Haare

und nimmt dich und deinen Bär
in sein Haus.

Morgens
bringt er dich zu unseren Freunden
der Familie Pereira in Setúbal.

Du siehst Panzer in den Straßen,
Soldaten, hörst Schüsse.
Menschen liegen ausgestreckt auf
der Erde.
Blut, verbrannte Bücher,
Du hast schulfrei viele Tage lang;
aber . . . die Kinder
können schon nicht mehr mit dir
spielen.

Das ist Chile
mein Junge.

Später sagt dir Dr. Pereira,
daß Dein Vater krank ist,
mit deiner Mutter eine lange Reise
angetreten hat.
Du glaubst es – fast –
denn er ist Arzt.
Etwas später dann
hörst du sie gedämpft im Neben-
zimmer sprechen
über die Macht der Bourgeoisie,
über General Spínola,
und du hörst,
daß dein Vater auf der Flucht
erschossen wurde;
und daß deine Mutter im Gefängnis
von Alcoentre ist
für sehr lange – vielleicht
weil sie in der Gewerkschaft ge-
arbeitet hat,
im Kampf gegen die Ausbeutung.

Chile, mein Sohn,

das gab es vierzig Jahre
hier in Portugal
und kann immer wieder kommen:
morgen oder übermorgen,
über Nacht kann das geschehen.

Mein Sohn,

das mußt du aus Chile lernen,
tausendfach Mißtrauen.
Wenn das Kapital und seine Lakaien,
pluralistisch oder nicht,
über Demokratie schwafeln.
Sie wollen sie für sich und
ihr Pfründe,
nicht für uns.
Wir müssen wachsam sein im Kampf
für jedes Stück unserer Freiheit.
Wir müssen fähig sein,
dem Kapital und seinen Klauen,
dem ELP und der MDLP entgegen-
zutreten,
der «pluralistischen» Bourgeoisie,
die sich dem internationalen
Kapital verkauft.

Mein Sohn,
wenn du heute nach Chile fragst,
sage ich dir:
Da sitzen schon Genossen im
Gefängnis,
und Söldner
halten bereits ihre Waffen aufs Volk
gerichtet.

Wir müssen uns organisieren.
Die blutigen Kugeln haben schon
unsere Brüder getötet:
Arménio, Celestino,
Costa Pereira, Günter,
und die offiziellen Stellen
verbreiten nur Lügen.
Wir dürfen nicht schweigen.
Die Faschisten haben sich schon
lange organisiert.
Wir müssen sie anklagen.
Das Kapital wetzt schon seine Klauen:

Lohnstopp,
Preissteigerungen –
und die Repression ist grausam.

Wir müssen kämpfen!

Die MDLP
hat im «Comércio do Porto»

schon ihr «Regierungsblatt»
Wir dürfen die Hände nicht im
Schoß zusammenfalten.

Und, mein Sohn,
Chile –
ein solches Chile
kann schon in Amadora beginnen
mit einem General
als brutaler Staatsstreich
im Namen von:
Gesetz und Ordnung,
von der Bourgeoisie gemacht,
um die Arbeiterklasse
und die, die sie unterstützen,
zu zermalmen.

Chile,
einem solchen Chile
kann nur die Organisation des
Volkes widerstehen.

Und das,
mein Sohn,
hängt von dir ab,
von mir,
von uns allen,
von der Volksmacht.

Es lebe die Poder Popular

Porto 1976 / Ein Mitglied der MFA aus dem Gefängnis

Kirche: Die Botschaft vom kinderfressenden Kommunismus

Der Bischof von Porto, Monsignore António Ferreira Gomes, galt in Portugal als einer der ganz wenigen Kirchenfürsten, die Salazar nicht vollkommen ergeben waren. Sein bischöfliches Palais liegt hoch über den Ufern des Douro und den Dächern des armseligen Stadtteils Santa Ana. Zehn Jahre mußte Mgr. Gomes im Ausland verbringen, ehe er, unter Caetano, wieder in die alte Residenz nach Porto zurückkehren konnte. 1958 hatte der Erzbischof in seinem «Brief an Salazar» mehr Freiheiten gefordert und das antisoziale Verhalten der Regierung kritisiert, das sich als dem Wohl des Volkes abträglich erwiesen habe.

1959 durfte er von einer Romreise nicht mehr nach Portugal zurückkehren. 1969 kehrte er mit dem gleichfalls aus der Verbannung zurückgeholten Mario Soares nach Portugal zurück. Damals erfreute Mgr. Ferreira Gomes sich des Rufes eines liberalen Bischofs, in Portugals hohem Klerus eine einmalige Erscheinung.

Nach seiner Rückkehr lernten Besucher den Kirchenfürsten als einen Mann kennen, der stets ein offenes Ohr für die armen, zusammengepfercht lebenden Menschen des Stadtteils Santa Ana hatte. Besuchern gegenüber sparte er nicht mit Kritik am Kolonialkrieg in Afrika, der keine portugiesische Familie verschonte. – Doch die Handvoll wirklich engagierter Christen, die nach dem 25. 4. 74 aus den Gefängnissen entlassen wurden oder aus dem Untergrund hervortraten, mußten bald feststellen, daß sie in ihm keinen Verbündeten hatten.

Es war Mgr. António Ferreira Gomes, der als erster hoher kirchlicher Würdenträger nach dem 25. April 74 das neue Regime angriff, was seine Kollegen, die sich unter Salazar kompromittiert hatten, noch nicht wagten. Der als liberal geltende Bischof ahnte, daß das Evangelium durchaus in den Dienst der revolutionären Bewegung gestellt werden könnte, daß der Sturz des Faschismus eine Kulturrevolution auslösen könnte, die der finstere Katholizismus des Nordens kaum überleben würde. Deshalb war mit dem Sturz Caetanos für die Bischöfe zugleich der Antichrist auferstanden. Selbst an der Pforte des Bischofspalais wurde er vorstellig.

Eine Bewohnerkommission aus Porto suchte den Erzbischof auf. Die Kommissionsmitglieder erklärten dem Bischof, sein Palast sei für eine Person doch sehr groß, während unten, im Stadtteil Santa Ana, dringend Wohnungen gebraucht würden. Monsignore Gomes erwiderte, er könne sich nicht vorstellen, wie aus dem Palais ein Gebäude des sozialen Wohnungsbaus zu machen sei. «Ich selbst habe nicht einmal die Mittel, es zu beheizen.»

Im Süden des Landes, in Lissabon, besitzt die katholische Kirche ein imposantes Seminargebäude, gebaut für 300 Studenten, das nur gelegentlich von ein bis zwei Dutzend Seminaristen benutzt wurde. Der schöne Park, der das Gebäude umgibt, ist während der Woche für das Publikum geschlossen. Um zu verhindern, daß dieses quasi leerstehende Besitztum «in den Dienst des Volkes» gestellt wird, soll der Patriarch von Lissabon, Kardinal António Ribeiro, zu verstehen gegeben haben, er beabsichtige «von Zeit zu Zeit» dort zu residieren. Denn nach dem 25. April 1974 verpflichtete ein Gesetz alle Eigentümer, leerstehende und ungenutzte Räumlichkeiten zu melden. Reiche Familien delegierten daraufhin ihre Söhne und Töchter in die verschiedensten Stadt- und Landresidenzen, um Besetzungen vorzubeugen. Die Kirche meldete ihre Würdenträger an.

Aber das Gebot der Stunde für den Klerus war nicht, das Umfunktionieren kirchlicher Gebäude zu verhindern. Die Hauptaufgabe, für die sämtliche Kräfte, alles taktische und strategische Geschick der Kirche mobilisiert wurden, lag in der Abwehr des Befreiungsprozesses, den die Militärs in die Wege leiteten und den sie «innere Entkolonialisierung» nannten. Der Bischof von Porto hatte diese Gefahr schon frühzeitig erkannt. «Den Beobachtern entgeht noch etwas», sagte er einem ausländischen Besucher. «Bei dem, was wir derzeit in Portugal erleben, handelt es sich nicht um eine kleine Veränderung. Es handelt sich um einen totalen Bruch, um ein Trauma, das mit fünf Jahrhunderten Geschichte bricht. In gewisser Hinsicht geht das noch tiefer als der Schock, den Spanien Ende des 19. Jahrhunderts, nach dem Verlust der Philippinen und Kubas erlitt.»

In der Tat, für die kirchlichen Würdenträger und für die rund 5000 Priester Portugals, die fast ausnahmslos die vergangene Ära des Faschismus als gottgewollt verklärt hatten, war der 25. April 74 ein Trauma. Dies galt es – unter völlig veränderten Machtverhältnissen – auch den einfachen Leuten, den Kleinbauern, Landarbeitern, Ladenbesitzern, Handwerkern und Industriearbeitern, vor allem nördlich des Tejo, einzuimpfen. Dabei war Vorsicht am Platz und zunächst einmal Schweigen.

Erst am 22. Juli 1974 äußerten sich die Bischöfe in einem gemeinsamen Hirtenbrief zu den Ereignissen. In diesem Hirtenbrief findet sich nicht ein einziges Wort der Freude über die Befreiung der Bevölkerung von einem halben Jahrhundert Diktatur, nicht ein Wort der Anerkennung für die Offiziersbewegung. Lakonisch wird festgestellt, daß «die Bewegung des 25. April sich unter dem Zeichen der Befreiung vollzogen hat». Vorbei die Zeiten der Begeisterung, in denen die katholische Kirche Portugals das Herz auf der Zunge getragen hatte:

«Wir möchten unsere Jugend stets singend erleben, mit leuchtenden Augen, an der Spitze Portugals, das sich seiner Mission bewußt wird, in Übersee die christliche Zivilisation erblühen zu lassen. Reine, starke,

Fatima hat nach dem 25. April nichts von seiner Anziehungskraft verloren.

fröhliche Jugend im Dienste der großen Ideale, für die zu sterben schön ist.» Die Bischöfe, die mit solchen Hymnen Kolonialkrieg, Ausbeutung und Massentötungen abdeckten (und sich selbst den Tod vom Leibe hielten), schienen nach dem 25. April diese «Tugenden» vor allem durch die Parteien der Linkskoalition bedroht zu sehen. Deshalb wurde in der Diözese Braga für den Tod Cunhals gebetet.

Dies entsprach dem Verhalten der katholischen Kirche Portugals gegenüber Regime-Gegnern seit Salazars Machtantritt 1932. Nach dem Sturz der Monarchie, mit der die Kirche eng verbunden war, hatte sie seit Ausrufung der Republik 1910 mit antiklerikalen Ideen zu kämpfen gehabt. Salazar wurde daher als der Retter begrüßt. Die Unterstützung seiner Diktatur war von Anfang an total. Salazar und sein Schulfreund Cerejeira, der spätere Patriarch von Lissabon (1929–1971), hatten die gleiche Auffassung vom «sozialen Frieden» und der «nationalen Einheit». Zwar wurde in der salazaristischen Verfassung von 1933 die Trennung von Kirche und Staat aus der Zeit der Republik bestätigt; in der Praxis jedoch entwickelte sich eine Kollaboration, wie sie enger kaum vorstellbar ist. Soziale Ungerechtigkeit, Kinderarbeit, Analphabetentum, die Herrschaft der Kaziken, der Dorfmächtigen wurden von der Kirche in unübertrefflichem Eifer zu Gottes Willen verklärt; Aufbegehren, Aufklärung waren Verstöße gegen den Schöpfer und seine heilige Ordnung, Ketzerei. Diese Perversion des Evangeliums für die Wirtschaftsinteressen der kleinen, reichen Minderheit wurde von Salazar nach Kräften gefördert. Unter seiner Herrschaft wurde die «Erscheinung von Fátima» (1917) zur Massenattraktion für Hunderttausende ausgebaut. Ihnen wurde Schicksalsergebenheit, Ohnmacht und Leid als Lebensinhalt gepredigt. In Fátima wurden dem alltäglichen Leiden noch besondere hinzugefügt, denn mit Leiden wurde die Hoffnung auf ein Wunder verbunden. So lief man barfuß, bis die Füße bluteten. Hier dankte man für den Arbeitsplatz im Ausland und auch für den aus Afrika heimgekehrten Sohn. Selbst die PIDE schien gottgewollt. 1967 ehrte der Papst in Fátima den PIDE-Chef Silva Pais mit einem hohen Orden. 1962 kamen 700000 Pilger nach Fátima, 1966 waren es eineinhalb Millionen, wobei unter den Ausländern die Deutschen stets die größte Gruppe stellten. Seit 1937 verfügte das portugiesische Episkopat über ein zusätzliches Propagandainstrument: den katholischen Rundfunksender Rádio Renascença, der schließlich von mehr Menschen gehört wurde als die zwei übrigen Rundfunksender mit überregionalem Sendebereich. Kein Wunder, daß Papst Paul VI. bei seinem Besuch 1967 Portugal «das gläubigste Volk der Welt» nennen konnte. Die Servilität des katholischen Klerus der Diktatur gegenüber wurde durch das 1940 zwischen Salazar und dem Vatikan abgeschlossene Missionsabkommen noch gefestigt. Darin wurde der Regierung ein Vorschlagsrecht für hohe kirchliche Ämter eingeräumt. Das gleichfalls 1940 abgeschlossene Konkordat sanktionierte den Kolonialbesitz Portugals. Denn es verpflichtete die Kirche, die «unumschränkte Notwendigkeit des Konkordates für die Verteidigung der Souveränität und des Ansehens Ultramars» zu berücksichtigen. Zudem sicherte das parallel laufende Missionsabkommen wiederum der Kirche das Recht auf kostenlosen Landerwerb in den Kolonien, auf Unterstützungsgelder, Reisevergütungen und Unterhaltszuschüsse für das Apostelamt. Im Gegenzug mußte der Vatikan nach Artikel 10 des Konkordats vor Ernennung eines Bischofs oder Erzbischofs bei der Regierung anfragen, ob gegen die vorgeschlagenen Personen «Einwände politischer Art» bestünden.

Daß die Kirche auch zu den brutalsten Exzessen des Regimes, zu den Folterungen der Geheimpolizei ebenso wie zu Massenhinrichtungen in den Kolonien schwieg, leuchtet angesichts dieser Interessenverfilzung ein. Die Unterstützung der Diktatur durch die Kirche war derart bedingungslos, daß Salazar die Veröffentlichung von Papst-Enzykliken untersagen konnte, wenn diese ihm nicht genehm waren oder aber Reisen des Papstes in die dritte Welt mit herabsetzenden Kommentaren bedenken konnte. Die sklavische Ergebenheit der portugiesischen Geistlichkeit erlaubte zu Einschränkungen der noch vertraglich garantierten Religionsfreiheit kein Widerwort.

Dabei unterlagen die kirchenamtlichen Veröffentlichungen im Gegensatz zu allen anderen nicht der Zensur. Doch es fand sich kein einziger geistlicher Würdenträger, der diese Möglichkeit mutig genutzt hätte, etwa um gegen das Blutvergießen in den Kolonien die Stimme zu erheben. Dabei war der Kolonialkrieg immer stärker zu einem Trauma für fast jede portugiesische Familie geworden. Aber wie sollte man gegen eine Politik angehen, deren Repräsentant Salazar man, wie etwa 1959 der Erzbischof von Braga, «zum mutigen und zähen Steuermann» erklärt hatte, «der die Einheit der Nation um das heilige Symbol des erlösenden Kreuzes wiederhergestellt hat»?

In keinem anderen katholischen Land Westeuropas war das reaktionäre Gewicht der Kirche so ungebrochen wie in Portugal. In der unteren Geistlichkeit gab es 1970 in ganz Portugal nicht mehr als dreißig eindeutig oppositionell engagierte Priester. Dreißig von etwa 5000. Der gläubigen Bevölkerung, vor allem nördlich Lissabons, mußte daher das reaktionäre Weltbild dieser Kirche als das einzig mögliche christliche Weltbild gelten. Alternativen konnten sich innerhalb dieser Kirche nicht entwikkeln. Aufmüpfige Priester wurden oft ins Ausland abgeschoben. Daß für Kinder im Alter von zehn Jahren die Feldarbeit begann, galt ebenso als unabänderliche, gottgewollte Tatsache wie Krankheit, Armut und mangelnde Schulbildung (in den obligatorischen Bekenntnisschulen). Was die offizielle Kirche beunruhigte, waren einzig die heidnischen Elemente in den Vorstellungen ihrer Gläubigen, in denen Aberglaube, offizielle Lehre und aus magischem Denken resultierende Bräuche eine in Europa einmalige Mischung bildeten. Wie konnten hier die Ideen der Offiziersbewegung verstanden werden? Mit welchen Mitteln sollte man die gesellschaftspolitischen Ziele des 25. April 74 verständlich machen? Wie sollte ein so tief verwurzelter Fatalismus in Interesse und Initiative verwandelt werden? Die Aufgabe war um so gewaltiger, als die Ansätze innerkirchlicher Opposition die breite Masse der gläubigen Bevölkerung außerhalb Lissabons nie erreicht hatten. Die zahlenmäßig sehr kleine kirchliche Opposition hatte sich meist auf die intellektuellen Kreise der Hauptstadt beschränkt:

45 Katholiken protestierten 1959 in einem Offenen Brief an Salazar gegen die Folterungen durch die PIDE. Salazar antwortete und konnte sich dabei auf die Komplizenschaft der amtlichen Geistlichkeit stützen: «Wir kennen die Einstellung der Kirche, und wir zweifeln nicht daran, daß die zuständigen Behörden hierüber ebenfalls Bescheid wissen ...» Im Klartext: Portugals Bischöfe sorgten für das gute Gewissen der folternden Geheimpolizei.

Die kleine innerkirchliche Opposition – die sich erst in den sechziger Jahren bildete – war nicht nur in der Kirche selbst völlig isoliert, sie hatte auch keine Verbindung zur politischen Opposition, die ihr oft zu antiklerikal erschien. Dies, zusammen mit dem fehlenden Kontakt zur Bevölkerung, erschwerte die Aufgaben, die ihr nach dem 25. April 1974 erwuchsen.

Ein Jahr nach der Veröffentlichung der Enzyklika «Pacem in Terris» durch Johannes XXIII. gründeten 1964 oppositionelle Katholiken die «Kooperative Pragma». Sie wurde wegen «subversiver Tätigkeit» aufgelöst, fünf ihrer Mitglieder von der PIDE verhaftet. Als Freunde der Verhafteten sich deswegen an Kardinal Cerejeira, den Patriarchen von Lissabon, wandten, ließ dieser sie in sein Kardinalspalais kommen, jedoch nur, um sie der Polizei zu übergeben.

1969 gründete der ehemalige Prior des Hieronymus-Klosters bei Lissabon, Felicidade Alves die Gruppe GEDOC (Studien- und Dokumentationsgruppe), deren Ziel die Veröffentlichung theologischer und soziologischer Untersuchungen war. Nach einigen Publikationen wurde die Gruppe aufgelöst, ihre Initiatoren verhaftet. Ebenso erging es zwei Priestern aus Porto, die sich 1972 weigerten, als Militärseelsorger nach Angola zu gehen.

Am 31. Dezember 1972 versammelte sich eine Gruppe von Priestern, Professoren und zahlreichen anderen Christen in einer Lissabonner Kapelle, um über den Kolonialkrieg nachzudenken, zu beten und zu fasten. Vierzehn Personen wurden verhaftet.

Die wenigen Priester, die wie Pater Mário Oliveira aus der Diözese Porto Predigten gegen den Kolonialkrieg hielten, wurden von der PIDE gefangengenommen und oft auch gefoltert. Selbstverständlich unternahm die hohe Geistlichkeit nichts zu ihrer Verteidigung oder ihrem Schutz.

1969 hatte eine Gruppe von 68 Priestern ein Dokument veröffentlicht, das für die oppositionellen Katholiken eine konkretere Verbindung zwischen ihrer Opposition und der Masse der Bevölkerung vorbereiten sollte:

«Wir stellen fest, daß die Gesellschaft, in der wir leben, sich durch die Unterdrückung der breiten Masse der Bevölkerung auszeichnet, die ihrer grundlegenden Rechte beraubt ist. Wir stellen zugleich fest, daß die offizielle Kirche in unserem Lande eine Haltung einnimmt, die sich durch ihr Bündnis mit den Mächtigen und den Unterdrückern auszeichnet, und daß sie die Armen vergißt. Infolgedessen beschließen wir, uns energisch auf die Seite der Armen und Unterdrückten zu stellen, aktiv einzugreifen, um sie in den Genuß ihrer Grundrechte zu bringen, durch Wort und Tat das kapitalistische System zu denunzieren, das wirtschaftlich und kulturell einen Großteil der Bevölkerung unterdrückt. Insbesondere wollen wir uns dem Problem der Menschenrechte widmen.»

Diese zaghafte innerkirchliche Opposition, oft genug mit Gefängnis und Folter bestraft, wurde auch nach dem 25. April von der katholischen Kirche Portugals öffentlich desavouiert und im Abseits gehalten, während die klerikalen Kollaborateure des Faschismus ihre Stellungen behaupteten.

Der 25. April im Dorf Vieira

Vieira ist ein kleines Dorf im Norden Portugals, nahe der Küste, rund 50 Kilometer von Porto entfernt. Es liegt wie viele solche Dörfer an der Kreuzung zweier Landstraßen, hat ein halbes Dutzend Straßenlaternen und jene ebenerdigen, weißgekalkten, teilweise bunt gestrichenen Häuser, die von Fremden oft als malerisch angesehen werden. Nicht nur nach westeuropäischen Maßstäben sind die Bewohner von Vieira arm – sie sind es selbst für portugiesische Verhältnisse, haben sie doch weder fließendes Wasser, noch ärztliche Versorgung und meistens auch kein elektrisches Licht. Es sind meist arme Leute, die ein kleines Stück Land bebauen; nur einige der jüngeren haben eine etwas einträglichere Arbeit in den Kleinstädten der Umgebung oder in Porto gefunden.

Es dauerte recht lange, bis die Ereignisse des 25. April für sie eine greifbare Bedeutung erhielten. Denn die zunächst errungenen und in den Großstädten stürmisch begrüßten Freiheiten – Pressefreiheit, Versammlungsfreiheit, Gewerkschaftsfreiheit – berührten die Existenz dieser des Schreibens Unkundigen, das Land kultivierenden Menschen im Norden nicht. Die einzigen zwei Bewohner Vieiras, die sich vom 25. April direkt betroffen fühlten, waren der Dorfpriester und der Bürgermeister, die auch die beiden einzigen Kollaborateure des gestürzten Regimes im Dorf gewesen waren.

Seit dem 25. April trug der Priester deshalb stets eine Pistole unter der Soutane. Der Bürgermeister, der nie populär gewesen war, sah seine Amtsräume rot angemalt und mit Parolen für die Kommunistische Partei versehen, die hier nie großen Rückhalt gehabt hatte. Im Spätsommer 1974 wurde er abgesetzt – durch eine Entscheidung aus Porto.

Während die älteren Dorfbewohner sich kein genaues Bild von den Ereignissen machen konnten und das Geschehen in verschiedenster Weise interpretierten, je nach dem, welche Informationen sie erhielten oder welche Gerüchte ins Dorf gelangten, gingen viele von den Jüngeren nach Porto, um Genaueres zu erfahren und um sich den dort arbeitenden politischen Gruppierungen anzuschließen. Die älteren Dorfbewohner blieben sich selbst überlassen. Die Verständigung mit den Jüngeren wurde seltener und schwieriger. «Es ist, als würden wir uns ein Spiel von Benfica ansehen», meinte ein alter Mann. «Wir alle kommentieren den Spielverlauf. Doch letztlich sind nicht wir die Spieler.»

Erst Anfang 1975 tauchten zwei Soldaten aus Porto im Dorf auf, um die Unterschiede zwischen den politischen Parteien zu erklären. Einmal fand eine Veranstaltung der Kommunistischen Partei statt. Das war alles, was an neuen Ideen bis zu den Wahlen vom 25. April 1975 direkt in das Dorf getragen worden war. Währenddessen hatten ein Jahr nach dem Umsturz weder der Priester noch der Lehrer ihre Posten verloren, und auch der abgesetzte Bürgermeister lebte weiterhin ungestört unter der Bevölkerung.

Diese drei Kaziken (einflußreiche Respektspersonen) blieben während des gesamten ersten Jahres des revolutionären Prozesses als einzige gebildete Persönlichkeiten mit der Dorfbevölkerung auf Tuchfühlung. Über sie konnte die Gegenaufklärung Fuß fassen, beziehungsweise ihre Stellung halten, noch ehe der erste progressive Offizier oder Parteipolitiker das Dorf betreten hatte. Vor allem die Priester der Nordprovinzen nutzten diese praktisch uneingeschränkte Handlungsfreiheit, um die Ereignisse des 25. April vor der Bevölkerung in ihr Gegenteil zu verkehren: alles ist gefährdet, bedroht, wenn ihr euch nicht rechtzeitig innerlich wappnet und wehrt, erklärten sie den Leuten aus dem Dorf. Eure Frauen, euer Stück Land, eure Töchter, euer Glaube. Über die Vorgänge in Lissabon wurden von den Kaziken Gerüchte in Umlauf gesetzt, die aus der Hauptstadt eine Metropole der Dekadenz und eine Brutstätte des Teuflischen machten. Die systematische Diffamierungskampagne richtete sich gegen alle politischen und geistigen Strömungen, die vom extrem rechten Klerus als links eingeschätzt wurden. So hieß es beispielsweise, dem Landarbeiter, der nicht zu noch mehr Arbeit bereit sei, drohe durch kommunistische Gewerkschafter der Genickschuß, den Frauen und Töchtern die Vergewaltigung durch verkommene Studenten. Kein Bewohner aus Vieira konnte sich in Lissabon selbst ein Bild über die Ziele der revolutionären Bewegung in den Fabriken und Büros machen. So konnte es den Priestern und Kaziken um so leichter gelingen, die antifaschistische Bewegung vor den Leuten im Dorf als eine Bedrohung durch Fremdes und Abartiges darzustellen, als eine Bedrohung, die direkt im Anmarsch auf die Dorfgemeinschaft war.

In den Lissabonner Caféhäusern sprach sich die Kampagne der Priester nur sehr langsam herum. Schriftsteller, Maler und Filmemacher verloren denn abends ab und zu auch ein Wort darüber: meist in Form von Witzen über die Rückständigkeit des Trás-os-Montes, der Nordprovinz «Hinter-den-Bergen», dem Symbol für Rückständigkeit schlechthin. Rasch wandte man sich wieder anderen Themen zu.

Während die künstlerische Elite Portugals, von wenigen Ausnahmen abgesehen, die Geschehnisse gleich den geringgeschätzten Dorfbewohnern eher wie ein Fußball-Match betrachtete und es aufs Mitspielen nicht anlegte, ging die geistliche Elite zum Gegenangriff auf nationaler Breite über. Schon im gemeinsamen Hirtenbrief vom 16. Juli 1974 hatten die Bischöfe gewarnt vor «der Versuchung durch Modelle, die der nationalen Realität fremd sind». Bereits auf der Wallfahrt von Fátima am 13. Mai 1974 hatten sie die Gläubigen vor Ideologien des «Hasses» und vor allem vor dem «Klassenkampf» gewarnt, eine Thematik, die sie das ganze Jahr über bis zu den für sie als unverhofftes Geschenk sich bietenden freien Wahlen 1975 pausenlos wiederholten. Kaum stand fest, daß die Wahlen stattfinden würden, versammelten sich die Bischöfe auf einer Konferenz in Fatima und erklärten den katholischen Wählern, und das ist die weitaus überwiegende Mehrheit: «Es ist Katholiken verboten, Parteien zu wählen, deren ideologische Prinzipien, Ziele, Mittel und gesellschafts-

Fatima.

politische Vorstellungen als unvereinbar mit der christlichen Auffassung vom Menschen und seinem Leben in der Gesellschaft erscheinen.» Damit warnten sie die Bevölkerung der Provinzen Nordportugals, die wahlmäßig weit stärker ins Gewicht fallen als die im Süden, vor einer Stimmabgabe für Parteien, die der Bewegung des 25. April entsprochen hätten. Der Glaube, angeblich eine Privatsache, wurde vom Klerus hochpolitisch eingesetzt, denn das Bild der Parteien, die als wählbar gelten durften, wurde in erster Linie von der Geistlichkeit entworfen. Die reaktionärsten Parteien wurden als die christlichsten dargestellt, die progressiven als Werk des Teufels. Dabei nutzten die Priester ihre privilegierte Stellung in zynischster Weise aus, um durch Verdrehung von Tatsachen, Vorenthaltung wichtiger Informationen, Gerüchte und Einschüchterungen Stimmung gegen die herrschenden Militärs und ihre Verbündeten zu machen. Der Klerus verschwendete keine Zeit, mußte er doch zu Recht fürchten, daß ein Fußfassen der Aufklärung die unter dem Begriff «Glauben» verbreiteten Fehlinformationen sichtbar gemacht hätte. Der Priester hatte dem sich abrackernden Parzellenbauern eingeredet, die Plackerei sei der Wille Gottes (und nicht Ergebnis einer verfehlten Agrarpolitik). Der Priester hatte den Eltern der zur Arbeit im Ausland gezwungenen Söhne und Töchter beigebracht, daß dies als Fügung des Schicksals zu ertragen sei und nicht, daß es eine Konsequenz der bevölkerungsfeindlichen Wirtschaftspolitik war. Der Klerus hatte den unverschuldeten Mangel an Bildung als «den gesunden Menschenverstand des guten portugiesischen Volkes» auszugeben versucht: wer diese Deutungen hinnahm, war gläubig, wer sie anzweifelte, lief Gefahr, sündig zu werden (und der Polizei aufzufallen). Nach dem gleichen Schema wurde nun jeder, der soziale Gerechtigkeit forderte, als eine Beendigung der Bildungsmisere als Handlanger obskurer Kräfte verketzert. Die Wahlen, in denen die so Verketzerten gar als Kandidaten auftraten, mußten dem Gläubigen daher als eine teuflische Versuchung dargestellt werden, vor der ihn nur der Rat des Geistlichen bewahren konnte. Der bischöfliche Rat aus Fátima lautete: «Der gesunde Menschenverstand des portugiesischen Volkes wird es die Parteien wählen lassen, die eine freiere, gerechtere, glücklichere Gesellschaft versprechen, und den Parteien eine Abfuhr erteilen, die zum Haß treiben, zur Gewalt oder zum utopischen Abenteuer.» Dem Erzbischof von Braga aus der Trás-os-Montes benachbarten Provinz Minho war dies noch nicht deutlich genug: in einem Diözesenblatt «Diário do Minho» unterstrich er noch einmal seine Abneigung gegen die «marxistischen Parteien», die für ihn «den Antichrist» verkörperten, gegen den nur politische Formationen helfen könnten, die «Religion, Familie und das Recht des Eigentums» respektierten. Die Diözesenblätter haben unter der Landbevölkerung eine weit stärkere Verbreitung als die Tageszeitungen (die im Norden auch nach dem 25. April ausnahmslos reaktionär und konservativ waren). Selbst die PPD (Demokratische Volkspartei) und das CDS (Demokratisch-Soziales Zentrum), beides entschieden antimarxistische Formationen, genügten den Anforderungen des hohen Klerus im Norden nicht: ihre Partei war die (später im Wahlkampf suspendierte) PDC (Christlich-Demokratische Partei). Die bürgerlich-liberale portugiesische Wochenzeitung «Expresso» berichtete, der Patriarch von Lissabon, Kardinal Ribeiro, sei nur zu dem Zweck in die Bundesrepublik gereist, um Gelder für ein Diözesenblatt zu sammeln. In Wirklichkeit seien diese Gelder in die Kasse der Christlich-Demokratischen Partei geflossen. Diese Partei, die sich als Ausdruck der schweigenden Mehrheit verstand, proklamierte als wesentlichsten Punkt ihres Programms «das Eigentum als Grundelement der Bildung von Reichtum zu achten». Folgerichtig trat die Partei auch für die spinolistische Vorstellung einer Föderation zwischen Portugal und den Kolonien ein und beteiligte sich an Spínolas mißglücktem Staatsstreichsversuch vom 11. März 1975. Ihr Vorsitzender, Sanches Osório, floh nach Spanien.

Priester ließen in ihren Gemeinden Unterschriften von Gläubigen zur Unterstützung der PDC zusammentragen, ohne ihnen den genauen Verwendungszweck zu sagen. Das Demokratisch-Soziale Zentrum CDS, aus Furcht, ins Abseits gedrängt zu werden, schickte Rundschreiben in die Nonnenklöster, in denen es versicherte, daß es sich des Wohlwollens der Kirche erfreue. Politik machten die Priester bis zum letzten: «Gestern abend», so berichtete ein Geistlicher des Gymnasiums von Vila Real, «ist ein Kommunist gestorben. Um die Genehmigung zu erhalten, ihn zu beerdigen, wurde die Familie vom Generalvikar gezwungen, eine Bescheinigung zu unterschreiben, worin sie erklärte, daß der Verstorbene verrückt gewesen sei, als er in die Partei eintrat.» Aus derselben Stadt Vila Real hatte am 9. März 1975 der Repräsentant der Kommunistischen Partei fliehen müssen, von Steinwürfen verjagt. Am 11. März 1975 sollten nach den Plänen der damaligen Putschisten die Linken insgesamt von der Macht verjagt werden. In der nordportugiesischen Ortschaft Nes-Pereira erklärte der Priester am 9. März von der Kanzel herab, daß «die Roten am 11. März liquidiert werden» und, daß «die Leute wieder Respekt vor dem Priester zeigen sollen.» Reiner Zufall, oder war der Priester über den 11. März informiert? Nach dem 11. März jedenfalls mußte er die Gegend eilig verlassen, jedoch nicht für allzulang.

Bald sollte ein regelrechter Kreuzzug, zunächst gegen die Kommunisten, organisiert werden, wobei man die Linke insgesamt im Visier hatte. «Ich bleibe optimistisch», sagte der Erzbischof von Lissabon, António Ribeiro, noch vor den Wahlen einem ausländischen Journalisten. Und der als liberal gerühmte Bischof von Porto meinte: «Es heißt, daß man im Ausland unsere Bauern oft für dumm und ungebildet hält. Man sagt, sie mißtrauten dem Kommunismus. Aber ist das, bei Licht gesehen, nicht ein Beweis für ihre Intelligenz?» Das «Opus Dei» warb für seine «cursilhos», Abendkurse zu «Problemen des Christentums», die sich religiös gaben, in denen die Politik aber durchaus nicht abwesend war. In Braga, dem «Rom Portugals», konnten achttausend Teilnehmer registriert werden. «Cursilhos», Wahlanweisungen, Unterschriftensammlungen, Warnungen, Ermahnungen, Predigten und Diözesenschriften hatten zum Ziel, mögliche Konkurrenten bei der Erziehung des Volkes von vornherein zu disqualifizieren.

In der nordportugiesischen Gemeinde Alivio bezeichnete der Priester im Gemeindeblatt die Beiträge des neuen Fernsehens und Rundfunks als «miserable, feige, verleumderische Aktion der sozialistisch-marxistischen Machtergreifungsgruppe». In der gleichen Gemeinde wurden die Katholiken aufgefordert, keine Listen zu unterzeichnen, die nicht eindeutig zu identifizieren seien, um so oder durch Spenden Verbindungen mit den «atheistisch-totalitären Marxisten» zu vermeiden. Derselbe Priester empfahl der Republikanischen Nationalgarde, die an der Alphabetisierungskampagne beteiligten Jugendlichen zu verhaften. Nicht nur die Angst, an Einfluß zu verlieren, steckte hinter diesen Angriffen, oft war es auch die Furcht vor der Aufdeckung finanzieller Klüngeleien zwischen geistlicher und (faschistischer) weltlicher Macht, zwischen Rathaus und Kirche. Als in Vila Verde ein Meeting der Sozialistischen Partei stattfinden sollte, ging der Priester selbst auf die Straße, um die Bevölkerung darauf aufmerksam zu machen, daß es besser sei, die Frauen und Kinder im Hause zu halten, denn die Sozialisten kämen.

Wo all dies nicht half, gebrauchte der Klerus andere Mittel der Einschüchterung. Diese werden in einem Dokument genannt, das einfache

Priester der Diözese Braga, aus den nordportugiesischen Orten Braga, Guimarães, Famalicão, Fafe, Póvoa de Varzim (die später wegen antikommunistischer Ausschreitungen bekannt wurden), zusammengestellt hatten. Zu den sozialen Sanktionen gehörte: Verbot, die Messe zu besuchen, Verweigerung der kirchlichen Beerdigung, Verbot, Taufpate zu sein oder aber direkte Angriffe von der Kanzel, vor versammelter Gemeinde. Dazu kamen die ständigen Drohungen mit der Hölle, für alle, die Verbindung mit den als «Rebellen» bezeichneten Personen aufnehmen würden – brächten sie doch «die Geißel des Kommunismus» ins Land. Alle Geistlichen, die «bei der Lehre, Verteilung oder Verbreitung marxistischer Doktrinen mitarbeiten», wurden vom Erzbischof der Diözese Braga mit Exkommunikation bedroht. In der Provinz, so schrieb «Expresso» zum Jahreswechsel 74/75, herrsche «ein Klima des reaktionären Terrorismus, in dem die Bevölkerung von örtlichen Kaziken unter Druck gehalten werde, zu denen ein großer Teil der Priester zählt». In der Ortschaft Sabugal, nahe der spanischen Grenze, fand sich am Ortseingang ein großes Spruchband mit der Aufschrift: «Wenn du ein Antifaschist bist, betrete diesen Ort nicht.»

Doch in dieser Provinz begann sich auch der Widerstand gegen das totalitäre Vorgehen der Kirchenhierarchie zu regen, beispielsweise in A-Ver-o-Mar. Hier exkommunizierte der Bischof von Braga einen Priester, der unter Caetano aus der Gemeinde verwiesen worden und nun wieder zurückgekehrt war. Der Geistliche wurde durch eine Anweisung des damaligen Bürgermeisters von Porto, eines Majors, mit Hilfe der Nationalgarde erneut aus seiner früheren Kirche vertrieben. Die Bevölkerung wehrte sich von Anfang an dagegen und setzte sich mit verschiedenen Mitteln für den Priester ein. Dieser hatte sich in Zeiten der Diktatur für ihre sozialen Belange einzusetzen versucht. Eine Delegation der Bevölkerung begab sich zum Sitz des Erzbischofs nach Braga, um die Entfernung des Geistlichen zu verhindern. Der Bischof hörte die Delegation nicht einmal an. In A-Ver-o-Mar nahmen daraufhin die Spannungen unter den Einwohnern zu: auf der einen Seite eine Minderheit, die den «governador civil», den Bürgermeister von Porto und die Entfernung des Priesters unterstützte, auf der anderen die Mehrheit. Der Ort war in «Rote» und «Gelbe» geteilt, zwischen denen es zu heftigen Auseinandersetzungen kam, die weit mehr sozialen als religiösen Charakter hatten.

Der Fall zeigt nicht nur, welchen Einfluß ein Priester auf die Landbevölkerung haben konnte, er zeigt auch die Spannungen zwischen sozial engagierten Priestern und einer Hierarchie, die aufs engste mit der herrschenden Klasse verbunden war und es zu bleiben gedachte.

Auch in zahlreichen anderen Orten der Provinz kam es zur Revolte gegen den oberen Klerus, da sich die Bevölkerung plötzlich bewußt wurde, was man ihr alles bislang vorenthalten und verboten hatte. In der Diözese Evora schloß sich eine Gruppe Katholiken zusammen, um der Kirche einige Fragen zu stellen, «ohne die geringste inquisitorische

Absicht». Etwa: «Was ist mit der Diözessenpresse geschehen? Wem gehört in Wirklichkeit die Zeitung «A Defesa»? In wessen Dienst steht sie? Über welche Güter verfügt die Diözese? Wozu wurden sie verwendet?»

Mit Priestern, deren einzige Sorge es war, möglichst viel Geld für den Bau teurer Kirchen aus dem Gemeindevolk herauszuholen, waren viele Gemeindemitglieder jetzt nicht mehr zufrieden. Auch die Tatsache, daß für den Bau von Kirchen unter der Diktatur Gelder aus dem Arbeitslosenfonds genommen worden waren, als Staatsbeteiligung oder aber Pflichtabzüge vom miserablen Soldatensold, wurde jetzt von Katholiken als Skandal deutlich gemacht. Andere Gläubige fragten, warum die Kirche weiterhin Bücher von katholischen Autoren verbiete, diese als «progressistisch» bezeichne und den Kauf von Zeitschriften verbiete, die sie ebenfalls «als progressiv» abstufte. Schon einen Monat nach dem Sturz des Caetano-Regimes hatten in Porto Christenversammlungen stattgefunden, an denen jeweils etwa 500 Personen teilnahmen und auf denen die Denunzierung von Geistlichen gefordert wurde, die mit der PIDE zusammengearbeitet hatten. Die Zahl der revoltierenden Priester, noch immer klein, nahm allmählich zu. Warum werden die Frauen nicht davon befreit, bei der Messe ein bestimmtes Kopftuch tragen zu müssen? fragten sie. Warum legt die Kirche Katholiken, die sich für die Agrarbewegung interessieren, Hindernisse in den Weg? Immer heftiger kritisiert wurde auch der innerkirchliche Mangel an Demokratie. In einem entsprechenden Dokument an die Adresse des «Heiligen Stuhls», in dem die Ablösung des Erzbischofs von Braga gefordert wurde, findet sich folgender Katalog: «die Verfolgung einer Gruppe von Priestern und Laien, Gründer der Zeitschrift «Presença e Diálogo»; die kanonischen Strafen gegen fünf Geistliche des «Caso de Braga», denen durch die Zensur unmöglich gemacht werden sollte, durch Buch und Zeitungen aufzuklären, wobei ihnen sogar verweigert worden war, im Diözesenblatt die dort berichteten Fakten zu korrigieren; der Skandal um die Exkommunikation des Paters Angelo; die auf die Priestervereinigung von Braga ausgeübten Pressionen; die falschen Anschuldigungen gegen die Gruppe von Priestern und Laien, die sich mit Frei Luis França zur Reflexion treffen wollten, der jedoch durch Druck des Prälaten daran gehindert wurde . . ., die Nominierung von Verwaltungsräten oder die Manipulation der Wahlen für große und einträgliche Bruderschaften der Diözese wie Sameiro, Bom Jesus, S. Bento da Porta Aberta, Alivio, Peneda und so weiter; der Boykott verschiedener Initiativen, die zum Ziel hatten, bekannte und progressive Persönlichkeiten der katholischen Welt nach Braga zu holen . . .; die Ernennung von Geistlichen zu Militärseelsorgern, die sich dafür nicht geeignet halten, dies nicht wollen oder zur Strafe ernannt werden; die Verschwendung von Diözesengeldern für die Errichtung von Prunkbauten wie der Apostolischen Zentren von Sameiro und Darque, ohne daß etwas für unsere Armen und Bedürftigen, selbst Geistliche,

13. April 74: eine Million Portugiesen im Zeichen der weißen Nelke.

getan wurde ...»

Keiner der in dem Dokument genannten Mißstände wurde in der Folgezeit abgeschafft. Die Furcht vor Veränderung, vor dem Verlust von Privilegien führte zu einer Verteufelung sowohl des inner- wie außerkirchlichen Gegners. «Während der Alphabetisierungskampagne im Sommer 1974», schreibt die bekannte portugiesische Journalistin Helena Vaz da Silva, «nahm der Widerstand der Padres gegen die Alphabetisierer groteske Aspekte an, die dazu führten, das Volk davon zu überzeugen, das Alphabet zu lernen heiße, sich mit dem Teufel einzulassen, das heißt mit dem Kommunismus, der ja dieselbe Sache sei».

Bereits im Hirtenbrief vom 22. Juli 1974 blieb es bei einem Lippenbekenntnis des Episkopates zum «politischen Pluralismus» und zur «normalen Ausübung der Freiheit» (die bei der früheren Einheitspartei nie angemahnt worden war). Der Hirtenbrief denunzierte gleichzeitig unterschwellig den politischen Gegner als Manipulator und Demagogen. «In einer Gesellschaft, in der die politische Bildung gering und die Bevölkerung ohne demokratische Erfahrung ist», schrieben die Bischöfe, «können minoritäre, im Machtkampf erfahrene Gruppen – werden sie nicht beizeiten eingedämmt – im Namen des Volkes, der Freiheit, der Demokratie Lösungen erzwingen, die die Mehrheit nicht will.»

Bei ihrem Kampf gegen alle Demokratisierungsbestrebungen machte das Episkopat sich selbst, wo immer möglich, den Mangel an demokratischer Erfahrung zunutze. Dabei kam ihm zugute, daß die Mehrheit der Katholiken Mittel- und Nordportugals keine Karteichristen, sondern in der Mehrheit praktizierende Gläubige sind. Über 50 Prozent dieser Katholiken befolgen aktiv die Glaubensrituale, in manchen Gegenden sind es sogar bis zu hundert Prozent. Es handelt sich um eine religiöse Praxis, in der sich oft Aberglaube mit dem aus Jahrhunderten arabischer Herrschaft rührenden Fatalismus verbindet. Hier konnte der Bischof von Braga ohne mit der Wimper zu zucken erklären: «Man muß dem Bischof gehorchen, selbst wenn er im Irrtum ist.» Oder: «Sich mit der Kirche täuschen, ist eine Ehre.»

Die Parteibüros brennen

Im Herbst 1975 kam es in Braga zu den schwersten antikommunistischen Ausschreitungen, nachdem der Bischof eine Brandrede gehalten hatte. Die von etwa hundert Christen geforderte Absetzung des Bischofs war von Papst Paul VI. unbeantwortet geblieben. Der Heilige Stuhl bezog seine Informationen über einen Freund des Papstes, den Apostolischen Nuntius Monsignore Sensi, der dafür bekannt war, daß er unter der Diktatur nie ein Wort des Protestes selbst für deren schlimmste Exzesse fand. Unter diesen Bedingungen sollte es später vor allem der Kommunistischen Partei so gut wie unmöglich sein, einen normalen Wahlkampf zu führen. Die Provisorische Regierung hatte vor den Wahlen die Verwaltung aus der Zeit des Faschismus durch Antifaschisten, meist des MDP/CDE, ersetzt. (Die MDP/CDE hatte unter Caetano als antifaschistische Oppositionsbewegung begonnen.) Gegen diesen aus Lissabon verordneten Einbruch in ihren Machtbereich organisierte die Kirche einen Kreuzzug, der Mitte Juli 1975 (die Besetzung der Gemeinderäte war von den Wahlen zur Verfassunggebenden Versammlung nicht betroffen) mit großen Demonstrationen zur Unterstützung der Kirche begann. Die erste Demonstration dieser Art fand am 13. Juli in Aveiro statt. Der Bischof von Aveiro, Vorsitzender der Bischofskonferenz, kam eigens dazu aus Rom zurück. Von da an wurde jeden Sonntag eine derartige Demonstration in einer anderen Diözese organisiert, nach Aveiro in Viseu, Bragança, Coimbra, Braga, Lamego. Mit Spezialbussen wurde die Landbevölkerung jeweils in die Bischofsstädte gebracht, wo – nach dem gleichen Schema – zu Ordnung und Autorität aufgerufen und die Rückgabe von Radio Renascença an die Bischöfe gefordert wurde, wobei die Bischöfe – um antikommunistische Vorurteile zu mobilisieren – die PCP beschuldigten, den katholischen Sender an sich gerissen zu haben. Dabei hatte die Kommunistische Partei – und das wußten auch die Bischöfe – mit der Besetzung des Senders nichts zu tun. Der PCP-freundliche Premierminister Vasco Gonçalves hatte sogar die Räumung des Senders angeordnet, ein Befehl, der vom damaligen COPCON-Befehlshaber Carvalho und vor allem von seinen Soldaten nicht ausgeführt wurde. Doch kam es den Bischöfen auf diese Unterscheidungen nicht an. Am 10. August 1975 hielt der Bischof von Braga, Don Francisco Da Silva, vor Tausenden, die sich vor seiner Kirche versammelt hatten, eine Ansprache:

«Welches ist das wirkliche Problem, dem sich unser Vaterland heute gegenübersieht? Das portugiesische Problem ist folgendes: Auf der einen Seite setzt eine Minderheit gegen den Willen des Volkes den Kommunismus durch, in dem weder ein unabhängiges Vaterland noch die Religion Platz haben. Auf der anderen Seite steht eine überwältigende Mehrheit, die nein sagt zum Kommunismus. In diesem historischen Augenblick warne ich euch vor der Gefahr, der einzigen Gefahr. Indem ich dies tue, erfülle ich meine Pflicht. Ist aber der Kommunismus unser Feind, der Feind unserer Religion? Ohne Zweifel ist er das. Er ist der Feind Nummer eins.»

Nach dieser Rede griffen Demonstranten den Sitz der Kommunistischen Partei an und verwüsteten ihn, ein Vorgang, der sich noch öfter wiederholen sollte. Dabei machten oft bezahlte Provokateure den Anfang, um den gläubigen Demonstranten die letzte Hemmschwelle zu nehmen oder aber, um Zwischenfälle mit den Verteidigern der Parteibüros zu inszenieren, mit denen sie dann das Gros der Demonstranten zum Mitmachen verleiten konnten. Die Kirche mischte sich hier massiv in das politische Geschehen ein, obwohl sie zur gleichen Zeit linken Christen jede politische Betätigung untersagte, als «unvereinbar mit dem religiösen Auftrag».

Währenddessen hatte die Lissabonner Regierung die Religionsfreiheit in keiner Weise angetastet. Kein Dekret schränkte die Handlungsfreiheit des Klerus ein, keinerlei «saneamentos» (Säuberungen) waren veranlaßt worden. Die Besetzung des katholischen Senders Rádio Renascença war nicht auf Anweisung der Regierung erfolgt. Außerdem wußte der Klerus selbst die Angelegenheit in den richtigen Proportionen zu sehen, wenn es einmal nicht darum ging, demagogisch aufzutreten. So erklärte der Erzbischof von Lissabon, Monsignore António Ribeiro, dem Korrespondenten von «Le Monde» in einem ganzseitigen Interview ein Jahr nach der Besetzung des Senders im April 1975: «Es gibt – und ich möchte das betonen – es gibt in diesem Land nicht die geringste Einschränkung der Religionsfreiheit.»

Mit den Wahlen gewann die Kirche weiter an Terrain. Die dem Elektoralismus verschriebenen Parteien suchten Verbündete im Kampf gegen die Kommunistische Partei, die ihrer Meinung nach einen wahlmäßig nicht abgedeckten Einfluß auf das öffentliche Leben hatte. So wurde auch die Sozialistische Partei zum Verbündeten der Kirche, wobei sie die Warnungen der «Christen für den Sozialismus» wissentlich in den Wind schlug. Diese Bewegung katholischer Christen Portugals hatte bereits im Januar 1975 erklärt:

«In der Vergangenheit fand der Faschismus seinen zweifelsohne besten Verbündeten im kirchlichen Apparat; heute finden die Kräfte der Reaktion in der Religion ein weiteres Mal seine bedingungslose Unterstützung. Die Stellungnahme des Episkopates vom vergangenen Juli, die Hindernisse, die viele Priester der jüngsten Alphabetisierungskampagne und der Kampagne für Gesundheitserziehung in den Weg legten, die äußerst zahlreichen katholischen Zeitungen und Zeitschriften mit oft deutlich faschistischem Inhalt, die Abdeckung reaktionärer politischer Organisationen durch die Kirche, die antikommunistische Kampagne in den sonntäglichen Predigten und so weiter sind die Hauptmerkmale dieses Bündnisses.»

Ein Dokument.
Pater Mario: Der Versuch einer anderen Kirche
In den Slums von Porto arbeitet Pater Mário de Oliveira als Seelsorger. Er gilt als sozial engagierter Priester. Unter dem alten Regime saß er zweimal im Gefängnis. Zuletzt ein Jahr lang, weil er in dem Dorf Macieira da Lixa nicht im Sinne einer staatserhaltenden Kirche gewirkt hatte. Auch nach dem 25. April durfte er noch nicht dorthin zurück. In seiner alten Pfarrei im Dorf Macieira da Lixa wundern sich inzwischen die Gemeindemitglieder, daß ihr früherer Pfarrer nicht wieder zurückkommen kann. Jetzt, wo doch die Geheimpolizisten, die ihn seinerzeit mitnahmen, selbst hinter Gittern sitzen. Pater Mário hatte seinen Gemeindemitgliedern weniger gepredigt, als sie selbst reden lassen. Er hat die Gebühren für Taufen, Messen und andere Dienste der Kirche (der Gottesdienst war früher in der Regel nach dem Geschmack derer, die entsprechend viel zahlten), die bis zum heutigen Tag auch von den Ärmsten entrichtet werden müssen, abgeschafft. Er selbst lebte von 300 DM im Monat, die die Gemeinde für ihn sammelte. Was erzählen die Leute im Dorf heute über Pater Mário?

Frage: Warum wurde Pater Mário verhaftet?

Antwort: Er wurde verhaftet, weil der Bürgermeister ihn beschuldigte, gegen das Regime zu sein. Man erzählte vieles über ihn. Schon ehe Pater Mário hierherkam, erzählte man, daß er ein Bordell in Porto hätte. Man kannte ihn, weil er vorher in Paredes gewesen ist. – Ein Ort in der Nähe von Lissabon; dort wurde er zum erstenmal verhaftet, weil er gegen den Krieg in Afrika geredet hatte; im Prozeß aber wurde er freigesprochen, danach kam er nach Macieira da Lixa. – Die Leute hier hatten ihn gern, die meisten Leute; noch ehe er hierher kam, erzählte man, daß er nicht wie andere Priester sei. Man erzählte dies und jenes. Aber die Leute haben bald an seiner Arbeit gemerkt, daß er sogar besser als die meisten Priester war. Was er sagte, war ehrlicher, war aufrichtiger. Er hat sich nicht so benommen wie die anderen, die nicht taten, was sie sagten. Wir hatten uns an Pater Mário so sehr gewöhnt, weil er uns die Augen geöffnet hat für die Wahrheit, nicht wahr? Die anderen

Priester haben uns nur Lügen serviert, entweder, weil sie uns die Wahrheit nicht sagen wollten, oder, weil sie sie nicht sagen konnten. Aber Pater Mário hatte keine Angst, er sagte die Wahrheit, ihm machte es nichts aus zu leiden. Ihm war es gleichgültig, ob er hier in der Pfarrei oder ob er im Gefängnis war. Als er herauskam, sagte er, das dies nicht das letzte Mal sein würde. Als er aus dem Gefängnis zurückkam, sprach er genauso wie früher. Wenn er Unrecht sah, war er nicht zu halten, er schrie es sofort laut heraus. Bevor er verhaftet wurde, kam sonntags auch immer die PIDE-Clique in die Kirche, um zu hören, was er predigte. Und die von der PIDE haben ihn dann, auch auf Anweisung des Bürgermeisters, ins Gefängnis geholt.

Die anderen Priester, die früher hier waren, die sagten uns zwar, was wir tun sollten, sie selbst aber taten es nicht. Pater Mário nahm kein Geld. Dazu sagte man: Wenn er kein Geld nimmt, dann deshalb, weil er das Geld von irgendwoher bekommt, weil er Kommunist ist. Er sei gegen die Verhältnisse, weil er das Geld aus anderen Quellen schöpfe. Meiner Ansicht nach ist das alles nicht wahr. – In Portugal erhalten die Pfarrer kein festes Gehalt. Sie beziehen ihre Einkünfte aus den Kollekten und den verschiedenen Gebühren für Taufen, Trauungen, Begräbnisse und so weiter. Eine kirchliche oder gar staatliche Kontrolle über ihre Einnahmen und Ausgaben gibt es nicht. Pater Mário hatte diese Gebühren abgeschafft. Von der Kollekte, die sonntags gesammelt wurde, hat er 300 DM im Monat für sich behalten, der Rest ging an die Armen. Dies war von der ganzen Gemeinde beschlossen worden.

F.: Kommt der Pater nicht mehr zurück?

A.: Er kommt nicht mehr, weil der Herr Bischof so entschieden hat. Er wurde hier von einigen Leuten doch sehr verachtet. Man hatte alle möglichen Schimpfworte für ihn: Schimpfworte wie Hund, Bock, Hurensohn, man hat ihm das Schlimmste nachgesagt. Als Pater Mário verhaftet wurde, hat die Arbeit in der Gemeinde aufgehört. Alle bekamen es mit der Angst zu tun. Als Pater Mário noch da war, konnten sich alle bei ihm aussprechen, er war für jeden ein Schutz. Er wurde weggeholt, und jetzt fürchteten sich die Leute etwas zu sagen, denn alle wußten nun, was passieren konnte. Alle schwiegen plötzlich, was konnte man sonst auch machen?

F.: Wird ein neuer Pfarrer kommen?

A.: Wir wissen nicht, ob ein neuer kommt. Wir können da nur sagen: Wenn ein neuer Pfarrer kommt, der so ist, wie der vor Pater Mário, dann ist es besser, daß keiner kommt.

Pater Mário erhielt von seinem Bischof keine Begründung, warum er nach dem 25. April nicht in sein Dorf zurückdarf. Aber auch bei seiner Arbeit in Porto hält er an seinem Prinzip fest, immer von den Alltagsproblemen der Leute auszugehen und sie zur Selbsthilfe anzuhalten.

Gespräch mit Frauen in den Slums von Porto.

Pater Mário: Wenn ihr so schreckliche Lebensbedingungen hier habt, so muß ich euch sagen, daß es in eurer Hand liegt, diese Situation zu ändern. Wenn ihr euch zusammentut und beschließt, dies oder jenes wollen wir tun, und wenn ihr es dann auch tut, was ihr beschlossen habt, dann wird euch niemand daran hindern können. Wenn ihr euch zusammentut und beschließt, leere Häuser zu besetzen, und wenn ihr sie dann auch tatsächlich besetzt, wird es niemand geben, der euch rauswirft. Ihr habt dann die Macht. Wenn ihr aber weiter darauf wartet, daß eine sehr wichtige Person zu euch kommt, um euch etwas Gutes zu schenken, und ihr nicht damit anfangt, selbst euer Leben in die Hand zu nehmen, dann wird das Geschenk immer im Sinne des Schenkenden sein und nicht in eurem Sinne. Ihr habt es also in der Hand, diese Situation zu ändern. Es ist absolut notwendig, daß der Putsch vom 25. April von euch auch hier durchgeführt wird.

Frau: Für uns und für Sie, einer für alle, alle für einen!

Pater Mário: Wartet bitte nicht darauf, daß Pater Mário oder ein anderer Pater zu euch kommt und sagt: «Los Freunde!» – Daß er vor euch hermarschiert. Ihr sollt es machen!

Frau: Aber Sie sind doch schon voranmarschiert, Sie haben uns doch schon sehr geholfen.

Pater Mário: Ihr müßt in der ersten Reihe stehen.

Frau: Sie haben schon so viel für uns gelitten.

Pater Mário: Ja, aber die Macht lag nie beim Pfarrer, sondern beim Volk. Vergeßt das nicht!

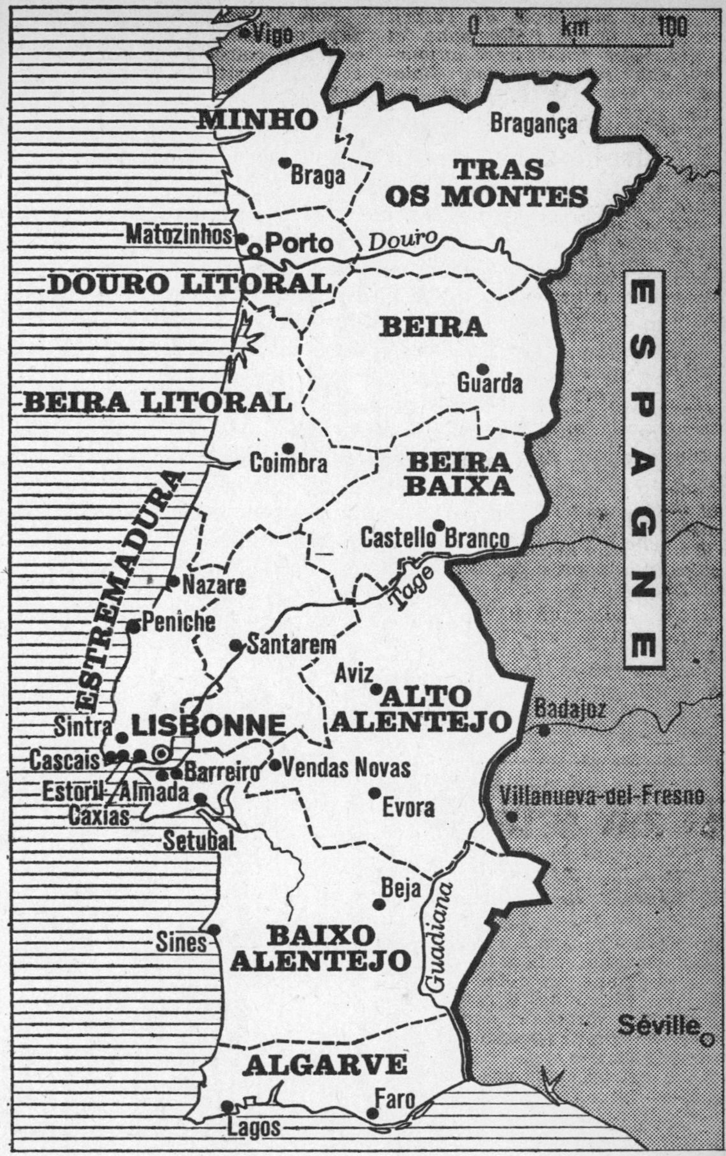
0 km 100
Vigo
MINHO
Bragança
Braga
TRAS
OS MONTES
Matozinhos
Porto
Douro
DOURO LITORAL
BEIRA
Guarda
BEIRA LITORAL
Coimbra
BEIRA
BAIXA
ESTREMADURA
Castello Branco
Nazare
Tage
Peniche
Santarem
Aviz
ALTO
ALENTEJO
LISBONNE
Sintra
Badajoz
Cascais
Barreiro
Vendas Novas
Estoril
Almada
Evora
Caxias
Villanueva-del-Fresno
Setubal
Beja
Sines
BAIXO
ALENTEJO
Guadiana
Séville
ALGARVE
Faro
Lagos
ESPAGNE

Die umfunktionierte psychologische Kriegsführung: Kulturelle Dynamisierung

Miranda do Douro ist die kleinste Stadt Portugals, ein Dorf eigentlich. Sie liegt im Nordosten, an der Grenze zu Spanien. Im Januar 1975 traf hier zum ersten Mal seit Jahrzehnten eine Gruppe von Schauspielern ein. Am Nachmittag schleppten Soldaten Holzplanken in das Schulgebäude und bauten eine provisorische Bühne in der Mitte des als Turnhalle dienenden Raumes auf. Die Straßen waren fast leer, aber jeder Kramladen zeigte an der Wand oder hinter dem Schaufenster dasselbe Plakat. Auf dem Plakat waren zwei Männer zu sehen. Der eine mit einer Militärhose, Hosenträgern und der Mütze der Kolonialsoldaten. Er hält eine Mistgabel. Sein Hemd ist das eines Bauern. Der andere trägt eine Bauernhose und eine Militärjacke. Er hält ein Gewehr und hat eine traditionelle Mütze auf. Das Plakat sollte das Bündnis der portugiesischen Revolution darstellen: «Povo-MFA, MFA-Povo» (Volk-Bewegung der Streitkräfte, Bewegung der Streitkräfte–Volk).

Ein Programm als Plakat: «MFA-Volk»

Nachdem die provisorische Bühne aufgebaut worden war, fuhren zwei Panzerwagen vor das Schulgebäude und verharrten dort bis zum Ende der Veranstaltung spät nachts. «Warum die chaimites?» (Panzerwagen) fragten wir einen Hauptmann. «Weil diese Aktion von den «Comandos»-Elitetruppen durchgeführt wird?» – «Das hat damit nichts zu tun», meinte der Hauptmann, «das machen alle Einheiten so, auch die, die nicht zu den «Comandos» gehören. Es geht darum, zu zeigen, daß sich die Machtverhältnisse geändert haben. Daß die Macht jetzt bei der MFA liegt. Das ist hier im Nordosten besonders wichtig.» Im Nordosten Portugals, in der Provinz Trás-os-Montes (Hinter den Bergen) hatte die Aktion «Nortada» begonnen, die erste einer Reihe von «Campanhas de Dinamização Cultural e de Esclarecimento Cívico» (Kampagne zur kulturellen Dynamisierung und staatsbürgerlichen Aufklärung), die nach dem Rücktritt General Spínolas im Gefolge des 28. September 1974 vorbereitet wurden.

Abends ist die Turnhalle der Schule von Miranda do Douro überfüllt. Trotz der Eiseskälte stehen noch einige hundert Personen im Freien, um über Lautsprecher mitzuhören, was die Offiziere sagen. Drei von ihnen stehen auf dem Holzpodium und erklären in möglichst einfachen Worten, was der 25. April für die Bevölkerung bedeutet: Freiheit, die eigene Meinung zu sagen, mehr Rechte für die, die arbeiten. Beides könne nur garantiert werden, wenn man den Weg zum Sozialismus einschlage. Der Kapitalismus sei am Wohl des einzelnen und der Gemeinschaft nicht interessiert. Beispiel: die Emigration, gerade hier im Norden und Nordosten. Weiteres Beispiel: das geringe Einkommen der Landbevölkerung. Außerdem gebe es in Miranda do Douro weder eine Höhere Schule noch ein Krankenhaus. Beides befinde sich erst 80 Kilometer weiter, in Bragança. Für Schwerkranke sei der Transport dorthin über die schlechte Straße eine Qual. Auch hätten viele Einwohner von Miranda do Douro keine Elektrizität, obwohl der Ort direkt an einem Stausee zur Elektrizitätserzeugung liegt. Aber der Strom werde an das 300 Kilometer entfernte Porto geliefert. Die private Elektrizitätsgesellschaft sei nicht interessiert, die Einwohner von Miranda do Douro mit Strom zu beliefern, weil diese nicht zahlen könnten. Warum sei die Bevölkerung so arm? Weil sie völlig vom Zwischenhandel abhängig sei, beim Einkauf von Fetten und Düngemitteln ebenso wie beim Verkauf von Kühen und Ochsen. Um das zu ändern, habe es den 25. April gegeben, habe man den Faschismus gestürzt. Das Volk könne jetzt die Parteien wählen, die seinen Interessen am meisten dienten. «Die MFA meint, dies sind die Parteien, die den Weg zum Sozialismus befürworten», sagt der Offizier, ehe er Theaterstück und Diskussion ankündigt.

Die Einwohner von Miranda do Douro haben die meiste Zeit schweigend zugehört. Ab und zu gab es Beifall. Jetzt, als die Schauspieler (der Gruppe «Comuna») auf das Holzpodium klettern und sich vor dem Publikum umziehen, kommt Leben unter die Leute. Das Schminken und

Umkleiden löst Heiterkeit aus. So etwas hat man hier noch nie gesehen, und auch das folgende Stück nicht, «Die Abend-Vesper». Zwei Schauspieler befinden sich jeweils am Ende des Holzpodiums, die geistliche und die weltliche Macht darstellend. Im Laufe einer rund 40minütigen, symbolischen Handlung fressen sie das Volk auf. Sie begleiten diesen Vorgang mit Worten, die den Reden der gestürzten Machthaber abgeguckt sind, «um die intellektuelle Masturbation der Herrschenden» zu zeigen. Zum ersten Mal seit 50 Jahren werden in Miranda do Douro die Reichen und ihre geistlichen Komplizen öffentlich bloßgestellt.

Das Stück erhält viel Beifall, aber als die Diskussion anfangen soll, wagt niemand eine Frage zu stellen. Nach einer Weile sagt ein 14jähriger Junge: «Hier ist von den Reichen und Mächtigen die Rede gewesen. Aber wer sind die Reichen und Mächtigen in unserer Gegend? Wir alle wissen, wer sie sind, weil sie uns seit Jahren ausbeuten und weil wir nichts gegen sie machen könnnen. Es ist zum Beispiel der Großhändler, von dem wir alle wissen, daß er uns betrügt, und von dem wir alles kaufen müssen. So war es hier schon immer . . .» Noch ehe der Junge ganz zu Ende gesprochen hat, bricht ein Beifallssturm los, begleitet von Rufen wie «Dieb, Betrüger!»

Schließlich erhebt sich ein etwa 40jähriger Mann und fragt den Jungen: «Wie lange lebst du hier?» «Zwei Jahre.» – «Dann weißt du gar nicht, wie es vorher war!» – «Doch. Wenn ich die richtigen Schlußfolgerungen aus den zwei Jahren hier ziehe, dann wurden die Leute hier früher genauso ausgebeutet.» Das Publikum unterstützt den jungen Redner nach Kräften durch Applaus. Die meisten hätten selbst nicht den Mut gehabt, sich so zu äußern.

«Wir wissen, daß das Bewußtsein sich nicht von einem Augenblick zum andern verändert», meint später ein Offizier. «Selbst auf eine tiefgreifende Änderung der politischen und sozialen Strukturen wird erst langsam eine Bewußtseinsänderung folgen, so stark ist die Repression hier im Norden verankert. Aber eines erreichen wir, daß die Leute sofort begreifen, daß sie ihre eigenen Probleme diskutieren können.» Und ein Hauptmann der «Comandos», der vor dem 25. April in der damaligen portugiesischen Kolonie Guinea-Bissau Dienst tat: «Es gibt große Ähnlichkeiten zwischen der Lage im Nordosten und der afrikanischen Situation. Wir sind hier auf koloniale Verhältnisse gestoßen. Grundherren, die die Wirtschaft beherrschen und über das Bewußtsein gebieten. Es gibt hier weder Elektrizität, noch Wasser oder Kanalisation. Die meisten Bauern sind noch nicht einmal über die politischen Veränderungen in Lissabon auf dem laufenden. Das heißt nicht, daß die Leute nicht wissen, was sie wollen. Es sind die ‹rückständigsten› Leute, die im allgemeinen am besten über die Probleme Bescheid wissen.»

Spät nachts werden die «chaimites» wieder angeworfen und rollen in die Distrikthauptstadt Bragança zurück. Ihnen folgt ein kleiner Konvoi von Jeeps mit den Hauptleuten und den jungen Rekruten, die jedes Wort des Abends auf Band aufgenommen haben, um daraus noch in der gleichen Nacht im Hotelzimmer eine Rundfunksendung zusammenzustellen, die am nächsten Morgen in das 600 Kilometer entfernte Lissabon geschafft wird, wo sie die Fünfte Division des Generalstabs, die verantwortlich für die Dynamisierung ist, in ihrer Sendung ausstrahlen wird.

Währenddessen üben am Kaminfeuer der «Pousada» (staatliche Herberge) die Hauptleute Selbstkritik. «Du warst zu abstrakt, zu dürr», wird dem 30jährigen Marineoffizier Manuel gesagt. «Die Sache war nicht gut genug vorbereitet», erwidert dieser. «Ich hatte zu wenig detailliertes Material über die örtlichen Verhältnisse in Miranda zur Hand.» «Ich frage mich manchmal, ob die Leute die Symbolik des Theaterstückes verstehen.» Der Marineleutnant ist davon überzeugt. Er selbst hat die Gruppe, die Lissabonner «Comuna», gebeten, an der «Nordwind»-Kampagne, der «Nortada», teilzunehmen. Er hat sie auch auf einer anstrengenden 14stündigen Fahrt im Bus von Lissabon nach Bragança begleitet. Als einziger Uniformierter saß er unter den jungen, mit Ponchos bekleideten Schauspielern, die Guitarre spielten oder aber ihre Schlapphüte über das Gesicht gezogen hatten, um zu schlafen. Die portugiesische Marine sei stets zu Außergewöhnlichem bereit, wenn es den Interessen der Bevölkerung nütze. Er meinte: «Ich fühle mich sehr wohl. Für mich ist das völlig normal. Die portugiesische Marine stand den Portugiesen nie fern. Diese Theatergruppen wie die ‹Comuna› zeigen die Bedingungen, unter denen die Portugiesen leben, und deshalb meine ich, ist meine Reise hier völlig normal.»

Weniger erfreulich hatte derselbe Marineoffizier seinen Aufenthalt in Hamburg 1969/70 empfunden, wo er die drei dort für Portugal gebauten Schnellboote in Empfang nehmen sollte. «Es war eine sehr schwierige Zeit für mich», sagte er, «denn die deutschen Offiziere dachten, sie hätten einen Faschisten vor sich und machten aus ihrer Sympathie für unseren Krieg in Afrika keinen Hehl.» Während seiner sieben Monate in der Hansestadt spielte er viel Fußball. Und zwar, sagt er, im «St. Pauli-Fußball-Club», der sehr populär gewesen sei. Viele seiner deutschen Offizierskollegen hätten darüber die Nase gerümpft, denn es habe auch einen vornehmeren Fußballclub gegeben. Damals habe er eine einzige Person getroffen, einen Schiffsbautechniker, der gegen den Krieg in Afrika gewesen sei. Dem habe er sein Ehrenwort gegeben, daß die Kriegsschiffe nie zum Einsatz kämen. «Wie Sie sehen, haben wir das Ehrenwort gehalten. Und zur äußeren Entkolonialisierung kommt jetzt die innere.»

Der Konvoi, der im Hof der Pousada von Bragança haltgemacht hat, fühlt sich in Feindesland. Das Team von der Dynamisierung hat die Lokalpresse und den überwiegenden Teil der Notablen, deren Meinung genausoviel Gewicht hat wie die der regionalen Presse, gegen sich. Damals schon diskutierten die Hauptleute nächtelang über das Problem der Wahlen, die, sollten sie stattfinden, nach ihrer Meinung die kaum gebrochene bisherige Herrschaftsstruktur erneut festigen würden. «Wir müßten länger hier bleiben, damit die Kaziken am nächsten Tag nicht wieder die Diskussion allein beherrschen.» Damals entstand der Plan zu einer neuen Dynamisierungskampagne, der «Maio-Nordeste» (Mai-Nordosten).

Am nächsten Morgen starten zwei Angehörige der Luftwaffe mit einer einmotorigen Maschine zu einem Flug über den Distrikt Bragança, um Tausende von kleinen Zetteln abzuwerfen, auf denen die Termine für die kommenden Aufklärungssitzungen und Theatervorstellungen angegeben sind.

Der Distrikt Bragança ist eine Hochburg der Kirche und des Kazikentums. Wer nicht im Elend verkommen wollte, wanderte aus. 1970 zählte der Distrikt (Alfândega da Fé, Bragança, Carrazeda de Ansiães, Freixo de Espada à Cinta, Macedo de Cavaleiros, Miranda do Douro, Mirandela, Mogadouro, Torre de Moncorvo, Vila Flor, Vimioso und Vinhais), 176660 Einwohner, das waren 53606 Personen oder 23 % Einwohner weniger als zehn Jahre zuvor. Dabei hielt die Gemeinde von Miranda do Douro den Auswanderungs-«Rekord» Portugals: hier betrug die Bevölkerungsabnahme zwischen 1960 und 1970 47 %. Der Plan, in der an der Grenze zu Spanien gelegenen Serra Montezinho ein Skisportgebiet aufzubauen, blieb ein Plan. Die Wölfe der Serra blieben ungestört. Hier kamen während des Zweiten Weltkrieges die im antifaschistischen Widerstand kämpfenden Franzosen und Belgier auf der Flucht über die

«Das Volk steht auf seiten der MFA».

Grenze. Hier, bei Torre de Moncorvo, wurden die wichtigsten Eisenvorkommen Portugals abgebaut. Doch seit etwa einem Jahr ist das Bergwerk geschlossen.

Auch in der Stadt Bragança selbst gibt es kaum Industrie, abgesehen von einer kleinen Kühlschrank- und einer kleinen Zementfabrik. Es gibt hier kein Industrieproletariat, aber auch kein Landproletariat im klassischen Sinn, denn die sich abrackernden Bauern sind zugleich Besitzer oder Pächter. Weizen, Roggen, Kartoffeln und Wein werden auf Miniflächen angebaut, deren Besitzer zum Teil auch etwas Viehzucht betreiben. Diese Kleinbauern leben in hermetischer Abgeschlossenheit.

Die meisten Dynamisierungsteams führen einen Arzt oder einen Medizinstudenten mit, denn eine ärztliche Versorgung dieser Gebiete gibt es kaum. In Vinhais, einer Gemeinde von insgesamt 30000 Einwohnern auf einer Fläche von 700 Quadratkilometern, gibt es nur drei Ärzte (ein Arzt auf 10000 Einwohner). Die Gemeinde Vinhais hat 10000 Kinder im schulpflichtigen Alter, aber nur eine Vorbereitungsschule (diese Vorbereitungsschule umfaßte damals das 5. und 6. Volksschuljahr und bereitete auf das Gymnasium oder auf technische höhere Schulen vor). Es gibt weder ein Kino noch eine Bibliothek, weder fließendes Wasser noch ein Abwassersystem. In manchen Dörfern sind selbst die Häuser dieser Bezeichnung nicht würdig. In Familien mit sieben Kindern schlafen vier oder fünf im Stall bei den Tieren.

Als die Dynamisierungskampagnen im Nordosten begannen, hatte die MFA in Lissabon zwar einen Großteil der politischen Macht, die ökonomische Macht in den ländlichen Gebieten Nordportugals aber lag weiterhin in den alten Händen. Dieses Widerspruchs waren sich die Militärs der Dynamisierungsteams bewußt. Nach und nach begannen sie mit der Organisation von Elektrizitäts- und Wasserversorgung, mit dem Bau von Straßen und selbst von Friedhöfen, führten kostenlose ärztliche Untersuchungen durch und versuchten, die Vorteile von Landwirtschaftskooperativen deutlich zu machen. An der ökonomischen Machtstruktur und damit an der Abhängigkeit der Kleinbauern von den Kaziken, vom Großhändler, änderte dies grundsätzlich vorläufig nichts. «Revolutionen werden nicht fertig geliefert, die macht man», pflegte einer der Initiatoren der Dynamisierungskampagne zu sagen, wenn er auf diese Probleme angesprochen wurde. Zunächst einmal ging es bei der Dynamisierung darum, den Unterdrücker offen beim Namen zu nennen, die Urheber und Ursachen der Not zu entschleiern, um dann neue, gerechtere Lösungen zu diskutieren. Die alten Machthaber spürten die Gefahr und reagierten schnell.

Als nach der «Nortada» bereits in der Zeit nach den Wahlen eine weitere Dynamisierungskampagne in Bragança und Umgebung begann, tauchten wenig später anonyme Flugblätter in der Stadt auf:

«Einwohner von Bragança, Achtung! Unsere Stadt, ihre Bewohner sind in Gefahr. Es befinden sich auf unserem Boden 45 Söldner im Dienst des Kommunismus. Sie tragen Uniform, sind bewaffnet und im Kolleg São João de Brito untergebracht. Weißt du, was ihr Auftrag ist? Ehrenwerte Bürger zu eliminieren . . . deinen Vater, deinen Sohn, deine Schwester, deinen Freund, dich selbst! Weißt du, was dein Auftrag ist? Dabei zu helfen, die Stadt von solchem Gesindel zu reinigen.»

«Sozialliberale» PPD und «maoistische» MRPP gegen die MFA
Diesem unverhüllten Aufruf zur Gewalt folgte wenig später ein neuer Angriff auf die Militärs. Die Kandidaten für den Volksschuldienst veranstalteten eine Versammlung auf dem Kathedralen-Platz, die von einem jungen und bekannten Mitglied der PPD geleitet wurde und die sich kurz darauf zur Garnison bewegte, um dort in flammenden Worten die Ausweisung der «Eindringlinge von der Dynamisierung» zu fordern, wobei sie sich der Argumente eines an diesem Tag verteilten Flugblattes bedienten: «Die Ausbildung von 430 Lehrern für die Volksschule hängt zum großen Teil davon ab, ob es dafür die nötigen Einrichtungen gibt oder nicht. Nun fehlt es in Bragança an solchen Einrichtungen nicht. Es gibt das Ex-Kolleg São João de Brito, das auf den Volksschuldienst vorbereitet und die alten Gebäude desselben. Das erste wurde in ein Hauptquartier der Dynamisierung verwandelt, die zweiten in eine Sportabteilung. Was das Ex-Kolleg betrifft, so fragen wir, ob es sich um eine Kaserne handelt oder um eine Einrichtung des Erziehungswesens. Wird diese Pseudo-Dynamisierung weiterhin Vorrang vor der Kultur der Söhne des transmontanischen Volkes haben? Sind die Militärs nützlicher als die Lehrer?»

Das Flugblatt war unterzeichnet mit «eine Gruppe von Volksschullehrerkandidaten» und forderte das Volk auf, «diesen Fragen eine Antwort zu erteilen». Was die Bevölkerung, jedenfalls einige hundert Personen, dann auch auf unmißverständliche Weise vor dem regionalen Sitz der Dynamisierungskampagne tat.

Von Anfang an hatte die PPD die Versammlung in der Hand gehabt, sie ihren Parolen unterstellt und sah in den linken Offizieren doch eine Bedrohung ihrer politischen Hegemonie in diesem Raum. «Sie wollen euch den Kommunismus mit der Waffe in der Hand aufzwängen», versicherten die lokalen Verantwortlichen dieser Partei, wobei sie erfreut auf «eine gewisse Sympathie seitens der jungen Leute von der (maoistischen, Anm. d. Hrsg.) MRPP» verwiesen. «Geht nach Angola und Timor, die Portugiesen verteidigen, die dort ermordet werden», riefen die Demonstranten vor der Kaserne in Bragança. Unter «den Demonstranten» befand sich ebenso wie unter der Delegation, die im Namen der Bevölkerung mit dem Kommandanten verhandelte, kein einziger der Pädagogik-Studenten, um die es doch ging, noch jemand, der direkte Verbindung zu ihnen hatte. Die Verhandlungsdelegation bestand ausschließlich aus bekannten Mitgliedern der lokalen PPD. Diesen schien es weniger darum zu gehen, einen möglichen Irrtum oder Mißgriff (die Unterbringung von Militärs im Kolleg) zu klären, sondern Stimmung gegen die MFA zu machen. Der Garnisonsbefehlshaber von Bragança, Major Albuquerque, telefonierte jedenfalls sofort mit dem Hauptquartier des Befehlshabers Nord und erklärte der Delegation, das Problem werde innerhalb von 48 Stunden zu ihrer Zufriedenheit gelöst. Die Delegation bestand auf einer kürzeren Frist. Als Major Albuquerque erklärte, es seien in der Dynamisierungsgruppe auch «Maurer, Schreiner und Elektriker, die gekommen sind, um der Bevölkerung zu helfen», entgegneten die Demonstranten: «Mit der Waffe in der Hand? Wir haben genug von dieser Hilfe, von der wir bisher nichts gesehen haben. Raus mit ihnen! Weder Mateus noch Baião, noch Dinamização!» (Die beiden Erstgenannten waren Offiziersanwärter in der Gruppe.)

Schließlich kam es zu einem Kompromiß: bis zu einer Entscheidung des Hauptquartiers in Porto hatte die Gruppe sich außerhalb der Stadt und des Distriktes aufzuhalten. Wenige Tage später sollte der Befehlshaber der Militärregion Nord, General Corvacho, seinen Posten verlieren. Eurico Corvacho gehörte im Revolutionsrat zum linken Flügel der Bewegung der Streitkräfte. Vierzehn Tage zuvor war Admiral Pinheiro d'Azevedo zum Nachfolger Vasco Gonçalves, ernannt worden. Knapp ein Jahr zuvor hatten die Dynamisierungskampagnen begonnen.

Die rechts stehenden Parteien, PPD und CDS, hatten es leichter als die Militärs der Dynamisierungsgruppen: sie münzten jetzt die Unzufriedenheit der Bevölkerung über die ausbleibende Verbesserung der Situation (vor allem der Kleinbauern) in antikommunistische Propaganda um, deren Hauptangriffsziel auf lokaler Ebene die Dynamisierungsteams wurden. Gegen diese Strategie konnten die Betroffenen nur punktuell vorgehen, indem sie an möglichst vielen Orten in Diskussionen und durch konkrete Hilfe klarmachten, daß das Ziel der Revolution nicht eine totalitäre Herrschaftsform war, wie die Gegner behaupteten. Dabei kam ihren Gegnern die Kirche zu Hilfe, die sich von den Aufklärungskampagnen bedroht fühlte. Unter den Augen des Erzbischofs von Braga hatten die Offiziere während einer Diskussion über den 25. April erklärt, Ziel sei, «daß kein Portugiese mehr einen anderen ausbeutet». Die Urchristen mit ihrer Maxime der gerechten Güterverteilung hätten sich ganz anders verhalten als viele portugiesische Bischöfe.

Die Militärs der Dynamisierungskampagne griffen nicht, genausowenig wie die mitgeführten Theaterstücke, den Glauben oder die Gläubigkeit der Landbevölkerung an, sondern das Verhalten derer, die diesen Glauben offiziell verwalten. Komplizentum mit den Reichen und Raffgierigen, Heuchelei, Zusammenarbeit mit der Geheimpolizei und moralische Feigheit der offiziellen Kirche wurden den Werten des Urchristentums oder den Lehren des Evangeliums gegenübergestellt. Wo immer sie von ihrer Existenz Kenntnis erhielten, verwiesen die Hauptleute in den Diskussionen auf Padred, die sich auf die Seite der Bevölkerung gestellt, und sich solidarisch verhalten hatten.

«Dynamisierungs»-Alltag im Nordosten

Ein Dorf im Nordosten: «Sehen Sie mal, man gießt fünf Tropfen Flüssigkeit aus dieser Flasche in einen Liter Wasser, und nach einer halben Stunde kann man das Wasser dann ohne Gefahr trinken.»

Der Ratschlag kommt von einem Obergefreiten, der ihn bereits einige Male anderen Dorfbewohnern erklärt hat. «Damit kann man das Wasser trinkbar machen. Das ist sehr nützlich, vor allem, wenn du deinem Mann draußen auf dem Feld bei der Arbeit hilfst.»

«Ich habe keinen Mann, ich bin Witwe.»

«Naja, wenn du also alleine draußen arbeitest. Die Gebrauchsanweisung steht auf diesem Papier.»

«Ich kann nicht lesen.»

«Dann kann es dir deine kleine Tochter vorlesen.»

Währenddessen biegen zwei in Schwarz gekleidete Frauen um die Ecke. Sie verhalten sich bewußt vornehm. Die eine ist die Schwester des Dorfgeistlichen, die andere die Frau des Bürgermeisters. Mit gewinnendem Lächeln gehen sie auf die Soldaten zu und stellen sich vor. Sie bieten ihre Hilfe für den Fall an, daß sie gebraucht würden. Über die Ankunft der MFA seien sie sehr erfreut, da sie einige Fragen klären wollten. «Nein, der Geistliche ist nicht da», sagen sie auf die Frage eines Militärs. «Er ist in der Stadt. Wollen Sie nicht in die Kirche hereinkommen?»

Die Kirche, ein Gemisch aus Steinen, Lehm und Kalk, aber fest und schön gebaut, ist das beste Gebäude im Dorf. Die Schwester des Geistlichen steht unter der mit Schnitzereien reich verzierten Kanzel und wiederholt ständig wie nebenbei: «Hier gibt es weder Arme noch Reiche. Wir sind alle gleich.»

Ein Pilot der Luftwaffe, sechs Jahre Kriegseinsatz in Angola, unterhält sich mit ihr. Nach und nach lenkt sie das Gespräch auf die Religion. «Portugal ist ein katholisches Land», sagt sie, «wenn Sie die Religion unterdrücken, werden wir trotzdem katholisch bleiben und unsere Gottesdienste abhalten.»

«Gnädige Frau, ich bitte Sie», sagt der Offizier. «Wer sagt Ihnen denn, daß die Revolution die Religion abschaffen und die Kirchen schließen will? Das wird sie nie tun. Das einzige, was die Revolution nicht duldet, sind Konterrevolution und Ausbeutung. Sie können sich der Religion soviel widmen wie Sie wollen. Es waren doch die Faschisten, die alles verboten: Versammlungsfreiheit, Organisations- und Redefreiheit. Die einzige Freiheit, die sie übrig ließen, war die Religionsfreiheit. Wie kommen Sie darauf, daß die MFA die einzige Freiheit abschaffen wird, die die Faschisten noch übrig gelassen haben?»

Zur selben Zeit messen einige Ingenieure im Dorf Refojos eine Straße aus, und in Martins wird ein Mann mit einem aufgeplatzten Geschwür in einen Hubschrauber gehoben, der ihn zum nächsten Krankenhaus bringt.

Die Dynamisierungsteams waren unermüdlich im Einsatz. Im Herbst

1975 gab es Gruppen, die bereits über hundert «Aufklärungssitzungen» veranstaltet hatten, in ein und derselben Region. Dabei wurden auch Filme gedreht, die dann in anderen Gebieten vorgeführt wurden, um der Bevölkerung durch Beispiele aus anderen Dörfern Mut zu machen, um Informationen über die Lebensbedingungen in benachbarten Teilen des Landes zu geben und vor allem auch, um die Mittel der Armee bei der Bewältigung technischer Aufgaben vorzuführen.

Den Militärs der ersten Dynamisierungskampagnen wurden oft Fragen gestellt, mit denen sie nicht gerechnet hatten: Fragen über die Höhe der Pachtzinsen, wer für die Reparatur einer Landwirtschaftsmaschine aufzukommen habe – Besitzer oder Pächter, ob eine Fischereigewerkschaft nicht das Ende der Freiheit für den einzelnen Fischer bedeute und es deshalb nicht eine bessere Lösung gäbe ...

Die federführende Fünfte Division intensivierte nach diesen Erfahrungen die Arbeit der Vorbereitungsgruppen, die sich mit den lokalen Verhältnissen vertraut machten. Es zeigte sich deutlich, daß der ideologisch-politische Kampf gegen Kirche und Kaziken nur erfolgreich war, wenn man sozialistische oder fortschrittliche Lösungen nicht nur abstrakt, sondern auch konkret darstellen konnte. Wer deutlich zeigte, daß er sich mit den Alltagsproblemen einer Region nicht auskannte, dem wurde auch kein Vertrauen entgegengebracht.

So machten auch in der Stadt Vinhais (Nordportugal) Offiziere auf Grund von Vorinformationen konkrete Fragen zu einem Teil ihrer einführenden Erklärungen.

«In dieser Stadt gehören die Autobusse zwei Privatfirmen. Verkehrsmittel müssen zum Nutzen der Bevölkerung und nicht zum Nutzen von Unternehmern da sein. Beispielsweise fahren die Busse am Sonntag nicht. Das ist untragbar und muß sofort geändert werden.»

Wie schon bei einigen Punkten zuvor versuchte auch hier der Vorsitzende des Stadtrates durch Zwischenrufe, die Dinge aus seiner Sicht darzustellen. Die Offiziere verwiesen ihn auf den zweiten Teil des Abends – die Diskussion. Er solle sich wie jeder andere auf die Rednerliste setzen lassen.

«In dieser Stadt wie in vielen anderen stehen zahlreiche Häuser und Wohnungen leer. Die Eigentümer haben das dem Stadtrat nicht gemeldet und handeln damit gegen das Gesetz. (Das Melden ungenutzten Wohnraums war nach dem 25. April gesetzlich vorgeschrieben worden.) Ihr müßt den Stadtrat zwingen, dies mit dem Eigentümer zu regeln. Wir dürfen nicht zulassen, daß auch nur eine Wohnung leer bleibt, während es Leute gibt, die keine Unterkunft haben. Das heißt nicht, daß ihr sie einfach so besetzen sollt. Wenn aber die Eigentümer und der Stadtrat das Problem nicht lösen, dann handelt selbst und besetzt die Wohnungen. Besetzt sie! Wir werden euch unterstützen und schützen.»

Durch diesen Appell an die eigene Initiative versuchte die MFA der Gefahr zu entgehen, ein Mythos zu werden, der alles änderte, ohne daß man selbst dafür etwas tun müßte, denn das eigene Handeln und Wollen war der Bevölkerung während des Faschismus doch weitgehend abgewöhnt worden.

«Hier in der Stadt müssen wir eine Musikgruppe organisieren, denn die Kultur ist in der Revolution eine treibende Kraft. Der Faschismus hat eure Musikgruppe verboten. Wollt ihr sie wieder gründen?»

Die Zustimmung erfolgte durch stürmischen Applaus. «Wir haben eure zahlreichen Beschwerden über die lokalen Behörden gehört, und wir wissen, daß sie ihren Aufgaben nicht nachkommen, entweder weil sie nicht wissen wie, oder aus organisatorischen Gründen . . .»

Noch während der Offizier sprach, begannen einige Bürger ihrem Unmut so laut Luft zu machen, daß die Offiziere um etwas mehr Ruhe bitten mußten. In die eintretende Stille erklärte der Vorsitzende des Stadtrates, daß er angesichts der vielen Kritik sofort zurücktreten werde. Die Offiziere versuchten, ihn zu beruhigen, niemand habe ihn persönlich angegriffen. Andererseits stehe es ihm natürlich frei, zurückzutreten. Den Offizieren ging es jetzt darum, den Konflikt nicht auf der Ebene MFA – Stadtrat zu belassen: «Ihr müßt dafür sorgen, daß die Behörden ihr Amt wahrnehmen, und wer das nicht schafft, verliert seinen Posten. Das müßt *Ihr* tun: *Ihr* müßt euch mit solchen Leuten zusammensetzen und ihnen sagen: «Meine Herren, es ist aus. Wir können uns den Luxus nicht leisten, Zeit zu verplempern, und deshalb sind Sie Ihr Amt los.» Und wartet nicht auf Wahlen, um Ersatz zu bekommen. Unser Land kann es sich im Augenblick nicht leisten, durch solche Sachen Zeit zu verlieren. Wir müssen Tatsachen schaffen, durch eigenes Handeln, und deshalb müßt ihr eure Kräfte zusammentun, um die Lösung dieser Fragen durchzusetzen.»

Es blieb an diesem Abend nicht bei einem bloßen Appell zur direkten Demokratie. Es ging konkret um den Aufbau einer Dorfkommission, in Zusammenarbeit mit der MFA. Ein Sergeant erläuterte die Struktur dieser Kommissionen, die einen Schritt in Richtung auf die Volksmacht darstellen sollte. Im Juni 1974 hatte der Revolutionsrat das Dokument über die Verbindung zwischen der Bewegung der Streitkräfte und den Basisorganisationen beschlossen. Wie dies für die Gemeinde Vinhais aussehen könnte, erklärte der Sergeant an vielen Beispielen.

«Die Dorfkommission», sagte er, «ist ein örtlicher Teil der revolutionären Machtstruktur. Die Mitglieder der Dorfkommission können in direkter Wahl von allen Einwohnern des Dorfes über 18 Jahre gewählt werden.»

Das Beispiel zeigt, daß die Militärs der «Kulturellen Dynamisierung» keineswegs, wie ihre Kritiker und Feinde im Norden (und in Lissabon) behaupteten, die Bevölkerung des Nordostens für dumm und reaktionär hielten. Im Gegenteil. Die vom Dorf direkt gewählte Kommission sollte eine Kontrolle der Parteien und ihrer Repräsentanten ermöglichen. Parteipolitiker, die unter Ausnutzung wirtschaftlicher Abhängigkeit, daraus resultierender Angst oder durch illusionäre Wahlversprechen in den Stadt- oder Gemeinderat gelangt wären, müßten unter dem Druck der Dorf- oder Stadtteilkommission ein Minimum an praktischer Arbeit im Interesse der arbeitenden Bevölkerung leisten, ohne sich auf eine parlamentarische Legalität, ein Mandat von vier Jahren oder hinter einen Schutzkordon von Polizei oder Nationalgarde zurückziehen zu können.

«Die Dorfkommission wird von der Bewegung der Streitkräfte unterstützt», erklärte der Redner in Vinhais. Sie stellt das politische Verwaltungs- und Entscheidungsorgan des Dorfes dar und ist wie der Gemeinderat und andere Verwaltungsorgane befugt, die Bevölkerung zu vertreten. Die Kommission hat folgende Aufgaben:

- sie handelt auf der Grundlage des Programmes der Bewegung der Streitkräfte;
- sie vertritt die Bevölkerung (der Stadtrat und andere Verwaltungsorgane tun dies gleichfalls);
- sie entscheidet auf lokaler Ebene über die Nutzung des Bodens sowie öffentlicher Dienstleistungen: ärztliche Versorgung, sanitäre Anlagen, Erziehung, Straßen und Transport, Stromversorgung, Warenverkauf, Gründung von Genossenschaften, Unterstützung der Armen, Nutzung von Bauland;
- die Dorfkommission entscheidet über Neubauten und beaufsichtigt die Verwendung öffentlicher Gelder;
- sie kontrolliert die Arzt- und Tierarztgebühren, Fahrpreise und Warenpreise in den Läden.

Für die Region Vinhais mit ihren drei Ärzten auf 30000 Einwohner war dies ein wahrhaft revolutionäres Programm. Bisher war das Geld, das die Einwohner erarbeitet hatten, auf den verschiedensten Wegen in die Kassen der Pachtherren, der Zwischenhändler und der Kirche gelangt. Seit fünfzig Jahren arbeitete die Bevölkerung, nur um dabei stets ärmer zu werden, wenn sie es nicht vorzog, nach Paris, irgendwo sonst nach Frankreich, wo es Arbeit gab, oder in die deutschen Ballungsgebiete auszuwandern.

«Dörfer mit 150 bis 500 Einwohnern», erklärte jetzt ein anderer Militär, «wählen drei Vertreter; Dörfer mit 500 und mehr Einwohnern wählen fünf Vertreter. Falls die Mitglieder der Dorfkommission ihre Aufgaben nicht erfüllen, sich nicht an das Programm der MFA – vor allem Unterstützung der unterprivilegiertesten Schichten der Bevölkerung – halten, können sie jederzeit abgesetzt werden. Die einfache Mehrheit genügt. Die Amtszeit der Dorfkommission beginnt mit ihrer Bestätigung durch Vertreter der MFA und endet 15 Tage vor den (damals noch nicht genau festgesetzten) Kommunalwahlen. Zu diesem Zeitpunkt sind Neuwahlen für die Kommission durchzuführen. Jeder Mann und jede Frau, die in die Dorfkommission gewählt werden, sind automatisch von einer Kandidatur für die Kommunalwahlen ausgeschlossen.»

Die vorgesehene Bestätigung der Kommission durch Vertreter der

MFA war kein Manipulationsversuch. Die MFA hätte jedes Vertrauen eingebüßt, wenn sie einen von der Bevölkerung ausgewählten Kandidaten zurückgewiesen hätte. Die «Legalisierung» durch die MFA hatte die mehr psychologische Funktion, einer bisher auf Autoritäten ausgerichteten Bevölkerung das Gefühl zu nehmen, in der Luft zu hängen, niemanden hinter sich zu haben, sich selbst überlassen zu sein.

Die Mehrheit der Anwesenden klatschte Beifall, nachdem die Offiziere ihren Vortrag beendet hatten. Nur im hinteren Teil des Saales herrschte, wie schon den ganzen Abend über, unheilvolles Schweigen. Erstaunlich war, daß es sogar Beifall gab, als ein Sergeant erklärte: «Sowohl Männer als auch Frauen können gewählt werden. Die Frauen sind unsere Mütter, also sind sie auch in der Lage, in diesen Kommissionen und jeder anderen, die von der Revolution geschaffen wird, mitzuarbeiten.»

Obwohl es spät war und die Offiziere die Diskussion auf einen anderen Abend verlegen wollten, meldete sich noch etwa ein Dutzend Personen zu Wort und wies auf Probleme hin. Wenn die Offiziere nicht gleich antworteten, machten sie sich Notizen, versprachen, der Sache nachzugehen und beim nächsten Mal darüber zu berichten. Eines wurde dabei ganz deutlich: fast alle, die sich zu Wort meldeten, beendeten ihren Beitrag mit der Bitte an die Offiziere, im Dorf zu bleiben. Jeder der Fragesteller erklärte sich bereit, beim Aufbau der Dorfkommission mitzuarbeiten und unfähige Beamte abzusetzen – zugleich brachten sie alle auch ihre Angst zum Ausdruck. «Wenn die Dynamisierungskampagne beendet ist und ihr nicht mehr im Dorf seid, was ist dann?» fragten sie. «Wie werden sich die großen Bosse, die einflußreichen Leute, die offiziellen Stellen uns gegenüber verhalten?»

Ein Hauptmann der Marine ging ans Mikrofon. Er hielt eine Rede, die ihm sichtlich von Herzen kam:

«Heute abend haben viele von euch über die Angst gesprochen, aber diese Angst werdet ihr aus euren Herzen vertreiben müssen. Ich weiß, daß es nicht einfach ist, Angst zu überwinden nach 50 Jahren Faschismus und PIDE. Ich weiß, daß viele von euch das Gefängnis von innen kennengelernt haben, aber die PIDE gibt es nicht mehr. Wenn man allein ist, ist die Angst größer. Aber wenn ihr euch zusammenschließt und auch zusammenhaltet, werdet ihr keine Angst mehr haben. Ihr müßt euch klarmachen, welche Kraft die Einheit verleiht, welche Macht euer gemeinsames Handeln darstellt, um der Ausbeutung und Unterdrückung ein Ende zu bereiten. – Und wir möchten einmal wissen, hier und jetzt, wer euch davon abhalten wird! Alle, die sich unter Druck gesetzt fühlen, sollen das hier sagen, und dann wollen wir mal sehen, was geschieht. Dies ist eine Revolution für die Freiheit, und die Angst hat darin keinen Platz. Schließen wir uns zusammen, und die Angst wird verschwinden. Die Dynamisierungskommission wird nach Beendigung des Projektes das Dorf verlassen, aber die MFA, die Offiziere der MFA, werden bleiben.»

Als der Marineoffizier geendet hatte, war es zunächst einen Moment still. Dann wurde geklatscht. Die Leute im Hintergrund verzogen keine Miene und blieben auch stumm, als die übrigen zusammen mit den Militärs «Grândola Vila Morena» sangen.

Im Bericht an die Lissabonner Dynamisierungszentrale las sich das Ergebnis dieser und anderer Veranstaltungen im Bezirk Bragança folgendermaßen:

«Zusammenfassung des allgemeinen Eindrucks: die Menschen sind empfänglich. Verallgemeinernd kann man sagen, daß die Einwohner jeder bisher besuchten Gemeinde Interesse zeigten, sich die Dinge auseinandersetzen zu lassen. Ergebnis: Informationsblockade durchbrochen. Aber die Sabotagearbeit der Kaziken (große Bosse), die unsere Aufklärungsarbeit zu untergraben versuchen, ist in manchen Fällen offensichtlich. Festgestellte Probleme: Ausbeutung der Landarbeiter, Anstieg der Lebenshaltungskosten, Absatzschwierigkeiten für Produktionsüberschüsse, Ausbeutung durch Zwischenhändler, fehlende Infrastruktur auf allen Ebenen. Jedoch ist ein aufkommender Trend in Richtung auf genossenschaftliche Organisierung der Landwirtschaft feststellbar.»

Der Bericht der Regionalkommission traf in Lissabon zu einer Zeit ein (Anfang August 1975), als die MFA bereits voll in den Machtkampf der Parteien hineingezogen war und ihre internen Auseinandersetzungen sich zuspitzten. Unter den Dynamisierungsteams begann sich eine gewisse Resignation breitzumachen. Die Fünfte Division des Generalstabes, verantwortlich für die «Dinamizadora Central», wurde sowohl von den Offizieren um Melo Antunes wie auch von der Sozialistischen Partei und den rechts von ihr stehenden Parteien bezichtigt, von der PCP abhängig zu sein. Beweise dafür wurden nicht vorgelegt. Ausschlaggebend für die zunehmenden Angriffe auf die Fünfte Division und ihre Kampagnen war ihr anti-parlamentarisches Politisierungskonzept. Sie hoffte, durch die Aufklärungskampagnen die aufgeschlossensten Bauern, Landarbeiter oder städtischen Kleinbürger für sich zu gewinnen und als Brückenköpfe der Revolution im Norden zu halten, bis gefestigte Machtverhältnisse die Ausarbeitung eines Gesamtkonzeptes für die Landwirtschaft im Norden ermöglichen würden. Diese Konfliktstrategie, womöglich auch gegen eine «schweigende Mehrheit», erlaubte den auf Mehrung ihrer Wahlstimmen bedachten Parteien keine Unterstützung oder gar Identifizierung mit dem linken Flügel der MFA. Angesichts des Risikos, eine Bewußtseinsveränderung der nördlichen Landbevölkerung nicht rechtzeitig bis zu kommenden Wahlterminen zu erreichen, verzichteten sie lieber ganz darauf. «Die Strukturen im Norden werden wir nicht antasten, nicht einmal mit einer Blume», meinte damals ein konservativer Militär. Genau dies aber war das Konzept der Dynamisierung für den Norden gewesen. Im «Boletim informativo das Forças Armadas», zugleich «Boletim do 25 abril» und «MFA-Boletim» genannt (die drei parallelen Titel waren Ausdruck der verschiedenen Strömungen in der

Armee seit dem 25. April), war dazu ein grundsätzlicher Artikel erschienen unter dem Titel «Die Widersprüche zwischen Stadt und Land lösen!» Darin schrieben die progressiven Offiziere:

Widersprüche zwischen Stadt und Land
«Einer der uns allen bekannten wesentlichen Widersprüche in Portugal ist die Kluft zwischen Stadt und Land. Obwohl diese Kluft bekannt ist und sogar für eine historische Fatalität gehalten wird, wurde sie in ihrem ganzen Ausmaß erst durch die von den Streitkräften durchgeführten Kampagnen zur kulturellen Dynamisierung aufgezeigt. Diese Kampagnen machten das wahre Gesicht eines bis aufs letzte von den Küstenmetropolen kolonialisierten Hinterlandes deutlich. Diese Küstenmetropolen sind Hauptquartiere jener Erben von Großgrundbesitzen, auf die nach der «reconquista» das gesamte nationale Territorium Portugals verteilt wurde.

Insgesamt gesehen spiegelt sich in unserem Land derselbe grundsätzliche Widerspruch, den wir auch zwischen den reichen und den armen Ländern feststellen. Es ist, als hätten wir einen Imperialismus der Städte dem Land gegenüber vor uns (einen zweitrangigen, doch nicht weniger ätzenden Imperialismus), wobei das Land – die Bauern und Kleinbesitzer – sich als Arbeitskräfte für die Ernährung der Städte opfern . . .

Diese Tatsache erklärt auf einfache Weise das Mißtrauen der Landbevölkerung dem Städter gegenüber, manchmal auch sein Unverständnis für die Kämpfe der Arbeiter, die das Doppelte als sie oder mehr verdienen (. . .) und eine wahre Aristokratie der Arbeit darstellen. Da die Bevölkerung des portugiesischen Hinterlandes die am meisten benachteiligte Schicht der portugiesischen Bevölkerung ist, denkt das Programm der MFA vor allem an sie.

Ein Großteil des Mehrwertes, den sich die Angehörigen der herrschenden Klassen aneignen, muß in erster Linie dem Land zugeführt werden, um dort die Lebensbedingungen radikal zu ändern. (. . .) Wenn sie (die Verantwortlichen, Anm. d. Hrsg.) dies nicht tun, droht die Kluft zwischen Portugal-Küste und Portugal-Hinterland sich zu vertiefen.

Das Land würde dann die Richtigkeit der Revolution nicht einsehen und sich unter dem Druck der Reaktion (die an keiner Gerechtigkeit interessiert ist und nur den Verlust ihrer bisher eingeheimsten dicken Gewinne verhindern will) gegen die Städte erheben und damit den in Gang befindlichen revolutionären Prozeß zum Zurückweichen bringen. Die Geschichte lehrt uns, daß in Portugal mittelfristig keine Revolution siegte, weil es nie gelang, deren städtischen Charakter zu überwinden, damit sie sich auf das Hinterland ausdehnte und tatsächlich in eine Volksbewegung verwandelte.

Die aktive Zusammenarbeit der portugiesischen Arbeiter (aus Stadt und Land) bei der Entwicklung von Grundlinien für eine Wirtschafts- und Sozialpolitik – unter Nutzung der ihr innewohnenden fortschrittli-

Die Soldaten der MFA im katholischen Norden.

chen Dynamik – wird für die Lösung unserer gesellschaftlichen Widersprüche von unbedingter Wichtigkeit sein. Eine solche Teilnahme erfordert Strukturen, die den Embryo eines neuen Typs (politischer und ökonomischer) Demokratie und eines neuen Typs regionaler und lokaler Verwaltung darstellen; sie erfordern die Beteiligung der Bevölkerung auf allen Ebenen.

Die Weiterentwicklung des revolutionären Prozesses muß das reale Land im Auge haben. Das heißt: die Widersprüche der portugiesischen Gesellschaft sind nicht nur auf der Ebene Ausgebeutete – Ausbeuter, sondern auch auf der Ebene (reiches) Küstengebiet – (armes) Hinterland zu lösen.»

Das im Boletim vorgeschlagene Vorgehen beruht auf keiner orthodox-kommunistischen Analyse, ist kein Papier des Zentralkomitees der Kommunistischen Partei Portugals, birgt kein elitäres Avantgarde-Konzept in sich. Es führt die auch in der Auslandspresse erhobenen Behauptungen, die Dynamisierungskommissionen seien propagandistische Vortrupps für eine totalitäre Machtergreifung gegen den Willen der Bevölkerung gewesen, ad absurdum. Nur Unkenntnis der wirklichen Vorgänge, Desinteresse am eigentlichen Problem oder bewußte Unterschlagung von Informationen konnten zu einer derartigen Einschätzung führen. Die jungen Sergeanten, Hauptleute und Offiziere, die die Kampagnen gestalteten, waren stets bereit, vorgefaßte Meinungen an Hand der Realität zu revidieren.

Die Dynamisierungskommission für die Region Beira Baixa in der Gegend um Castelo Branco, gute 200 Kilometer nordöstlich von Lissabon, bestand aus rund 60 Mann, Offizieren und Unteroffizieren, die sich in neun Gruppen aufteilten. Zehn Tage lang zogen sie von Dorf zu Dorf, organisierten Filmprojektionen, Theateraufführungen, politische Diskussionen und sammelten Erfahrungen.

In Vila Velha bestand die Kommission aus fünf Personen: einem Fregatten-Unteroffizier, einem Unterseeboot-Offizier, einem Marinesanitäter, einem Arzt und einem Unteroffizier des Heeres.

Luciano, der Arzt aus der Armee, wurde von der MFA für diese Kampagne angefordert. Er hatte den Wunsch geäußert. Außerdem gehört er zu den politisch engagierten Militärs, für die es eine unpolitische Armee nicht gibt. Er bedauert nur, nicht genug Zeit gehabt zu haben, um sich gründlich mit den Problemen der Region vertraut zu machen. Er gehört zu jenen «milicianos», die auf Grund des so folgenreichen Caetano-Dekrets als Studenten schneller als die Berufsmilitärs einen höheren Rang in der Armee erreichen konnten. (Ein Student konnte zum Beispiel nach Beendigung des Studiums gleich Hauptmann werden.) In der Dynamisierungsgruppe hatte Luciano militärisch den höchsten Rang.

Manuel ist der Sanitätsausbilder an der Marineschule. Er wurde nach dem 25. April eingezogen. Seine Einheit wurde nach Guinea-Bissau verlegt, wo er Männer von der PAIGC zu Sanitätern ausbildete. Die PAIGC forderte ihn auf, zu bleiben. Er sagt das voller Stolz. «Die PAIGC», fügt er hinzu, «ist die Befreiungsbewegung von Guinea-Bissau.»

Rolando ist Unteroffizier an Bord eines Geleitschiffes. Er ist Berufssoldat und Leiter des Teams. Außerdem macht er bei jeder Gelegenheit Witze, spielt Gitarre und erzählt Geschichten. Wie die beiden anderen ist auch er der Meinung, die Armee müsse sich nützlich machen, den Mythos angeblicher Unparteilichkeit zugunsten offener Parteilichkeit für die arbeitende Bevölkerung aufgeben und das auch in der Armee selbst klarmachen. Die einfachen Soldaten ebenso wie die Offiziere in den Prozeß miteinbeziehen, ist zur Jahreswende 1974/75, als die Kampagne Beira Baixa läuft, auch in der MFA noch eine ziemlich neue Idee.

Schon bevor die Dynamisierungsgruppe eingetroffen war, hatte sich in Vila Velha seit dem 25. April einiges verändert. Der Bürgermeister, der eine der wenigen Straßen außerhalb der Hauptstraße hatte bauen lassen, um sein Haus mit dem Ort zu verbinden, war von den Streitkräften seines Amtes enthoben worden. Einer der PIDE-Agenten hatte mit seinem Revolver Selbstmord begangen. Die übrigen, die den Streitkräften von der Bevölkerung genannt worden waren, kamen ins Gefängnis. Ein neuer Bürgermeister wurde direkt von den Einwohnern Vila Velhas gewählt. Er erklärte, daß man aufpassen müsse, wen man jetzt als

«Faschisten» herausstellt. «Denn», so sagte er, «man bekam nur Arbeit von den Unternehmern oder Grundbesitzern, wenn man der Legion oder der faschistischen Einheitspartei angehörte.»

Auch drei Manager der einzigen Fabrik in Vila Velha hatten nach dem 25. April gehen müssen. Die Fabrik produziert Zellstoff und beschäftigt 600 Personen. In jeder Abteilung hatten die Arbeiter Vertreter gewählt und eine Kommission aus 25 Personen gebildet. Dann wurden die drei Manager ihres Postens enthoben. Sie flohen nach Brasilien, wo sich der Sitz des Unternehmens befindet. Die Fabrik produziert viel umweltverschmutzende Abwässer, die in den Tejo geleitet werden. Das Problem wurde auf der Diskussion mit den MFA-Vertretern vorgebracht, doch weder der Bürgermeister noch die Militärs wußten eine Lösung.

In Foz do Barão, einem Bergdorf von 400 Einwohnern, ist das Problem einfacher: hier geht es den Bewohnern um eine Straße und eine Brücke, die den Transport der Oliven zur Ölmühle erleichtern würden. Die wenigen Männer, die im Dorf geblieben sind, arbeiten in der Ölmühle. Andere Dorfbewohner hätten die Straße gern bis zum Friedhof. Zusammen werden mögliche Stellen für den Brückenbau besichtigt. Die Militärs machen sich Notizen, vergleichen die verschiedenen Möglichkeiten, machen wieder Notizen. Sie schreiben alles auf, was an Vorschlägen und Forderungen kommt: Straße, Wasser, Kanalisation, Licht. In zehn Tagen wird der Bericht an die Ingenieure der Pioniereinheiten gehen, die dann die Dynamisierungskampagne durch Brücken- und Straßenbau ergänzen werden.

Zuweilen werden die Militärs in die Häuser gebeten. Draußen blühen Mimosen. Orangen leuchten an den Bäumen. Drinnen – ein Alptraum. Die Häuser sind fensterlos, die «Zimmer» winzige schwarze Löcher. Eine alte Frau, zitternd angesichts der vielen Besucher, zeigt auf das Loch im Dach. Ihr Sohn hat sie «verlassen». Nicht ins Ausland, nicht nach Lissabon. Er ist seelisch krank, und da man hier mit dieser Krankheit nicht zurechtkommt, muß er sein Dasein im Stall hinter dem Haus fristen.

«Sozialismus oder Freiheit»

Im Ausland wird damals die Gefahr einer kommunistischen Machtergreifung beschworen, in Lissabon über «Totalitarismus» und «Freiheit» diskutiert. Foz do Barão, Vila Velha, Alvaiave, sind an diesen Diskussionen nicht beteiligt, sind über die MFA momentan mit einer Revolution verbunden, die, ginge es nach den meisten ihrer Initiatoren, anderswo ansetzen sollte als am alten Streit zwischen Sozialdemokratie und Kommunismus traditioneller Prägung. Absurd wirkt dieser Streit nicht nur hier.

Doch die MFA hat in ihrem Programm am 25. April dem Volk Wahlen versprochen. «Warum eigentlich innerhalb eines Jahres? Warum haben wir nicht gesagt, in zwei Jahren?» fragt sich ein Offizier. Außerdem erlaubt das Kräfteverhältnis, so, wie es sich um die Jahreswende 1974/75 darstellt, kein Zurück. So gilt es, das Schlimmste zu verhüten, erlauben die Wahlen doch den alten Kräften, in neuem Gewand ihr Spiel zu versuchen. Wie sollen die Einwohner von Foz do Brão, von Perdigão, von Cebolais de Cima so schnell lernen, große Worte, große Versprechen als Bluff zu durchschauen? Die Wahlen zwingen die Dynamisierungsteams, mehr als beabsichtigt auf eine Form der politischen Auseinandersetzung einzugehen, die sie im Portugal außerhalb der «Metropolen» für zu abstrakt, zu unfaßbar, zu unkontrollierbar für die Betroffenen halten.

In Perdigão drängen sich in dem kleinen (und einzigen) Schulraum 130 Personen. Vor der schwarzen Tafel, im Schein von Glühbirnen, unter einem schwarzen Kruzifix erläutern die «Fünf von der Dynamisierung» die Wahlen zur Verfassungsgebenden Versammlung. Sie erklären die Rolle der politischen Parteien und der Gewerkschaften. Sie machen einen Vorschlag: alle Parteien der Regierungskoalition sollen mit den Bauern diskutieren kommen. Bisher war es so, daß, wenn eine der Koalitionsparteien in der Gegend eine Veranstaltung machte, der Saal völlig leer blieb.

Nach den Ausführungen der Militärs sprechen die Bauern vom Wasser, vom Strom, von Straßen und Brücken. Immer wieder, immer von neuem, so, als werde der 25. April danach beurteilt. Manuel, der den Forderungskatalog aufschreibt, kündigt für bald eine Pioniereinheit an.

Kanalisation, Ärzte, Licht – Manuels Notizblock ist voll von Forderungen dieser Art. «Socialismo» bedeutet hier nichts anderes als Abkehr von Verhältnissen, die das «Portugal des Innern» zum Portugal primitivster Ausbeutung machten. «Demokratie», Redefreiheit bedeuten hier, jahrzehntelanges Unrecht in einem einfachen Forderungskatalog zusammenfassen zu können.

War es nicht klar, daß jede Partei versprechen würde, diesen Katalog zu erfüllen? War es nicht klar, daß jemand den Leuten dies durchschauen helfen mußte, bis sie eine realistische Entscheidung selbst treffen konnten? Hier, in der Beira Baixa kam wie in Trás-os-Montes, wie im Minho und den anderen Provinzen, die Idee einer Institutionalisierung der MFA – neben den Parteien – auf. Was später als «MFA-Pakt mit den Parteien» bekannt wurde, sollte so gesehen ein Pakt mit der Bevölkerung sein.

Die brachliegende Landwirtschaft

«Lagar» ist in Portugal eine bestimmte Form von Ölmühle. Zwei gewaltige Steinscheiben von eineinhalb Meter Durchmesser zerreiben drehend die Oliven. Der so gewonnene Olivenbrei wird dann gepreßt und das abfließende Öl mit heißem Wasser gereinigt. In Chão das Cerdas gibt es eine solche «lagar». Das hier gewonnene Öl ist sehr rein. Man sagt, es sei das beste Portugals, weil es am wenigsten Säure enthalte. In Chão das Cerdas arbeitet diese Mühle seit 23 Jahren, jeweils nur eineinhalb Monate pro Jahr. Sie gehört jenen 30 Bauern, die sich damals zusammentaten, um sie zu bauen. Produktion: 1000 Liter pro Jahr. Der Liter bringt 50 Escudos (5 DM) . . .

Während Portugal vor allem in der zweiten Hälfte der sechziger Jahre industriell expandierte, änderte sich in der Landwirtschaft nichts. Die Strukturen blieben die gleichen, während die Landbevölkerung sich weiter verringerte, um in der in- oder ausländischen Industrie zu arbeiten. Im Minho und in Trás-os-Montes blieb es bei den Zehntausenden von Minilandwirtschaftsbetrieben, die die Städte so gut wie möglich, vor allem mit Fleisch, versorgten.

Dennoch gelang es den rund 900000 noch in der Landwirtschaft tätigen Personen (1970) immer weniger, den Lebensmittelbedarf des Landes zu decken. Anfang 1976 importierte Portugal 27 % seines Getreides, 61 % Mais, 25 % Rindfleisch und 12 % des Schweinefleischbedarfs. 1974 machten diese Käufe nahezu 20 % der portugiesischen Importe aus.

Auch das versuchten die Dynamisierungsteams auf dem Land zu diskutieren. Mit dem Fleiß des einzelnen Bauern habe das nichts zu tun. Die wirklichen Ursachen: Nur ein Drittel der bebaubaren Fläche wurde zur Zeit der Dynamisierungskampagnen landwirtschaftlich genutzt. Pro Hektar wurden im Durchschnitt 25 kg Kunstdünger verwendet (zum Vergleich: Spanien 35 kg, Jugoslawien und Griechenland 50 kg).

Die weiteren Ursachen waren schwieriger zu diskutieren, denn sie wären von vielen der Betroffenen als direkter Angriff auf ihre Existenz aufgefaßt worden: von den rund 800000 Landwirtschaftsbetrieben Portugals sind 38 % weniger als ein Hektar groß. Diese 38 % Betriebe machen nicht mehr als 2,5 % der landwirtschaftlich genutzten Fläche aus. 0,1 % der Landwirtschaftsbetriebe umfassen jeweils mehr als 500 Hektar und machen 30 % der Anbaufläche aus. 19 % der Betriebe sind zwischen 4 und 20 Hektar groß und umfassen 23,7 % der bebauten Fläche. Dieser Typ von Landwirtschaftsbetrieb findet sich in allen Distrikten des Landes, im Norden wie im Süden.

Auf welchen Typ von Betrieb sollte der Akzent einer neuen Landwirtschaftspolitik gelegt werden? Auf kaum einem anderen Gebiet waren sich die verschiedenen Übergangsregierungen in Lissabon so unschlüssig wie auf diesem. Fest stand: die großenteils musealen Strukturen sollten geöffnet, fortschrittliche Bewegungen zur Agrarreform unterstützt und die Produktion rasch gesteigert werden. Zugleich aber sollten die mit der Modernisierung verbundenen Kosten in Grenzen gehalten werden.

Zwei Faktoren kamen erschwerend hinzu, denn vorbereitete Pläne zur Landreform gab es in den Lissabonner Ministerien nicht. Der korporatistische Staat Salazars und Caetanos hatte keine Änderungen ins Auge gefaßt; die über Nacht an die Regierung gelangten Parteien der Linkskoalition waren gleichfalls unvorbereitet. Während im Süden jedoch das Landproletariat des Großgrundbesitz-Gebietes durch Aktionen aus eigener Initiative den Parteien (vor allem der dort gut verankerten kommunistischen) eine Richtung wies, blieben diese Aktionen im völlig anders strukturierten Norden weitgehend aus. Durchschnittlich verdiente damals ein Kleinbauer ein Drittel des Monatslohnes, der in anderen Sektoren verdient wurde. Im Norden ließ sich das Einkommen jedoch nicht – wie im Süden – durch eine Lohnerhöhung für Landarbeiter steigern, denn ein Großteil der Landbevölkerung war entweder Pächter oder Kleinbauer. Hier hätte eine Verbesserung durch eine Änderung des Distributionssystems und des Zwischenhandels erreicht werden können, doch keine der im Norden vorherrschenden Parteien hatte daran ein Interesse (PPD/CDS) oder aber den Mut dazu (PS). So blieb das Problem erst einmal weitgehend den Dynamisierungskampagnen überlassen, die – sobald sie die Vieh- oder Getreidehändler attackierten – von den übrigen Parteien (mit Ausnahme der PCP) dafür kritisiert oder gar der Kommunistenhörigkeit bezichtigt wurden.

Ein UNIMOG-Militärlaster fährt durch einen Hohlweg in der Nähe von Penalva do Castelo, einem kleinen Ort westlich von Viseu, etwa 300 Kilometer nördlich von Lissabon. Hinten am Lastwagen hängt das Plakat «Povo-MFA/MFA-Povo», schon halb zerrissen. Auf dem Kleinlaster sitzen vier müde Soldaten. Der Wagen biegt in eine staubige Straße ein und hält neben einem alten Bauern. Der alte Mann erklärt, daß er vor dreißig Jahren seinen Boden verkaufen mußte und seitdem auf dem der anderen arbeitet. Er sei glücklich, daß der 25. April gekommen sei, aber er wisse nicht, ob er sich persönlich Hoffnungen machen oder für sich um etwas bitten könne. Es sieht so aus, als habe man ihm Gefahren, die dem neuen Portugal drohten, in düsteren Farben ausgemalt. «Alles Lügen», sagt der Unteroffizier, der vom Laster gestiegen ist, um mit ihm zu sprechen. Er verspricht ihm, daß er, falls er Darlehen oder Düngemittel

MFA

DINAMIZAÇÃO CULTURAL • ACÇÃO CÍVICA

brauche, diese in einigen Wochen bei der Stadtverwaltung von Viseu anfordern könne. Das Militär hat ein Versprechen gegeben, das, soll es nicht leer bleiben, die MFA verpflichtet, für seine Einlösung zu sorgen.

In der Nähe befindet sich ein Schloß. Ein Armeeleutnant hat den Besitzer aufgesucht, um von ihm die Eröffnung einer Knabenschule neben der vom Schloßherren gegründeten Mädchenschule zu verlangen. Der Schloßbesitzer ist Mitglied einer alten und sehr mächtigen portugiesischen Familie, die in mehreren Provinzen Großgrundbesitz hat. «Den Lehrer», so erklärt der Leutnant, «wird das Erziehungsministerium stellen.» Man verhandelt um die Räumlichkeiten im Schloß. Später meint der Leutnant: «Wieviel Generationen von Analphabeten hat dieser Großgrundbesitzer heranwachsen lassen, mit staatlichem Einverständnis, indem er zwar für die Mädchen seiner Angestellten etwas tat, nicht aber für die Jungen, seine künftigen Landarbeiter?» Die Verhandlungen mit dem Besitzer lassen auf eine positive Regelung hoffen. In solchen Fällen ist das Eingreifen der Dynamisierungsgruppen oft wirkungsvoll. Fragen nach der Regelung des landwirtschaftlichen Kreditwesens und der Agrarreform aber lassen sich auf Dauer nur durch eine übergreifende Planung aus Lissabon lösen.

Die «Kampagnen zur Kulturellen Dynamisierung und Staatsbürgerlichen Aufklärung» waren damals, als die Dynamisierung in Viseu stattfand (Ende April 75), bereits über den ihnen zugrundeliegenden ursprünglichen Kulturbegriff hinausgelangt.

Kreativität gegen den Faschismus

Am 7. Dezember 1974, kurz nachdem die Dynamisierungskampagnen angelaufen waren, erläuterte deren Initiator, Marinearzt und Leutnant Ramiro Correia, der Zeitschrift «Expresso» den Grund der Kampagne.

«*Correia:* Es gibt dabei zwei Aspekte, die, obwohl unterschiedlich, sich ergänzen. Der eine ist die kulturelle Dynamisierung, der andere die staatsbürgerliche Aufklärung. Die kulturelle Dynamisierung geht auf die Tatsache zurück, daß wir gleich nach dem 25. April dem gesamten portugiesischen Volk zu zeigen suchten, daß der 25. April nicht nur ein militärischer Staatsstreich war, sondern daß wir sehr wohl das portugiesische Leben von Grund auf verändern wollten. Wir wußten, daß ein Ziel des Faschismus die Verfolgung der gesamten portugiesischen Intelligenz gewesen war, wodurch er jedes kulturelle oder politische Gemeinschaftsleben zu vernichten suchte. Wir dachten und wußten aber, daß das portugiesische Kulturleben nicht ausgelöscht worden war. Es ist zwar schon ein Gemeinplatz, aber die Wahrheit ist, daß die Intelligenz nicht abgewürgt werden kann; die Intelligenz widersteht allem, und in Portugal widerstand sie 48 Jahren Faschismus. Wir wußten also, daß es nötig war, dem portugiesischen Volk zu zeigen, daß wirklich eine Revolution stattgefunden hatte, daß wir die Strukturen des Landes völlig verändern wollten und deshalb die Zusammenarbeit aller Portugiesen beim Aufbau des Landes anstrebten.

Frage: Warum das Beginnen der Kampagne nach dem 28. September?

C.: Bereits Anfang Mai versuchten wir damit zu beginnen, das portugiesische Kulturleben zu organisieren, in einer Weise jedoch, die zur Selbstorganisation führen sollte. Wir traten mit allen Bereichen des kulturellen Lebens in Verbindung: Theater, Kino, Filmclubs, Musik. Wir machten Versammlungen, auf denen wir klar herausstellten, daß wir ein normales Kulturleben für Portugal anstreben. Wir wußten sehr wohl, daß es schwierig sein würde, weil man kein Kulturprogramm, keine Kulturpolitik von einem Tag zum anderen auf die Beine stellen kann. Wir wußten aber zugleich auch, daß wir auf diesem Gebiet sofort etwas tun mußten, weil es nur dann gelingt, den Faschismus zu zerstören, wenn an die Stelle der faschistischen Strukturen solche treten, die nicht faschistisch sind. Auf kulturellem Gebiet müssen sie ersetzt werden, und das ist der Grund, warum wir diese Kampagne zur kulturellen Dynamisierung begannen. Aus den allseits bekannten Gründen gab es direkt nach dem 25. April nicht die Möglichkeit, das portugiesische Volk zu entfaschisieren. Die politische Situation gab uns keine Handlungsmöglichkeit. Diese eröffnete sich erst mit dem 28. September.

F.: Hat die MFA als das Element, das den grundlegenden Bruch mit dem Faschismus durchgeführt hat, nicht auch am meisten Kraft für Initiativen, um bürokratische Strukturen zu überwinden und eine bestimmte Bewegung in Gang zu setzen, die sich dann auf unterschiedlichen Wegen entfalten wird?

C.: Der portugiesische Faschismus ist vielleicht der sterilste Faschismus, den es in der Welt gegeben hat. Es fehlen überall Leute, die initiieren, koordinieren, stimulieren können – bei den Faschisten selbst wie auch im Bereich außerhalb. Wir begegnen innerhalb der faschistischen Strukturen vielen Leuten, die nicht einmal Faschisten wären, die aber durch die Anpassung an ein Intelligenz und Kreativität vernichtendes Regime für eine neue Situation völlig verloren sind. Und auf viele jener, die in der Opposition waren, trifft zu, daß es nach so vielen, vielen Jahren einer Kultur der Negation schwer ist, zur Affirmation überzugehen. Dort ist zu sehen, wie schwer es ist, über eine bestimmte historische Phase hinauszugelangen, von der Negation zur Affirmation. Wir, die Militärs – vielleicht, weil wir pragmatischer sind und weil wir den revolutionären Prozeß tatsächlich begonnen haben – sind entschlossener und haben uns entschlossen, die Strukturen des Landes auch auf kulturellem Gebiet zu ändern.»

Weder in den zuständigen Ministerien noch bei den Lissabonner Künstlern fand die so konzipierte Dynamisierungskampagne, von wenigen Ausnahmen abgesehen, praktische Unterstützung. Nur wenige Theatergruppen zogen mit den Soldaten in die Provinz. Selbst die Forderung Ramiro Correias nach neuen Theaterpreisen blieb unerfüllt.

C. im Dezember 1974: Was ich wirklich für falsch halte, ist, daß ein

Arbeiter, wenn er ins Theater gehen will, 100, 70 oder 80 Escudos (damals 10, 7, 8 DM) bezahlen muß. Wenn der Mindestlohn 3300 Escudos (330 DM) beträgt und über 60 % der Bevölkerung vom Mindestlohn leben, dann darf das nicht sein.

Die Lissaboner Theatergruppe «Comuna» gehörte zu denen, die einen Eintrittspreis von nur 30 Escudos (3 DM) nahmen und ihre Aufführungen so legten, daß auch Berufstätige noch rechtzeitig nach Hause kamen.

In der «Dinamizadora Central» dachte man sich die mögliche Mitarbeit der Theatergruppen folgendermaßen: Voraussetzung war, daß die Theaterleute sich für längere Zeit vom Lissabonner Kulturleben (Ramiro Correia: «die Lissabonner Kultur erscheint mir fragwürdig») trennten. Denn es ging nicht um eine kulturelle Luftbrücke Lissabon–Provinz: heute hier und morgen da, ein schönes Stück aus Lissabon, dann wieder schnell zurück in die Stadt, eine staunende Landbevölkerung zurücklassend. Die Schauspieler, Abgesandte einer höheren Geisteswelt inmitten kultureller Barbarei – genau so sollte es nicht laufen.

Zwei Arten mobiler Theatergruppen waren im Gespräch. Die eine sollte durch ihre Aufführungen stimulieren, bereits vorhandene Motivationen wecken und beispielsweise darstellen, wie ein Priester mit Busfahrten, etwa nach Fátima, Geschäfte macht und was man dagegen einwenden könnte. Oder sie sollten zeigen, wie Schüler in einer von Priestern geleiteten Schule versuchen, sich gegen autoritäre und willkürliche Behandlung zu wehren. Wie die Schüler versuchen, einen MFA-Mann zu einem Besuch der Schule zu bewegen, und dann dem Offizier erklären, daß sie in ihren Eltern oft keine Verbündeten gegen die Lehrer sehen. Oder aber darstellen, wem der Kolonialkrieg nützte. (So wurde der «Lusitanische Popanz» von Peter Weiss in einer eigens dazu aufgearbeiteten Fassung in den Dörfern Portugals aufgeführt.)

Die andere Form mobiler Theaterarbeit war so gedacht, daß die Gruppe sich in eine bestimmte Region begibt, um zunächst einige Zeit am Gemeinschaftsleben dort teilzunehmen, damit auch das spätere Publikum die Theatergruppe kennenlernen konnte. Das Theater sollte damit entmythologisiert werden, und die Aufnahmebereitschaft der Zuschauer konnte dadurch nur zunehmen. Zugleich bereicherte die Gruppe selbst sich kulturell, was ihre Stärke verbesserte. Die Comuna versuchte über Monate zusammen mit den MFA-Dynamisierungsgruppen auf diese Weise den sichtbaren und unsichtbaren Strukturen des Faschismus zu begegnen.

Ein Dokument: Die MFA im Dorf Alenquer

Offizier: Freunde, wir sind in der Zeit des Dialoges, in der Zeit der Diskussion, in der Zeit der Verständigung zwischen den Portugiesen. Dies ist die Zeit der Suche, in der wir herausfinden müssen, wohin wir gehen, was wir wollen als Volk, als Bestandteil einer Gemeinschaft, wie sie jetzt in Portugal entstanden ist. In diesem Sinne ist Schluß mit den barocken Reden. Der elegante Hut, die schöne Krawatte, das unverbindliche Lächeln und die leeren Versprechungen sind vorbei. Jetzt werden wir alle versuchen, miteinander zu reden. In diesem Sinn sind wir alle hier, um Fragen zu beantworten, die Sie stellen mögen. Bitte, meine Freunde, ich wiederhole dann ihre Fragen, O. K.?

Frage: Warum wird bei Kundgebungen keine Militärpolizei eingesetzt, sondern die Polizei und die Nationalgarde?

Offizier: Die Schutzpolizei und die Republikanische Nationalgarde haben die Aufgabe, für die öffentliche Ordnung zu sorgen. Manchmal schaffen sie das nicht. Wir dürfen nicht vergessen, daß die Schutzpolizei und die Nationalgarde in all den Jahren dem Faschismus gedient haben, und zwar zu gut. Augenblicklich befinden sie sich in einer Übergangszeit. Die Bevölkerung hat sich noch nicht daran gewöhnt, sie als Institution zu ihrem Schutz anzusehen. Im Laufe der Zeit und nach den Veränderungen, die die Polizei jetzt durchmacht, wird die Bevölkerung irgendwann in ihr auch einen Schutz sehen. Bis dahin gibt es noch Probleme, wie jetzt in Setúbal und vorher in Porto. Wir müssen uns ebenso wie die Polizei der neuen Situation anpassen. Darum müssen wir sie doch mit anderen Augen sehen, denn sie steht nicht mehr im Dienst des Faschismus. Auch die Polizei kann nicht einfach auf die Leute loshauen, sie muß die Bürger respektieren. Die Militärpolizei dagegen interveniert erst dann, wenn die Polizei die Ordnung nicht mehr aufrechterhalten kann, sie interveniert nur dann. Habe ich Ihre Frage befriedigend beantwortet? Sonst fragen Sie bitte nochmal.

Frage: Die Diebe, die Betrüger, die Schurken, die Preller machen weiterhin, was sie wollen. Werden sie verhaftet, bestraft man sie zu mild, und sie sind bald draußen, um wieder rückfällig zu werden. Könnten die Gerichte und unser Justizminister, der ja Sozialist ist, diese Gauner nicht härter bestrafen oder ein Gesetz machen, das die Todesstrafe vorsieht?

Offizier: Sie fragen, ob es nicht möglich wäre, die Betrüger, die Gauner, die Diebe hinzurichten. (Beifall) Wir wollen hier unsere Vorstellungen über die Revolution darstellen. Wir wissen durch Berichte und durch unsere Erfahrung, daß viele Leute unter Revolution so etwas wie ein Blutbad verstehen. Aber Sie wissen, unser Revolutionsbegriff hat damit nichts zu tun. Wie sie ja alle erlebt haben, die wenigen Toten vom 25. April gingen nicht auf das Konto unserer Truppen. Sie wissen doch wohl, wer da geschossen hat. Unsere Idee der Revolution ist vielmehr die totale Veränderung der Strukturen mit einem Minimum an Erschütterung. An dieser Stelle weisen wir auf einige revolutionäre Gesetze hin, die bereits in Kraft sind. Und wir hoffen, daß einige Leute, die über eine gewisse Wirtschaftsmacht verfügen, daß diese Leute einsehen, daß sie mitarbeiten müssen, sonst fährt der Zug ohne sie ab.

Frau: Seit drei Jahren arbeite ich für meinen Chef. Ich und mein Mann haben dort angefangen, und ich bekam auch ein Gehalt. Dann hat der Chef mir die Bezahlung vorenthalten und versprachen, mir das Geld zu

Der Dorfsonntag von Alenquer steht im Zeichen der Dynamisierung.

geben, wenn die Schweine verkauft sind. Ein Jahr ist seitdem schon vergangen. Schließlich sagte er mir, ich bekäme überhaupt kein Gehalt mehr, da mein Mann zuviel verdienen würde. Mein Mann verdient 330 DM im Monat, und das ist nicht viel für vier Personen. Er ist an dem Ertrag der Schweinezucht beteiligt; die Schweine werden alle drei oder alle vier Monate verkauft. Mein Mann verdient also alle drei oder vier Monate 600 bis 700 DM zusätzlich. Ich denke, daß es trotzdem für einen Haushalt mit vier Personen nicht ausreicht. Und ich arbeite und arbeite, und der gibt mir kein Geld.

Offizier: Ihr Mann arbeitet also für einen anderen Arbeitgeber? Ach so, es ist also derselbe.

Frau: Ja, es ist derselbe. Er hat meinem Mann das Gehalt auf 330 DM erhöht, aber meins will er nicht mehr bezahlen. Er hat auch den Lohn der Landarbeiter auf 330 DM heraufgesetzt, die früher in der Woche zwischen 20 und 30 DM verdient haben, während wir 50 DM in der Woche verdienten. Und jetzt will er mir meinen Lohn überhaupt nicht mehr zahlen, nur weil man Mann einen Anteil am Verkauf der Schweine hat.

Offizier: Meine Freundin, das scheint mir eine Betrügerei zu sein. Sie sollten Sich an – welches ist Ihre Gemeinde? – ach so, ja, Sie gehören zu Santo Estevo, das ist Carregado. Wir raten Ihnen, sich an Ihre Gemeinde zu wenden, um dort herauszufinden, welche Maßnahmen man treffen kann. Aber meiner Meinung nach ist die Außenstelle des Arbeitsministeriums noch näher. Dort sollten Sie ihr Problem vortragen. Stellen Sie dort ihre Lage dar, damit die herausfinden, was man für Sie tun kann.

Eigentlich sind nur die zuständig und in der Lage, solche Fälle zu behandeln. Ich finde es übrigens sehr merkwürdig, daß Sie für einen Arbeitgeber arbeiten und früher mal Gehalt bekommen haben und, nur weil ihr Mann eine Gehaltserhöhung gekriegt hat, jetzt ihren Lohn entzogen bekommen. Das ist mir unverständlich.

Frage: Hier in Alenquer gibt es ein Behandlungszentrum der Krankenkassen, in dem fünf Ärzte arbeiten. Diese Ärzte behandeln nur wenige Kranke am Tag. Die Anmeldungen zur Behandlung häufen sich, so daß bereits zweihundert bis fünfhundert Patienten monatlich auf der Warteliste stehen. Können Sie mir nicht sagen, ob die Ärzte vom Militärflugplatz Ota nicht in der Lage wären, diesen Rückstand aufzuholen?

Offizier: Die Sache ist insofern schon beantwortet, da der Militärflugplatz Ota zwei Ärzte hat, die auch Dienst im Behandlungszentrum der Krankenversorgung machen.

Ein anderer Offizier: Wie vor wenigen Tagen Dr. Ramiro Correia mitgeteilt hat, wird die Kampagne der kulturellen Dynamisierung in eine neue Phase eintreten. Das wird sozusagen die Phase der Zivilhilfe sein. In wenigen Tagen wird man im Bezirk von Guarda mit Baumaschinen anfangen, dringende Bauarbeiten zu machen. Auch in wenigen Tagen werden achtzehn Ärzteteams im Bezirk von Viseu eine Erhebung über den Gesundheitszustand der Bevölkerung und die sanitäre Aufklärung machen. Also, diese Phase der kulturellen Dynamisierung und Aufklärung ist die der Zivilhilfe. Alle Möglichkeiten der Streitkräfte werden ausgenutzt werden und zum Einsatz kommen. Und zwar beim Straßenbau wie bei der Elektrifizierung von Ortschaften. Gerade hier in der Nähe liegt ein Dorf, in dem die Streitkräfte bereits Stromleitungen gelegt haben. Die Sache läuft also und wird nicht mehr zum Stehen kommen.

Offizier: Zu Ihrer Frage können wir noch folgendes sagen: solange die Gesellschaftsstrukturen sich nicht derart verändert haben, daß sie endlich im Dienste der Masse stehen, kann auch kein Arzt in den sieben Minuten, die ihm zur Untersuchung eines Patienten zur Verfügung stehen, dieses Problem lösen. Solange wir keinen nationalen Gesundheitsdienst haben, dessen Aufbau den Bedürfnissen der portugiesischen Bevölkerung entspricht, kann auch keine flüchtige Kampagne die Sache von Grund auf verbessern.

Frage: Die Lebenskosten sind gestiegen, und wir wissen, daß dies bestimmte Ursachen und Auswirkungen hat. Im Falle von Brot und von Fleisch liegt es an der Unfähigkeit der Verantwortlichen, das Problem adäquat zu lösen. Soweit, so gut. Wenn das Ministerium, ich weiß nicht welches, aber ich glaube, das Wirtschaftsministerium sich unfähig erwiesen hat, ein Problem zu lösen, das jeder einfache Mensch lösen könnte, warum sind die Verantwortlichen dann immer noch in der Regierung? Es mangelt also an Sachverstand in konkreten Fällen. Wir haben den Fall vom Brot, den Fall vom Weizenpreis und vom Brotpreis. Von anderen Problemen weiß ich nichts, deshalb spreche ich auch nicht davon. Und wenn sich nun im Wirtschaftsministerium reaktionäre Kräfte formieren, die die Bewegung der Streitkräfte angreifen wollen, warum dürfen diese Leute dort bleiben?

Offizier: Mein lieber Freund, die Aufgaben des Wirtschaftsministeriums und die Probleme der Wirtschaftskonjunktur sind kein Honigschlecken. Ich schlage folgendes vor: Sie haben schon vorher behauptet, daß Bekannte von Ihnen über ausreichende Angaben verfügen, um bestimmte Forderungen zu begründen. Da haben Sie eine gute Gelegenheit, die Einheit Volk – Streitkräfte zu beweisen. Also, Sie sammeln alle Daten, die dafür erforderlich sind, und gehen damit zu den Institutionen, die dafür zuständig sind und knallen die Sachen auf den Tisch dieser Leute. Das ist es, was wir Ihnen raten, und wir wünschen sogar, daß Sie es tun. Setzen Sie sich also alle zusammen, diskutieren Sie das Problem, kommen Sie zusammen zum Ergebnis und zack!

Landarbeiter: Ich will hier von der Lage der Bauern sprechen. Wir sind diejenigen, die keiner kennt. Man hat hier viel von den Problemen der Arbeiter gesprochen, von den Bauern spricht aber niemand. Wir sind traurige, unglückliche Leute, unser ganzes Leben lang. Wir haben unser Leben lang nur gearbeitet. Gearbeitet und das ganze Land mit Lebensmitteln versorgt. Vorteile haben wir keine, nichts haben wir. Wir haben keinen Urlaub, bekommen keine Unterstützungen, gar nichts. Nie haben wir gestreikt, immer nur gearbeitet mit Erde, Steinen, in tiefen Brunnen und überall. Wir waren arme Leute bisher. Jetzt sehen wir es so: Die Streitkräfte stehen jetzt auf unserer Seite, und es darf nur so sein, daß sie an unserer Seite siegen. Ohne den 25. April wüßten wir nichts, würden wir nicht sprechen können. Aber dank Gott und unseren Streitkräften können wir reden, aber noch sind wir unglückliche Leute. Ich habe ein Haus voller Leute, ich habe ein Haus wie viele hier. In meinem Haus ernähre ich alte Menschen und Kinder und andere, die auch bei den Streitkräften sind. Und was ich verdiene, ich verdiene oft nur 300 DM im Monat, und oft verdiene ich nicht einmal soviel. Ich kann beweisen, daß ich sie nicht verdiene. Und selbst diejenigen, die tausend Mark verdienen, sagen auch, daß es nicht ausreicht. Wie kann es mir dann reichen, um sieben oder acht Menschen zu Hause zu ernähren? Wie können mir 300 DM reichen? Nein, sie können mir nicht reichen. Nur wir und die Streitkräfte können sehen, daß wir so wirklich nicht leben können. Wir sind wirklich arme Lumpen, die Landarbeiter. Wir können kaum leben. Wir können kaum leben. Das Publikum soll mir verzeihen, und auch unsere Streitkräfte sollen mir verzeihen, sie sind die schrecklichsten Männer, die terroristischsten, die ehrlichsten, die aufrichtigsten und die fleißigsten, die es gibt. Entschuldigung, wenn ich schlecht gesprochen habe, aber wir können einfach nicht mehr. (Beifall und Gelächter)

Offizier: Freunde, normalerweise ist das Lachen immer Symptom irgendeiner Sache – wir meinen, daß das Programm der MFA recht klar ist insofern, als es auf eine Politik zielt, die sich für die am wenigsten begünstigten Klassen Portugals einsetzt. Es ist klar, daß es hier nicht nötig ist, zu sagen, welche Klassen das sind. Alle Freunde wissen, welche Klasse oder Klassen die am wenigsten begünstigten bis heute sind. Unser Programm ist auf sie ausgerichtet. Folglich muß dieser Freund unbedingt den Weg der Organisierung finden, er und alle anderen, die sich möglicherweise in seiner Lage befinden. Der Augenblick ist günstig, um die notwendigen Wege zur Verteidigung der eigenen Interessen zu finden. In den Gewerkschaften der Landarbeiter mitzuarbeiten, ist die korrekteste Form zur Verteidigung der Interessen der Bauern, deshalb raten wir ihnen, einig zu sein, denn nur die Einheit innerhalb der gewerkschaftlichen Organisation ist wirksam genug.

Frage: In der Zeitung «A Capital» war zu lesen, daß man einen Gegenputsch vorbereitet. Ich möchte gerne wissen, welche Maßnahmen die Bewegung der Streitkräfte gegen einen eventuellen Putsch von rechts getroffen hat?

Offizier: Hören Sie! Sie möchten es gerne wissen, aber auch diejenigen, die so etwas vorhaben, würden es sehr gerne erfahren. Deshalb kann man solche Maßnahmen nicht erklären, sonst würde der Gegner seine Taktik ändern.

Rufe: Das Volk ist mit den Streitkräften!

Frage: Was hat man mit dem Geld gemacht, das wir monatlich an die Landwirtschaftsinnung abgeführt haben?

Offizier: Liebe Genossen, ich will die Frage über die Beiträge, deren Verwendung unbekannt war, beantworten. Die Abzüge der Arbeiter für die Sozialversicherung wurden nie für die Zwecke verwandt, für die sie bestimmt waren. Sie dienten vielmehr der Aufrechterhaltung des Kolonialkrieges, der Versklavung der Völker, sie dienten dem Kapitalismus, damit er bequem die Portugiesen in Portugal und in Afrika aussaugen konnte. Dieses Geld diente auch der Subventionierung von Lebensmitteln, damit die Preise nicht steigen sollten.

Frage: Freunde, ich möchte nur diese einfache Frage stellen: ich wohne in einem Dorf, und dort sind die Leute davon überzeugt, daß die Beendigung des Kolonialkrieges das Werk von Außenminister Soares war, weshalb auch ihre Kinder nicht mehr in den Krieg ziehen müssen. Welches ist die Rolle der Streitkräfte im Entkolonialisierungsprozeß?

Offizier: Dieser Herr fragt, ob der Außenminister es war, der den Kolonialkrieg beendet hat. Sicher war er das nicht. Er hat zwar Verhandlungen darüber geführt, aber die Richtlinien dafür stammten von der Bewegung der Streitkräfte. Die Bewegung der Streitkräfte hat den staatlichen Organen die Beendigung des Krieges aufgezwungen. Der Herr Außenminister hat nur die Verhandlungen geführt. Es ist sicherlich zu einfach anzunehmen, daß eine Einzelperson imstande wäre, ein so umfassendes Problem zu lösen. Ein Problem von dieser Größe, das uns augenblicklich so sehr in Anspruch nimmt, kann unmöglich von einem einzigen Menschen gelöst werden.

Mit Büchern lebt man erlesen …

... aber man kann auch von Büchern leben. Einigen ist es ein Beruf, Bücher zu schreiben, anderen, Bücher zu lesen, ein dritter verdient seinen Unterhalt, indem er Bücher prüft, auch Buchhalten ist eine verdienstvolle Aufgabe, und schließlich kann auch leben, wer Bücher verlegt, verkauft, verleiht, rezensiert, illustriert, korrigiert, kurzum: Man kann durchaus auch von anderen Büchern als von vollen Sparbüchern leben, nur vielleicht nicht so bequem.

Die Revolution der Analphabeten

Als im Juni 1975 354 Landarbeiter, begleitet von 3000 Personen aus der Umgebung und einer Abordnung der «Praktischen Artillerieschule von Santarém», am gleichen Tag elf Landgüter in der Gegend von Couço besetzten, waren die Militärs erstaunt darüber, wie gut die Landarbeiter diese Besetzung geplant und durchgeführt hatten. «Besonders die Landarbeiterkommission», sagte ein Offizier. Diese Kommission war, wie in anderen Fällen auch, von allen Landarbeitern nach vielen Diskussionen gewählt worden. «Wir wollen eine vorbildliche Gemeinschaft sein. Alle! An Initiativ- und Kooperationsgeist fehlt es uns nicht, auch nicht an Mut», sagte eine der Besetzerinnen, die Bäuerin Albertina Matos. «Wie erklärt es sich», fragte damals ein portugiesischer Journalist, «daß Portugal – bei solchen Frauen (und auch Männern) – in unbeschreiblichem Elend lebte und daß das Volk so oft Angst vor dem Hunger haben mußte?» Das Erstaunen der Militärs, die Frage des Journalisten, galten einer Bevölkerungsgruppe, über die vor dem 25. April kaum etwas bekannt war, deren Eingreifen in den revolutionären Prozeß jedoch zu tiefgreifenden wirtschaftlichen und politischen Folgen gegensätzlichster Art führte: Anfang 1976 drohte ein Teil der Bauern der Hauptstadt mit einem Lebensmittelboykott, falls die Agrarreform nicht rückgängig gemacht werde. Ein anderer Teil bewirtschaftete – auf Grund dieser Agrarreform – währenddessen rund eine Million Hektar Land in Kooperativen.

Der Alentejo – Eldorado des Faschismus
In der südportugiesischen Provinz Alentejo sind die meisten Bewohner Landarbeiter. 80 % der Bevölkerung gehören zum Landproletariat. Die meisten sind ungelernte Arbeiter, Viehhirten, Aufpasser, Traktorfahrer. Ein großer Teil der Bevölkerung, die auf den Feldern arbeitet, sind Frauen.

Diese Mehrheit der Bevölkerung war bis zum 25. April völlig machtlos. Das Land gehörte Latifundienbesitzern, die oft zur Industrie- und Finanzbourgeoisie Portugals gehörten. Nach dem Ende der Monarchie war auch mit Beginn der Republik der Versuch gescheitert, das Land gerechter aufzuteilen.

Die Macht der Großgrundbesitzer unter Salazar und Caetano kannte keine Grenzen: sie hatten Polizei, Gerichte und Regierung auf ihrer Seite. Sie stellten Landarbeiter ein, wenn es ihnen gefiel, sie entließen sie wieder, wann sie wollten. Die Dörfer des Alentejo waren vom Großgrundbesitz umschlossen wie kleine Inseln des Elends von einem Meer des Reichtums. «Wir fühlten uns in den Dörfern wie im Gefängnis, wie von Feindesland umschlossen», sagte ein Landarbeiter nach dem 25.

Militär bei einer Landbesetzung.

April. Wer nicht hungern wollte, mußte auswandern: nach Lissabon oder ins Ausland. Die Mächtigen des Landes hießen auch hier Champalimaud, Melo, Tomáz ...

Ihre Macht drückte sich in zwei Zahlen aus: 1,1 % aller Grundbesitzer in Portugal besaßen 51 % des Bodens, und der größte Teil dieses Bodens lag im Alentejo. Im Distrikt Beja beispielsweise besaßen 25 Großgrundbesitzer soviel Land wie 1940 andere Landwirte desselben Distrikts, nämlich runde 105 000 Hektar. Die Kleinbauern im Alentejo (Durchschnittsgröße eines Betriebes: 54 Hektar) hatten nicht einmal ein Drittel des Bodens, der Rest teilte sich auf die wenigen Großen auf. Die liberale Wochenzeitung «Expresso» nannte dies das Ergebnis einer «faschistischen Landwirtschaftspolitik», das heißt der Protektion der Großgrundbesitzer bei Mißachtung der Interessen von Kleinbauern und Landarbeitern. «Die faschistischen Regierungen Salazars und Caetanos», schrieb das Blatt, «garantierten nur jene Preise und nur den Absatz jener Produkte, die für die Großgrundbesitzer von Interesse waren. Investitionen wurden nur auf den Latifundien vorgenommen, um den Reichtum der Großgrundbesitzer zu vermehren.»

Zwischen 1950 und 1970 hatten daher in Portugal 123 600 Klein- und Kleinstbauern ihren Betrieb aufgeben müssen.

«Wir haben hier noch gut in Erinnerung, wie Américo Tomáz (Staatspräsident zu Zeiten Salazars und Caetanos) und Jorge de Melo (Großindustrieller) hier auf einem Gut Rebhühner jagten», berichtete ein Landarbeiter, «nicht, daß ich Rebhuhnjagden schlimm fände; nur würde ich auch gern einmal ein Rebhühnchen essen. Aber sehen Sie, der Américo Tomáz ließ sich im Schatten nieder, und dann hatte er jemanden, der ihm die Rebhühner so aufscheuchte, daß sie in Scharen über seinen Kopf hinwegflogen. Damit er sich beim Abschießen nicht so sehr anstrengen mußte, verstehen Sie? Dazu brauchte er sehr viel Land als Jagdrevier, und wir mußten hungern. Auf einem anderen Landgut, auf dem ab und zu einige Adelige auftauchten, hatten sie sogar eine Vorrichtung, um im Winter das Schwimmbad zu wärmen. Während wir in der Kälte standen und uns der Magen knurrte.»

«Die Mahlzeiten bestanden meistens aus einem Stück Brot, einer Sardine und einigen Oliven», berichtete ein Landarbeiter, der nur neun Kilometer von einem Landgut des Großindustriellen Champalimaud entfernt wohnte. «Hätten wir das nicht gehabt, wären wir schon längst vor Hunger gestorben. Als hier kürzlich ein Schaf an irgendeiner Krankheit einging und die Hunde anfingen, es zu fressen, gingen wir auch hin, um etwas für uns zu retten, denn wir hatten Hunger.»

Im Süden lagen die Herrschaftsverhältnisse unverhüllt, unverhüllt durch Priester und Kirche, vor den Augen der Betroffenen. Nur etwa 5 % der Landbewohner sind gläubige Katholiken. Noch heute erinnern die großen schwarzen Hüte der Landarbeiterinnen und das um das Kinn gebundene Tuch an die Mauren, die hier bis in die Mitte des 13. Jahrhunderts herrschten. Der Gutsherr war der Bevölkerung nie Teil einer gottgewollten Ordnung gewesen, Plackerei, Hunger und Willkür waren nicht auf Grund anerzogener Schicksalsergebenheit in christlicher Demut ertragen worden. Proteste, Revolten wurden um so rücksichtsloser von der Polizei, von der G.N.R., Guarda genannt, bekämpft. Ein Landarbeiter aus dem bettelarmen Dorf Montecorvo, neun Kilometer vom Campalimaud'schen Grundbesitz entfernt, erinnert sich: «Der Tageslohn, den sie uns gaben, war ein Hungerlohn. Forderten wir eine Erhöhung und sagten, daß wir für diesen Preis nicht arbeiten würden, so schickten sie uns die G.N.R. auf Pferden, um uns zu verprügeln. Es gibt hier Leute, die viel Schläge bekommen haben. Die Guarda war noch schlimmer als die PIDE. Leute ohne Herz sind das, deshalb machen sie diese Art von Arbeit. Wir haben hier junge Männer, die zu nichts mehr zu gebrauchen sind, seit sie von der Guarda zusammengeschlagen wurden. Selbst nach dem 25. April versuchten sie, uns weiter einzuschüchtern. Aber wir schenken ihnen jetzt so wenig Beachtung wie einem Hund. Denn wenigstens können wir jetzt reden und wissen, wie weit unsere Freiheit reicht, wie weit wir mehr oder weniger gehen können. Wir mißbrauchen die Freiheit nicht, wie sie die Macht mißbrauchten, die sie hatten.»

Auch daß die Bildung ein Privileg der Reichen war, eine Klassenfrage, nicht eine Intelligenzfrage, hatten die Landarbeiter am eigenen Leib erfahren. «Als ich sieben Jahre alt war, schickten sie mich zum Schweinehüten anstatt auf die Schule», sagte ein Tagelöhner, dem wie vielen anderen sogar die vier Pflichtjahre Volksschule vorenthalten worden waren. «Während wir für diese Fettwänste von ‹senhores› arbeiteten, die in schönen Häusern lebten, schickten sie ihre Kinder auf die höhere Schule, und wir hatten weder Schule noch Geld. Es gibt hier einige arme Männer, die, wenn sie auf die Schule gegangen wären, sicher eine bessere Figur abgegeben hätten als diejenigen, die nur versetzt wurden, weil sie Geld hatten. Denn als sie zur Schule gingen, kam es nicht darauf an, etwas zu wissen. Man mußte nur jemanden kennen und ihm etwas zustecken. Ich würde diese Gauner jetzt gerne mal auf dem Feld arbeiten sehen, denn zu etwas anderem haben sie keine Fähigkeiten. Sie halten sich für die ‹Herren› der Lage, aber unsere Würde und unser Bewußtsein sind mehr wert als alles, was sie besitzen können.»

Mit dem Sturz des Diktators änderte sich auf diesen Latifundien zunächst nichts. Die Großgrundbesitzer, häufig Mitglieder der Hochfinanz oder Großindustrielle, hatten mit General Spínola an der Staatsspitze einen Garanten gegen jede radikale Veränderung der Besitzverhältnisse. Noch am 27. April verhaftete die Geheimpolizei in Beja einen Mann, der ein Schild mit der Aufschrift «Nieder mit den Hunden von der PIDE» durch die Stadt getragen hatte. Eine Landarbeiterin mit einer roten Nelke in der Hand antwortete auf die Frage ihres Arbeitgebers, was das zu bedeuten habe: «Freiheit und Demokratie.» Sie bekam zu hören: «Ich will auf meinem Boden von solchen Sachen nichts wissen, weder von Freiheit noch von Demokratie. Macht das woanders!»

Antikapitalistischer Kampf

Zunächst nahmen die Landarbeiter an, daß das geänderte Kräfteverhältnis in Lissabon die Latifiundienbesitzer verhandlungswilliger machen würde, was eine geregelte Arbeitszeit und besseren Lohn betraf. Die Stärke der Landarbeiter lag in ihrer gewerkschaftlichen Organisation. Allein im Distrikt Beja zählte die Landarbeitergewerkschaft S.T.A. 30000 Mitglieder. Nach dem 25. April hatten die Landarbeiter zum ersten Mal Kommissionen gebildet, Pro-Gewerkschaftskommissionen, Mitglieder der Kommunistischen Partei, der einzigen Partei, die in den vergangenen fünf Jahrzehnten im Untergrund auf seiten der Landarbeiter gestanden hatte, unterstützten sie bei der gewerkschaftlichen Organisation. Diese Kommunisten der Basis waren weder die totalitären Manipulateure noch auf eine Moskauer Linie eingeschworene Orthodoxe, als die sie dem ausländischen Beobachter von ihren Gegnern gern dargestellt wurden. Bei diesen Kommunisten handelte es sich in der Mehrzahl um «1917er-Kommunisten», um glühende Verfechter von sozialer Gerechtigkeit und engagierte Gegner jeder Willkür, die der Kommunistischen

Partei zu einer Zeit beigetreten waren, als keine andere Partei den Landarbeitern Unterstützung gegen die Großgrundbesitzer geboten hatte.

Die Pro-Gewerkschaftskommissionen wurden auf Kreis- und Distriktsebene gebildet, nicht durch Ernennung von oben, sondern jeweils durch Abstimmung der Landarbeiter. Auf diese Weise kamen in den alentejanischen Distrikten Evora, Beja, Portalegre und den weiter nördlich gelegenen Distrikten Setúbal und Santarém zum erstenmal seit einem halben Jahrhundert Arbeitsverträge zustande, die die Interessen der Landarbeiter berücksichtigten. Diese ersten Arbeitsverträge betrafen zunächst nur die Frage des Lohnes und des Transportes vom Dorf zum Arbeitsplatz. Um dies zu erreichen, über die Landarbeitergewerkschaft, waren Organisationsformen – Vollversammlung, Kommissionen – geschaffen worden, die einen Demokratisierungsprozeß – außerhalb der Parteipolitik – darstellten und die eine Basis hatten, mit der auch weiterreichende Ziele in Angriff genommen werden konnten. Die Notwendigkeit dazu sollte sich bald ergeben.

Auf der 1. Landarbeiterkonferenz des Südens am 9. Februar in Evora war der Elan zu Veränderungen groß. Tausende von Landarbeitern und Kleinbauern, mit roten Fahnen und Hammer- und Sichel-Abzeichen am Jackenaufschlag, diskutierten den ganzen Tag über, stellten Fragen in den vier Arbeitsgruppen der Konferenz, legten Beispiele für Sabotage-Akte der Großgrundbesitzer vor, (verbrannte Ernte, verdorrte Olivenhaine, verhungertes Vieh) und setzten sich für eine Reihe von Sofortmaßnahmen ein: die Güter jener, die die Produktion sabotierten, sollten ebenso enteignet werden wie die Latifundien, die erst «mit dem Geld des Volkes» (vor allem den aus Steuergeldern finanzierten Bewässerungsanlagen) ihren derzeitigen Wert erhalten hatten. Besitzer brachliegender oder unzureichend genutzter Flächen sollten gezwungen werden, diese zu verpachten. Außerdem wurde ein «revolutionäres Gesetz» zur strafrechtlichen Verfolgung mutwilliger Zerstörungsakte gefordert.

Auf der ersten Landarbeiter-Konferenz des Südens wurden neben Enteignung und Zwangsverpachtung von Großgrundbesitz auch Maßnahmen gefordert, die das Leben der Landarbeiter kurzfristig verbessern sollten: die Pensionierung mit 60 Jahren, Versicherung für Arbeitsunfälle und Arbeitslosenunterstützung. Außerdem sollte ein Minimum an Maßnahmen das Kulturgefälle zwischen Stadt und Land vermindern. Gefordert wurden: Verbesserung der Kommunikationsmittel, Elektrifizierung aller Dörfer, Ausbau des Kanalisationsnetzes, mehr Ärzte und Schulen, Kindergärten und Einrichtungen für kulturelle Veranstaltungen und zur Erholung.

Dennoch versuchten die Grundbesitzer, alles beim alten zu belassen. Major Brissos de Carvalho, Zivilgouverneur des Alentejo - Distriktes Beja, über seine Erfahrungen: «Die Großgrundbesitzer hier hatten im allgemeinen eine rückschrittliche, egoistische Mentalität, deren Richtschnur war: «Was auch immer kommen mag, ich bin der Besitzer, ich befehle.» An dieser Haltung änderte sich auch nach dem 25. April nichts, es sei denn, daß sie sich noch verhärtete. Viele Großgrundbesitzer stellten sich taub, als es an die Nutzung brachen Landes oder an die Tarifverträge ging. Dadurch verschlimmerten sie das Problem der Landwirtschaft noch, dessen Lösung ohnehin schwierig genug war.»

In der Zwischenzeit war in Lissabon ein Institut gebildet worden, dessen Aufgabe die Vorbereitung der Agrarreform war. Dieses Institut für Agrarreform, IRA, hatte jeweils Zentren in den einzelnen Distrikten. Es diente so als Verbindungsstelle zwischen dem Landwirtschaftsministerium und den Bauern oder Landarbeitern.

Die IRA nahm damals Berechnungen über die Höhe von Kosten für Vorarbeiten zur Nutzung brachliegender Ländereien vor. Für einen Besitz der Großindustriellen-Familie Champalimaud bei Mértola hatte die IRA 35 000 DM errechnet und dies dem Eigentümer mitgeteilt. Darauf, so berichtete der Zivilgouverneur Major Brissos de Carvalho, habe dieser durch seinen Verwalter antworten lassen, «daß er über dieses Geld nicht verfüge und die Arbeiten nur ausführen werde, wenn der Staat ihm die Summe als Darlehen zur Verfügung stelle.» Major de Carvalho: «Als wir diese Behauptung von einem der reichsten Männer Europas hörten, ärgerten wir uns, daß wir ihn nicht zwingen konnten, das Geld sofort auf den Tisch zu legen, um ihm zu sagen, daß jetzt nicht die Zeit für schlechte Scherze sei.»

Anfang 1975 verschlechterte sich die Lage im Alentejo rapide. Es kam zur größten Krise seit dem Umsturz vom 25. April.

Die Arbeitslosigkeit im Alentejo und weiter nördlich im Ribatejo nahm stark zu. Arbeitslosigkeit hatte es hier immer gegeben. Doch die Alternative aus der Diktatur, Hungern oder Auswandern, ließen die Landarbeiter sich nicht mehr stellen, obwohl sich an den Besitzverhältnissen nichts geändert hatte. Im Distrikt Beja waren damals 10 000 Frauen und 4000 Männer arbeitslos. Die Welle der Arbeitslosigkeit wurde nach Ansicht der Landarbeiter von den Gutsherren absichtlich herbeigeführt, um sie zu demoralisieren und um den Demokratisierungsprozeß zu stoppen, noch ehe er sich eine Änderung der Besitzverhältnisse selbst zum Ziel machen würde.

Die Landarbeiter setzten daraufhin über die Gewerkschaft ein Dekret durch, das Entlassungen ohne gerechtfertigte Gründe verbot und die Vollbeschäftigung auf den bebauten Flächen der Latifundien vorschrieb. Dazu mußte geprüft werden, wieviel Land tatsächlich genutzt wurde und wieviel brachlag. Die Folge war eine neue Form von Kommissionen: die paritätischen Kommissionen, die zugleich den notwendigen Bedarf an Arbeitskräften errechneten. Die Schlußfolgerungen dieser Kommissionen blieben jedoch häufig ohne praktische Folgen. Auch die Tarifverträge wurden von den Grundbesitzern in vielen Fällen nicht eingehalten. Die

Machtverhältnisse in Lissabon lagen bis zum 11. März 1975 so, daß eine – wie Landarbeiter sie nannten – revolutionäre Gesetzgebung ausblieb, die Verstöße gegen die Vereinbarung mit der Gewerkschaft geahndet hätte. Langsam kamen die Landarbeiter zu der Überzeugung, daß sie vom Staat, von den Ministerien und den damals regierenden Parteien (PCP, PS, PPD) kurzfristig keine Lösungen erwarten durften.

Vom Anfang des Jahres 1975 bis zum versuchten Rechtsputsch im März 1975 wurden die Landarbeiter über ihre Gewerkschaftskommissionen bei den Behörden vorstellig, um auf die Einhaltung der Vereinbarungen zu drängen, meist ergebnislos. Die Landarbeiter wandten sich damals an die Arbeitsgerichte, die, wenn sie trotz ihrer personellen Verfilzung und praragraphenmäßigen Bindungen an das gestürzte Regime aus Opportunismus zu einem günstigen Ergebnis für die Kläger kamen, dies Ergebnis erst nach Monaten vorlegten. Währenddessen hatten die Arbeiter kein Geld und mußten den Gürtel enger schnallen. Zugleich beobachteten die Landarbeiter, wie die Aussaaten für das kommende Jahr unterblieben, wie das Vieh vor der Zeit verkauft wurde oder auf anderen Wegen verschwand und daß die Maschinen nicht repariert wurden – zum Schaden nicht nur der Landarbeiter, sondern des Landes insgesamt.

Der revolutionäre Schritt

Der Landarbeiter João Catarino: «Ich war Gewerkschaftsdelegierter in meiner Gemeinde. Bei mir tauchten Arbeiter auf, die nichts zu tun hatten. Ich schickte sie da und dort hin, zu Gutsbesitzern, aber die sagten ihnen, daß sie keine Arbeit hätten. Bis sich schließlich 17 Arbeiter zusammentaten und mir sagten: ‹Wir gehen jetzt ein Stück Land besetzen!›»

Und so machten sie's auch. Die 17 Arbeiter gründeten die Kooperative «15. September» in der Gegend von Borba, ungefähr 180 Kilometer westlich von Lissabon. «Zuvor hatten die Ländereien drei Besitzer», berichtete João Catarino: «Einer hatte sein Gut verpachtet. Als wir die Besetzung machten, fanden wir weder Eigentümer vor, noch Vieh, noch Arbeiter. Das Gut war verödet.» Seit 6 oder 7 Jahren lebte niemand mehr auf dem Gut, erst zwei Wochen nach der Besetzung erschien der Großpächter und sagte: «Das habt ihr einfach besetzt?» «Ja, besetzt», war die Antwort. Der Großpächter: «Aber ich habe dies Land von dem Gutsherrn gepachtet und bezahle dafür.» Antwort: «Gut so! Aber wir haben beschlossen, da zu arbeiten und zu leben, wo niemand ist.»

Der revolutionäre Schritt zur radikalen Veränderung der Besitzverhältnisse wurde von den Landarbeitern unternommen, weil sie erkannt hatten, daß mit den Besitzern zusammen Veränderungen, die ihren Bedürfnissen gerecht wurden, nicht möglich waren. Zudem hatten die Landarbeiter die andere Seite dessen kennengelernt, was sie vor dem 25.

Landbesetzung im Alentejo.

April täglich erfahren hatten: daß die Besitzer nur stark waren, weil sie Polizei und Armee im Rücken hatten. Wie stark aber waren die Großgrundbesitzer, die Großpächter (die ebenfalls nicht selbst arbeiteten) ohne die Polizei und ohne die Armee? Welche Argumente hatten sie auf ihrer Seite, vom Polizeiknüppel und Gewehr einmal abgesehen?

Sie hatten nicht ein einziges Argument, das ihre Position gerechtfertigt hätte, auch nicht das der Rentabilität. Selbst in den Zeiten ihrer absoluten Herrschaft, als sie Hungerlöhne hatten zahlen können, waren sie außerstande gewesen, das Land so zu bewirtschaften, daß es genug Lebensmittel für Portugal abgeworfen hätte. Die Ländereien waren großteils verkommen, Portugal mußte einen bedeutenden Teil seiner Devisen für Lebensmittelimporte ausgeben.

Das einzige Argument, das sie für sich hatten, war das bürgerliche Recht. Längst aber hatten die Landarbeiter das Recht und die Gesetze als die Festschreibung der jeweiligen Machtverhältnisse erfahren. Deshalb hatte das Recht der Großgrundbesitzer seine Grundlage verloren: die Gewalt der Wenigen über die Vielen, die nur mit Hilfe von Binnensöldnern (PIDE, Guarda) aufrechterhalten worden war.

Diesem Recht hatte kein gesellschaftlicher Konsensus zugrunde gelegen. Niemand hatte die Landarbeiter konsultiert, als der Boden aufgeteilt worden war. Niemand hatte die Dorfbewohner um ihre Meinung gefragt, als die schönen Gärten angelegt wurden. Niemand hatte um die

Ansicht der Feldarbeiter gebeten, als die Herrenhäuser gebaut und eingerichtet wurden. Niemand hatte sie gefragt, wo die Gewinne investiert werden sollten. Diese Konsultation, die seit Jahrzehnten nicht stattgefunden hatte, wurde in den Kommissionen nachgeholt, die sich die Landarbeiter selbst einrichteten, selbst wählten. Die Kommissionen waren mehr als Entscheidungsgremien, demokratisch gewählte Exekutivorgane. Sie waren das Forum der Diskussion und der Konsultation. Sie bedeuteten die Stunde Null der Demokratie im Alentejo, ohne Herrschaft und Angst. Selbst den Parteien brauchte man sich dafür nicht zu Dank verpflichtet fühlen. Denn auch von den Parteien, selbst von der im Süden starken Kommunistischen Partei, wurde die revolutionäre Landnahme auf den Latifundien nicht initiiert. Trotz ihrer offensichtlichen Beliebtheit und großen Anhängerschaft, wie sie sich zum ersten Mal einen Monat nach dem Umsturz auf einer Massenkundgebung in Beja offen zeigt, rief die Kommunistische Partei weder damals noch während des ganzen folgenden Jahres zu Landbesetzungen auf. Sie wurden meist «wild» praktiziert.

Noch kurz vor den Wahlen zur Verfassunggebenden Versammlung im April 1975 erklärte Francisco Miguel, seit 35 Jahren Mitglied des Zentralkomitees der PCP: «Landbesetzungen stehen derzeit nicht auf der Tagesordnung. Die Landreform muß besonnen und behutsam diskutiert und vorbereitet werden. Die Latifundien des Alentejo von mehreren tausend Hektar Umfang sind ein negativer Faktor für die Produktion. Die Monokultur verursacht Arbeitslosigkeit, Unterbeschäftigung und führt zu unberechenbaren Abhängigkeiten und zur Emigration. Zunächst einmal müssen wir den Landarbeitern jetzt helfen, sich zu organisieren. Die Sozialisierung? Das ist eine Sache für später.» Francisco Miguel, gelernter Schuhmacher, der 21 Jahre in den Gefängnissen der Diktatur verbracht hatte und seit 42 Jahren Parteimitglied war, wollte wie die Parteiführung insgesamt die Landarbeiter nicht zu radikalen Maßnahmen mobilisieren, ehe die Machtverhältnisse für die Linke nicht gefestigt waren. Aber war eine solche Mobilisierung nicht gerade die Voraussetzung zur Festigung eben dieser Machtverhältnisse?

So waren, ehe das Gesetz zur Agrarreform im April 1975 verabschiedet wurde, bereits etliche Tausend Hektar Land besetzt worden. Nach diesem Gesetz sollte der Privatbesitz an bewässertem Land auf 50 Hektar, der von nicht bewässertem Land auf 500 Hektar beschränkt bleiben.

Doch genauso wie sie Latifundien von 600 Hektar Größe und mehr besetzt hatten, waren auch Güter von 300, 450, 480 Hektar von den Landarbeitern besetzt worden. Denn der portugiesischen offiziellen Einteilung zufolge beginnt Großgrundbesitz mit 50 Hektar (1,1 Prozent aller landwirtschaftlichen Betriebe, 51 Prozent des Bodens). Der mittelgroße Betrieb in Portugal hat im Schnitt zwischen 10 und 50 Hektar (8 % aller Betriebe). An ihn rührten die Landarbeiter nicht, ebensowenig wie an den kleinbäuerlichen Besitz zwischen zwei und zehn Hektar (33 % aller

Höfe), ganz zu schweigen von den Minibetrieben zwischen 0,05 und zwei Hektar, die rund 59 % der portugiesischen Landwirtschaftsbetriebe ausmachen, obwohl sie nur knappe 7 % der landwirtschaftlichen Nutzfläche umfassen.

Die Landarbeiter hielten sich bei ihren Besetzungen in der Regel an die 1,1 % Besitzer, die über die Hälfte allen landwirtschaftlich nutzbaren Bodens besaßen. Das sollte jedoch später die Rechtsparteien nicht daran hindern, den rund 59 % Kleinst- und den 33 % Kleinbesitzern (vor allem im Norden und in Mittelportugal) Furcht vor Enteignung durch die Landarbeiter, den Kommunismus und Sozialismus einzuflößen. Wodurch die auf Wahlen ausgerichtete Sozialistische Partei immer mehr in Zugzwang geriet, es der Rechten gleichzutun . . .

Die Landarbeiter waren die ersten, die Irrtümer berichtigten, wenn sich herausstellte, daß das Land der mittleren oder kleinen Bauern und Pächter mitbesetzt worden war. Major Brissos, von April 1974 bis Februar 1976 Zivilgouverneur des Alentejo-Distriktes Beja, sagte dazu aus eigener Erfahrung:

«Diese Irrtümer halte ich für wirkliche Ausnahmen, die angesichts des positiven Resultates der Landreform nicht von Gewicht sind. Man versuchte immer, in gesetzlichem Rahmen zu arbeiten, das heißt das Prinzip des Gesetzes zu befolgen. Nur konnte es oft keine wirkliche Simultanität von Aktion und Gesetzestreue geben, insofern als die Regierungsstruktur selbst nicht fähig war, den Kampf der Arbeiter zu begleiten.»

Selbst dort, wo es Dekrete oder Gesetze gab, waren sie für die Landarbeiter in der Praxis nicht immer anwendbar, weil sie von den Behörden zu schleppend angewandt wurden. Major Brissos de Carvalho: «Für Fälle von Wirtschaftssabotage verfügten die Arbeiter über ein Gesetz, das ihnen ermöglichte, weiterzukommen. Aber die Verfahren, die eingeleitet wurden, und die Stellen, die durchlaufen werden mußten, um die Situation gesetzmäßig zu regeln, nahmen der Intervention der Landarbeiter oft jeden Sinn. Aus diesem Grund handelten die Arbeiter oft auf eigene Faust, um die Gelegenheit nicht zu verlieren.»

In vielen Fällen zum Beispiel hätten die Arbeiter bis zur Abwicklung des offiziellen Verfahrens mitansehen müssen, wie etwa Vieh oder Maschinen vom Großgrundbesitzer fortgeschafft worden wären. «Das meine ich, wenn ich sage, daß es von Regierungsseite her kein Begleiten des Prozesses gab», sagte der ehemalige Zivilgouverneur. «Ein anderer Aspekt waren die Besetzungen nach den Regeln des Gesetzes zur Landreform. Es gab ungefähr 200 Güter von der Größe, die eine Intervention des Staates rechtfertigten. Wenn die Arbeiter sich aber nicht an die Besetzung dieser Güter gemacht hätten und dabei das Risiko einiger Unkorrektheiten eingegangen wären, dann, davon bin ich überzeugt, wäre es nicht zu einer Landreform gekommen. Es war auch wichtig, daß die Arbeiter die Initiative ergriffen, um die Landreform vor der Ernte 1975 zu verwirklichen. Wenn sie diese Initiative nicht ergriffen hätten, wäre nicht das gleiche Geld investiert worden. Wenn nicht vor der Ernte besetzt worden wäre, hätten die Gutsherren die staatliche Unterstützung auf Schleichwegen zweckentfremdet oder ins Ausland geschickt. Das Geld wäre nie mehr in den Produktionsumlauf gelangt. Die Arbeiter machten die offiziellen Stellen rechtzeitig auf Ländereien aufmerksam, die unter das Agrarreformgesetz fielen, damit sie positive Interventionsbescheide geben konnten. Das geschah nicht, und die Arbeiter gingen selbst vor.»

Anfang 1976 wurden in Portugal rund eine Million Hektar Land kooperativ bewirtschaftet, ohne daß dies durch irgendeine Instanz des Staates, wie den Revolutionsrat, also von oben erzwungen worden wäre. In der Geschichte der europäischen Bauernbewegung ein einmaliger Vorgang. Von der einen Million Hektar gemeinsam bewirtschafteten Landes waren 650000 Hektar «wild» besetzt worden.

Der zum linken Flügel der Sozialistischen Partei gehörende Landwirtschaftsminister der 6. Übergangsregierung, Lopes Cardoso, erklärte Anfang 1976 zur Landreform:

«Die entscheidende Rolle zu Beginn der Landreform spielten die Landarbeiter. Man kann verschiedener Ansicht darüber sein, aber dieser Prozeß – mit allen seinen Vorzügen und Fehlern – ist der Initiative der Arbeiter zu verdanken. Diese Initiative überstieg bei weitem die Fähigkeiten der jeweiligen Übergangsregierungen.»

Dialog zwischen Landbesetzer und Soldat.

Der Prozeß José Diogo

Auf dem Höhepunkt der Landbesetzungen fand auch der Prozeß gegen den Landarbeiter José Diogo statt. Der 36jährige Traktorfahrer, Vater von zwei Kindern, war kurz nach dem Umsturz im April 1974 in Untersuchungshaft genommen worden, da er angeklagt wurde, seinen Arbeit-

Le Monde

geber, einen Großgrundbesitzer namens Columbano Libano Monteiro, erstochen zu haben.

Der Verlauf des Prozesses verdeutlichte die damalige Spannung zwischen dem revolutionären Vorgehen der Landarbeiter und dem Fortbestehen des bürgerlichen Justizapparates.

Columbano schikanierte und demütigte den Aussagen seiner und anderer Landarbeiter zufolge seine Arbeitskräfte nicht nur, er benachrichtigte auch bei Widerspruch die Geheimpolizei, die widerspenstige Landarbeiter ins Gefängnis brachte. Diese waren für Columbano Kommunisten. Für diesen Gutsbesitzer hatten die inzwischen von der Landarbeitergewerkschaft S.T.A. durchgesetzten Tarifverträge keinerlei Gültigkeit. 12- bis 14-stündige Arbeitstage ohne Pause waren die Regel. Columbano, bekannt als Freund Salazars, sah im Sturz des Faschismus das Werk von Banditen, Schurken und Gaunern, die versuchten, dem Land ihre Gesetze aufzuzwingen. José Diogo arbeitete 3 1/2 Monate als Traktorfahrer für den Gutsbesitzer. Er wurde unter Tarif bezahlt, arbeitete von Sonnenaufgang bis Sonnenuntergang ohne sonntägliche Unterbrechung. Es war die Zeit der Getreideernte. «Columbano hatte auch nicht genug Leute für die Arbeit», schrieb José Diogo aus der Untersuchungshaft an die AEPPA, die Vereinigung der ehemaligen antifaschistischen Gefangenen, die sich in der Öffentlichkeit für den mordverdächtigen Landarbeiter einsetzte.

Die Spannungen zwischen Columbano und Diogo verschärften sich, als der Traktorfahrer auf die Einhaltung des Achtstundentages und des Tariflohnes drängte. Die Zeiten hätten sich geändert, bemerkte der Landarbeiter dazu: «Und so ging dieser Klassenkampf immer weiter», schrieb José Diogo, «bis er mich entließ. Mit der Entlassung rächte er sich dafür, daß ich und zwei andere Arbeitskollegen uns geweigert hatten, Stroh aus Santa Bárbara, 14 Kilometer von Castro Verde, zu holen, und zwar wegen der späten Stunde. Wir wären erst spät nach Feierabend zurückgekommen.»

Der Prozeß fand Ende Juli 1975 statt, nicht in der Gegend, aus der der Angeklagte kam, sondern in der Stadt Tomar, nördlich von Lissabon, in der das Klima dem Beschuldigten ungünstiger war als im Alentejo.

Seit zwei Uhr morgens hatte sich ein großes Publikum vor dem Gerichtsgebäude eingefunden, obwohl erst um 9.30 Uhr Einlaß war. Der Gerichtssaal war überfüllt, die Zuhörer drängten sich in den Korridoren und Treppenaufgängen des Gerichtes, einem der besten Gebäude der Stadt. Doch der Angeklagte erschien nicht. Aus ungeklärten Gründen blieb er im Gefängnis von Leiria, wo er auf dem Transport von Beja untergebracht worden war; daraufhin forderten seine Anwälte die sofortige Freilassung, da sich ihr Mandant nun schon über ein Jahr in Untersuchungshaft befinde. Zu den Prozeßbeobachtern gehörte der französische Dominikaner Jean Cardonnel. Er gab darüber in der Tageszeitung «Le Monde» den folgenden Bericht:

Jean Cardonnel über José Diogo

«Es ist sehr schwer, mit wenigen Linien die große Veränderung aufzuzeigen, die das portugiesische Volk heute erlebt. Für Franzosen war das vor kaum zwei Jahren sehr einfach: Wir kannten, wenn nicht aus direkter Erfahrung, so doch wenigstens aus der Sicht von Berichten den italienischen Faschismus, Hitlers Nationalsozialismus, Francos Orientierung. Aber psychologisch und politisch existierte Portugal nicht. Die besser Informierten sprachen von seinem Premierminister, einem Professor, der zurückgezogen in seinem Arbeitszimmer lebte, bescheiden, dem Auftritte vor den Massen verhaßt waren, ein bißchen beschaulich und mönchisch also. Es gehörte nicht zum guten Ton, wenn man zu begreifen versuchte, daß sich hinter diesem strengen, traurigen Gesicht eine furchtbare, im Gebrauch der Folter sehr wirkungsvolle politische Polizei verbarg. Für viele erwies sich ein solches Vorgehen als untrennbarer Bestandteil einer unvergleichlichen Regierungskunst, deren höchste Rechtfertigung ein auf die Erbsünde reduzierter Katholizismus war, der den revolutionären Verwicklungen der Auferstehung mißtraut. Wir hatten es, um es kurz zu sagen, mit einem Faschismus zu tun, der so wenig militärisch und derart bürgerlich war, daß er schließlich nicht mehr ganz faschistisch war. Es war ein unauffälliger Faschismus auf der Grundlage der einfachen Ansprüche des normalen Lebens, der Familie, der staatlichen Pflicht, des Vaterlandes, der Religion. Ein Faschismus also mit Weste. Bernanos hatte in «Die großen Friedhöfe unter dem Mond» das Schlüsselwort gefunden, als er seine Aufzählung von Diktatoren beendete mit dem «heiligen kleinen portugiesischen Autokraten, dessen Namen ich immer vergesse». Das Ergebnis eines solchen Regimes war ganz einfach dies: Das ganze Volk wurde gelähmt, geschwächt, in den Schatten verbannt, das ganze Volk, Arbeiter und Bauern.

Was die Franzosen meiner Generation betrifft, existierten für sie

Portugiesen nur als Herde von Gastarbeitern, über die erschütternde, aber nicht attraktive Filme wie «Der Sprung» (Salto) uns zeigten, welch schamloser Spekulation sie ausgesetzt waren. Nun aber sehe ich, wie das portugiesische Volk die Bühne betritt, nicht zur Stunde euphorischer Explosion und unter der Last der Zweideutigkeit des 25. April 1974, sondern in dem Augenblick, in dem es sich wieder der Urteilskraft bemächtigt, die ihm geraubt worden war.

Um es genau zu sagen: es war einmal, in noch ganz junger Vergangenheit und an einem Ort inmitten des Alentejo – beide, Zeit und Ort vom übrigen Europa ignoriert – ein großer Gutsherr. Er hieß Columbano Libano Monteiro. Jedermann in der Gegend wußte, daß Columbano der berühmten politischen Polizei, der PIDE, angehörte. Sobald sich einer seiner Arbeiter über eine Verletzung seiner elementaren Rechte beklagte, antwortete er ihm mit einer Gefängnisstrafe, die er über seine Beziehungen zu Justiz und Politik erwirkte. Der Landarbeiter, der nicht zu Kreuze kriechen wollte, sah sich des Kommunismus beschuldigt, und der Fall war erledigt. Die Lust zu auch nur der geringsten Auflehnung mußte erstickt werden. Columbano ließ sich abschreckende Beispiele einfallen, um den guten Geist des Gehorsams aufrecht zu erhalten; deshalb ohrfeigte er unter den fadenscheinigsten Vorwänden Erntearbeiter und andere Angehörige seines Personals. Auf brutale Weise schlug er Arbeiter, deren Missetat darin bestand, daß sie den Hut nicht abgenommen hatten, als er vorbeiging. Schläge hagelten auf jene herunter, die das Unrecht begingen, auf den Feldern zu urinieren, oder nicht sofort stramme Haltung annahmen, um ihren Herrn zu begrüßen.

Columbano war vierzehn Jahre lang Bürgermeister seiner Kleinstadt Castro-Verde. Er nutzte diese Funktion aus, um das Volk des Alentejo unter der Schwere seiner Tyrannei zu zermalmen. Der Bau der Straßen, die Santa-Bárbara mit Castro-Verde und dieses mit Casével verbinden, insgesamt vierzehn Kilometer für die erste und zehn Kilometer für die zweite, wurde durch die Ausbeutung der Arbeiter finanziert. Columbano trennte die Arbeiter, indem er ihren Arbeitsplatz verlegte, und zwar so, daß der Arbeitsplatz so weit wie möglich von der Wohnung entfernt war. Der Grundbesitzer untersagte den Männern, die unter seinen Befehlen arbeiteten, an einen Brunnen zu gehen, der auf einem seiner Grundstükke lag. Deshalb mußten die Arbeiter, um ihren Durst zu löschen, Wasser von zu Hause an ihren weit entfernten Arbeitsplatz mitnehmen. Den Maultiertreiber Humberto de Zambujeira wollte Columbano zwingen, auf einem seiner Güter zu wohnen. Aber Humberto lehnte ab. Also ließ der Großgrundbesitzer die Möbel des Unglücklichen auf die Straße werfen. Columbano ging sogar so weit, einen seiner Bediensteten an beiden Ohren hochzuheben und in der Luft zu halten: ein Teil der Haut der Ohren des Dieners blieb in den Händen des Herrn zurück, der sich darüber amüsierte, während sein Opfer vor Schmerz, Angst und Demütigung weinte.

Diesem enorm rohen Menschen wagte eines Tages der Traktorfahrer José Diogo die Stirn zu bieten. Der arbeitete zwölf bis vierzehn Stunden am Tag, und Columbano verweigerte ihm das Recht zu rauchen, sich fünf Minuten lang, während ihm ständig Wolken aus Staub und Hitze entgegenschlugen, zu entspannen; so ging es jeden Tag; auf einer Mäh-Dreschmaschine, ohne Schatten, unter einer gnadenlosen Sonne wie aus Blei. Dann mußte Diogo von seinem Traktor herunter, alle Säcke, einen nach dem anderen, auf seine Schultern laden und sie mit höchster Geschwindigkeit unter dem herrschenden und demütigenden Blick Columbanos in einer Scheune niederlegen. Im Herzen aller seiner Landarbeiter hatte Columbano maßlose Empörung und Zorn aufgehäuft. Daher erkannten sich alle Arbeiter in der Reaktion Diogos wieder, den Columbano schließlich zum äußersten trieb.

Er ließ sich diese unmenschliche Behandlung nicht mehr gefallen. Schließlich ging José Diogo dann aber noch einmal zu Columbano und bat um Arbeit, die er als Landarbeiter einfach zum Leben brauchte. Aber der Großgrundbesitzer kanzelte ihn nach Strich und Faden ab, der Arbeiter hatte in seiner Erregung vergessen, den Hut abzunehmen – ein unverzeihliches Verbrechen. Außer sich vor Wut schlug Columbano mit der ganzen Wucht seiner Fäuste auf José Diogo ein. Und da zog José, um sich zu verteidigen, dieses Messer, das die Tasche eines Landarbeiters niemals verläßt. Wie meine portugiesischen Freunde so hübsch sagen, wenn sie französisch sprechen: Diogo «piqua», er «piekste» Columbano mit seinem Messer, der kurze Zeit später starb. Es ist übrigens nicht sicher, ob er an den Folgen der Verletzungen starb. Aber José Diogo war bis zum äußersten getrieben worden. Die Erinnerung an all die Demütigungen seiner Kameraden überwältigte ihn zu einem grenzenlosen Zorn. Diese Aufwallung für die anderen mußte dazu kommen, um Diogo außer sich zu bringen, denn alle, die ihn gekannt haben, aus der Nähe gekannt haben, halten ihn für «delicado», bescheiden und völlig frei von dem Wunsch, sich mehr als die anderen hervorzutun.

Am Freitag, dem 25. Juli 1975, fand in der Kleinstadt Tomar der Prozeß gegen José Diogo statt. An jenem Tag war im Justizpalast kein Richter anwesend. Nichts, was an den gerichtlichen Apparat erinnerte. Wir erlebten ein beispielloses Ereignis. Ich sah mich von einer Volksbewegung mitgerissen. Ein ganzes Volk schrie: «Freiheit für José Diogo!» Zwei der Anwälte, die noch in ihrer Amtsrobe waren, baten mich, mich neben sie zu setzen auf einen Platz der Verteidiger. Der Vorsitzende des Gerichts trat nach vorn und sagte mit düsterer Stimme, daß der Prozeß auf den 1. Oktober vertagt sei. José Diogo sah sich dazu verurteilt, 50 000 Escudos (5000 DM) zu zahlen. Aber eine sofort organisierte Sammlung brachte das Geld zusammen.

Was sich soeben in Tomar ereignet hat, ist von großer Bedeutung: Das Ende des eigentlichen Faschismus, die Bildung des gegenwärtigen Triumvirats haben die wichtigsten Organe des Staatsapparates in den Hän-

Die früher so gefürchtete GNR wird von der MFA neutralisiert.

den der führenden Klassen belassen. Ein Teil des portugiesischen Volkes hat begriffen, daß die richterliche Gewalt zwar ‹die Mücke der legitimen Verteidigung eines Landarbeiters herausfischte, den Elefanten jedoch, das heißt den legalen Mord an der Masse der Arbeiter, schluckte›.

Die heutige Bildung einer Volksjustiz, mit der Besetzung der Räume der Presse, der «República», deutet die große Bewegung an, in der das Volk, durch seine eigenen Basismachtorgane, wieder in den Besitz jener Verantwortung gelangt, die ihm zwar im Rahmen der gängigen Gesetzgebung legal – aber trotzdem ungerechterweise geraubt worden war.»

Jean Cardonnel

Dieses erste Volksgericht Portugals war auf Vorschlag eines Mitgliedes der AEPPA (Vereinigung der ehemaligen antifaschistischen politischen Gefangenen) gebildet worden. Seine Jury bestand aus zehn Landarbeitern der Gegend José Diogos, aus acht Vertretern von Industrie-Arbeiterkommissionen (darunter auch die der Setenave-Werft und eines Unternehmens aus Tomar selbst) sowie zwei Mitgliedern der AEPPA. Es wurde beschlossen, daß jede Entscheidung dieses Gerichtes durch die Volksversammlung im Heimatort des Angeklagten gebilligt werden müsse. Für den nicht anwesenden Angeklagten wurde ein Brief verlesen, in dem die Ausbeutung beschrieben wurde, der die Arbeiter Columbanos ausgesetzt waren.

Das Gericht fragte die Anwesenden, ob sich jemand unter ihnen befände, der etwas zur Verteidigung des Gutsbesitzers vorbringen könne. Es fand sich niemand. Die Jury verfaßte daraufhin ein Communiqué, das gleich anschließend der MFA-Versammlung in Lissabon überbracht wurde. Der Prozeßbeobachter des gegen die «Poder Popular»-Bewegung eingestellten, PS-treuen «Jornal Novo» schrieb dazu, erst, wenn das Proletariat auf allen Ebenen die Herrschaft errungen habe, könne es eine «Volksgerechtigkeit» geben. Vorerst hänge der Ausgang des Prozesses noch vom Ausgang des politischen Machtkampfes ab: «Das (bürgerliche) Gericht», schrieb die einflußreiche Lissabonner Zeitung, «fühlt sich nicht stark genug, um zu verurteilen, gesteht aber auch der Legitimität des Volkes nicht zu, dies zu tun. Wir befinden uns in einer Sackgasse. Andererseits ist der Ausgang des Prozesses eng mit dem sozialen und politischen Kontext unseres Landes verbunden. Das führt uns zu dem unausweichlichen Schluß, daß das Urteil über den alentejanischen Landarbeiter notwendigerweise vom Ausgang der politischen Krise abhängt, in der wir leben. Wenn sie sich in Richtung auf die sogenannte Volksdemokratie (Democracia Popular) löst, ist es möglich, daß José Diogo freigesprochen wird, weil das Verbrechen während der totalen Krise des bürgerlichen Rechts begangen wurde. Wenn die Krise sich in Richtung auf die bürgerliche Demokratie löst, hat José Diogo weiterhin vernünftige Gründe, freigesprochen oder symbolisch unter Berücksichtigung vieler mildender Umstände verurteilt zu werden. Denn in Momenten der Krise weiß die Bourgeoisie großherzig zu sein. Wenn es sich lohnt.»

Der Prozeß diente der Rechtspresse im In- und Ausland als Beweis dafür, daß in Portugal der Mob Mord und Totschlag begehen könne, ohne eine Bestrafung zu riskieren. Der damalige Zivilgouverneur von Beja machte diese Erfahrung nicht. Major Brissos: «Es gab nie eine Gewaltanwendung gegen Personen oder gewalttätige Ausschreitungen irgendeiner Art. Es gab hier in Beja Demonstrationen von rund 70000 Personen, die durch die Straßen ihrer Ausbeuter zogen, ohne daß eine Fensterscheibe zu Bruch ging. Sollte die Situation einmal umgekehrt sein, bin ich sicher, daß der Gegner die Arbeiter nicht so schonen würde, wie die Arbeiter ihn schonten.»

Demokratische Organisation der Revolution

Frage an einen Landarbeiter: Wie sind die Beziehungen der Mitglieder einer Kooperative untereinander? Wer hat die Leitung? Wie kommt es zu den Führungspersonen?

Antwort: Die Arbeiter werden von einer Kommission geleitet, die von ihnen selbst gewählt wurde.

F.: Und wenn die Kommission nichts taugt?

A.: Die Arbeiter brauchen nur zu sagen: «Moment mal, ihr da! Ihr taugt nichts», und es kommen andere Leute an ihre Stelle.

Wenn, wie es häufig geschah, nicht nur ein Landgut besetzt wurde, sondern mehrere der gleichen Gegend auf einmal, wurde zunächst für jedes besetzte Gut eine Kommission gebildet. Sie wurde von allen Landarbeitern auf Vollversammlungen gewählt. Ihre Mitglieder waren für einen bestimmten Zeitraum, zum Beispiel ein Jahr, tätig, konnten aber jederzeit auch vorher abgewählt werden. Die Kommission mußte zunächst Bilanz ziehen: welche Möglichkeiten waren vorhanden, was fehlte? Sie mußte die Arbeitsteilung regeln, die Verbindung zum Zentrum für Agrarreform herstellen, über den Zusammenschluß mit anderen Kooperativen beraten, überlegen, ob das Land anders als früher bebaut werden sollte, wie Ländereien bewässert werden konnten und die Beziehungen zu möglichen Pächtern auf dem besetzten Grundbesitz regeln.

Die Landarbeiterin einer aus mehreren besetzten Gütern bestehenden «Kollektiven Produktionseinheit» zu dieser Frage:

«Die Pächter wissen schon, wie wir es halten: für gleiche Arbeit gleichen Lohn. Wenn sie bei uns bleiben wollen, unter den Arbeitern, gut so. Wenn sie das nicht wollen, weg mit ihnen auf die Straße. Das ist unsere Position.»

Die Landarbeiterkommissionen verstanden sich als «apartidario», als parteienunabhängig. Sie wollten damit verhindern, daß eine parteipolitische Spaltung der Landarbeiter die Verteidigung des enteigneten Landes gegenüber den früheren Besitzern und deren Verbündeten schwächen würde. Ein Kommissionsmitglied:

«Wenn wir Versammlungen machen, sagen wir vorher stets: ‹Meine Freunde, hier drinnen gibt es keine Parteipolitik. Hier gibt es nur eine Politik, das ist die der Arbeit und der Produktion. Wenn wir Politik diskutieren wollen, können wir das auf den Parteibüros tun oder wo wir wollen, aber nicht hier.›»

Für die Landarbeiter bedeutete der revolutionäre Prozeß nicht die Machtergreifung dieser oder jener Linkspartei, sondern die Umkehrung der früheren Machtverhältnisse zu ihren Gunsten. Dabei war das Kriterium für die Zusammenarbeit mit den politischen Parteien deren jeweilige Nützlichkeit bei der Absicherung der neuen Machtverhältnisse. Funktionäre, «Bonzen», gab es in den Landarbeiterkommissionen nicht. Jede Delegation von Macht – wie etwa die an die Kommission – blieb überschaubar, kontrollier- und abrufbar.

Diese Kommissionen, nicht die Parteibüros, waren für die Landarbeiter Sinnbild demokratischer Praxis. Sie wieder zu beseitigen oder zu entmachten, würde auf den Widerstand der Betroffenen stoßen. Eine solche Entmachtung wäre von seiten dirigistisch denkender Parteien möglich wie auch durch ein Rückgängigmachen der Agrarreform selbst. Vorstellbar wäre, daß die Kooperativen zumindest jener 650000 Hektar «wild» besetzten Landes von der 6. Regierung, also nach den Wahlen 1976, wieder aufgelöst würden, dies Land aber nicht in früherer Manier den Großgrundbesitzern als feudaler Luxus, (wie Jagdreviere), sondern zu einer im kapitalistischen Sinn rentablen Bewirtschaftung überlassen würde. Vorstellbar wäre, daß Investitionen dieses gleichfalls in modern-kapitalistischen Rentabilitätskriterien denkenden Staates vorgenommen und die Mindestlöhne für Landarbeiter aufrechterhalten blieben. Die Verfechter dieses Modells würden versuchen, es dem Landproletariat als einen Fortschritt darzustellen. Hauptwiderstandspunkt gegen dieses Modell wären die Kommissionen, die als Ausdruck der Arbeitermacht nicht weiterbestehen könnten. Denn die Verfügungsgewalt über den Boden, über die Gewinne, über die Arbeitskraft läge wieder beim privaten Besitzer. Diskussion, Beratung, Gleichstellung und Entscheidung der Kooperativmitglieder würden annulliert, die Demokratie des Alltags würde alltäglicher Abhängigkeit Platz machen.

Insofern waren die Landarbeiterkommissionen eine praktische Schule in demokratischer Politik, die das Widerstandspotential gegen formaldemokratische oder antidemokratische Bestrebungen vergrößerte. Die Landarbeiterkommissionen arbeiteten eng mit den Zentren für Agrarreform zusammen, ohne sich Illusionen über deren Möglichkeiten zu machen. Denn die Zentren hatten weder genügend finanzielle Mittel noch die ausreichende Zahl von Agraringenieuren. Die Mitglieder einer Landarbeiterkommission:

«Wir bauen hier jetzt einen kleinen Staudamm, um das Land bewässern zu können. Dazu haben wir einen Mann, der extra dafür mit einer Maschine arbeitet. Wir bezahlen ihm tausend Mark im Monat, die wir vom Lohn eines jeden Kooperativmitgliedes abziehen. Wir waren mehrmals im Zentrum für Agrarreform, das aber nicht in der Lage war, uns zu sagen: baut doch den Damm, wir geben euch den nötigen Kredit. Das Zentrum gab uns das Geld für den Dieselkraftstoff. Tatsache ist, daß wir ohne bewässertes Land nicht leben können.»

Die Zentren für Agrarreform waren, anders als die Kommissionen, Ausdruck der jeweiligen Machtverhältnisse in Lissabon. Ein Landwirtschaftssoziologe:

«Es gibt in den Zentren Leute, die sich nicht mit dem Kampf der Arbeiter identifizieren. Wenn es hier häufig an Mitteln fehlte, dann, weil die Organisation des Staates nicht erlaubte, daß sie in den Dienst der Arbeiter gestellt wurden.»

Die Landarbeiterkommissionen versuchten auch, das Verhältnis zu Kleinbauern und Pächtern zufriedenstellend zu regeln. Landarbeiter und Kleinbauern verfolgten bei der Landwirtschaftsreform unterschiedliche Ziele. Landwirtschaftsminister Lopes Cardoso: «Sicher ist, daß der alentejanische Landarbeiter kein Land für sich persönlich wollte. Seine Absicht war nicht, den Großgrundbesitz in einzelne Parzellen aufzuteilen. Der kleine Pächter oder Bauer dagegen wollte nicht nur behalten, was er schon hatte, er erwartete von der Landreform eine Vergrößerung seiner Anbaufläche.» Wo Besitz von Kleinbauern oder Pächtern angetastet worden war, korrigierten die Landarbeiter ihre Fehler. Eine andere Frage war für sie die Vergrößerung von deren Besitz. Hätte dies nicht bedeutet, daß das von allen besetzte Land einigen zur privaten Ausnutzung überlassen worden wäre? Der Bauer mit vergrößertem Betrieb hätte Landarbeiter zur Lohnarbeit eingestellt, das Verhältnis Besitzer–Lohnarbeiter hätte erneut eine Grundlage erhalten. Mitglieder der Landarbeiterkommission der Kooperative São Manços nahmen Anfang 1976 zu dieser Frage Stellung.

Frage: Waren die kleinen Landwirte dagegen, sich den Kooperativen anzuschließen?

Landarbeiter: Es gibt viele, die sich angeschlossen haben. Andere nicht. Die kleinen Landwirte, ich meine nicht die mittleren, wurden immer genauso ausgebeutet wie die Landarbeiter. Oder mehr! Warum sich einige nicht anschließen? Das kommt daher, daß diese Kleinbauern immer nur das machten, was die Großgrundbesitzer von ihnen verlangten; ohne sie wußten sie nicht, was sie machen sollten. Und daran sind sie noch immer gewöhnt.

F.: Wieviel Hektar kommen in den Kooperativen durchschnittlich auf ein Mitglied?

L.: Um die 15 Hektar. Dazu ist festzustellen, daß nach Auskünften des Landwirtschaftsministeriums dort jetzt Leute auftauchen, die 200 Hektar für sich allein wollen, obwohl sie diese Fläche gar nicht allein bewirtschaften können. Es kommen sogar Leute im Ruhestand und wollen Land! Wie kann man zulassen, daß jetzt 200 Hektar Land an Einzelpersonen vergeben werden sollen, wenn der Durchschnitt für einen Kooperativen-Arbeiter, wie ich schon sagte, bei 15 Hektar liegt?

F.: Will das Ministerium eine derartige Landvergabe vornehmen?

L.: Jedenfalls hat es Verlautbarungen dieser Art gegeben.

Vertreter der Landarbeitergewerkschaft: Ein großer Teil der kleinen Landwirte hat sich den Kooperativen angeschlossen. Ein anderer Teil will sich den Landarbeitern nicht anschließen, wofür wir Verständnis haben, denn es soll niemand gezwungen werden, den Kooperativen anzugehören. Wir meinen, daß es im Distrikt noch Land für sie gibt. Es gibt noch viel Land zum Enteignen. Wir werden eine genaue Aufstellung pro Gemeinde machen, um zu sehen, wo es noch Land zum Enteignen gibt, das dann an die Kleinbauern vergeben werden kann, wie sie es wünschen. Wir haben darüber vor einigen Tagen auf einer Versammlung diskutiert, an der der Premierminister, der Landwirtschaftsminister und die Befehlshaber der Militärregionen teilnahmen. Andererseits kommen auf die Bauerntreffen Leute, die arbeiten seit Jahren nicht mehr in der Landwirtschaft. Um jedoch größeren Druck gegen uns auszuüben, verlangen sie ebenfalls Land. Sie verlangen 200 oder 300 Hektar, arbeiten aber selbst nicht. Sie nehmen einige Arbeiter unter Vertrag, und die Ausbeutung geht weiter. Wir sind einverstanden, daß denjenigen Kleinbauern, die Land zum Überleben brauchen, Land gegeben wird. In dieser Frage sind wir bereit, mit den verantwortlichen Personen in diesem Land

Maifeier im Alentejo.

zusammenzuarbeiten. Wir werden das systematisch von der ersten bis zur letzten Gemeinde überprüfen.

Unannehmbar dagegen für uns ist, daß sich mitten in die gemeinsam bewirtschaftete Einheit eine andere privatwirtschaftliche Einheit einzudrängen sucht. Sie wäre wie eine Insel inmitten der Kooperative, die morgen versuchen würde, die Arbeiter zu spalten. In diesen Fällen handelte es sich in der Hauptsache um Pächter, die auf dem Großgrundbesitz ein Stück Land in Pacht hatten, das zuweilen mitten in der später gebildeten Kooperative lag. Die Kooperativen-Kommission versuchte dann, ein entsprechendes Stück Land auf weniger störendem Gelände zu finden.

Das Spiel der Parteidirektionen

Der Generalsekretär der Demokratischen Volkspartei (PPD) gab Anfang 1976 ein Beispiel dafür, wie man Konflikte während der Agrarreform nicht löste, sondern demagogisch nutzte. Sá Carneiro erklärte damals im portugiesischen Fernsehen: «Der Großgrundbesitz im Alentejo besteht weiter. Es wurden neue Latifundien durch Kollektivgüter geschaffen, die in vielen Fällen über 20000 Hektar umfassen. Möglich wurde dies durch die Besetzung des Landes der kleinen und mittleren Landwirte. Ziel war die Kollektivierung des Bodens. Dem Landarbeiter hat dies nichts genutzt, da er auf den Kollektivgütern oft weniger Lohn bekommt als in privaten Betrieben. Und man unterließ genau das, was unbedingt zu tun gewesen wäre: nämlich das enteignete Land an die kleinen und mittleren Landwirte zu verteilen, damit ihre Betriebe rentabel werden, und damit sie überleben und ihren Besitz vermehren können.»

Zu dieser Fernsehrede des Generalsekretärs jener Partei, die sich als die einzig wirklich sozialdemokratische Portugals bezeichnet, bemerkte der liberale «Expresso»: «Das erste, was er (Sá Carneiro) tun müßte, wäre, in den Alentejo zu gehen, um sich mit eigenen Augen umzusehen. Mit dieser Art von Miesmacherei im Fernsehen, deren Ziel Stimmenfang beim Bauernverband (CAP) und den ihn unterstützenden Sektoren ist, verliert man das Vertrauen jener Leute, die in Kenntnis der Realität diese nicht entstellt sehen wollen.» Doch hier, wie bei vielen anderen Gelegenheiten vertrug sich intellektuelle Aufrichtigkeit nicht mit der Formung des gewünschten «Wählerwillens». Denn brachte die Masse demagogisch verängstigter Klein- und Kleinstbauern nicht mehr Stimmen als die Landarbeiter, die man ohnehin in den Händen der Kommunisten oder Sozialisten glaubte? «Sollen sie in den Alentejo kommen und sich die Sache ansehen», sagte das Mitglied einer Landarbeiterkommission nach der Fernsehrede Sá Carneiros. Der Landarbeiter gehörte einer jener «neuen Latifundien» an, von denen der PPD-Generalsekretär gesprochen hatte, der Kooperative von Escoural. Sie umfaßte 21000 Hektar, die von 600 Arbeitern gemeinsam bewirtschaftet werden. «Sie sollen uns nicht beschuldigen, ohne mit uns zu sprechen. Sie sagen zum Beispiel, wir würden das Land nicht bebauen. Dabei haben wir – und in vielen anderen Kooperativen ist es dasselbe – die Anbaufläche vergrößert. Allein unsere Kooperative wird, wenn das Jahr normal verläuft, mehr Getreide ernten als der gesamte Kreis von Montemor. Sá Carneiro sagt, es hätten sich neue Latifundien gebildet durch Kollektivgüter von oft 20000 Hektar Umfang. Nur sagt Dr. Sá Carneiro nicht, daß dieses Kollektivgut von 600 Kooperativ-Mitgliedern bearbeitet wird, die hier eine Garantie auf tägliche Arbeit haben, die ihre Direktionsorgane selbst wählen, die alle dasselbe verdienen, 18 DM die Männer und 13 DM die Frauen, wobei sie, die Kooperativ-Mitglieder, bestimmen, wofür die Gewinne verwandt werden. Dr. Sá Carneiro sagt nicht, daß es früher nicht jeden Tag Arbeit gab, daß viele von uns hungerten, und er sagte auch nicht, daß jeder außerdem noch ein kleines Stückchen Land bekam, auf dem er seine Lieblingsgewächse anbauen kann. Dr. Sá Carneiro hätte das Land lieber an die Klein- und Mittelbauern verteilt. Seltsamerweise spricht der Führer der PPD nie von den Landarbeitern, die ihn nicht zu interessieren scheinen, auch wenn die Landarbeiter, was sicher ist, die Mehrheit der Arbeiter hier bilden. Und seltsamerweise tut er dies alles im Namen der menschlichen Würde!»

In Mittelportugal erklärten im Spätsommer Militärs der Praktischen Artillerieschule, sie hielten alle Landbesetzungen für gut, «sobald das

Institut für Agrarreform uns sagt, daß ein Gut die Bedingungen erfüllt, um von seinen Arbeitern besetzt zu werden. Kommt die IRA zum gegenteiligen Schluß, versuchen wir die Arbeiter zu überzeugen, die Besetzung nicht vorzunehmen. Oft sind wir von der guten Organisation der Arbeiter überrascht, aber auch dann hängt unsere Zustimmung von der Antwort der IRA ab.»

In der Haltung der Militärs drückte sich die Besorgnis über die politische Lage im Spätsommer 1975 aus. In Rio Maior waren Kleinbauern gegen Kommunisten vorgegangen. Gerüchte sagten, diese wollten das Land der Kleinbauern enteignen. Deshalb wollten die Militärs Landbesetzungen jeden Anschein von Willkür nehmen und verlangten Präsenz und Zustimmung des Institutes für Agrarreform. Aber nicht nur die PPD versetzte die Kleinbauern in Panik, auch die PS hatte die Landbesetzungen schon vor den Wahlen als «Anarchopopulismus» verurteilt. In Rio Maior, wo es zu den ersten Ausschreitungen gegen die Linke gekommen war, hatten Mitglieder der Sozialistischen Partei den Landwirten berichtet, es könne allen viel besser gehen, wenn die Kommunisten nicht wären. Westeuropa sei bereit, mit Millionen Mark und Dollars dem Land aus der Krise zu helfen. Doch die Kommunisten wollten nicht, daß dieses Geld nach Portugal flösse. Sie wollten einen «Sozialismus des Mangels», um das Land von Moskau abhängig zu machen. Solche Äußerungen durchliefen in Windeseile das Land, verformten sich zu den in Portugal berüchtigten «boatos», Gerüchten (gegen die die Dynamisierungszentrale eigens ein Plakat verfaßte), die durch offizielle Äußerungen von Regierungsstellen kaum noch richtigzustellen waren.

Die Bewegung der Streitkräfte war damals bereits in den Melo-Antunes-Flügel («Gruppe der Neun») und den COPCON-Flügel gespalten. Damit hatte sie ihre Rolle als Motor und Schiedsrichter endgültig verloren. Im August 1975 fanden in Evora, im Alentejo, zwei Demonstrationen zugleich statt, die dies verdeutlichten. Die Landarbeiter der Kooperativen begannen, einen wichtigen Verbündeten zu verlieren. Die Sozialistische Partei hatte zu einem großen Meeting aufgerufen. Von den fünf Abgeordneten, die die Hauptstadt des Alentejos bei den Wahlen zur Verfassunggebenden Versammlung stellte, waren drei Sozialisten und zwei Kommunisten. Viele Kleinbürger der Stadt, Ladenbesitzer, Angestellte, hatten für die PS gestimmt.

Aber unter den Demonstranten waren auch Gutsbesitzer und ihre Freunde aus der Stadt zu sehen, Rechtsanwälte, Ärzte. Sie waren gekommen, weil in Evora ihrer Meinung nach zuviel linke MFA-Offiziere stationiert waren. Sie wollten «der wahren MFA» ihre Unterstützung ausdrücken, «der der Neun», das heißt der Gruppe um Oberst Melo Antunes und Vasco Lourenço, die in ihrem «Dokument der Neun» der PCP und den Linken in der MFA, vor allem auch COPCON-Befehlshaber Otelo Saraiva de Carvalho, den Kampf angesagt hatte. Die Landarbeiter hatten die Gefahr erkannt. Den ganzen Abend fuhren sie mit Traktoren und auf Anhängern von den Kooperativen nach Evora, um «die Revolution» zu verteidigen: 50000 Hektar besetztes Land. Sie waren dem Aufruf der Landarbeitergewerkschaft S.T.A. und der Kommunistischen Partei gefolgt, die in der Demonstration der Sozialistischen Partei den reaktionären Versuch sah, «die im Norden bestehende Gewalttätigkeit auf den Alentejo auszudehnen». In Evora stießen sie zusammen: die ein wenig besser gekleideten kleinen Leute aus Läden und Büros der Stadt und die sonnenverbrannten Landproletarier. Beide Demonstrationen wurden nur durch einen Kordon von Soldaten getrennt. «Wir brauchen die Einheit, sowohl die des Volkes wie die der fortschrittlichen Parteien», rief etwas eingeschüchtert ein Oberst vom Balkon des Militärhauptquartiers. Die Sozialisten klatschten Beifall, der «ihrer» MFA galt und zogen langsam weiter. Wenig später marschierten auch die Bauern unter dem Balkon des Hauptquartiers vorbei, wandten den Blick zu den Militärs, hoben die Faust und riefen: «Nieder mit der Reaktion!» Die Sozialisten pfiffen, obwohl sie wenige Minuten zuvor dieselbe Parole gerufen hatten. Fast schien ein Zusammenstoß unvermeidlich. Doch der junge sozialistische Abgeordnete Pedro Coelho meinte: «Die PCP hat Garantien gegeben, und wir haben unsererseits Maßnahmen getroffen, um die Lage unter Kontrolle zu halten. Notfalls wird die Armee eingreifen.» Sie mußte es in der Tat. Denn auf dem kleinen Platz, auf dem das kommunistische und das sozialistische Parteibüro sich fast gegenüberliegen, verschärfte sich die Spannung zwischen den feindlichen Lagern. Die Militärpolizei bildete einen Kordon, ein Militärlastwagen verstärkte die Absperrung. Beide Seiten applaudierten weiterhin ihrer Fraktion der MFA. Die Landarbeiter und die PCP unterstützten einen Hauptmann, der vom Militärkommandanten der Region Süd, General Pezarat Correia, als zu «einseitig» sanktioniert werden sollte. Die Sozialisten unterstützten hingegen genau diesen General, der zu den Unterzeichnern des Dokumentes Melo Antunes gehörte. Für sie verkörperte er die wirkliche MFA, die sich gegen die «Herrschaft der Kommunisten» und die «Aggression der Fünften Division» (verantwortlich für die Dynamisierungskampagnen) wandte. Zwischen beiden Gruppen standen die Soldaten, die Gewehrläufe gegen den Himmel gerichtet, während der Krieg der Parolen tobte: «Die Erde denen, die sie bearbeiten, und nieder mit den Kanaillen», riefen Landarbeiter und PCP-Anhänger. «Nieder mit dem Kommunismus», riefen die Sozialisten.

Die Militärs, die zu schlichten versuchten, zogen resigniert wieder ab. Das Klima war für eine vernunftbetonte Diskussion nicht günstig. Die Interessen der Landarbeiter, die konkrete Arbeit ihrer Kommissionen, eine sachliche Diskussion über den tatsächlichen Einfluß der PCP auf die Arbeit dieser Kommissionen, eine Prüfung der Frage, ob und wenn ja, durch wen Macht mißbraucht wurde, fand nicht statt und sollte auch nicht mehr stattfinden. Die Parteien als «Volksschule der Politik», diese frühere Vorstellung des linken MFA- Flügels wurde nicht nur in Evora gründlich zerstört.

Die Sozialistische Partei versuchte nachzuholen, was sie während der Diktatur versäumt hatte: Anhänger unter den Landarbeitern zu gewinnen, nachdem ihr im städtischen Kleinbürgertum, aber auch bei den Arbeitern in Kleinbetrieben in dem als «rot» geltenden Alentejo bereits Einbrüche gelungen waren. Sie versuchte, ihren Einfluß unter den Landarbeitern zu verstärken, selbst auf die Gefahr hin, daß PS- und PCP-Anhänger unter den Landarbeitern, die bisher ohne parteipolitische Auseinandersetzungen zusammengearbeitet hatten, zu Feinden würden. Ein Landarbeiter: «Wir in São Manços haben einen solchen Fall. Es gibt zwei Kooperativen. Die eine wird beschuldigt, von der Kommunistischen Partei, die andere, von der Sozialistischen Partei zu sein. Ich arbeite in der, die als die der Kommunistischen Partei angesehen wird. Wir haben bei uns Arbeiter, die mit der Politik der PC und andere, die mit der Politik der PS verbunden sind. In diesem Fall erhob die der Sozialistischen Partei zugeordnete Kooperative Beschuldigungen gegen die der Kommunistischen Partei zugerechneten Kooperative. Dies geschah über die Zeitung «A Luta», Kampfblatt des rechten Flügels der PS.» Nach Ansicht der Landarbeiter bediente sich hier ein Großgrundbesitzer der Sozialistischen Partei, um die Landarbeiter gegeneinander aufzubringen und langfristig ihre Bewegung zu schwächen.

«Der Gutsherr sah, daß die Leute zusammenhielten. Wir hatten ja die Besetzung für unsere Kooperative mit rund 200 Leuten gemacht. Der Gutsbesitzer verlockte einige der Arbeiter, indem er ein Stück Land in ihre Hände gab. Es kamen die Kleinhändler und alle diese Leute, denen bot er Maschinen und Land an. So spaltete sich die Bevölkerung.»

Ein weiterer Ansatzpunkt für die Parteipolitiker war die unterschiedliche Größe und Bodenbeschaffenheit der Kooperativen. Im Alentejo-Distrikt Beja gab es Kooperativen, in denen sich mehrere besetzte Landgüter zusammengeschlossen hatten, und Kooperativen, die nur aus einem Landgut bestanden. Der Major Brissos de Carvalho, meinte dazu: «Die Tatsache, daß ein bestimmtes Gut für sich allein eine Kooperative bilden kann, bedeutet, daß sich die Arbeiter mit gutem Land in einer privilegierten Situation befinden, die Neureiche gegenüber den anderen sein werden, die schlechteren Boden haben. Bislang hat das hier noch nicht zu Spaltungen geführt, weil der Zusammenhalt hier sehr groß ist. Aber es gibt Arbeiter, die mehr verdienen als andere, die besseren Boden haben als andere. Insofern ergeben sich daraus unterschiedliche Situationen für die jeweiligen Arbeiter, und auf die Dauer ist es leicht, die einen gegen die anderen auszuspielen.»

Beide Kooperativen-Arten bargen Gefahren: die kleinere, übersichtlichere die des Gruppenegoismus; die große, aus mehreren Gütern bestehende «Kollektive Produktionseinheit» die Gefahr der Unübersichtlichkeit, der mangelnden Kommunikation der Landarbeiter untereinander. Die Kommission konnte in Versuchung geraten, sich zu verselbständigen. Gruppenegoismus oder dirigistische Tendenzen würden – so befürchteten die Militärs – dort, wo sie aufträten, durch Berufspolitiker eher noch Auftrieb erfahren.

Während sich die Angriffe auf die Landreform verschärften, erhielten die Betroffenen immer weniger Gelegenheit, sich dazu zu äußern. Ein Kommissionsmitglied der Kooperative Cortiçadas, das sich als keiner Partei zugehörig erklärt, sagte Anfang 1976:

«Unser Unglück ist, daß wir jetzt keine Organe haben, die uns verteidigen. Die Politik läuft nicht in unserer Richtung. Jeder Großkopfete kann zum Fernsehen gehen und soviel reden, wie er will, aber wir können nicht hingehen. Wir haben auch keine Zeitungen, wo wir unsere Stimme hören lassen können. Wir vertrauten auf die Streitkräfte, aber jetzt haben wir bereits große Angst. Es gibt Personen, die beginnen, Gerüchte unter den Arbeitern zu verbreiten: daß die alten Herren kommen, daß sie alles zurücknehmen und diejenigen festnehmen werden, die jetzt das Land bebauen. Das geht soweit, daß man uns sogar rät, an die Streitkräfte zu schreiben, um die Rückkehr der alten Besitzer zu fordern, weil wir so später nicht bestraft würden. Auf welcher Seite stehen die Streitkräfte? Auf welcher Seite steht dieser Eanes (damals Generalstabschef des Heeres, Nachfolger von General Fabião)? Steht er auf unserer Seite?»

Zum damaligen Zeitpunkt bemühte sich Landwirtschaftsminister Cardoso, durch Kompromisse einen Teil der Landreform zu retten. «Im Grunde geht es nicht um die Landreform, sondern um den 25. April», erklärte er Anfang 1976. «Die Angriffe auf die Landreform zielen über die Landreform hinaus. Ihr Hauptziel ist, das Grundlegende an der Revolution des 25. April in Frage zu stellen. Zum ersten soll an den wichtigsten und grundlegendsten Errungenschaften der Arbeiter gerührt werden, zum zweiten selbst das in Frage gestellt werden, was die wesentliche Errungenschaft des portugiesischen Volkes war: Freiheit und Demokratie.» Doch wie etwa sollte eine auf Wahlen ausgerichtete Partei, auch eine sozialistische, sich für eine radikale Veränderung der Besitzverhältnisse, Grundlage von Freiheit und Demokratie, in einem Gebiet stark machen, das insgesamt nur 32 der insgesamt 205 Parlamentsitze bringen konnte? Konnte man deshalb auf Regionen und Bevölkerungskreise verzichten, die – aus welchen Beweggründen auch immer – gegen die Landreform waren, jedenfalls aber eine weit größere Zahl von Abgeordnetensitzen bedeuteten?

Ein Blick auf die Zahl der Abgeordneten, die vom Norden und vom Süden Portugals gestellt werden, verdeutlicht dies: wenn, wie im Wahlgesetz vorgesehen, 25000 Personen einen Abgeordneten stellen, kommen 173 Abgeordnete aus dem Gebiet nördlich des Tejo und nur 32 Abgeordnete aus dem Gebiet südlich des Tejo, dem Hauptgebiet der Kooperativen. Das Gebiet nördlich des Tejo wiederum läßt sich grob noch einmal in zwei Schwerpunkte unterteilen, wobei der Mondego (auf der Höhe von Coimbra) die Grenze bildet. Nördlich des Mondego findet sich die dichteste Konzentration der landwirtschaftlichen Minibetriebe mit ihrer völligen Abhängigkeit von Großhändlern, Großbetrieben und Großbauern, die dort die öffentliche Meinung beherrschen. Dieses Gebiet stellt allein 95 Abgeordnete, während Mittel- und Südportugal insgesamt nur 110 Abgeordnete stellen. Die Partei, der es gelänge, die Kleinstbauern des Nordens und die Kleinbauern Mittelportugals mit Falschmeldungen über die Kooperativen der Mitte und des Südens in Panik zu versetzen, könnte eine stattliche Zahl Abgeordneter im Parlament verbuchen.

Landwirtschaftsminister Lopes Cordoso, Exponent des linken Flügels der Sozialistischen Partei, versuchte die Agrarreform gegen Überlegungengen dieser Art zu verteidigen. Im Kabinett wie auch in der Parteiführung zunehmend isoliert, zog er im März 1976 von Kleinstadt zu Kleinstadt, um die Gerüchte über die Zwangsenteignungen von Kleinbauern, die anstehende Kollektivierung des Bodens im Norden zu widerlegen. Der Bauernverband (CAP), in dem die Großbauern den Ton angaben, mußte auf seinen Versammlungen in Rio Maior erfahren, daß der Minister kein einfacher Gegner war. Als Abgeordneter aus der Alentejo-Stadt Beja kannte er die Kooperativen aus eigener Erfahrung, hatte sich zudem als Agraringenieur mit der Landreform in Kuba auseinandergesetzt. Er kannte seine Materie. Doch welche Macht stand damals noch hinter dem Minister? Und welche Macht hatte er, um jene «boatos» zu bekämpfen, die seine Äußerungen zu Lüge und Zweckpropaganda erklärten?

Lopes Cardoso war sich bewußt, daß im Norden die Unzufriedenheit der Kleinbauern von jenen ausgenutzt wurde, die nicht nur seine, sondern auch die Gegner der Kleinbauern selbst waren. Die wirklichen Ursachen für die schwierige Situation wurden ihnen dabei nicht genannt. Diese Ursachen zu ändern, lag nicht im Machtbereich des Ministers: das Problem der Preise, des Verkaufs und der Zwischenhändler. «Vielleicht wissen es die Kleinbauern nicht, die Verantwortlichen des Bauernverbandes jedoch wissen, daß der Landwirtschaftsminister für diese Bereiche nicht verantwortlich ist», erklärte Cordoso. «Preise und Verkauf der Produkte liegen – ich habe schon mehrmals gesagt, daß ich das für falsch halte – in der Verantwortlichkeit des Ministeriums für Innenhandel. Genutzt aber wird die Unzufriedenheit über diese Bereiche, um sie gegen den Landwirtschaftminister zu lenken.» Doch würde Magalhaeas Mota, einflußreiches PPD-Mitglied und verantwortlich für diese Fragen, sich zu den nötigen Änderungen entschließen können? Der gelernte Jurist hatte in den Kabinetten des alten Regimes rasch Karriere gemacht und war während der «liberalen» Phase Caetanos von 1969 bis 1973 Abgeordneter gewesen.

Konnten zwei Männer so unterschiedlicher politischer Provenienz eine progressive Landwirtschaftspolitik für den Norden entwerfen, dazu noch mitten in der Kampagne zu den Parlamentswahlen 1976, in denen PS und PPD erbitterte Rivalen waren?

Nach dem Umsturz 1974 war im Norden zwar die Forderung erhoben worden, die Vertriebs- und Verkaufsstrukturen für Landwirtschaftserzeugnisse so zu verändern, daß sie in erster Linie den Kleinlandwirten zugute kämen. In der Praxis jedoch änderte sich nichts. Die «grémios da Lavoura», die Interessenorganisationen der mittleren und Großbauern, sollten zwar mit Hilfe eigens geschaffener Kommissionen erneuert werden, doch funktionierten die «Comissões liquidatárias dos grémios da Lavoura» oft selber nicht im Interesse der Klein- und Kleinstbauern. So kam beispielsweise das von der Regierung beschlossene Sofort-Kredit-Programm den Kleinbauern in vielen Fällen nicht zugute. Diese Kredithilfe war von der Ministerialbürokratie auf eine Weise veröffentlicht worden, die es oft nicht zur Kenntnis der Betroffenen brachte. Erhielten sie dennoch Kenntnis davon, wurden die Kreditanträge auch von den «comissões liquidatárias» häufig schleppend behandelt, nach parteipolitischen Gesichtspunkten oder anderen Auswahlkriterien vergeben, die von vielen Kleinbauern als ungerecht empfunden wurden. Hier traten die Nachteile einer von oben und bürokratisch durchgeführten Reform zutage, die deshalb ihren Urhebern auch keinen politischen Gewinn brachte. Parteienegoismus, gerade auch bei jenen Parteien, die als die progressiven galten, Dirigismus und ein Antikommunismus, der etwa autoritär-selektive Methoden von PCP-Verantwortlichen nicht einer linken und rationalen Kritik unterzog, sondern diese Kritik über die Vorurteile aus der Zeit des Faschismus lenkte: dies zusammen verhinderte im Norden einen Lernprozeß, der hier – anders als im Süden – von «oben», von den Linksparteien oder der MFA hätte kommen müssen. Selbst in den aus der Zeit des Faschismus stammenden Landwirtschafts-Kooperativen des Nordens veränderte sich so gut wie nichts, obwohl die Linksparteien der Regierungskoalition damals über eine nie gekannte Macht verfügten. Es wurde ein Gesetz erlassen, demzufolge in diesen Kooperativen bis zum 31. Dezember 1975 Wahlen stattfinden sollten. Sie fanden auch statt. Da jedoch keinerlei Vorsichtsmaßnahmen im Hinblick auf die möglichen Kandidaten und auch sonst keine Maßnahmen getroffen wurden, die eine Demokratisierung dieser Kooperativen hätten einleiten können, blieben sie wie zuvor in den Händen von Großbauern und Großgrundbesitzern, den Kleinbauern zum Nachteil.

Die Kleinbauern hatten oft keinen direkten Zugang zum Markt. Selbst, wo sie ihn hatten, konnten sie sich kaum gegen die Konkurrenz landwirtschaftlicher Großproduzenten durchsetzen. Da das Vertriebsnetz ebenfalls von Großhändlern kontrolliert wurde, konnte es den Kleinbauern leicht passieren, daß sie auf ihren Erzeugnissen sitzen blieben und weiter verarmten.

Für den Kleinst- und Kleinbauern, der sich – wer konnte schon lesen? – aus Presse- und auch Versammlungsfreiheit weit weniger machte als der Industriearbeiter der Großstädte, war der 25. April eine konkret kaum spürbare Realität geworden. Die Befreiung vom Faschismus wurde für

Die Dorfkommission von Aveiras de Cima vor dem Herrenhaus «Quinta de Mor».

ihn nicht zur Befreiung von wirtschaftlichen Fesseln. Dafür wäre die Beseitigung des großen Zwischenhandels, der von der Spekulation lebte, eine wichtige Voraussetzung gewesen. Nur so hätte es dem «25. April» gelingen können, auch im Norden «anzukommen».

Politisierung durch Selbsthilfe

Aveiras de Cima ist ein Dorf 50 Kilometer nördlich von Lissabon. Seit dem 25. April hatte sich dort nicht viel geändert. Immer noch gab es hier weder Arzt, Krankenstation noch Schule. Niemand konnte sich wirklich um die Alten kümmern. Viele Bewohner waren in die Sozialistische Partei eingetreten. Vielleicht, weil sie als erste im Dorf eine Veranstaltung gemacht hatte. Es gab eine Zelle der PC und außerdem die von der Sozialistischen Partei abgespaltene FSP (Sozialistische Volksfront). Die Anhänger dieser Parteien und Gruppierungen hatten eines Tages eine Kommission gebildet. Ihr Projekt: die Umwandlung des Herrensitzes von Aveiras de Cima in eine Klinik des Volkes, eine Schule und einen Aufenthaltsort für alte Dorfbewohner. Der Herrensitz gehörte einer der einflußreichsten portugiesischen Familien, die ihn, seit er auf deren Söhne und Töchter vererbt worden war, in den vergangenen elf Jahren nur gelegentlich zu Sommerfesten benutzt hatte. Sonst hielt sich in dem Gebäude mit seinen mehr als zwanzig Räumen niemand auf.

Hausbesetzer und GNR-Polizist posieren in der besetzten «Quinta de Mor» für ein Erinnerungsfoto.

Die Besetzung wurde am 10. März 75 auch mit Hilfe der LUAR (Liga für Vereinigte und Revolutionäre Aktion) durchgeführt. Erst damit hatte die Bevölkerung dieses Dorfes einen Teil der Macht ergriffen. Anders als Parteiveranstaltungen lösten diese Aktionen eine konkrete Diskussion aus, bei der die Beteiligten die Herrschaftsverhältnisse, die Frage von Gewaltanwendung, taktische Probleme und langfristige Ziele am überschaubaren Fall zu klären versuchten. Darf man Sachen besetzen, die einem nicht gehören? Was heißt «gehören», was heißt Eigentum? Wie kommt es zustande? Wem dient es? Wie stellen die Parteien sich zu diesem Problem? Das waren die Fragen, über die damals diskutiert wurde. Ohne konkrete Ziele, wie etwa die Besetzungen, wären diese Diskussionen nicht in Gang gekommen. Was die Parteien vortrugen, deren Vertreter mit den Verhältnissen oft nicht vertraut waren, blieb nicht haften, es sei denn, sie gingen demagogisch vor.

Das gesamte Dorf hatte sich damals eingefunden, selbst der Vertreter der berüchtigten Republikanischen Nationalgarde GNR. Doch er verhielt sich passiv, lächelte und posierte gar für ein Erinnerungsfoto.

Von einem Fenster des besetzten Hauses aus erklärt ein Mitglied der Kommission noch einmal die Ziele der Besetzung: «Wir wollen erreichen, daß jede Person, die zum Arzt muß, sofort behandelt wird», sagte der Redner. «Deswegen sind wir hier, und wir sind entschlossen, keinen Schritt zurückzuweichen. Die Leute müssen lernen, daß nur die Gewalt die Revolution macht, und wir sind hier, um die Revolution zu machen. Eine Revolution, die allen zu ihrem Recht verhilft.» Das Dorf erwarte Einheiten des COPCON. Wie würden sie sich zur Besetzung verhalten? Noch wußte niemand, daß am nächsten Tag, dem 11. März, ein Rechtsputsch versucht würde. Aber der Einfluß der Rechten in der MFA war bereits spürbar, während die Linksparteien den Wahlkampf gegen Chaos und Anarchie führten, auch gegen Hausbesetzungen. Währenddessen ergriff ein Sprecher der LUAR das Wort:

«Das hier, wie ihr alle wißt, war ganz einfach eine Besetzung zum Aufbau einer Klinik, aber nicht nur dafür, sondern auch für das Volkshaus und auch, damit alle Großgrundbesitzer, nicht nur dieser Region, sondern des ganzen Landes, spüren, daß das Volk die Macht hat. Doch dazu müssen wir uns organisieren – dürfen nicht die Ruhe verlieren – und müssen die Anweisungen befolgen.» Mit einem Lächeln fügte er hinzu: «Etwas, was man vielleicht machen müßte, wäre, mit Hilfe aller den Schlamm hier im Hof wegzuräumen, damit, wenn die Militärs kommen, sie sich die Stiefel nicht so dreckig machen.»

Während die Späher berichteten, daß die Militärs nur noch zwei Kilometer entfernt seien, räumte die Dorfbevölkerung den Schlamm weg, vor allem, um der Armee zu zeigen, daß die Besetzung des Herrensitzes nicht etwa das Werk einer kleinen Gruppe war, sondern sie alle daran beteiligt waren.

Ein einzelner Offizier traf anstatt der erwarteten Kolonne ein, und er machte von Anfang an keinen Hehl aus seinen Sympathien für die Hausbesetzer. «Doch», so sagte auch er, «die Dinge in Lissabon stehen nicht zum besten. Die Familie Mendia, der unter anderem auch dieses Haus gehört, hat immer noch mächtige Freunde, nicht nur in der Kirche und in den Parteien, sondern auch in der Armee.»

Antwort der Bewohnerkommission: «Heute hat das COPCON wieder die Möglichkeit zu beweisen, daß es keine brutale Repressionskraft ist, sondern eine Kraft auf seiten des portugiesischen Volkes.»

Die Verhandlungen zwischen Bewohnerkommission und MFA-Vertretern begannen. Es stellte sich heraus, daß der Besitzer von Vandalismus und Zerstörung der kostbaren Einrichtung berichtet hatte. Der MFA-Offizier konnte sich selbst davon überzeugen, daß nichts davon stimmte. Zur selben Zeit inspizierte eine Ärztegruppe aus Lissabon die Bedingungen für eine Umwandlung des Hauses in eine Klinik, während die Bewohner das Verhandlungsergebnis abwarteten. Vom Fenster aus unterrichtete ein Mitglied der Besetzungskommission die Wartenden über den Stand der Verhandlungen: «In diesem Moment besichtigt der Herr Major der Streitkräfte das Gebäude. Mehr habe ich euch nicht zu berichten, nur damit ihr nicht ungeduldig werdet, weil ihr über die Sache nichts erfahrt. Es geht jetzt darum, die Augen offen zu halten und auf dem Sprung zu bleiben. Wir sollten bei unserer Aktion möglichst alles unterlassen, was unpraktisch, unanständig und wenig verantwortungsbewußt wäre. Denn es kommt ja vor allem darauf an, zu zeigen, daß hier alle Bedingungen gegeben sind, um eine Klinik für Aveiras de Cima und auch für die Umgebung zu erreichten. Wir wollen das nicht nur für uns, wir wollen das in den Dienst des ganzen Volkes stellen, das diese Klinik braucht.»

Die Verhandlungen wurden vertagt. Der Offizier wollte zunächst noch mit anderen militärischen Stellen in Lissabon sprechen. Daraufhin organisierte die Bevölkerung eine Nachtwache gegen mögliche Attentate. Noch wußte sie nicht, daß am anderen Morgen eine Fraktion der Armee einen Putsch gegen die MFA versuchen würde. Aber der Putsch scheiterte.

Durch Hauptmann Matos Gomes vom COPCON wurde die Besetzung legalisiert. Für 3 DM im Monat, sagte der Mietvertrag, der vom Besitzer und der Kommission aus dem Ort unterschrieben wurde. Ohne die Besetzungsaktion hätten viele Dorfbewohner die Bedeutung des gescheiterten Rechtsputsches vom 11. März nicht so konkret erkannt. Die Hausbesetzung blieb weiterhin wichtigstes politisches Thema. Elf Monate zuvor hatten die Militärs ein Lied von José Afonso als Signal für den Beginn ihrer Revolte ausgesucht. Darin hieß es: «Hier hat das Volk am meisten zu bestimmen.»

Auf dem Dorfplatz von Aveiras de Cima zogen die Bewohner Bilanz:

Frage: Könnten Sie uns etwas darüber erzählen, was Sie von der

Besetzung der «Quinta de Mor» zur Umwandlung in eine Volksklinik.

Besetzung halten, über den 11. März und über die Zukunft unseres Landes?

Mann: Zur Besetzung der Quinta de Mor: das war eine der besten Ideen, die diese Kommission aus zwanzig Mitgliedern je gehabt hat, es war eine der besten Ideen, die je in Aveiras de Cima zustande kamen, nämlich eine Klinik zu errichten, ein Heim für Mütter und ein Altersheim. Und zum 11. März: was passiert ist, war, daß sie unser Land zerstören wollten, weil es hier viele Faschisten gibt, die alles kaputtmachen wollen, denn 48 Jahre lang standen wir unter dem Faschismus.

F.: Gibt es vielleicht noch andere, die etwas über die Ereignisse in Aveiras de Cima sagen wollen? Vielleicht Sie? Das hat nichts mit Bildung zu tun, Sie sind genauso gebildet wie alle anderen hier, das ist ganz einfach fürs Volk.

Anderer Mann: Ich glaube, ich habe was zu sagen. Ich finde, die Sache ist sehr gut gemacht. Wir wollen keinem etwas zuleide tun. Aber ich halte es für gut, daß wir Häuser besetzen, die nicht voll genutzt werden. Wir alle müssen Nutzen ziehen aus Sachen, die man verkommen läßt, denn damit können wir unser Auskommen etwas verbessern. Wir wollen nichts Schlechtes tun, sondern Sachen besetzen, damit sie nicht verkommen. Es gibt auch viel Land, nicht nur Häuser. Es gibt viel Land hier in der Gegend, das verkommt, das man aber nutzen könnte. Wir müssen es besetzen, damit wir zu essen haben.

F.: Kommen Sie mal her, Sie können vielleicht auch was über die Besetzung der Quinta sagen.

Mann: Du, Mensch, ich halte nichts davon, was soll ich schon davon halten? Ich finde, wenn es uns nützt, sollten wir weitermachen. Wenn es schlecht ist, bin ich weder dafür noch dagegen. Wenn es gut für uns ist, bin ich dabei, wenn es uns schadet, bin ich wohl oder übel auch dabei, was kann ich da schon machen? Aber ich bin zufrieden, wenn ich meinen Rotwein habe, meine gegrillten Hähnchen und ab zu und ein paar Gläschen Weißwein. Das ist alles, was mich interessiert.

F.: Was denken Sie über die Besetzung der Quinta, über die aktuelle Situation im Lande und über die Revolution vom 25. April?

Anderer Mann: Nun, ich finde es gut, wenn es zu unserem Wohl ist, dann finde ich das gut. Wenn man ein Land neu aufbauen will, das finde ich gut.

F.: Und erwarten Sie, daß der 25. April weitergeht?

Mann: Ja, natürlich, wenn mit dem 25. April Schluß wäre, dann wären wir schlecht dran, dann wären wir hier alle schlecht dran, alle, alle.

F.: Gibt es noch jemanden, der zur Besetzung der Quinta was sagen will?

Frau: Die Quinta, ich erinnere mich noch gut daran, denn ich habe dort lange gearbeitet. Wenn sie daraus was Gutes machen wollen, finde ich das richtig. Das Haus gehört dem Mann. Wir wollen ihm nichts wegnehmen. Wenn die Besitzer kommen wollen, bleibt immer noch genügend Platz für sie. Sie können ruhig kommen, denn sie haben ja noch viele andere Häuser, wo sie im Sommer bleiben können.

Mann: Der 11. März war ein Blödsinn, man sollte verhindern, daß ein solcher Unsinn noch mal geschieht, daß Bürger sich gegenseitig bekämpfen.

Anderer Mann: Über diese Sache kann ich nichts sagen, ich weiß nicht, wie man darüber diskutiert. Wir müssen uns nur alle vereinigen. Über diese Sache kann ich nicht diskutieren, weil ich nicht lesen kann.

F.: Falls sich noch andere Frauen zu der Besetzung äußern wollen, bitte. Sie brauchen keine Angst haben, was zu sagen, es wird hier niemand festgenommen.

Frau: Ich finde die Besetzung gut. Sie ist ein Gewinn für das Dorf. An sich finde ich es gut. Nur, sie hätten nicht einfach in das Haus reingehen sollen, denn die Besitzer waren vor kurzem erst da. Man hätte sie zumindest mal fragen sollen, was sie dazu meinen.

Mann: Wenn wir vorher mit denen gesprochen hätten, hätten sie uns das Haus nie gegeben. Aus diesem Grund mußten wir das Haus besetzen, wenn wir es haben wollten. Wenn wir vorher mit den Besitzern gesprochen hätten, hätten sie gleich die Hausverwaltung benachrichtigt, und wenn wir nur einen Tag länger gewartet hätten, wären wir nicht mehr in das Haus reingekommen. Wenn wir statt am Sonntag erst am Montag die Besetzung vorgenommen hätten, wären wir nicht mehr reingekommen.

Dann wäre der Hausverwalter schon dagewesen, womöglich sogar mit seinen Ziegen, deshalb haben wir die Besetzung einen Tag früher gemacht.

Zwischenruf einer Frau: Aber sind die Besitzer nicht wütend?

Mann: Wie kann man von Wut reden, wenn die Besitzer überhaupt nie da waren? Sie waren nie da und sind auch hinterher nicht gekommen. Mit dem Besitzer zu reden, das wäre nicht gegangen. Wenn wir mit ihm gesprochen hätten, hätte er schnell irgendwelche Leute in sein Haus gesetzt. Der Besitzer kann froh sein, daß sein Haus, das schon elf Jahre unbenutzt herumsteht, nicht schon viel früher von Leuten besetzt worden ist. Das ist nämlich ein Gebäude, das viel wert ist, sehr viel wert. Eigentlich hat der Besitzer gedacht, daß wir das gesamte Mobiliar zerstören würden. Aber das Schlimmste war, daß der Besitzer den Leuten vom COPCON vorgeworfen hat, wir hätten einen Überfall mit Waffen gemacht, und anschließend wäre alles zerstört gewesen. Aber wir wissen es ganz genau, es war weder ein Überfall, noch ein Raub, sondern es war eine Besetzung. Alles ist an Ort und Stelle wie vorher.

F.: Glaubst du, daß es uns jemand übel nimmt, daß wir die Quinta de Mor besetzt haben?

Anderer Mann: Das glaube ich nicht. Es gibt Leute, die das gut finden, wer anderer Meinung ist, ist gegen uns.

F.: Und was sagst du über das, was am 11. März passiert ist?

A.: Ich bin der Meinung, diese Typen sind gegen uns, sie gehören einfach erschossen, sie können nicht gegen unser Land sein. Diese Reaktionäre wollen uns gegeneinander aufhetzen.

Mann: Entschuldigung, erlauben Sie mir eine Frage. Vor der Besetzung der Quinta de Mor, ich bin nicht von hier, ich habe nichts damit zu tun . . .

Anderer Mann: Schon gut, schon gut.

. . . Hat da jemand mal einen Versuch gemacht, mit dem Besitzer zu sprechen, um festzustellen, daß er vielleicht zustimmt?

Anderer Mann: Nein, mein Herr.

. . . Also war's ein Überfall.

Anderer Mann: Nein, es war kein Überfall, sondern eine Besetzung. Ein Überfall ist eine Sache, eine Besetzung eine andere.

. . . ja, aber . . .

Anderer Mann: Nein, nein, sagen Sie, was wirklich geschehen ist, und reden Sie nicht von Überfall. Es war kein Überfall, sondern eine Besetzung. Wir wollten nicht stehlen, sondern besetzen.

F.: Was halten Sie von der Besetzung?

Frau: Ich finde es richtig, daß es besetzt wurde. Ein Haus mit 24 Zimmern. Es gibt viele Leute in Aveiras de Cima, die das nötig brauchen, für die Kinder, für die Ärzte, für die Krankenschwestern und als Röntgenstation. So wie ich, ich bin eine von denen, die zu Röntgenaufnahmen nach Vila Franca mußte. Dann mußte ich wieder hin, um den Befund abzuholen. Und hier gibt es ein Haus, das schon 11 Jahre leersteht, wo alles drin ist, was man braucht. Selbst Gold gibt's da drin, wichtige Sachen, Sachen, die ich noch nie gesehen habe. Und ich bin 48 Jahre alt. Obwohl ich sehr lange dort gearbeitet habe, bin ich nie in dieses Zimmer reingekommen. Erst jetzt. Deswegen finde ich es richtig, daß das portugiesische Volk sich das Zimmer nimmt.

F.: Würden Sie es für richtig halten, daß das Volkshaus hier reinkommt?

Frau: Ja, ich glaube, es ist groß genug dafür.

F.: Und glauben Sie, daß dadurch vermieden werden kann, daß Leute ab 4.00 Uhr morgens beim Arzt warten müssen?

Frau: Ja, so ist es, man muß um 4.00 Uhr in der Früh da sein, damit man gegen halb drei nachmittags drankommt. Oft kommt man umsonst, man ist zwar früh morgens da und kommt doch nicht dran. Genau wie bei mir, ich bin schon viermal operiert worden. Ich muß um vier Uhr früh kommen, um behandelt zu werden, und oft muß ich wieder nach Hause gehen, ohne überhaupt dranzukommen. Dazu kommt, daß seit acht Tagen ein ärztlicher Befund in der Praxis liegt, aber bis heute habe ich noch keinen Behandlungstermin bekommen. Und deshalb finde ich es richtig, daß hier etwas getan wird für das portugiesische Volk.

F.: Sind Sie auch der Meinung, daß man damit Schluß machen soll, daß Ärzte dreißig Mark für eine Behandlung verlangen?

Frau: Genau, das ist mir letzte Woche passiert, als der Arzt von Concelas abends um halb zehn dreißig Mark von mir verlangt hat. Und das, obwohl ich Mitglied vom Volkshaus bin.

F.: Was halten Sie vom 11. März?

Frau: Dazu kann ich nichts sagen, denn ich bin eine Person, die nicht lesen und nicht schreiben kann. Es gibt sicher Leute, die noch weniger dazu sagen können als ich, aber eines weiß ich: Das Haus muß uns gehören.

Landbesetzung in Quebradas im Ribatejo

Wir, die Leute aus diesem Dorf, haben ausgerechnet dieses Landgut besetzt, weil wir seit mehr als 50 Jahren hier Pächter sind. Die jährliche Pacht fing damals mit 240 Escudos (24 DM) an und stieg schließlich auf 960 Escudos (96 DM) pro einzelnes Stück Land. Was uns auch noch zwang, das Gut zu besetzen, waren die Betrügereien, die ganau auf diesem Boden mit uns passiert sind. Denn der Großgrundbesitzer Félix da Costa – zusammen mit der Familie Tojal – hat die Bevölkerung auf das Landgut bestellt und sagte uns, er wolle nur das Wohl der Bevölkerung. Wir sollten uns doch mit ihm zusammenschließen, denn das Land würde an die Familie Tojal übergeben werden, und zwar durch die Einschaltung der zuständigen Behörden. Mit vielen Tricks jedoch vertrieb er uns von hier, nach und nach. Er hat Wälder in der einen Gegend angelegt, hat die Pächter in eine andere Gegend gesetzt, vertrieb einen kleinen Teil der Pächter von den besten Böden und forderte sie auf, Reben zu pflanzen, und sagte, er wolle ein Drittel vom Ertrag. Sobald aber die Reben gepflanzt waren, hat er die Pächter gefeuert. Es blieb nur ein kleines Stück Land übrig, aus dem er die Leute auch vertrieb. Er machte daraus zwei Jahre lang eine Viehweide, obwohl die Bevölkerung den Großgrundbesitzer immer drängte, das Land der Bevölkerung zu überlassen. Immer hat er es abgelehnt. Er hat uns das Landgut vorenthalten, mit dem Ziel, nur einen einzigen Pächter einzusetzen, was er dann auch tat. Dieser Pächter war nicht aus unserem Ort. Seitdem, und das ist jetzt schon 16 Jahre her, haben wir für unsere Ziele gekämpft. Vor dem 25. April haben wir aber noch nichts erreicht. 1974 im Juli versprach der damalige Pächter den Leuten, das Land aufzugeben. Von dieser Zeit bis zum Januar 1975 hatte auch der Großgrundbesitzer Félix versprochen, der Bevölkerung das Land nochmals zu verpachten. Aber im Dezember 1974 kam der ehemalige Pächter plötzlich auf das Gut zurück und wollte die Felder bestellen. Felix versuchte ihn mit Hilfe der Polizei zu vertreiben, was ihm aber nicht gelang. Dann hat die Bevölkerung die Maschinen in Beschlag genommen und versuchte, die Arbeiten zu stoppen. Wir sind dann nach Santarém zum Polizeikommando gefahren, wo wir uns bereit erklärten, die vom Pächter gemachten Ausgaben zu übernehmen. Dieser lehnte jedoch ab. Wir haben dann dem Staatspräsidenten unsere Lage dargestellt, damit unser Anliegen Gehör finden würde. Dieses Hin und Her dauerte so lange, daß der Pächter den Weizen weitersäen konnte. Als der 17. Februar 75 schließlich kam, haben wir die totale Besetzung des Gutes beschlossen, denn die Leute fordern die Rechte, die ihnen hier seit 50 Jahren zustehen. Sie wollen das Land wiederbekommen, und wenn eine Entschädigung bezahlt werden muß, dann kann der Staat den Großgrundbesitzer entschädigen. Und die Leute werden dann irgendwann, in Raten auf einige Jahre verteilt, das zurückzahlen, was noch nötig ist. Aber das Landgut gehört der Bevölkerung, die es beackert hat.»

Ausschnitte aus einer Versammlung der Bauern in Quebradas

Henriques: Wir brauchen unbedingt mehr Leute für die Kommission, denn die, die bis jetzt dabei sind, sind einfach zuwenig. Einer ist zum Beispiel Friseur und kann deshalb samstags nicht kommen. Außerdem gibt es da auch noch andere Probleme, weil sich die Kommission nicht oft genug trifft. Wir brauchen also unbedingt mehr Leute für die Kommission. Wir müssen heute noch Beschlüsse über die Düngung des Weizens treffen. Außerdem müssen wir Stellung nehmen zum Problem der Saat. Ich habe schon Saatgut vom Großhändler in Santarém geholt, die Muster

DIRECTOR INTERINO: ISABEL DO CARMO • REDACÇÃO E ADMINISTRAÇÃO: RUA ARCO DO CARVALHÃO, N.º 1-5.º-Dt.º — LISBOA • ANO I • N.º 31 1/3/75 SEMANAL PREÇO 2$50 AVENÇA

Revolução

OCUPAÇÃO DE TERRAS É UM ACTO REVOLUCIONÁRIO

PARTIDO REVOLUCIONÁRIO DO PROLETARIADO · BRIGADAS REVOLUCIONÁRIAS

«Die Besetzung der Ländereien ist ein revolutionärer Akt.»

habe ich zu Hause. Das grobe Korn kostet da 17 Escudos, das andere 13. Auf Grund der Muster, die ich hier habe, kann jemand von denen, die so und so morgen nach Rio Maior gehen, sich dort noch nach anderen Preisen erkundigen. Alles das muß gemacht werden. Und heute müssen auch die Leute ernannt werden, die die Kommission bilden sollen. Entweder melden sie sich freiwillig, wenn die anderen nichts dagegen haben, oder sie werden hier ausgesucht. Ich glaube nicht, daß wir deshalb extra eine Wahl durchführen müssen . . .

Gestern fuhr ich nach Lissabon, das war mehr oder weniger meine Initiative. Ich wollte keine anderen Personen hereinziehen, denn es gibt noch Leute, die meinen, wenn man drangeht, die Probleme anzupacken, daß man gleich sterben würde. Aber die Probleme sind ja nicht so, daß es gleich um Leben oder Tod geht. Unsere Position hier hat sich nicht geändert, wir haben dasselbe Vertrauen wie am ersten Tag, und ich sage euch: am ersten Tag der Besetzung des Landes haben mich einige Leute aufgefordert mitzugehen. Diese Personen, so denke ich, waren die ersten, sie haben die ersten Schritte getan und nicht ich. Inzwischen komme ich natürlich mehr herum als die anderen, und dadurch bin ich auch besser informiert, und auf diese Weise kommt mir auch viel zu Ohren: ich fuhr zum Beispiel nach Santarém, um in der Fabrik Sociedades Reunidas Reis ein Ersatzteil zu kaufen. Der Verwalter dieser Firma, einer ziemlich großen Firma, kennt unsere Lage sehr genau. Er gab sogar noch einige Anregungen, um unseren Haufen noch kräftiger zu machen als er schon ist. Aber im Moment reichen die Kräfte, die wir haben, noch aus. Bei Meinungsverschiedenheiten zwischen Leuten mit weniger guten Positionen und anderen dürfen die Leute, die irgend etwas für schlecht halten, nicht von ihrer Kritik ablassen. Sie sollten sich mit drei oder vier Leuten, die derselben Meinung sind, zusammensetzen, die Sache diskutieren und es dann der anderen Seite vortragen. Es kann sogar vorkommen, daß einige nicht damit einverstanden sind, den Weizen zu düngen, und andere wiederum sagen, daß es gut sei. Aber derjenige, der nicht einverstanden ist, muß immer die Mehrheit respektieren. Nach den Informationen, die ich habe, muß das Saatfeld unbedingt gedüngt werden. Die ganze Sache ist inzwischen ziemlich verwickelt, das Saatfeld gehört zwar jetzt dem Volk, aber der Félix (ehemaliger Pächter) hat inzwischen schon an die Behörden geschrieben und gesagt, daß der Weizen ihm gehöre. Aber wir alle wissen, daß es nicht der Félix war, der den Weizen gesät hat . . .

Gestern in Lissabon habe ich den Namen unseres Dorfes sehr hochgehalten. Ich rief die Arbeiter des ganzen Landes auf, dasselbe zu tun, was wir getan haben, wenn es Gründe dafür gibt, natürlich. Denn wir haben einen tiefliegenden Grund. Dieser Grund sind 50 Jahre ungenutztes Land. Die Zeitungen berichteten von der Besetzung eines Landgutes, und ich sagte schon gestern dort, das war keine Besetzung, das war eine Wiedergewinnung, weil wir das ja bebaut haben. Und das um so mehr, weil, wie man jetzt aus den Dokumenten der Behörden sieht, der Schwindel, den der Felix machte, viel größer und abscheulicher war als die Besetzung, die das Volk gemacht hat. Denn er ließ Weinstöcke und Eukalyptusbäume für sich pflanzen, und bei den Behörden hat er dann angegeben, sie wären für das Volk. Ich habe den Félix immer bei all seinen Schwindeleien genau beobachtet. Laßt uns mal sehen, ob hier jemand anwesend ist, der sich auch noch erinnert an diesen Fall: eines Tages fuhr ich nach Carrascal, um Oliven abzuholen, die die Arbeiterinnen zum «dritten Teil» geerntet hatten. Als ich dort ankam, um die Oliven aufzuladen, gab es dort 90 Maß, und der Félix sagte, daß 60 Maß ihm gehören würden und 30 denen, die sie geerntet hätten. Ich kannte schon die Machenschaften des Félix, weil ich ihn immer genau studiert habe, und ich hatte jetzt Angst davor, daß die Frauen nachgeben würden. Aber sie sagten nein: «Die Oliven wurden auf den «dritten Teil» geerntet, das heißt, zwei Teile sind für uns und ein Teil ist für den Herrn Félix.» Plötzlich schlug Félix mit der Faust auf den Tisch und sagte: «Wem gehört denn schließlich die Quinta, euch oder mir?» Die Frauen antworteten, daß die Quinta Herrn Félix gehöre, aber die Oliven wurden zum «dritten Teil» geerntet, und das bedeute, daß zwei Teile ihnen gehören und ein Teil dem Haus. Félix stritt das aber einfach ab, so war das immer.

Wenn jemand lachen wird, wenn ich morgen ein Gefangener sein sollte, dann soll er nur lachen, ich jedenfalls werde zufrieden sein, weil ich die Sache meines Landes verfechte. Ich fahre überall hin, wo man hinfahren muß. Es soll mir nur keiner kommen und sich insofern betroffen fühlen, als man annehmen könnte, daß ich nur spazierengehe, meine Zeit verbummle und daß man mir diese Zeit auch noch bezahlt. Nein! Es wird mir nur die Zeit bezahlt, die ich auf Carrascal arbeite. Nur diese Zeit zählt! Alle anderen Umwege, die ich mache, sind zugunsten derer, die bisher noch nichts gemacht haben, die aber schon morgen zu uns kommen können. Und hier gibt es etwas zu betonen: Wenn einige Leute sagen, daß sie sehr viel gearbeitet und ihre Zeit verloren haben, und, daß es aber auch solche gab, die das nicht taten, da habe ich eine Hoffnung: derjenige, der heute noch nicht dabei ist, kann auch «morgen» noch viele Tage für die Arbeit opfern so wie ich zum Beispiel. Das aber wird nur gelingen, wenn wir noch dreißig oder vierzig Jahre weiter so an den Problemen arbeiten. Und noch ein anderer Punkt: Was mich betrifft, solange ich für alle nützlich sein kann, bin ich dabei, und zwar immer an der Spitze dessen, was los ist. Wenn morgen jemand anderes mit mehr Kraft erscheint, der mich ersetzen kann, dann werde ich mich nicht weigern, meinen Platz oder die Position, die ich innehabe, an irgend jemand abzugeben. Nur um eines möchte ich bitten: Derjenige, der kommen wird, möge mit mehr Kraft kommen, nur darf es keine Zweifel und keine Unsicherheiten geben über unsere gemeinsam erkämpfte Posi-

Der Bauer Vilelmo Henriques berichtet über die Besetzung der Ländereien von Quebradas.

tion! Unsere Position ist ganz eindeutig, das zeigt auch die Art und Weise, wie andere sich dafür interessieren. Unsere Position ist allen ganz klar, überall, denn im ganzen Land wird besetzt, und die Leute beziehen eindeutig Stellung. Unsere Position ist nicht falsch, es ist eine ehrliche Position, eine Sache, die sich uns aufdrängte. Isoliert wie unser Land ist, kann man sagen, daß hier nur die Ausbeuter unvorbereitet überrascht wurden. Denn eines zum Beispiel ist auffällig: als Carrascal von uns genommen wurde, erschien hier der A., der vorher nie hierherkam. Warum wohl? Um uns kleinzukriegen! Um die einzige Bäckerei von hier wegzunehmen, er nahm einen Arbeitsplatz weg. Denn er hatte sich ausgerechnet, wenn es hier kein Brot gibt, daß er es sein würde, der das Brot dann liefern kann, um dann das Geld der Bevölkerung nach Rio Maior zu bringen oder zu einer Firma, oder um es bei der Torralta (Konzern) anzulegen. Das sind alles Werte, die von hier weggenommen wurden!

Erst vor kurzem diskutierte ich in Rio Maior mit dem João Inácio und dem Pedro Inácio, weil sie meinten, daß die Besetzung von Quebradas sehr schlecht sei. Aber eines hatte der eine wieder vergessen: Als ich im vergangenen Jahr Männer ins Alentejo zurückgebracht habe, die er zum Holzfällen hergeholt hatte, da hat er sich fürchterlich beklagt, daß die Arbeiter von Quebradas für das Holzfällen zu viel Geld haben wollten. Daraufhin hat er dann einfach Leute aus dem Alentejo geholt, weil sie billiger für ihn arbeiteten. Und da frage ich mich doch, der Pedro und der João Inacio, einer ist Holzhändler, der andere Immobilienhändler; wenn man jetzt zu dem Immobilienhändler sagen würde: «Komm mal auf die Quinta von Carrascal, da kannst du ein großes Geschäft machen, was dir bestimmt 20- bis 30000 Mark bringt. Und zwar, indem du die Quinta von Carrascal vom Félix (ehemaliger Pächter) auf das Volk überschreibst.» Dann wäre er sicherlich sehr schnell auf seiten des Volkes von Quebradas. Aber wenn er erzählt, daß er mit dem Félix Kaffee trinkt, den habe ich ja auch schon mit ihm getrunken. Ich bin schon ganze Nachmittage lang mit Félix im Auto gefahren. Ich habe schon einige Mittagessen gegessen, die er mir bezahlt hat. Aber es gibt da einen ganz großen Unterschied, den vergißt der João bei dem Ganzen: Was das Leben des Félix betraf, in dem Punkt war ich für ihn wie vom CIA. Ich war ein Spion. Ich habe dem Félix hinterherspioniert, denn es hat mich immer geschmerzt, was er hier machte.

Rufe: Sehr gut, sehr gut! (Beifall)

Henriques: Ich weiß, daß einige Leute nach Lissabon fuhren und bestimmte staatliche Dienststellen aufsuchten. Die gaben ihnen schlechte Informationen. Mich erstaunt das nicht, denn am ersten Tag, an dem ich nach Lissabon fuhr, gingen diese Leute sofort zu dieser Stelle. Und bei dieser Dienststelle – wir sollten es nicht vergessen – bei der Polizei nämlich und anderen, da gibt es noch Staatsbeamte und Ingenieure, die Großgrundbesitzer sind, die halten unsere Position für nicht gut, weil wir ihre Interessen schädigen. Die MFA selbst hat uns gesagt, daß wir mit dieser Opposition zusammenstoßen würden, und diese Opposition ist die Nationalgarde, sind einige Staatsorgane, in denen faschistische Elemente sitzen, sind Rechtsanwälte und Gerichte. Aber da die Revolution vom Volke ist, müssen die Interessen des Volkes von der Regierung wahrgenommen werden. Also unsere Position war immer: Einheit und alle diejenigen akzeptieren, die sich anschließen wollen. Einige von uns stehen heute noch außerhalb, weil sie in einer Lage sind, in der mehr «Anfangskapital» von ihnen verlangt wird als sie bezahlen können. Wenn jemand es heute noch nicht geben kann, dann vielleicht morgen. Man sollte auf diejenigen, die nicht können, warten oder denen helfen, die es nötig haben.

Es gibt da noch einen Punkt: Wie viele Traktoren und wie viele Anhänger haben wir hier? Hier in Quebradas gibt es nur einen Traktor und einen Anhänger. Warum? Weil es für die Bevölkerung keine Entwicklung gibt, weil es kein Land zum Bebauen gibt. Es gibt bisher nur eine Kooperative. Die Kooperative ist die ideale Organisation für uns. Wenn wir aber zum Schluß, sagen wir mal, 120 Leute sind und hundert davon ein eigenes Stück Land haben möchten und die übrigen zwanzig die Kooperative, dann würden die 20 Leute verlieren. Wir diskutieren zwar noch nicht, aber wenn jemand hier ist, der nicht schluckt, was ich sage und mich im Inneren doch kritisieren möchte, der soll mir doch die

Sachen direkt ins Gesicht sagen; denn ich wäre auch mit der Zurücknahme meines Postens einverstanden. Auf jeden Fall könnt ihr mit mir rechnen, selbst wenn ihr mich außerhalb aller Positionen stellt. Wenn man mich morgen ruft, um nach Lissabon zu gehen, ich würde einen Nachmittag verlieren – gestern noch bin ich, anstatt Kartoffeln zu pflanzen, nach Lissabon gegangen – also ich werde dorthin gehen, auch wenn ich keinen Posten mehr habe. Denn hier ist der entscheidende Punkt, wie es auch der Premierminister selbst sagte: Die Einheit gibt die Kraft! Und nur vereint kann sich die Bevölkerung ausbreiten, die inmitten der großen Besitztümer isoliert ist. Die Schwierigkeiten bestehen im Moment nicht darin, daß sich das Volk die Quinta genommen hat, sondern darin, wie wir verhindern können, daß Félix sie wieder zurückhaben will. Das ist es, was wir jetzt diskutieren müssen. Und wie ich schon gesagt habe, gibt es hier einige junge Leute, die eine Ausbildung haben, eine bessere als ich oder irgend jemand sonst, weil sie studiert haben. Diese jungen Leute sollten jetzt das kritisieren, was bisher gesagt worden ist. Aber vorher erst noch zu einem anderen Punkt: Wenn das mit der Kooperative klappen würde, könnte man mit einer Maschine das Stück Land oberhalb der Seitenstraße planieren und dort eine Wirtschaft und eine Tankstelle bauen. Man könnte damit mehr Arbeitsplätze schaffen und Einkünfte für die Bevölkerung. Die Leute brauchten nicht mehr von hier auszuwandern. Man würde auch Schluß machen mit den Ausbeutern, den Holzexporteuren, die zuviel verdienen und das Holz ja nicht selbst fällen. Daran solltet ihr denken. Und noch etwas: wir haben einige Leute in Lissabon – ich habe eine Tochter, die dort arbeitet – alle könnten sofort zurückkehren. Jeder sollte daran denken, daß seine Kinder in Lissabon als Dienstboten arbeiten oder daß sie in Deutschland sind, wo selbst die Deutschen sie rausschmeißen. Das sind alles Dinge, die wir für die Zukunft lösen müssen, wenn wir heute unser Recht haben wollen. Das war's. Jetzt diskutiert die Sache, organisiert die Kommission und wählt, wer es sein soll.

Wenn ich mich nicht irre, wurde doch irgendwann einmal festgelegt, daß für diejenigen, die nicht interessiert sind, auch keine Notwendigkeit besteht, an unseren Versammlungen teilzunehmen. Heute sehen wir das aber schon anders, wir denken schon daran, auf diese Leute einzuwirken, um ihnen Mut zu machen, damit sie auch soweit kommen wie wir. Wir sind nicht intelligenter oder gebildeter als sie, wir denken praktisch gleich. Die Jungen, die sind weiter im Denken als wir, weil sie studieren und ihr Gehirn weiter entwickelt haben. Das unsere aber ist fast bei allen gleich. Wir trinken mal ein Tröpfchen, und ansonsten arbeiten wir für die Familie.

Nun weiter: Die Beschlüsse über die Bepflanzung müssen schnell gefaßt werden, denn dafür müssen wir auch das nötige Material besorgen. Die Kommission muß das unverzüglich entscheiden. Die Kommission hat heute schon 15 Leute, morgen kann sie zusammentreten, und dann kann man diese Woche noch das Material für die Bepflanzung besorgen. Die Kommission muß auch noch sehen, ob es Saatkorn gibt, ob man Mais braucht, um ihn mit dem Korn zu mischen, ob es notwendig ist, Maschinen zu leihen oder ob man Maschinen mieten muß. Wie vorhin schon jemand gesagt hat, eins muß uns klar sein: Vereinter noch! Wir müssen alle zusammenarbeiten. Diejenigen, die sich streiten, weil sie zwei Gläser Wein getrunken haben, die haben deshalb noch nicht die Absicht, hier alles aufzugeben. Heute haben sie vielleicht nur noch ein Glas getrunken, aber trotz allem gehören sie zu uns, sie gehören zum Volk. Und das Volk ist unser Volk! Quebradas wird von sich reden machen, Quebradas wird von sich reden machen in unserem Kreis und vielleicht sogar in unserem Distrikt.

Die Namen der vorläufigen Kommission, die gewählt wurden, werden verlesen.

Henriques: Also wir haben jetzt 14 Mitglieder. Jetzt möchte ich darum bitten, wenn alle einverstanden sind, daß der Tag festgelegt wird, an dem die Kommission tagen muß, um die bevorstehenden Aufgaben zu lösen.

Frage: Können da nur Mitglieder kommen?

H.: Wer dabei sein will, soll ruhig kommen.

F.: Es gibt vielleicht Leute, die noch in die Kommission aufgenommen werden möchten. Statt 14 können es auch zwanzig sein. Ich finde, man

Wozu denn Parteien?

Ein Dokument aus der deutschen Presse.

sollte jetzt diejenigen eintragen, die aufgenommen werden möchten, ohne daß man darum bitten muß. Die Kommission muß, ich will hier ja nichts befehlen, die Kommission muß dringend zusammentreten.

H.: Außer der Sache mit den weiteren Mitgliedern gibt es noch folgenden Punkt: Die Versammlung wird durch eine Mitteilung einberufen, und es sollte nicht so sein, daß die Kommission von 15 Mitgliedern hinter verschlossenen Türen tagt. Wenn es also hundert sind, die an der Sitzung teilnehmen möchten, dann sollten sie kommen.

Beitrag: Die Kommissionsmitglieder versammeln sich und organisieren das Ganze, nicht wahr. Zum Schluß liest dann einer vor, was wir beschlossen haben. Dann sagen die anderen, die nicht zur Kommission gehören, ob sie einverstanden sind. Wenn einer nicht einverstanden ist, soll er einen Gegenvorschlag machen. Vielleicht ist dann dieser Vorschlag gescheiter als unserer. Oft ist es so, daß ein Analphabet, der sich einbildet, er könne nichts sagen oder nichts machen, mehr Sachverstand und Vorstellungen hat, bessere Anweisungen gibt und bessere Worte findet als derjenige, der behauptet, er könne vieles sagen, nicht wahr? So, meine ich, sollte es sein. Wir geben dann denjenigen recht, die wirklich recht haben. Wenn ein Typ kommt, sagt man oft, der kann ja nicht mal reden. Aber man läßt ihn ausreden und stellt fest, daß vier besser sehen als zwei und sechs besser als vier. Deshalb muß jeder seinen Vorschlag machen, damit wir herausfinden, wie wir es machen. Ich bin in einem Betrieb, versteht ihr, und oft kommt der Chef zu mir und sagt: «Komm mit und guck dir das an, denn vier Augen sehen besser als zwei.» Man sieht also, wenn es mehr Leute sind, kommen auch mehr Vorschläge.

H.: Ja, genau, aus der Diskussion kommt die Instruktion.

Beitrag: So, Genossen! Wir, die jungen Leute dieser Ortschaft, Kinder des Volkes, betrachten Carrascal als einen Versuch, den Kapitalismus zu zerschlagen. Da Portugal ihn noch nicht ganz zerschlagen hat, sind wir, was die Mehrheit des Volkes anbelangt, wie ein Keim. Wenn wir also das ganze Volk – also zumindest eine Mehrheit – zum Gären bringen könnten, so wäre das schon ein großer Sieg! Aber nicht allein das ist wichtig. Wir, als aufgeklärte junge Leute, denn viele haben noch nicht das Bewußtsein, das wir besitzen, wir müssen also feststellen, daß die Kapitalisten nicht arbeiten. Sie haben ein Auto und fahren vom Büro in die Wohnung, von der Wohnung ins Büro oder in die Fabrik und tun nichts. Diese Menschen also, die nichts schaffen, sind für das Volk uninteressant. Wenn wir, das Volk, ihnen ihre Landgüter wegnehmen, werden sie gezwungenermaßen auch arbeiten müssen, oder sie müssen das Land verlassen. Diese Kapitalisten, vielleicht tausend oder mehr, werden nach der Beschlagnahmung ihres Besitzes auch arbeiten müssen. Es werden tausend Menschen mehr sein, die für Portugal, für die Demokratie und den Sozialismus arbeiten. Carrascal kann als eine Insel des Sozialismus im kapitalistischen Meer betrachtet werden, denn es ist eine der wenigen Besetzungen, die bisher in Portugal stattfanden. *Applaus*

Beitrag: Zuerst will ich sagen, daß wir Kapitalisten und Großgrundbesitzer in unserem Land abschaffen müssen. Nur so können wir den Weg zur Volksdemokratie beschreiten, denn wir wollen keine bürgerliche Demokratie, wie seit dem 25. April bis heute. Eine bürgerliche Demokratie ist nämlich keine Volksdemokratie. Betrachten wir den reaktionären Putsch vom 28. September und den letzten vom 11. März, so dürfen wir nicht vergessen, welche große Bedeutung dieser Sieg für uns hat, und die Konsequenzen für die Kapitalisten, Großgrundbesitzer und Reaktionäre. Deshalb unterstützen die Regierung und die Bewegung der Streitkräfte heute all das, was wir hier tun. Daher die Besetzung, die Gleichheit unter der Bevölkerung, die Beseitigung der großen Unterschiede, die es vor dem 25. April gab. Deshalb dürfen wir nicht aufgeben, sondern müssen die Kooperative mit Ausdauer verwirklichen, denn nur so kann man etwas erreichen. Wenn jeder eine Parzelle, ein Stück Land haben will, und ein anderer dies und jenes, dann wird man nichts erreichen. Wir müssen daran denken: die Regierung unterstützt die Gründung von Kooperativen und die Parteien auch. Wenn wir also einen Traktor kaufen wollen, der 30000 DM kostet, so gibt die Regierung 30 % dazu, und das sind 9000 DM. Wir müssen dann selbst noch 21000 DM tragen. Wenn wir 100 Genossen sind, muß jeder 210 DM selbst tragen. Und der Traktor gehört uns, ist Volkseigentum! Deshalb ist die Eintracht wichtig, gefährlich ist die Zwietracht. Mit der Zwietracht erreicht man nichts! Immer zusammen und vorwärts zum Sozialismus in Portugal! Für eine Volksdemokratie und gegen eine bürgerliche Demokratie!

Beitrag: Jetzt nur noch etwas: Wie mir gerade gesagt wurde, sind die Jungen von Quebradas fleißige Schüler. Während der Schulzeit wurden sie immer versetzt, niemand blieb sitzen. Und auf den Feldern arbeiten sie auch, sie arbeiten in den Ferien und dazu noch an den Wochenenden. Manchmal gehen sie zur Arbeit in andere Ortschaften. Wenn aber ein Caféhaus eröffnet würde oder ein Restaurant, so könnten die Jugendlichen von Quebradas dort Beschäftigung finden, Cafékellner ist für junge Leute doch eine geeignete Arbeit, und es würde für Carrascal mehr Geld einbringen.

Beitrag: Vorhin wurde erwähnt, ich weiß nicht von wem, daß die Jungs und Mädchen oft zur Tomatenernte nach Azambuja fahren mußten. Dieses Problem könnte man hier in diesem Jahr mit einer Tomatenpflanzung lösen. Ich bin zwar nicht sicher, ob das möglich ist, aber ich nehme es an. Somit könnten die Jugendlichen hier arbeiten, statt wegfahren zu müssen. Eine andere Möglichkeit wäre die Ölgewinnung. Eine Ölmühle könnte auch etwas bringen, zumal das Öl in Portugal knapp ist. Bei der Ölgewinnung könnten auch die Jugendlichen Arbeit finden. Das wäre eine Alternative, ein Fortschritt, und wir würden der Knappheit entgegenwirken.

Beitrag: Nach den Ereignissen vom 11. März glaube ich, daß wir uns noch mehr zusammenschließen müssen als bisher. Die Reaktion, das heißt das Kapital, die Großgrundbesitzer, die nach dem 25. April nicht den Mut verloren hatten, versuchten eine Gegenoffensive, die mit dem 28. September begonnen hatte. Obwohl sie am 28. September ihre Ziele nicht erreichten, ließen sie nicht ab. Sie reorganisierten sich und verfolgten weiterhin ein klares Ziel: in unserem Lande wieder ein kapitalistisches Regime zu errichten, aber mit weitaus drastischeren Konsequenzen als vor dem 25. April. Aber dank der Volksmassen war das nicht möglich. Es wurde ein Mißerfolg, weil das Volk eingriff. Das Volk war dabei und erlaubte nicht, daß ihm seine Rechte wieder genommen würden. Denn das Volk hat sich nun mal entschieden. Es ist euer Standpunkt, unser aller Standpunkt, der die Voraussetzung für die Besetzung der Quinta war. Das Volk hat sich schon unleugbare Rechte angeeignet und ist nicht bereit, sie wieder abzugeben. Deshalb ist es eine Lektion, über die wir nachdenken müssen. Wir müssen sehr wachsam sein und verhindern, daß sich die Reaktion organisiert. Wir dürfen nicht zulassen, daß Individuen wie Felix wieder unser Land betreten, die Weinstöcke herausreißen und die Bäume mißhandeln. Deshalb: Nur die Einheit bringt die Kraft, und jetzt kann man noch viel besser über den Aufbau einer Kooperative sprechen. Ich glaube, daß sie zur Realität werden wird, so wie die jungen Leute und all die anderen es hier bereits beschrieben haben. Ich bin sehr zufrieden zu sehen, daß der Prozeß weitergeht. Morgen wird hier eine Versammlung der neuen Kommission stattfinden, ich glaube mit schon gut definierten Zielen und mit einer genauen Analyse der Probleme der Kooperative. Die Kooperative wird also die Vereinigung von uns allen sein. Das war's, was ich sagen wollte, und bei dieser Gelegenheit möchte ich darum bitten, immer wachsam zu sein. Wir können nicht zulassen, daß Individuen wie dieser Felix und andere versuchen, alles bisher Erreichte uns wieder zu nehmen.

Henriques: Noch einige Worte zum Schluß der Sitzung, denn sonst steht ja kein Thema mehr offen: Das, was wir machen, wird immer stärker, denn es gibt immer mehr Leute, die uns mit gutem Willen unterstützen. Langsam gewinnt alles immer mehr Logik. Ich möchte noch an etwas erinnern, was immer noch für Carrascal gilt: die Arbeiter, die dort arbeiten, wissen wie notwendig Carrascal für sie ist, denn zu Hause verlangen die Kinder Brot von den Frauen. Oft bekamen die Frauen zu spüren, daß kein Brot da war, das brachte dann ein gewisses Durcheinander mit sich. Aber alle wußten, daß die Frauen auch weiterhin entschlossen waren. Denn die Frauen waren schon immer die zweite Waffe in Carrascal, und sie werden es auch weiterhin sein, glaube ich. Noch ein anderer Punkt: Ich möchte diejenigen fragen, die immer noch an dem zweifeln, was in unserem Land vorgeht: Wie viele Polizisten habt ihr seit dem 25. April in den Gärten rumspringen sehen, um uns wegen unerlaubten Hundehaltens zu bestrafen. Wie viele Polizisten kamen hierher, um das Volk zu unterdrücken? Wo sind sie geblieben, diese Polizisten, von denen die Männer des alten Regimes sagten, daß sie die

Ordnung des Volkes seien? Überall wo ich hinkomme, selbst gestern noch in Lissabon, nirgends sehe ich Polizei. Ich gehe zu Festen und auf Märkte, wo man früher immer Polizisten aufstellte: Ich kann nicht sehen, daß sich das Volk streitet, wenn keine Polizei da ist. Gestern noch bei einer Versammlung in Lissabon, habe ich Leute gesehen, die Pistolen unter ihren Jacken trugen. Aber es wurde trotzdem nicht ein einziger Schuß abgegeben, ich habe nichts gehört. Und das sogar in einem reaktionären Klima, in dem das Volk lebt und sogar bewaffnet ist! Und den Mut, den ich habe, selbst wenn ich wegfahre und zu Hause jemand zurücklasse, der Angst um mein Leben hat: ich habe keine Angst zu sterben. Denn das Volk verteidigt das Volk! Schon kann man nicht mehr sicher auf die Waffen der Streitkräfte rechnen, denn noch gibt es verräterische Leute innerhalb des Heeres. Aber selbst die richten die Rohre noch zu Boden und kommen nicht dazu, sich zu rächen. Und noch was: Es gibt da eine Überlegung, daß wir etwas von den «alten Zeiten» zurückgewinnen müssen, und zwar für uns: die Reichen in den Städten und großen Dörfern haben ihre Kinos, Theater, Vergnügungen für das Wochenende und Strände zum Genießen. Ich frage mich jetzt: Wann kommt man auf den Dörfern so weit, daß diejenigen, die die ganze Woche arbeiten, auch das Recht auf einen Ball haben, ohne daß er verboten wird? Diese Freiheit muß kommen! Was mich betrifft, so ist es schon soweit, denn dieses Haus steht zu unserer Verfügung. Eines Tages wird die Kooperative sogar ihren eigenen Sitz haben. Und wir können Bälle machen, und zwar auf folgende Weise: die Bälle können um 6 Uhr abends anfangen und die ganze Nacht durch dauern. Und jeder Polizist, der erscheint, wird auf die Straße gesetzt! Das Volk setzt ihn auf die Straße, denn diejenigen, die arbeiten, haben auch ein Recht darauf, sich zu vergnügen. Es sind nicht nur die Reichen, die ein Recht auf Kino und Theater haben!

Rufe: Angenommen! *Beifall*

Während auf den Versammlungen des Bauernverbandes CAP immer heftiger die Rücknahme der Landreform gefordert wurde, entwickelte sich in der gleichen Gegend, im Ribatejo, die Arbeit der Kooperativen trotz der Einschüchterungsversuche durch das Militär von Santarém weiter. In der Gegend von Aveiras de Cima schlossen sich vier Kooperativen zusammen und bildeten ein gemeinsames Sekretariat.

Am 1. und am 21. Dezember 75 fanden auf der größten dieser vier Kooperativen, auf Torrebela, Durchsuchungen statt. Als Grund gaben die Militärs ein neues Gesetz an, demzufolge der Privatbesitz von armeeähnlichen Waffen verboten war. Nur Jagdwaffen waren erlaubt. Bei den Durchsuchungen wurde außer Jagdwaffen nichts gefunden.

Der Zusammenschluß der Kooperativen war erfolgt, weil man so besser den Angriffen auf die Landreform glaubte widerstehen zu können. Doch war dies nicht der einzige Grund. Im besetzten Herrensitz von Aveiras de Cima hatte sich eine Gruppe gebildet, die Comuna, die sich mit der ärztlichen Versorgung der Bevölkerung, mit der Alphabetisie-

Vilelmo Henriques vor dem Swimmingpool des leerstehenden Herrensitzes der besetzten Ländereien.

rung beschäftigte.

Durch den Zusammenschluß der vier Kooperativen sollte diese Arbeit ausgeweitet werden. Ein junger Lehrer aus Lissabon, der mit zu den Initiatoren dieser Volkserziehung gehörte, berichtete Ende März 1976 in einem Gespräch über die wichtigsten Aspekte beim Aufbau des Lebens in diesen vier Kooperativen, bei dem es nicht nur um neue Produktions- und Absatzformen ging:

Kooperativen schließen sich zusammen

Frage: Erstens, wie ist die finanzielle Lage?

Antwort: Das Zentrum für Agrarreform bittet uns immer, die genaue Arbeitsplanung anzugeben, als Vorbedingung für die entsprechende Unterstützung. Da wir noch nicht über ausreichende technische Mittel verfügen, um eine solche Planung genau vorherbestimmen zu können, dauert das lange; die Bauern wissen nicht genau, wie sie das machen müssen, und deshalb ist die finanzielle Lage immer unsicher. Ob wir Hilfe bekommen oder nicht, hängt von den Leuten ab, die entscheiden. Wenn sie uns mögen und wir mit ihnen reden können, kriegen wir vielleicht eine finanzielle Hilfe, wenn nicht, bekommen wir nichts. Letztes Wochenende zum Beispiel haben sie 10 000 Mark für Aveiras de Cima gegeben, und wir haben beschlossen: Aveiras de Cima bekommt die Hälfte, und Torrebela bekommt die andere Hälfte. Für Lohn und so weiter. Das heißt, wir sprechen nicht von «Lohn». Wir haben keinen Chef, keinen Arbeitgeber. Wir bekommen auch keinen Lohn. Wir bekommen eine «gerechte Arbeitsentschädigung». Im Prinzip bekommen Frauen, Männer und Jugendliche dasselbe. Wenn einer aber keine Familie hat oder ledig ist, kann er sein Geld später bekommen oder weniger.

Für das erste Jahr haben wir für Torrebela einen Verlust von 130000 DM. In Ameixoeira wird der Verlust sich auf 120000 DM belaufen, weil wir soviel neu gemacht haben in diesem ersten Jahr. Wir brauchten viele Maschinen, viele Traktoren. In Torrebela und in Ameixoeira mußten wir auch zwei Generatoren für Strom kaufen beispielsweise. Auf Marquesa beispielsweise ist die Situation so: offiziell dürfen sie dort keine finanzielle Unterstützung bekommen, weil die Diskussion darüber noch läuft, ob es sich lohnt oder nicht, die Kooperative zu organisieren. Das hängt in erster Linie nicht von der Hektarzahl, sondern von der richtigen Arbeit der Gruppe dort ab. Wenn die Arbeit gelingt, glauben wir, daß sie Legalisierung schnell kommen wird. Wenn es uns gelingt, auf dieser kleinen Kooperative etwas Großes und Gutes zu machen, wird die Legalisierung kommen. Aber bis dahin, bis Juni, denken wir, müssen wir Marquesa monatlich mit 2000 DM unterstützen. Wenn wir mehr Geld haben, müssen wir schnell einiges dort bauen, zum Beispiel Schweineställe. Zur Zeit wird ein Hühnerstall gebaut. Alle Wohnungen für die Arbeiter müssen renoviert werden.

In Aveiras de Cima richten wir jetzt Wohnungen für zwölf Familien. Das kann allein 5000 DM kosten. Außerdem haben wir Transportprobleme. Wir brauchen noch einen Traktor. In vier Wochen machen wir dort auch einen Traktorenkurs. Jetzt haben wir schon mehr Leute als früher, die mit Traktoren arbeiten können. Der neue Traktor, den Aveiras de Cima braucht, kostet sicher über 40000 DM.

Frage: Haben die Durchsuchungen nach dem 25. November 75, etwa auf Torrebela, die Kooperativen der Umgebung eingeschüchtert?

Antwort: Die negative Seite war: einige/wenige Arbeiter, die sehr ängstlich waren, sind aus den Kooperativen ausgetreten. Andere sind geblieben, und haben nur die Frauen und Kinder von der Kooperativen weggeschickt; inzwischen sind sie wieder zurückgekommen. Im Moment ist es schwierig, neue Mitglieder für die Kooperative zu finden. Sieht man mal von den bewußten Leuten ab, so haben die meisten Angst, daß erneut eine militärische Intervention auf den Kooperativen stattfindet. Die positive Seite war: Es sind neue Mitglieder hinzugekommen, die sehr bewußt sind. Diejenigen, die in der Kooperative sind, arbeiten jetzt noch enger zusammen und viel besser. Zum Beispiel in der Kooperative von Vale de Mouro in Aveiras de Cima sind nach dem 25. November vier neue Mitglieder dazu gekommen. Einer dieser Leute war sogar nach den Ereignissen vom 25. November verhaftet worden. Für die zögernden Leute von Aveiras de Cima haben die Durchsuchungen einen positiven Aspekt gehabt: die Soldaten hatten in der Comuna ergebnislos nach Waffen gesucht. Dann marschierten eines Morgens Truppen ins Dorf ein und durchsuchten die Häuser von einigen Mitgliedern der Kooperative.

Diese Durchsuchungen verliefen ebenfalls ergebnislos. Aber sie haben diese Personen festgenommen, und diese Leute mußten 13 Tage im Gefängnis bleiben. Das verursachte bei der Bevölkerung eine tiefe Abscheu vor den Militärs, weil sie während der Zeit des Faschismus nie eine solche Invasion und Durchsuchung erlebt hatten. Es war für sie unvorstellbar, daß Leute ohne jede Anklage dreizehn Tage im Gefängnis bleiben mußten. Das war vielleicht der Grund, warum bei den Silvesterfeiern in der Comuna rund 800 Leute da waren; einige waren sogar zum ersten Mal dabei. Am darauffolgenden Tag hatte man die Bevölkerung aufgefordert, einen Arbeitstag für die Comuna zu leisten, und zwar in den Weinbergen. Es sind so viele Leute gekommen, die gar nicht alle etwas tun konnten, da es an Material fehlte, Schaufeln, Säcken und Hacken. Wir hatten schon einmal einen Sonntag zum Arbeitstag ausgerufen. Das war ebenfalls sehr erfolgreich.

F.: Haben sich die ehemaligen Besitzer seit dem 25. November in irgendeiner Form bemerkbar gemacht?

A.: Am Tage der Durchsuchung von Torrebela durch die Militärs war jemand von der Familie des Herzogs in der Gegend.

Mitte Dezember 1975 machten wir auf Torrebela eine Pressekonferenz für Zeitungen und Fernsehen. Wir wollten einiges erklären und richtigstellen, denn in vielen Zeitungen kommen immer Gerüchte, wir seien Banditen, wir hätten Tausende von Waffen, wir seien der erste Punkt des Widerstandes gegen Santarém (Garnison) oder gegen Lissabon. Die meisten Zeitungen gaben daraufhin eine korrekte Information. Doch in der «Tempo Novo» erschien ein Artikel mit der Überschrift «Der Skandal Torrebela». Darin wurde wieder viel Falsches gesagt, wurden Gerüchte ausgestreut. Den Schluß des Artikels bildete ein Brief des ehemaligen Besitzers von Torrebela, Dom Miguel de Lafões. Darin hieß es, der Staat müsse der Adelsfamilie das Landgut Torrebela zurückgeben, weil es dort die einzigen Rothirsche Portugals und Spaniens gäbe. Die Arbeiter könnten auf dieses Wild nicht richtig aufpassen, das könnten nur Leute wie die ehemaligen Besitzer. Als aber in der früheren Zeit alle diese reichen Leute kamen, die Bankiers und so und diese Hirsche abschossen, sagte niemand etwas, während die Arbeiter jetzt auf diese Tiere achten und sie nicht einfach abknallen.

F.: Wie ist der Kontakt zu den politischen Parteien? Wie verhalten die Parteien sich zu den Kooperativen?

A.: Ich glaube, ich kann da für alle Kooperativen sprechen, auch für die Comuna in Aveiras de Çima: jede Person kann sich für eine Partei entscheiden. Zusammen haben wir entschieden, daß wir in den Kooperativen keine Parteiarbeit machen. Das heißt, die Leute mit verschiedener Parteizugehörigkeit oder Sympathie arbeiten und entscheiden zusammen – für eine richtige Arbeit, nicht für eine Partei. Schlimm ist es nur, wenn irgendjemand von den Parteien aus Lissabon kommt, auch von linken Parteien und Gruppen, und versucht, die zu kritisieren, die direkt dort in den Kooperativen arbeiten. Und das ist schlimm. Weil das Leute sind, die nur auf Besuch kommen. Sie ergreifen irgendeine Initiative, beispielsweise mit dem Sänger José Afonso oder mit einem Film, aber eben nur im Vorbeigehen, und dabei kritisieren sie dann diese oder jene Leute, weil sie zur Kommunistischen Partei oder zur LUAR gehören. Und damit stiften sie Unruhe. Aber mit den kritisierten Leuten, die zur PCP oder LUAR gehören, ist das etwas anderes, weil sie mit den anderen auf den Kooperativen zusammenarbeiten und leben.

Wir haben auch festgestellt, als wir Schwierigkeiten hatten nach dem 25. November, etwa am ersten und am zwölften Dezember (Durchsuchung durch die Militärs), daß keine Partei direkte Verbindung mit uns aufgenommen oder gesucht hat. Aber jetzt, seit Januar und Februar 76, seit wir versuchen, mit den vier Kooperativen eine richtige Organisation aufzubauen, zusammen auch mit nichtlandwirtschaftlichen Kooperativen des Ribatejo, mit Kooperativen der Metallindustrie, mit Firmen, mit Kooperativen der Bauindustrie, seitdem haben wir festgestellt, daß die Parteipolitiker kommen und versuchen, das alles von oben zu kontrollieren; wo wir können, verhindern wir das. Wir versuchen, daß die Leute ihre eigenen Vertreter wählen, die eine richtige Arbeit machen.

F.: Werden die Leute langfristig parteipolitischen Einflüssen widerstehen können? Nehmen wir eine Kooperative von Bauarbeitern. Da kommt eine Partei und sagt: Warum arbeitet ihr mit den Leuten von Aveiras de Cima zusammen, das sind doch keine Bauern, das sind Anarcho-Populisten, Chaoten ...

A.: Ich glaube, daß wir dem nicht nur langfristig Einhalt gebieten können, sondern schon jetzt. Wir machen jede Woche eine Sitzung, damit das Verbindungssekretariat der Kooperativen richtig arbeiten kann. Wir sind jetzt schon über fünfzig Kooperativen im Ribatejo, die in Kontakt stehen. Wir machen zweimal pro Monat eine gemeinsame Sitzung und einmal pro Monat eine große Versammlung mit vielen Leuten. Ich glaube, durch diese Arbeit können wir uns unabhängig halten von Pressionen durch irgendwelche Parteien.

F.: Wenn die PPD am 25. April 1976 die meisten Stimmen bekommt, wird es dann von seiten der Regierung den Versuch geben, das alles kaputtzumachen?

A.: Eine direkte Repression wird, glaube ich, nicht kommen. Wenn die PPD etwas gegen diese Kooperativen macht und an der Regierung ist, dann weiß sie – wenn sie nur einigermaßen intelligent ist – daß das die wirtschaftliche Lage nur verschlimmern kann. Auch die PPD wird sich überlegen, ob sie das machen will, beispielsweise einen Streik riskieren will. Und mit unserer Organisation versuchen wir, gegen solche Pläne etwas zu unternehmen, und, sollten sie Wirklichkeit werden, dagegen zu kämpfen.

F.: Unter den Landarbeitern, unter den Bauern, unter den Industriearbeitern gibt es auch solche, die PPD wählen, oder PS. Wie kann man das erklären? Gibt es solche Leute auch in den Kooperativen, wo doch PS und PPD diese Organisationsformen nie unterstützt haben?

A.: Nach dem, was ich bisher festgestellt habe, haben die Leute, die schon auf den Kooperativen arbeiten, keine Partei oder gehören mehr oder weniger zur Kommunistischen Partei. Ich weiß nicht, ob sie der Partei angehören, aber mehr oder weniger sympathisieren sie mit der Kommunistischen Partei.

Es kann sein, daß Bauern oder Landarbeiter PPD oder CDS wählen, aber nur, weil es in vielen Dörfern noch viele große Besitzer gibt oder Gemeindevorsteher, die ganz bestimmte parteipolitische Sympathien haben und die Leute beeinflussen, die keine Ahnung haben, die nicht lesen und nicht diskutieren können. Sie wählen dann nicht bewußt etwa die PPD oder andere Parteien. Das geschieht beispielsweise mit den Kleinbauern, die nicht in Kooperativen arbeiten.

F.: Wie funktioniert der Verkauf der Produkte?

A.: Die «großen» Produkte, etwa Mais oder Getreide, müssen wir zum größten Teil Ende des Jahres an die «comissões liquidatárias» (Nachfolger der früher von den reichen Landwirten kontrollierten Ackerbaugremien) verkaufen, weil wir von den comissões liquidatárias das Saatgut bekommen haben. Unsere «kleinen» Produkte, wie Gemüse und Tomaten wollen wir direkt verkaufen. Wir bauen diese Produkte in jeder Kooperative an, weil wir das ganze Jahr über Arbeit brauchen. Die können wir direkt auf dem Markt verkaufen. Wir, die vier Kooperativen, haben bereits die Erlaubnis zum direkten Verkauf auf zwei Großmärkten in Lissabon. Aber dazu brauchen wir unbedingt einen Lastwagen. Wir denken schon an Möglichkeiten, wie wir am schnellsten zu einem Dreieinhalbtonner kommen können. Der würde uns gebraucht 10000 DM oder neu 30000 DM kosten.

F.: Woher soll das Geld kommen?

A.: Entweder müssen wir es selbst auftreiben, oder es kommt von Gruppen aus dem Ausland. Die haben uns schon etwas versprochen.

Wir haben jetzt Kontakt zu einem Lagerbetrieb, einer neuen Gruppe in Lissabon aufgenommen, die im Lissabonner Stadtteil Alcântara ein großes Gebäude hat, wo das ganze Erdgeschoß, über 2000 Quadratmeter, frei ist, und wir können dort einen großen Laden zum direkten Verkauf für diese vier Kooperativen oder vielleicht noch mehr – für die Kooperativen im ganzen Ribatejo aufmachen. Das müssen wir noch diese Woche (Ende März 1976) diskutieren, um zu sehen, wie wir das konkret machen. Wir können dadurch zum Beispiel neue Arbeitsplätze in Lissabon schaffen.

Alle vier Kooperativen werden diese Woche auch Kontakt zu «Interagro» aufnehmen. «Interagro» ist eine große Lebensmittelfirma, die Konserven herstellt, Tomaten und Pfeffer und die den Kooperativen alles Material geben kann, wie Saatgut, je nachdem wieviel Hektar wir bebauen wollen. «Interagro» kann die notwendigen Spezialmaschinen zur

Verfügung stellen. Bei der Diskussion geht es jetzt um die Preise und darum, ob genug Ländereien für diese Art der Produktion vorhanden sind.

F.: Wie ist jetzt der Kontakt zu den Militärs in Santarém?

A.: Seit dem ersten Dezember 1974 haben wir keinen mehr, nur noch, um einige Probleme zu lösen. Es geht zum Beispiel um die Jagdwaffen, die die Militärs bei ihren Durchsuchungen mitgenommen haben, die aber legalisiert, d. h. registriert waren. Trotzdem haben wir große Schwierigkeiten, sie zurückzubekommen. Von zweihundert oder hundert zum Beispiel haben wir nur 50 zurückbekommen. Wir wissen nicht, wer den Rest behalten hat. Wir wußten nicht, daß die Militärs diese Art «Geschenke» von Bauern brauchen, die arm sind. Die letzte Geschichte passierte am Aschermittwoch. Da hatten wir einen wunderschönen Besuch. Es kamen vier Jeeps, aber bewaffnete, mit jeweils einem Maschinengewehr. Es kamen also etwa 16 Militärs mit vier Jeeps dieser Art und zwei oder drei Wagen der Ausländerpolizei aus Santarém. In Torrebela wurden wieder alle Leute nervös, fragten, was passiert jetzt wieder; die Leute auf der Straße hatten Freunde von uns getroffen und ihnen gesagt: «Ja sicher, die Militärs und die Polizei sind wieder in Torrebela, und diesmal müssen alle weg.» Ein Freund, Emilio, fragte die Militärs: «Was machen Sie heute hier?» Antwort: «Eine normale Inspektion zur Ausländerkontrolle. Wie wir das in einem Hotel oder einer Pension machen.» Emilio: «Aber in ein Hotel oder eine Pension gehen Sie nicht mit solchen schwerbewaffneten Autos.» Militärs: «Ja, wir sind hier so hergekommen, weil es von Torrebela heißt, daß da lauter Banditen sind. Torrebela hat einen schlechten Ruf, und es heißt, alle Leute dort sind bewaffnet.» Emilio: «Ja, aber Sie haben doch am ersten Dezember schon selbst bemerkt, daß wir keine Waffen haben. Trotzdem kommen Sie so. Und Sie wissen, was für einen schlechten Eindruck das auf das Dorf macht, wenn die Leute Sie so hierherkommen sehen.»

Sie kontrollierten dann alle Pässe und nahmen eine Ausländerin mit, die sie am ersten Dezember schon einmal mitgenommen hatten, die aber später ganz normal über die Grenze, durch Paß- und Zollkontrolle nach Portugal zurückgekehrt war. Die Militärs zu der Frau: «Nein, Sie sind im Irrtum. Sie wurden am ersten Dezember ausgewiesen. Sie dürfen fünf Jahre lang nicht mehr nach Portugal kommen.» Die Ausländerin hatte jedoch darüber weder einen Vermerk im Paß noch einen anderen schriftlichen Bescheid über eine solche Maßnahme bekommen. Jetzt wurde beschlossen, die Sache durch die Botschaft zu regeln.

F.: Wie ist die ärztliche Versorgung jetzt?

A.: Von offizieller Seite wurde nichts unternommen, was zu einer Verbesserung geführt hätte. Bis jetzt. Die Leute verstehen das nicht, weil sie ja Beiträge an die Krankenkasse abführen. Aber die Comuna von Aveiras de Cima richtet jetzt mit Ärzten aus Lissabon ein Gesundheitszentrum ein, das nicht nur reine Behandlungsmedizin betreibt. Seit einem Jahr hält jedes Wochenende ein Arzt aus Lissabon in der Comuna Sprechstunden, fünf, sechs Stunden pro Wochenende. Wir versuchen jetzt, eine Krankenschwester mit Wohnung und permanenter Arbeit in Aveiras de Cima zu bekommen, die in den vier oder fünf umliegenden Dörfern arbeiten soll. Wir versuchen auch, die Ärztebesuche aus Lissabon zu vermehren und damit diesen Aspekt der ärztlichen Versorgung zu verstärken. Gleichzeitig versuchen wir, von der Hilfe aus der Stadt unabhängig zu werden, indem wir eine eigene Ärtztestation mit einem Laboratorium einrichten, das von Gruppen aus dem Ausland oder aus Portugal finanziert wird.

F.: Wie bekommt man jetzt Informationen über die Politik, die sich in den Korridoren der Lissabonner Ministerien anbahnt?

A.: Weil jetzt niemand weiß, wann die Zeitungen, das Fernsehen oder der Rundfunk aus Lissabon die Wahrheit sagen und wann nicht – und weil man in fünf Minuten alles Mögliche und das Verschiedenste hört – ist es für uns am wichtigsten, jeden mittwoch unsere Versammlung zu machen, mit drei Vertretern von jeder Kooperative – wir können dazu auch Journalisten bekommen –, denn einer von uns war immer in Lissabon und hat genauere Informationen. Dann verteilen wir diese Informationen, und jeder der jeweils drei Vertreter kann in seiner Kooperative eine genauere Information geben: was mit der Agrarreform passiert, mit den Wahlen oder anderen Problemen.

F.: Gibt es Schwierigkeiten zwischen den einzelnen Kooperativen oder ihren Mitgliedern und welche?

A.: Ich habe selbst, um ein Beispiel zu nennen, auf einer Vollversammlung in Torrebela gehört, als die Kooperative Marquesa um einen Mann und eine Motorsäge als Unterstützung bat, daß die Leute sagten: «Die Marquesa braucht keine Hilfe von uns, weil sie sowieso nichts zu tun haben; sie sind mit der Aussaat schon fertig. Wir schicken keinen Mann und keine Maschine als Hilfe.» Das geschah an einem Montag. Aber am nächsten Mittwoch hatten wir unsere normale Sekretariatsversammlung, und da wiederholten wir Marquesa gegenüber diese Einwände. Darauf erklärte Marquesa: «Ja, wir haben jetzt in der Tat auf dem Land nicht soviel zu tun, aber wir müssen alles neu bauen, die Schweine- und Hühnerställe. Deshalb haben wir viel Arbeit, und wir schlafen nicht den ganzen Tag. Wenn wir um Hilfe bitten, dann, um auch in Zukunft mit euch zusammenzuarbeiten.»

Ein anderes Beispiel: Wir haben im Sekretariat aller Kooperativen entschieden, daß wir nicht schnell arbeiten können, wenn immer alle zwölf (drei Vertreter jeder Kooperative) über alles entscheiden müssen. Wir haben dann vier Leute gewählt: einer arbeitet als Koordinator in den vier Kooperativen, der andere als Sekretär, der andere für wirtschaftliche Fragen, der andere als Verbindungsmann zum Ausland. Dem Koordinator geht es oft so, daß er auf jeder Vollversammlung sein muß, nicht nur auf denen der Kooperative, in der er wohnt. Vor zwei Wochen stellten wir fest, daß es in zwei Kooperativen starke Pressionen – wir wissen noch nicht, von wem das kommt – gegen diese Koordinationsarbeit gibt. Viele sagten: «Ja, wir verstehen oft nicht, welche Rolle dieses Sekretariat hat. Wenn wir in unserer Kooperative jeweils richtig und stark arbeiten, dann geht die Sache auch so weiter.» Deshalb müssen die, die mehr politisches Bewußtsein haben, auf jeder Vollversammlung wiederholen: «Ohne Organisation gehen erst Marquesa, dann Ameixoeira, und dann wir alle kaputt!» Aber grundlosen Streit und unbegründete Kritik gibt es natürlich immer, weil es zwischen Männern, überhaupt Menschen, immer so ist.

F.: Was hat sich im Bereich von Schule und kulturellen Veranstaltungen verändert, seit die Ländereien besetzt und die Kooperativen gegründet wurden?

A.: Wir dachten, es wäre möglich, eine neue Schule für diese vier oder für fünf Kooperativen zu eröffnen. Das war ein Traum. Das ist unser wichtigster Traum. Aber wegen praktischer Probleme – dem Transportproblem, wegen der Entfernung zwischen den Kooperativen – glauben wir, daß dies auch nächstes Jahr noch nicht möglich sein wird. Aber wir halten es für sehr wichtig, für die Kinder von Kooperativmitgliedern eine Erziehung zu haben, die sich von der offiziellen unterscheidet. Eine richtige Erziehung.

Wir bauen jetzt in Torrebela einen Kindergarten, der schon fast fertig ist. Möbel und alles sind schon da. Die Leute von Aveiras de Cima haben auch schon entschieden, welche Räume für einen solchen Kindergarten in Frage kommen. Bisher mußten sich Frauen aus den Kooperativen darum kümmern. Jetzt haben wir schon eine Kindergärtnerin, die jedes Wochenende aus Lissabon kommt und ab Oktober die ganze Zeit da arbeiten wird. Außerdem bekommen wir vielleicht eine Sozialbetreuerin aus Argentinien, die sehr gut Portugiesisch kann, die drei, vier Monate in diesen beiden Kindergärten arbeiten wird.

Wir wollen nicht gegen die anderen Kindergärten kämpfen – in der Nähe gibt es einen, der der Kirche gehört –, sondern wir wollen eine richtige Erziehung, ohne moralische Pression und christliche Repression.

Zur Zeit fangen wir mit Volkserziehung oder Volkskultur und mit der Alphabetisierung an. Dieses Problem ist nicht so einfach. Wir glauben, daß wir mindestens ein halbes Jahr dazu brauchen, um alle Geschichten, Legenden und Ausdrücke dieser Gegend genau kennenzulernen: Was bedeutet in Manique dieses Schloß, das nicht fertig gebaut wurde? Was bedeutet in Torrebela diese Mauer, die 27 Kilometer lang ist? Wer hat sie gebaut? Welche Sklavenarbeit haben diese Leute gemacht? Was bedeutet Manique, der der erste Polizeiinspektor in Portugal war, im 18. Jahrhundert? Was bedeutet das alles in dieser Gegend? Wir bereiten nicht nur Gruppen für jede Kooperative, sondern auch für jedes Dorf vor. Zum Beispiel hat Manique schon eine Alphabetisierungsgruppe, eine Theatergruppe und eine Gruppe für die Arbeit mit Kindern. In Aveiras de Cima gibt es, zusammen mit der Comuna, schon viele Aktivitäten, die Gesundheitsgruppe und so weiter. Die beste Alphabetisierungsarbeit im Jahr 1975 wurde von der Alphabetisierungsgruppe der Comuna in Aveiras de Cima gemacht. Sie hatte keine Unterstützung von irgendeiner offiziellen Organisation. Trotzdem haben sie einen sehr guten Kurs gemacht und versuchen jetzt, uns ihre Erfahrungen mitzuteilen. Bis Oktober wollen wir die Vorarbeit, das Kennenlernen der wichtigsten Ausdrücke und Legenden dieser Gegend abgeschlossen haben, um dann direkt mit den Analphabeten zu arbeiten.

Wir versuchen, diese Legenden von den alten Leuten zu erfahren, ohne jede Beeinflussung durch uns. Wir fragen zum Beispiel auch: «Wie war die Besetzung von Torrebela?» Das können wir einen Analphabeten fragen. Wir nehmen das auf und schreiben es genau mit den gebrauchten Ausdrücken ab. Oder aber: «Was bedeutet Manique? Was bedeutet Lafões (Adelsfamilie, Großgrundbesitzer)?» Wir wollen das vor allem von den alten Leuten wissen, unter denen sich die meisten Analphabeten befinden. Wir nehmen das mit Kassettenrecorder auf, schreiben es mit Fehlern und allem ab. Das wollen wir bis zum Oktober schaffen.

Auf dem Gebiet der Gesundheitserziehung wollen wir eine richtige Dynamisierung starten. Was die Gesundheitsprobleme angeht, müssen die Leute so schnell wie möglich alle Mythen aufgeben: den Mythos vom Arzt, den Mythos von den Präparaten aus der Apotheke, den Mythos von Lehrern, von berühmten Lehrern und so. Wir müssen versuchen, diese Mythen wegzuschaffen und ein Bewußtsein zu vermitteln, daß wir selbst, unser Volk, unsere Kooperativen, unser Dorf diese Probleme lösen müssen. Mit oder ohne Hilfe aus der Stadt.

Wir haben in diesem Winter festgestellt, daß es zur Grippebekämpfung alte Methoden gibt, die auch alle alten Leute hier kennen. Ein Junge zum Beispiel hatte 39 Grad Fieber, und wir haben schnell einen Arzt gerufen. Dieser Arzt kam, verlangte 50 DM für diesen Besuch und verschrieb ein «wichtiges» Medikament, das 35 DM kostete. Wir hatten kein Geld, um dieses Medikament zu kaufen. Der Junge hatte starke Schmerzen und sagte: «Vielleicht sterbe ich heute nacht.» Die alten Leute sagten: «Beruhige dich. Jeder weiß, wenn man Grippe hat, muß man ein sehr heißes Gemüse essen und ein paar Tage im Bett liegen und auch, wie das alle Leute tun, einen Schnaps trinken.» Wir haben das so gemacht, und am nächsten Tag war das Fieber weg. Die alten Mittel sind oft besser gegen die Mikroben als die teuren Medikamente.

Aber natürlich brauchen wir für Krankheiten wie Tuberkulose oder für die Ursachen der Kindersterblichkeit Ärzte. Wir wollen ja nicht mit den Ärzten etwa Schluß machen. Wir wollen nur mit dem Mythos vom Arzt Schluß machen: wenn ein Arzt kommt, denken die Leute, daß alle Probleme gelöst sind. Wir wollen einen Arzt, der normal bei uns arbeitet, der ein Spezialist ist, der aber nicht alle unsere Arbeit ersetzt, sondern mit seinem Wissen ergänzt. Denn wir wollen nur gegen Mythen kämpfen.

F.: Auch kulturell beherrschte vor dem 25. April die Stadt Lissabon das Land. Hat sich da etwas geändert?

A.: Wir haben im Februar und im März 76 mit einem ganz einfachen Super-Acht Tonfilm über Torrebela gearbeitet. Im Februar machten wir über zehn Veranstaltungen in Dörfern und Kooperativen. Wir zeigten den Film, und dann diskutierten wir mit den Leuten aus den Dörfern oder aus den Arbeiterkommissionen. Die Erfahrungen waren gut. Wir werden das jetzt auch in Caraxo und Almerim machen. Ein anderer Erfolg war, daß man in Lissabon davon hörte und eine Gruppe der wirtschaftswissenschaftlichen Fakultät uns einlud. Wir waren da mit je zwei Vertretern aus den Arbeiterkommissionen aller Kooperativen. Der Film dauerte 50 Minuten, die Diskussion über drei Stunden. Über drei Stunden diskutierten die Studenten und Professoren mit den Vertretern der Arbeiterkommissionen. Sie baten uns, wiederzukommen, weil sie von den Professoren nur Theoretisches zu hören bekämen. Über die Praxis hätten sie nie etwas gehört.

F.: Gibt es Verbindung zu den Kooperativen des Alentejo?

A.: Unsere vier Kooperativen hatten bisher Verbindung mit vier oder fünf Kooperativen in der Nähe von Vinheiro. Viele Kontakte mit Santa Sofia Monte Mor, und am letzten Wochenende, dem 13. März, ist ein Bus mit unseren Leuten aus den vier Kooperativen direkt nach Alcacér do Chão gefahren, um den ersten Jahrestag der Landbesetzungen zu feiern.

Dokument: Torrebela aus der Sicht der dpa

dpa 028 al
portugal
polit-touristen eins (zwei teile)
rotes licht fuer rote polit-touristen
von dpa-korrespondent dr. hanns h. reinhardt =

lissabon, 8. januar 76 dpa – die zeit der roten polit-touristen in portugal geht zu ende. auf beschluss des portugiesischen revolutionsrats werden jetzt regierung und auslaenderpolizei ein wachsames auge auf die oft jugendlichen reisenden haben, die monatelang im land bleiben, um den portugiesischen genossen ideologische und taktische schuetzenhilfe zu leisten in ihrem kampf um strukturveraenderungen nach volksdemokratischen leitbildern.

sie kamen von ueberall, aus der bundesrepublik, der ddr, der schweiz, aus belgien, den skandinavischen laendern, frankreich, italien, suedamerika. sie trafen in den kommunistischen genossenschaften im agrargebiet des alentejo, den ersten fruechten der wilden agrarreform, mit chilenischen fluechtlingen zusammen, mit abenteurern, politischen traeumern, agenten und asozialen. sie lebten nicht schlecht, beispielsweise in dem von der «liga fuer revolutionaere einheit und aktion» eigenmaechtig und illegal besetzten schloss von torrebela. sie knallten die letzten lebenden exemplare des «iberischen rothirsches» im wildgehege des herzogs von lafoes ab. sie waren dabei, als mit gewehren, funkgeraeten und schalldaempfer-pistolen ausgeruestete stosstrupps portugiesischer kommunisten die grossen gueter wie auch bauernstellen besetzten, die weit unter der zu enteignung

vorgesehenen mindestgroesse lagen, sie kamen als aerzte, als rundfunkkorrespondenten, als technische helfer in eine situation, die jeder willkuer freien lauf garantierte, das wird bald vorbei sein.
folgt polit-touristen zwei und schluss
dpa lp kr wi 08. jan 76 0139 nnnn

dpa 029 al
portugal
polit-touristen zwei und schluss (lissabon)
die parole war: «das gesetz sind wir» =

in der zeit vor der fallschirmjaegerrebellion des 25. november, deren scheitern eine wende in portugal einleitete, sassen vom staatssekretaer bis zum oertlichen leiter der agrarreformbehoerden kommunistische vertrauensleute in allen schluesselpositionen der verwaltung. sie sorgten dafuer, dass die aktivistengruppen ueberall freie hand hatten und dass niemand ihnen in den arm fiel, wenn sich die landbesitzer auf das gesetz beriefen. «das gesetz sind wir» – so hatten die bewaffneten gruppen dem deutschen verwalter eines hochtechnisierten musterguts bei montemor geantwortet.

das neue jahr hat in portugal mit preissteigerungen auf der ganzen linie begonnen. lohnstopp und lohnkuerzungen, neue forderungen nach mehr arbeit, mehr produktivitaet, nach opfern und leistungen liegen in der luft. die ersten protestkundgebungen gegen die notmassnahmen der regierung des vizeadmirals jose azevedo sind einberufen. die regierung steht vor politischen belastungen wie nie zuvor. sie kann es sich nicht mehr leisten, die taetigkeit extrem linker aus dem ausland zu dulden.
dpa lp kr wi 08. jan 76 0141 nnnn
411067 dpalb d
411067 dpalb d

Gespräch deutscher Bauern in der Nähe von Stuttgart mit dem Sprecher der Landarbeiterkooperative in Quebradas

Frage: Wieviel verdienten Sie, als Sie für den Pächter arbeiteten?

Antwort: Bis vor acht Jahren betrug der Tageslohn 5 bis 6 Mark, in den letzten Jahren verdienten die Leute 10 bis 12 Mark am Tag.

F.: Konnte eine Familie mit diesem Verdienst überhaupt leben?

A.: Es mußte einfach reichen. Wir lebten mit vielen Schwierigkeiten. Die Kinder liefen barfuß herum. Oft bekamen sie nur trockenes Brot ohne Aufstrich, und die Mahlzeiten bestanden aus dem, was man gerade im Hause hatte. Denn das Geld reichte nicht für Essen und Kleidung.

F.: 15 Jahre lang waren Sie Pächter, war der Lebensstandard damals verhältnismäßig besser als heute?

A.: Der Lebensstandard früher, als wir noch Pächter waren, war besser, weil wir alle Arbeit hatten: Der Mann, die Frau und die Kinder, die schon mit sieben, zehn oder zwölf Jahren mitgearbeitet haben, denn

Os Best-Sellers da quinzena

por Pedro Tamen

	Classe anterior	Título	Autor	Editor
1.º	—	Famintos	Luiz Romano	Nova Aurora
2.º	—	O Capital – Conceitos Elementares	Marta Hannecker	Iniciativas Editoriais
3.º	1.º	O Estado e a Revolução	Lenine	Textos Políticos
4.º	ç.º	O Capital (2 volumes)	K. Marx	Delfos
5.º	—	Porquê a Revolta	Sartre e outros	Sá da Costa
6.º	—	É a Guerra	Aquilino Ribeiro	Bertrand
7.º	—	25 de Abril	Ernesto Neves	Avante
8.º	—	A Revolução Portuguesa	Álvaro Cunhal	D. Quixote
9.º	—	Acumulação Primitiva do Capital	K. Marx	Escorpião
10.º	—	Introdução à Economia Política	Rosa Luxemburgo	Escorpião

Foram consultadas as Livrarias Apolo 70, Ática, Barata, Diário de Notícias, Escolar, Ler, Nova Iorque, Quadrante, Sá da Costa e Sinfonia.

COMENTÁRIO:

Não há muito a comentar. Um mês depois do último quadro publicado, **O Estado e a Revolução** continua nos primeiros lugares — situação que já vem de há uns bons meses e que, como se vê, atravessou a própria estação eleitoral, indiferente a outros livrinhos de maior oportunismo. **Seara de Vento**, embora ainda citado, desapareceu dos primeiros dez, mas apareceu Aquilino, inesgotável e jovem — a honra da literatura portuguesa nesta corrida ao momentâneo.

Os Best-Sellers da quinzena

por Pedro Tamen

	Class. ant.	Título	Autor	Editor
1.º	1.º	Sindicalismo – II	Marx / Engels	Escorpião
2.º	—	Praça da Canção	Manuel Alegre	Centelha
3.º	—	O Capital	Marx	Edições 70
4.º	—	Terra Morta	Castro Soromenho	Sá da Costa
5.º	7.º	Memórias Eróticas de um Burguês	Anónimo	Livros do Brasil
6.º	5.º	Confesso que Vivi	Pablo Neruda	Europa-América
7.º	—	A Nossa Arma é a Greve	Diversos	Textos Marginais
8.º	—	Irrupção da Moral Sexual – II	W. Reich	Escorpião
9.º	3.º	O Combate Sexual da Juventude	W. Reich	Textos Marginais
10.º	2.º	O Estado e a Revolução	Lenine	Textos Políticos

Foram consultadas as Livrarias Ailland & Lello, Apolo 70, Ática, Barata, Diário de Notícias, Escolar Editora, Parceria, Portugal e Rodrigues.

COMENTÁRIO:

Com a ressalva do primeiro lugar, este quadro apresenta-se bastante «mexido» em relação ao da última quinzena. E não pode deixar de saudar-se o aparecimento de um poeta e de um prosador português nos primeiros lugares. Note-se ainda o regresso da edição popular (mas cientificamente organizada) do **Capital** de Karl Marx, que sofrera um eclipse nas últimas semanas.

Bestsellerliste Mai und Juni 1975 in Lissabon.

das damalige Regime erlaubte ihnen keinen Schulbesuch. Und deswegen wurden die Kinder schon so früh zum Arbeiten eingeteilt. Bei einem Ehepaar mit drei oder vier Kindern konnten die Kinder schon das Vieh auf der Weide aufziehen. Dadurch brachten die Agrarprodukte und das Vieh am Ende des Jahres einen Gewinn.

F.: Und wie ist dann nach dem 25. April die Kooperative entstanden? Ist vorher auch darüber gesprochen worden, das Land unter den Leuten aufzuteilen?

A.: Bei den Diskussionen auf unseren Versammlungen haben wir auch den Fall besprochen, daß wir das Land wiederbekommen würden, das heißt, sollte jeder seine Parzellen wiederbekommen – oder sollte eine Kooperative gegründet werden? Man kam aber zu dem Entschluß, daß die Gründung einer Kooperative einen größeren Fortschritt für uns bedeuten würde. Die Kinder würden von dem Zwang zu arbeiten befreit werden und die Gelegenheit erhalten, zur Schule zu gehen. Deshalb entschieden wir uns für eine Kooperative. Um die Arbeitskraft der Kinder zu ersetzen und um uns allen die Arbeit zu erleichtern, ist es notwendig, daß wir gemeinsam Maschinen anschaffen, wozu ein einzelner sowieso nicht das Geld hätte.

F.: Also, die Möglichkeit hätte bestanden, daß jeder ein Stück Land bekommen hätte, nur die Chance für jeden einzelnen war zu klein, um sich Maschinen zu kaufen und deshalb entschloß man sich zu einem Gemeinschaftsprojekt, oder?

A.: Ja, theoretisch war das möglich. Aber auf unserer Versammlung sind wir zu der Einsicht gekommen, daß die Kooperative doch die bessere Lösung für uns ist.

F.: Wer war der frühere Besitzer dieses Landgutes?

A.: Es war ein Graf. Dieser Graf ist dann gestorben, aber sein Gut wurde vorher von ihm an die Bevölkerung verpachtet. Seine Kinder in Lissabon waren die Erben, sie kamen nur auf das Gut, um den Pachtzins zu kassieren. Eines Tages tauchte dann ein Typ auf, der wußte, daß wir als Pächter von diesem Land lebten und daß die Erben in Lissabon kein großes Interesse für das Landgut zeigten. Er wandte dann folgende List an: den Erben versuchte er einzureden, daß die Rentabilität des Gutes viel zu niedrig sei, jedoch unter seiner Verwaltung weitaus zunehmen könnte. Uns, den damaligen Pächtern, versprach er, daß die «Junta» (Außenstelle des Landwirtschaftsministeriums) den Erben das Gut abkaufen und schließlich uns überlassen würde, gegen eine Ratenzahlung auf zwanzig Jahre. Damit wollte der Typ erreichen, sich selbst an diesem Geschäft zu beteiligen. Schließlich aber übernahm er selbst das Gut, schmiß uns als Pächter raus, gab keinem eine Arbeit, und wie wir später erfahren haben, hat er sogar die Besitzer selber betrogen.

F.: Wer war denn dieser Mann, und was hat er mit dem Landgut gemacht?

A.: Es ist Félix da Costa. Er ist ein Großgrundbesitzer, der in seiner

Region Torres Vedras sogar Olivenöl-Keltereien besaß, Lagerhäuser für Obst, er hatte einfach alles. Er lebte von Betrügereien, und jeder Betrug war ein Betrug am Volk. Er machte aus dem Landgut ein Jagdrevier, und die Bevölkerung mußte außerhalb dieses Gebietes leben.

F.: Wie groß ist das Gut, bewirtschaftet die Kooperative heute das ganze Land?

A.: Jenes Gut bestand aus 407 Hektar, und es gibt noch ein anderes, das die Regierung inzwischen einem Typ weggenommen hat, der Geschäftsmann und Besitzer eines Hüttenwerkes in Oeiras war. Er hat die Wirtschaft des Landes sabotiert und ist außer Landes geflohen. Er hat zwei Güter hinterlassen, ganz in unserer Nähe. Die Regierung hat sie verstaatlicht, und eines der Güter ist an unseres angeschlossen, so daß unsere Kooperative jetzt aus 600 Hektar Land besteht.

F.: Von wievielen Mitgliedern der Kooperative wird das Land bewirtschaftet?

A.: Von 81 Familien.

F.: Ist das die gesamte Dorfbevölkerung? Oder sind auch einige ausgeschlossen?

A.: Das Landgut gehört dem ganzen Dorf. Es gab Leute, die ein, zwei oder drei Hektar vom Gut besaßen und außerdem noch ein Stück Land in dem Dorf haben. Die gaben ihre zwei, drei Hektar Land an die Kooperative. Aber im Falle eines Angriffs machen sie bei der Verteidigung der Kooperative mit. Sie sind jedoch keine Mitglieder der Kooperative, denn das Gut wäre zu klein für so viele Personen. Diejenigen, die außerhalb der Kooperative arbeiten, sind mehr als das Doppelte. Das Dorf besteht aus mehr als 250 Familien.

F.: Und wie viele Landarbeiter sind darunter?

A.: Im Durchschnitt 90 Prozent der Dorfbewohner.

F.: Und im Vergleich zu ganz Portugal, wieviel Prozent arbeiten in der Landwirtschaft?

A.: So etwa 50 bis 70 Prozent, früher waren es noch mehr. Denn im Norden gibt es heute auch schon Industrie. Die Probleme der Landarbeiter, was die Entlohnung betrifft, liegen vor allem im Ribatejo und im Alentejo, wo auch die meisten arbeiten. Der Norden ist inzwischen industrialisierter, hat schon Fabriken.

F.: Wie ist der Boden, und was wird dort angebaut?

A.: In Portugal ist der Boden im allgemeinen gut, hier und dort unterschiedlich, aber wir produzieren alles. Mais, Weizen, Kartoffeln, Bohnen, Kichererbsen, Wein, Oliven und alle Getreidesorten.

F.: Ist die Kooperative bereits euer Eigentum?

A.: Sie ist quasi unser Eigentum, wir haben schon Dokumente darüber.

F.: Von wem habt ihr das Land erworben, oder ist es euch zugeteilt worden? Das ist doch praktisch ein Enteignungsverfahren. Der Staat hat das wohl organisiert, nachdem sie gesehen haben, daß die Bauern ein

Interesse an dem Landgut haben und sich auch dafür einsetzen. Denn die Bauern selbst können ja nicht einfach sagen, das gehört jetzt uns. Oder wie ist das? Wer hat euch die Dokumente gegeben?

A.: Das kam vom Zentrum für Landreform, einer staatlichen Organisation.

F.: Sonst könntet ihr ja auch keine Nacht mehr sicher sein. Es könnte irgend jemand wieder zurückkommen und sagen: jetzt drehen wir die Sache wieder zurück, machen alles kaputt und nehmen das Landgut wieder zurück. Nicht wahr?

A.: Das Dokument allein reicht natürlich nicht aus, wir sind trotzdem darauf vorbereitet, daß irgendwann mal jemand zurückkommen will. Wir haben das Dokument relativ schnell bekommen, weil wir sofort nach der Besetzung bei dem Ministerpräsidenten eine Eingabe gemacht haben mit der Forderung, uns den Boden zu überlassen. Unsere Position war gerechtfertigt, sie entsprach der Realität. Es gibt andere Fälle, wo die Großgrundbesitzer immer noch gegen die Besetzungen der Landarbeiter kämpfen. Wie etwa der Fall in Santarém, in der Nähe von unserem Dorf, wo die Großgrundbesitzer das Zentrum für Landreform überfallen haben und auch den Sitz der Landarbeitergewerkschaft zerstören wollten, um ihre Herrschaftsansprüche zu demonstrieren. Aber es kam trotzdem zu einer starken Mobilisierung der Landarbeiter und auch zu Zusammenstößen beider Gruppen.

F.: Das scheint sich ja zu einem bauernkriegsähnlichen Zustand zu entwickeln – wohin soll das angekündigte Geld der EG-Länder eigentlich gehen, an die Landarbeiter oder an die Großgrundbesitzer?

A.: Seit ich euer Land bereise, habe ich seltsame Fragen und Auskünfte erhalten. Während der Süden Portugals dringend Geld braucht und in Schwierigkeiten lebt, sagt man mir, daß eine Anleihe der EG für den Norden Portugals in Aussicht gestellt sei. Und man fragte mich, ob das möglich sei. Mir ist davon nichts bekannt. Das ist vielleicht eine Sache von den hiesigen politischen Parteien, die eine bestimmte Region begünstigen, da sie ihre Politik vertreten, das heißt zur Zeit den Norden, um einen Gegenpol zum Süden zu schaffen. Diese Politik wird natürlich von den Großgrundbesitzern unterstützt, die ihre Privilegien im Süden verloren haben. Sie versuchen jetzt, die Leute im Norden zu betrügen, indem sie ihnen sagen, daß auch die kleinen und mittleren Bauern enteignet werden sollen. Und das ist natürlich nicht wahr.

F.: Wo gibt es mehr Großgrundbesitz, im Norden oder im Süden des Landes?

A.: Im Süden gab es viel Großgrundbesitz, im Norden gibt es nur Kleinbauern. Vor dem 25. April gab es im Norden schon Kooperativen, das waren aber vom Staat kontrollierte Genossenschaften, in denen die Landarbeiter trotzdem ausgebeutet wurden, da man ihnen nicht das Geld für ihre Produkte bezahlt hat, das eigentlich festgesetzt war. Wenn man heute im Norden von Kooperativen, wie sie nach dem 25. April entstanden sind, spricht, haben die Leute immer noch die alte Form der Kooperativen im Kopf. Es ist also sehr schwierig in dieser Gegend die Leute aufzuklären, besonders wegen dem starken Einfluß der Kirche.

F.: Ist denn die Regierung nicht stark genug, in ganz Portugal die Landaufteilung durchzusetzen? Muß das denn von den Bauern selbst kommen?

A.: Schon seit Jahren, auch unter dem unterdrückerischen Regime wußte man, daß die Landarbeiter die Rückgabe des Landes forderten, und nicht nur das, sondern auch die Abschaffung der weitläufigen Jagdreviere. Die Landarbeiter forderten Grundstücke, um Häuser zu bauen für die, die besitzlos waren. Die Großgrundbesitzer lebten ständig in der Angst, daß eines Tages etwas Unangenehmes passieren würde. Und das ist ja tatsächlich geschehen. Die Leute, die auf den Gütern des Alentejo lebten, besaßen nicht mal einen Meter Boden, auf dem sie ein Häuschen oder wenigstens eine Hütte bauen konnten. Als dann am 25. April der Umsturz stattfand, den man seit Jahren herbeigewünscht hatte, konnte keine Regierung, welche auch immer, dem Willen des Volkes, diese Besetzungen durchzuführen, widerstehen. Bis zur fünften Regierung einschließlich hatte jeder die Freiheit, Landbesetzungen durchzuführen. Keiner hatte etwas dagegen. Man glaubte fest daran, daß die Regierung nicht das verraten konnte, was sie in den damaligen Aufklärungskampagnen versprochen hatte.

Aber was jetzt passiert, ist, daß die sechste Regierung die Leute an der Spitze hat, die ehemals privilegiert (Großgrundbesitzer) waren. Sie wollen die alte Ordnung wieder einführen, indem das besetzte Land an seine «rechtmäßigen Besitzer» zurückgegeben werden soll. Dies versuchen sie zu erreichen, indem sie die Verteilung von Düngemitteln und Saatgut an diese Kooperativen boykottieren. Als der General Otelo de Saraiva davon erfuhr, versprach er den Landarbeitern, daß Kolonnen von Armeelastwagen die Düngemittel und das Saatgut direkt von den Fabriken auf die Kooperativen transportieren würden, was auch tatsächlich geschah. Die Leute der sechsten Regierung reden oft von den «wilden Besetzungen», dazu muß ich folgendes sagen: Quintas, das sind Grundstücke von etwa 500 Hektar, wurden nicht besetzt, da die Leute dort Arbeit hatten, denn das Land lag nicht brach und war auch kein Jagdgebiet. Nur in den Gegenden, wo die Arbeitslosigkeit groß ist und kilometerweit das Land brachliegt, erheben sich die Leute und gehen dagegen vor, indem sie die Ländereien besetzen. Und das sind keine «wilden Besetzungen», sondern rechtmäßige Besetzungen.

F.: Können Sie etwas über die Haltung der Kommunistischen Partei zu den Landbesetzungen sagen?

A.: Man verbreitet hier und im Ausland in alle vier Himmelsrichtungen, daß die Besetzungen von der PCP gemacht worden sind, die die Massen beherrscht und beeinflußt hat. Das ist nicht wahr. Der Alentejo ist tatsächlich stark PC. Einige Landarbeiter, die Mitglieder der PC sind, haben dort die Kooperative «Roter Stern» gegründet. Aber bei den anderen Besetzungen haben sich die Landarbeiter selber organisiert und die Sache in die Hand genommen. Die PC hat die Bewegung immer in solchen Fällen boykottiert, wo sie sie nicht selbst angeführt hat, ihre eigenen Projekte hingegen haben sie weiter vorangetrieben: wenn die PC an der Spitze dieser Bewegung bleiben wollte, so wurde sie inzwischen dabei überholt.

F.: Wer ist eigentlich der Erfinder dieser Besetzungen? Haben die Kommunisten zum erstenmal Land besetzt, und andere meinten dann, was die können, können wir auch? Oder ist es tatsächlich die Eigeninitiative der Bauern gewesen? – Also praktisch Kampfmaßnahmen aus der Notlage heraus?

A.: Es waren die Landarbeiter selbst. Seit Jahren gingen wir zu den Aufklärungsversammlungen der Opposition während der «Wahlen» (unter dem Caetano-Regime), um die Agrarreform zu fordern. Und nicht nur das. Wir beschwerten uns auch darüber, wie die Banken arbeiteten, die uns ausgenommen, haben und über die Ausbeutung der Versicherungsgesellschaften. Die Landarbeiter waren ohne jede Hilfe: es fehlte der Boden, die Arbeit, die Löhne waren niedrig, und die Banken und Versicherungsgesellschaften haben uns ausgebeutet. Über all das haben wir uns auf diesen Veranstaltungen beschwert.

F.: Ist das ganze im Moment nur deshalb möglich, weil quasi ein gewisser gesetzloser Zustand besteht und die Parteien sich ständig gegenseitig ablösen? Mal haben die einen was zu sagen, mal wieder die anderen. Praktisch wie im Kriegszustand, wo gewisse Zeit mal Gesetzlosigkeit herrscht, und dann ist sowas möglich?

A.: Die politischen Parteien konkurrieren miteinander um bestimmte Posten. Mit ihrer Propaganda sind sie auf Stimmenfang ausgegangen. Jede Partei hatte ihre Delegierten, und die Massen sind ihnen gefolgt. Aber was geschieht jetzt? Inzwischen ist uns klargeworden, daß diese Leute nur Schlüsselpositionen einnehmen wollten. Die Parteisekretäre vertreten nicht die Interessen, die mit denen der Arbeiter übereinstimmen. Und deshalb kämpfen sie im Moment mit Schwierigkeiten, weil sie keine Unterstützung mehr haben. Was das Volk versucht, ist Volksmacht zu organisieren. Das Volk gründet überall Kooperativen, Mieterorganisationen, Arbeiterkommissionen, also man denkt an eine Volksregierung, wo nicht jemand an der Spitze sitzt, um das Volk auszurauben.

F.: Uns hat sich doch die Frage gestellt, wie sah der Weg aus, der schließlich zur Gründung der Kooperativen führte. Sah das so aus, daß in Portugal eine politische Veränderung stattgefunden hat, wo dann von oben gesagt wurde, macht Kooperativen, macht dieses, macht jenes, dann bekommt ihr auch Saatgut, Dünger und Maschinen (wie man es ja auch kennt), oder aber haben die Leute selber diskutiert: teilen wir den Boden wieder auf, machen wir wieder Acht-Hektar-Betriebe, und machen wir wieder so weiter wie früher, oder machen wir etwas zusammen. Und das ist wohl inzwischen klargeworden, daß nicht die PS und die PC oder andere Parteien, die an der Revolution beteiligt waren, diese Initiative ergriffen haben. Sondern die Leute selber haben in ihrem eigenen Lebensbereich ihre Geschicke selbst in die Hand genommen und praktisch die jeweilige Regierung in Zugzwang gebracht, ihnen den Besitz zu überschreiben. Sie kämpfen mit der jeweiligen Regierung um Saatgut und rufen andere Gruppen, wie etwa die Militärs, um Hilfe an, wenn man ihnen wieder den Hals abschneiden will. Das ist doch so? – Jetzt, aber zu euch, wie ist die Arbeit in eurer Kooperative organisiert?

A.: Die Kooperative hält Vollversammlungen ab, auf denen verschiedene Kommissionen gewählt werden, die unsere Arbeit koordinieren. Diese Kommissionen stellen dann die Arbeitsprogramme auf für die Aussaat und andere Arbeiten, die durchgeführt werden müssen. Die Arbeit wird dann unter den Mitgliedern aufgeteilt, und zwar wird jeder wöchentlich schichtweise eingeteilt. Die Kommissionstreffen finden einmal wöchentlich statt, die Vollversammlungen alle 14 Tage.

F.: Die Kooperative hat also noch nicht für alle Mitglieder Arbeit?

A.: Dieses rotierende System ist für uns sehr wichtig, und wir haben es so beschlossen, weil man außer Arbeit ja auch Geld braucht für Landwirtschaftsmaschinen und für Saatgut. Dieses Geld kommt dann aus Mitgliedsbeiträgen, die alle zahlen. Es gibt zum Beispiel einige von uns, die montags und dienstags arbeiten und an den anderen Tagen frei sind, um außerhalb der Kooperative zu arbeiten. Durch die Arbeit in der Kooperative können sie alle das Geld für die Mitgliederbeiträge zusammenverdienen. Wenn sie an den freien Tagen keinen Arbeitgeber finden, bleiben sie in der Kooperative und arbeiten dort. Wenn zum Beispiel am Montag oder Dienstag Leute, die für die Kooperative eingeteilt sind, Arbeit außerhalb haben, tauschen sie mit den anderen, die keine Arbeit gefunden haben. Es gibt also immer eine Möglichkeit, die Interessen der Arbeiter zu verteidigen.

F.: Ist der Stundenlohn außerhalb dergleiche wie in der Kooperative?

A.: Von dem außerhalb verdienten Lohn sind die Mitglieder nicht verpflichtet, etwas an die Kooperative anzuführen.

F.: Wieviel verdienen die Leute außerhalb?

A.: Es ist saisonbedingt, und es kommt darauf an, denn es gibt immer noch Arbeitgeber, die die Arbeiter ausbeuten. Es gibt Zeiten, wo man zehn bis zwölf Mark am Tag verdient. Oft bekommt man aber nur acht Mark am Tag. Die beuten uns aus, so gut sie können.

F.: Und wieviel verdient ihr in der Kooperative?

A.: Die Kooperative hat zur Zeit kein Geld. Sie lebt von der Arbeit, und am Jahresende werden die Produkte aufgeteilt, zum Beispiel Weizen, aber es wurde noch nicht verkauft. Wir haben in diesem Jahr auch Wein produziert aber noch nicht verkauft.

F.: Ist der Boden in Portugal so gut, daß ihr überall Landwirtschaft betreiben könnt?

A.: Früher wurde der ganze Boden bearbeitet. Dann aber machten die Großgrundbesitzer Weideland und Jagdreviere daraus. Im Moment haben wir das Problem, daß Maschinen für die Wiedergewinnung von Ackerland fehlen.

F.: Welche Maschinen fehlen euch, die man, vielleicht gebraucht, hier irgendwo auftreiben kann?

A.: Im Moment sind wir mit der Aussaat beschäftigt, dafür haben wir uns Maschinen geliehen. Aber wir denken auch schon an die Schwierigkeiten, die uns das Schneiden und Bündeln machen werden. Für die Weizenernte müssen wir uns unbedingt einen Mähdrescher beschaffen, der uns im Moment fehlt. In diesem Jahr haben wir schon einen großen Teil der Felder mit Weizen bestellt, aber eine Ernte mit der Hand erfordert viel Arbeitskraft und Zeit. Außerdem gehört dieser Weizen zu den Spätsorten, das heißt, es kann Regen kommen und unsere Arbeit erschweren und verzögern.

F.: Also wird zur Zeit noch mit der Hand geerntet?

A.: Ja. Auch im vorigen Jahr war es so. Als wir noch nicht ganz fertig waren mit Mähen und Bündeln, kam schon der Regen, der Sommer war vorbei. Dieses Jahr wird es genauso sein. Nur haben wir in diesem Jahr doppelt so viel ausgesät und brauchen deshalb mehr Zeit. Im Juni brauchen wir dann Mähdrescher, bis dahin werden wir versuchen, dieses Problem zu lösen. Bis jetzt verwenden wir noch die geliehenen Maschinen.

F.: Ja, meinst du einen Mähdrescher oder eine einfachere Maschine? Also Bindemäher und Grasmäher, die benutzen wir bei uns ja kaum noch. Habt ihr denn einen Messerbalken am Schlepper, also einen Schlepper, mit dem man auch mähen kann?

A.: Wir haben zwar einen, fragt sich nur, wie lange der noch hält. Er ist schon ein bißchen veraltet, ein Notbehelf sozusagen.

F.: Wie läuft das mit dem Saatgut und den Düngemitteln, woher bezieht ihr das, und was macht ihr mit euren Erträgen?

A.: Im Augenblick werden Saatgut und Düngemittel auf Kredit von der staatlichen Landwirtschaftskommission an die Kooperative geliefert. Weizen und Düngemittel werden unter der Bedingung geliefert, daß die Erträge unter die Bevölkerung aufgeteilt werden, und bis Ende des Jahres muß alles bezahlt werden; oder die Leute geben eine entsprechende Menge Weizen an die Kommission ab, auf diese Weise kann auch bezahlt werden.

F.: Auf normalem Weg – also über einen Düngemittelverkäufer – könnt ihr nichts beziehen?

A.: Nein, der würde uns keinen Kredit geben.

F.: Und was ist mit dem übrigen Weizen, der ja euer Verdienst ist, wohin wird der verkauft?

A.: Die Leute behalten die Erträge. Meist wird es so gemacht, daß die Leute von den Erträgen soviel für sich behalten, wie sie für ihren eigenen

Bedarf brauchen; und das übrige wird auch an die Kommission abgeliefert, wofür man Geld erhält.

F.: Falls diese Landwirtschaftskommission einmal nicht mehr existiert, wie würde es weitergehen?

A.: Diese Landwirtschaftskommission ist extra dafür eingerichtet worden, um die Ernten dort auch verkaufen zu können.

F.: Gibt es bei anderen Produkten nicht auch die Möglichkeit des direkten Verkaufs an den Verbraucher, indem man den Zwischenhandel ausschaltet?

A.: Wir haben jetzt vor, einen Verkaufsstand einzurichten, denn durch das Gebiet unserer Kooperativen führt die Hauptverkehrsstraße von Lissabon nach Porto.

F.: Was passiert, wenn das Militär nicht mehr den Transport der Düngemittel übernimmt, dann braucht ihr doch einen Lastwagen?

A.: Nein, dieses Problem werden wir nicht haben. Das war nur diesmal so. Weil es den Boykottversuch der 6. Regierung gab, wurden uns die Düngemittel direkt von der Fabrik geliefert. Normalerweise gibt es eine Düngemittelzuteilungsstelle ganz in unserer Nähe, wir können den Dünger dort mit dem Traktor abholen. Nur in diesem Augenblick versucht man, einen Engpaß zu schaffen, um uns unter Druck zu setzen.

F.: Welche Modelle von Traktoren habt ihr?

A.: Einen von J. Dear und einen von Mercedes – Deutz.

F.: Nur diese zwei? Ich kann mir gar nicht vorstellen, daß man bei 600 Hektar Land mit zwei Schleppern klarkommt, setzt ihr denn noch Zugpferde oder andere Tiere zur Arbeit ein? Oder geht das nur, weil sich viele Leute mit der Arbeit abwechseln können und man so rund um die Uhr arbeitet?

A.: Doch, wir kommen so einigermaßen aus. Die zwei Schlepper sind zwar wenig, aber wir haben eben nicht mehr. Da wir zur Zeit noch nicht das ganze Land bearbeiten, ein Teil muß erst gerodet werden, ist das vorläufig ein Ausweg. In ein oder zwei Jahren werden wir nicht mehr damit auskommen, aber bis dahin hoffen wir, besser ausgestattet zu sein.

F.: Wieviel Land ist mit Eukalyptus und wieviel mit Getreide bestellt?

A.: Über zweihundert Hektar sind nur mit Eukalyptus bepflanzt.

F.: Warum hat man dort Eukalyptusbäume gepflanzt?

A.: Eukalyptuspflanzen werfen große Gewinne ab ohne größeren Arbeitseinsatz, was zur Folge hatte, daß die Großgrundbesitzer Arbeitskräfte einsparen konnten. Mit dieser Methode hat der Großgrundbesitzer Gewinne erreicht, ohne große Kosten. Aber die Eukalyptusbäume machen den fruchtbaren Boden kaputt, der für das Überleben der Bevölkerung so wichtig ist.

F.: Wieso zerstören Eukalyptuspflanzen den Boden?

A.: Der Boden wird mit der Zeit ausgelaugt. Wir haben dieses Jahr ein paar Bäume ausgeholzt und dabei bemerkt, daß die Wurzeln den Boden völlig ausgesaugt haben. Der Eukalyptusbaum saugt den Boden stark aus, denn zum Beispiel gab es früher viele Quellen, die die Gemüsegärten bewässerten, heute jedoch ist der Boden an diesen Stellen ausgetrocknet.

F.: Würde die landwirtschaftliche Nutzfläche Portugals ausreichen, um die ganze Bevölkerung zu ernähren, wenn sie nach unseren Maßstäben bewirtschaftet würde?

A.: Sicher, der Boden könnte genügend Erträge bringen, um das ganze Land zu versorgen. Man muß sehen, daß das Land klein ist, es hat nur 9 Millionen Einwohner. Und viele haben das Land verlassen, sie waren gezwungen zu emigrieren, weil sie kein eigenes Land hatten.

F.: Seid ihr euch einigermaßen sicher, daß die jetzigen Verhältnisse so bleiben und ihr so weitermachen könnt? Und macht man sich in der Kooperative auch darüber Gedanken, wieweit zum Beispiel auch die Bundesrepublik an einer Gegenentwicklung mitwirkt, und überhaupt über diese geballte Macht, die gegen diese Idee steht? Denn niemand hat ja etwas dagegen, wenn 80 Bauern sowas in die Hand nehmen und etwas machen; aber wenn es dann funktioniert, dann könnte es ja Schule machen, und es könnten ja auch bei uns die Leute in den Betrieben oder sogar in meinem Betrieb mal auf die Idee kommen: «Bei uns ist keiner überflüssig außer dem Chef!»

A.: Wir sind ziemlich sicher, daß wir auch in Zukunft unsere Landkooperative weiterführen können, auch wenn bestimmte Kräfte, zum Beispiel auch in der Bundesrepublik eine entgegengesetzte Bewegung unterstützen, wir wissen davon. Aber wir vertrauen und hoffen auf die Streitkräfte, weil sie sich nicht manövrieren lassen. Ich habe von einigen Offizieren, die das Vertrauen des Volkes haben – ihr wißt bestimmt, daß es auch andere gibt –, gehört, daß sie niemals zulassen werden, daß das portugiesische Volk wieder von einer Regierung unterdrückt wird. Sie stehen auf der Seite des Volkes und werden diese Seite niemals mehr verlassen. Außerdem ist das Volk schon geistig darauf vorbereitet, sich gegen die Unterdrückung zu wehren. Wir haben die Unterstützung der Bewohnerkommissionen in den Dörfern und in den Städten, außerdem die Unterstützung der Soldatenkommissionen in den Kasernen, die den Befehlen solcher Offiziere nicht gehorchen würden, die gegen das Volk stehen. Das Volk weiß, daß es in diesem Augenblick befreit ist und daß jene, die früher die Leute verhafteten und schlugen, jetzt im Gefängnis sind. Man bewacht die Gefängnisse, damit diese Leute nicht befreit werden, trotzdem sind einige schon verschwunden.

Die Streitkräfte sind Söhne des Volkes, Söhne der Armen. Man wußte schon immer, daß so etwas kommen würde. Denn als vor zehn bis zwölf Jahren die Studenten ständig verhaftet und verprügelt wurden, da sagten die Arbeiter: «Heute werden diese 18- bis 20jährigen Schüler und Studenten verprügelt, wenn die dann aber zum Militär kommen, dann wird sich dort etwas verändern.» Und so kam es ja auch.

F.: In Chile zum Beispiel gab es ja auch linke Kräfte innerhalb des Militärs, die nicht so schwach waren, und die wurden schließlich doch ausgeschaltet. Wie sieht denn das Spannungsverhältnis innerhalb der Streitkräfte aus?

A.: Es gibt doch heute Militäreinheiten im Lande, darunter zum Beispiel das COPCON unter dem Kommando von General Otelo Saraiva de Carvalho, der uns versprochen hat, daß er im Falle eines Angriffs auf die Bevölkerung nicht nur bereit ist, sie zu verteidigen, sondern auch bereit ist, Waffen an die Bevölkerung auszuteilen, damit sie sich selbst verteidigen kann. Die Bevölkerung ist mehr oder weniger auf die Verteidigung vorbereitet. Wir tun alles, um im Notfall die direkte Benachrichtigung der Militäreinheiten und der Bevölkerung selbst sicherzustellen. Wir haben ähnlich wie bei der Polizei Nachtwachen organisiert.

F.: Wie sieht denn das sogenannte «Gleichgewicht der Kräfte» aus, das doch immerhin bewirken kann, daß es zwar Spannungen gibt, aber keine kriegerischen Auseinandersetzungen. Für uns ist es interessant zu wissen, gibt es in Portugal so eine Art «Gleichgewicht der Kräfte»? Einmal rein militärisch, und wie sieht es mit den rechten Kräften aus, die ja gerne den alten Zustand wiederherstellen wollen – die in Paris konferieren und in Spanien eine Armee aufbauen –, sind die den Initiativen der Bevölkerung überlegen, oder kann man sagen, die wissen genau, da ist nichts zu holen?

A.: Im Augenblick ist die Linke sehr stark, gerade durch bestimmte Maßnahmen, die die 6. Regierung erlassen hat. Es gibt die linken Parteien, und es gibt eine Linke, die zur Zeit nicht manifest ist. Alle Arbeiter, Industrie- und Landarbeiter, gehören zur Linken, auch wenn sie nicht den linken Streitkräften oder einer linken politischen Partei angehören. Es gibt eine große Linke innerhalb der Arbeiter, die nicht organisiert ist. Die große Kraft der Linken in den Parteien kommt von den Arbeitern. Aber auch die Landarbeiterklasse ist links, sie ist verbunden mit der gesamten Linken, um ihre Klasse zu verteidigen. Diese Massen haben nie die Rechte unterstützt, denn wer ist die Rechte? Die Rechte ist die Bourgeoisie. Die ausgebeutete Klasse kann nie mit ihr sein. Die Bourgeoisie könnte nur Erfolg haben, wenn die Offiziere auf ihrer Seite wären und die Streitkräfte auch. Aber auch wenn einige Offiziere dafür Interesse zeigen, die Streitkräfte würden nicht mitmachen, denn die Soldaten sind Söhne des Volkes, Arbeiter in Uniform.

F.: Was hältst du von der ELP (rechte «Befreiungsbewegung»)?

A.: Diese Kräfte, sagen wir diese Terroristen, haben in Spanien Zuflucht gefunden. Aber Spanien lebt zur Zeit in einer politischen Ungewißheit. Aber vielleicht beginnt schon in diesem Augenblick die Veränderung. Dann werden die ELP und die MDLP in Brasilien Zuflucht suchen müssen, und dann sind sie endlich weiter weg. In letzter Zeit gab es einige Bombenanschläge der Rechten, die gegen die Linke gerichtet waren. Das zeigt auch die Unfähigkeit der Rechten, etwas zu organisieren. Wenn sie Bomben werfen, dann haben sie vielleicht kein anderes Mittel oder keine Kraft mehr, was anderes zu machen.

F.: Bei uns in der Presse sieht das immer so aus, daß diese Bombenanschläge von der Linken kommen. Es wird immer so unterschwellig dargestellt; denn bei solchen Terrorakten wird nicht gesagt, wer es war, dann wird aber gleichzeitig im Nebensatz eine ganz andere Sache über die Linke berichtet. Dann kann man das in Beziehung setzen, oder man kann es auch bleibenlassen, man kann zwischen den Zeilen lesen oder man kann es bleibenlassen.

A.: Die Tatsachen sind aber da, zum Beispiel Bombenanschläge der Rechten auf das Auto eines progressiven Offiziers, auf eine linke Bibliothek, auf linke Büros und so weiter.

F.: Jetzt nochmal zu eurer Kooperative zurück: sind das in eurer Gegend nur Sonderfälle, denn im Norden sind doch Landwirtschaftsbetriebe vorherrschend, die wie bei uns mit der Familie bewirtschaftet werden und auch ihr Eigentum sind. Wie war das damals mit der Vollversammlung, auf der die Kooperative beschlossen wurde? Mit welcher Mehrheit wurde die Entscheidung gefällt, und wurde auch eine andere Lösung diskutiert? Daß zum Beispiel jeder seine eigenen acht Hektar Land bewirtschaften kann?

A.: Auf der Vollversammlung waren wir 86 Leute. Einige waren gegen die Kooperative, aber das waren ungefähr zwei Prozent. Denn als die Mehrheit sich für die Kooperative entschied, gingen fünf weg, die noch zwei bis drei Hektar Land außerhalb der Kooperative besaßen. Sie wollten ihre eigenen Ideen realisieren. Die Entscheidung war also 81 zu 5.

F.: Von denen, die praktisch besitzlos waren, ist die Entscheidung für eine Kooperative also einstimmig angenommen worden?

A.: Ja!

F.: Wie erklärt sich das? Denn es wäre ja sicher für jeden auch reizvoll gewesen, acht Hektar Landbesitz zu haben?

A.: Für uns ist es wichtig, zusammenzuarbeiten und uns gegenseitig zu helfen. Es besteht jetzt die Möglichkeit, Maschinen einzusetzen, um die großen Flächen zu bearbeiten. Und bei der Ernte können wir dann bis zum Ende des Jahres einen größeren Ertrag erwirtschaften. Wir müssen das System, das wir seit fünfzig Jahren benutzt haben, vermeiden, nämlich daß die Parzellen allmählich durch die verschiedene Bearbeitung mit Zugvieh Höhenunterschiede bis zu zwei Meter aufwiesen. Jeder hat das Land eben anders bearbeitet, auf diese Art ging viel nutzbare Fläche verloren. Der Einsatz von Maschinen und die gemeinsame Bestellung des Bodens im kooperativen System bringt uns viele Vorteile.

F.: Gibt es Personen, die so etwas wie eine führende Stellung in der Kooperative haben? Wenn ja, besteht da nicht auch die Gefahr, daß die dann besondere Privilegien haben?

A.: Die Frage, die gestellt wurde über Personen in der Führung der Kooperative, daß sie durch ihre Position Privilegien erlangen, das trifft in der Realität nicht zu. Denn bei der Gründung der Kooperative wurde von allen eine Satzung angenommen, die genau diese Fälle berücksichtigt.

Man hat an alles gedacht. Die verschiedenen Kommissionen werden jedes Jahr nach der Ernte neu gewählt. Die Leute, die in die einzelnen Kommissionen gewählt wurden, werden eigentlich noch dafür bestraft, denn sie müssen neben den normalen Arbeiten auch noch die Führungsaufgaben übernehmen, und zwar ohne Geld dafür zu bekommen.

F.: Die Leitung ist also ehrenamtlich? Wenn sie aber auch noch andere Arbeit machen müssen, die Leute müssen sich doch zwangsläufig absondern?

A.: Das Arbeitsprogramm der Kommissionen wird wöchentlich ausgearbeitet und schriftlich fixiert, damit alle Leute einen Überblick haben. Jeder hat seine Aufgabe, und auch die Mitglieder der Kommissionen können für die täglichen Arbeiten eingeteilt werden, so daß jeder mit jedem zusammenarbeitet. Die Landarbeiter stehen in ständigem Kontakt mit der Kommission und die Kommission mit den Landarbeitern. Auch in den Vollversammlungen zum Beispiel, wo sich die Leute für ihre Entscheidungen rechtfertigen müssen, die sie getroffen haben.

F.: Die Art von Versammlungen kennen wir! Da wird meistens nicht von denen das Wort geführt, die arbeiten, sondern von denen, die eben dazu fähig sind, das Wort zu führen. Und das sind ja meistens nicht so sehr viele!

A.: Nein. In der Satzung ist vorgesehen, daß jeder eine außerordentliche Vollversammlung einberufen kann, wenn er es für nötig hält. Ansonsten versammeln wir uns alle vierzehn Tage, und jeder hat das Recht, sich zu Wort zu melden.

F.: Und können Leute aus den Kommissionen ausgeschlossen werden?

A.: Ja, natürlich!

F.: Bei uns gibt es aber die Erfahrung, daß immer nur die reden, die es am besten können. Ist das bei euch nicht auch so?

A.: Alle haben das Recht, ihre Punkte vorzubringen, zu diesem Zweck halten wir ja die Vollversammlungen ab. Die Satzung sieht vor, daß ein bestimmtes Mitglied, wenn es seine Pflicht nicht erfüllt – was an Hand der Protokolle festgestellt werden kann –, zunächst ermahnt wird und sogar ausgeschlossen werden kann. Dieser Grenzfall kann eintreten. Wenn einer seine Pflicht nicht erfüllt oder einer sich über die anderen stellt, falls dann eine Abstimmung stattfindet, kann er ausgeschlossen werden. Unsere Satzung ist so gemacht, daß niemand Macht über einen anderen bekommen kann, wie es bei den Ausbeutern der Fall ist.

F.: Wenn einer ausgeschlossen wird, bekommt er dann seine 8 Hektar?

A.: Ja, er bekommt das, was ihm zusteht.

F.: Ich kann mir einfach nicht vorstellen, wenn man fünfzehn Jahre lang selbst bewirtschaftet, auf Pachtbasis, daß jetzt eine 100prozentige Entscheidung für die Kooperative von den Leuten stattfindet, die überhaupt nichts besitzen. Also nehmen wir an, einer ist heute 45 Jahre alt, der war damals so um die 30 Jahre, daß die heute plötzlich alle dafür stimmen, daß die Kooperative das beste für sie ist, die Leute, die selber

mal ihr Land bewirtschaftet haben, das bezweifele ich also stark.

F.: Ich kann mir das schon denken. Da sind auch über Jahre hinweg Diskussionen gelaufen. Sie haben bestimmt gewußt, daß es irgendwann einmal soweit kommt, daß sie über sich selbst bestimmen können. Deshalb konnten sie sich auf diese Alternative auch schon vorbereiten. Oder?

– Ich weiß nicht, ob man sich 15 Jahre lang darauf vorbereiten konnte. Die Diskussionen sind doch erst in der letzten Zeit gelaufen; außerdem aufgrund der Bildung, ich kann mir nicht denken, daß da so eine große Diskussion stattgefunden hat.

– Ich glaube, daß da der Zwang zur Verteidigung auch mitspielt. Denn sie wissen, daß das jetzt eine Erpressung ist, eine gewaltsame Herbeiführung von dem Land, ein Enteignungsverfahren, das sie gemeinsam durchgedrückt haben; daß sie aber auch gemeinsame Verteidigungsbereitschaft mitbringen müssen, falls sich dort irgend etwas in den Weg stellt. Und das dies der einzelne nicht alleine leisten kann, das ist doch ziemlich logisch.

– Das muß ja nicht so sein. Dem Einzelindividuum muß einfach die Freiheit gelassen werden, ob er seine 8 Hektar will oder nicht. Sonst ist in den Kooperativen wieder so eine übergeordnete Macht, der man sich unterordnen muß. Wer meldet sich in den Vollversammlungen eigentlich zu Wort?

A.: In der Vollversammlung ergreifen zuerst die Mitglieder der Kommissionen das Wort, sie legen die Tagesordnung fest, erklären den Verlauf, und danach kann jeder das Wort ergreifen. Und gemeinsam werden die einzelnen Punkte beschlossen.

F.: Was hast du für eine Funktion in der Kooperative?

A.: Ich bin ein Mitglied.

F.: Bist du auch in der Verwaltung?

A.: Ja, ich gehöre einer der vier Kommissionen an. Es gibt eine Forst-, eine Landwirtschafts-, eine Verwaltungs- und eine Viehzuchtkommission.

F.: Bist du anfangs nicht mal zum Präsidenten gewählt worden?

A.: Ja, in der Zeit der Gründung, dann gab es aber andere Personen, die mehr Zeit zur Verfügung haben als ich, und so habe ich jetzt einen Platz an ihrer Seite.

F.: Wie kam ursprünglich der Kontakt zur MFA zustande?

A.: Ich bin mit zwei anderen Mitgliedern der Kooperative nach Lissabon gefahren und war dort bei dem Koordinierungskomitee der Streitkräfte. Ich habe unsere Vergangenheit erzählt und was wir vorhaben. Nachdem sie unseren Bericht gehört hatten, sagten sie: «Jawohl!» Ein Leutnant fragte mich sogar, wer denn die Revolution in Portugal gemacht hätte. Und ich antwortete: «Das war die Bewegung der Streitkräfte.» Er meinte, das sei falsch, und er erwiderte, daß die Revolution in Portugal vom Volk gemacht wurde und daß die Soldaten auf der Seite des Volkes stehen.

F.: Ich glaube, daß nach so einer langen faschistischen Diktatur man sich im Laufe der Zeit darüber im klaren ist, daß ein einzelner, wenn er einzeln bleibt, total verloren ist. Und da gibt es eben nur die einzige Möglichkeit, sich zusammenzuschließen. Das ist ja unser Problem auch: für uns ist nicht die Felderzusammenlegung oder die Gründung einer Kooperative das Vordringliche, sondern das Zusammenschließen als solidarische Handlung. Und dazu geht's uns noch zu gut.

– Das ist wieder eine ganz andere Frage. In Portugal hat es sich eben an einem ganz bestimmten Punkt angeboten, und da haben sie es auch gemacht, was vielleicht noch nachhaltiger ist: wenn man gemeinsam etwas aufbaut und es auch gemeinsam verteidigt.

F.: Ich muß doch nochmal zurückgehen: besteht auf den Vollversammlungen nicht doch die Gefahr, daß einige gewiefte Sprecher das Ganze an sich reißen und die Sache ganz in die Hand nehmen? Die anderen stimmen dann zu, weil sie froh sind, daß jemand da ist, der überhaupt das Heft in die Hand nimmt?

A.: Nein, das ist nicht möglich bei uns, weil in einem Dorf wie dem unseren jeder dieselben Merkmale hat: alle leben unter den gleichen Lebensbedingungen, haben wenig Schulbildung, leben ausschließlich von Landarbeit, wurden gleich ausgebeutet, leiden unter Arbeitslosigkeit und dem Mangel an Boden. Als wir die erste Versammlung machten, war das keine spontane Idee, es war alles wohldurchdacht.

F.: Bei der Landbesetzung, gab es da Leute, die skeptisch waren? Leute, die vielleicht gesagt haben, daß man das Land nicht so einfach besetzen kann, oder daß man das irgendwie anders machen muß?

A.: Ja, es gab einige Geschäftsleute mit etwas Bildung, die kein Interesse daran hatten. In Wirklichkeit hatten sie nur ein Interesse daran, daß die Leute weiterhin arbeitslos blieben, um sie für wenig Lohn bei sich einzustellen. Die haben sogar unsere Idee bekämpft. Die waren auf der anderen Seite, weil sie von dort ohne weiteres Düngemittel und Saatgut beziehen konnten. Der Priester war auch gegen uns. – In Deutschland habe ich in einer Zeitung für Portugiesen festgestellt, daß die Priester hier sogar auch die Emigranten manipulieren. Die Mission des Priesters sollte aber sein, die Lehre der Kirche zu verkünden. Aber die Leute in meinem Dorf haben nie dem Priester, immer nur Gott geglaubt. Sie sind zwar gläubig, glauben aber nicht dem Priester. Wir hatten «das Glück», einen Priester zu haben, der die Unverfrorenheit besaß, Mehl, Kleider und anderes, was von internationalen Organisationen kam und für die Armen bestimmt war, einfach zu verkaufen. Außerdem besaß er einen Autobus, und bei Beerdigungen, als die Leute die Verstorbenen begleiteten, weinten und das traurige Ereignis beklagten, hielt er auf dem Weg zum Friedhof an und sagte: «Dieser Bruder ist schon dahingeschieden, und es gibt sowieso keine Hoffnung mehr für ihn, und deshalb laßt uns lieber einen Ausflug machen!» Er meinte, der Bus würde um soundsoviel Uhr starten, und wir würden dann eine Fahrt durch das ganze Land machen. Natürlich sollten wir dafür bezahlen. Aufgrund dieser Geschäftemacherei glaubte das Volk nicht mehr an den Priester. Er versuchte, die Beerdigung für seine Geschäfte auszunutzen, da die Leuten sowieso nicht mehr zur Kirche gingen und eine solche Ansammlung nur auf dem Friedhof stattfand. – Da die Priester im Zentrum und im Süden des Landes nie Einfluß hatten, konzentrierten sie ihre ganzen Kräfte auf den Norden des Landes, und im Moment sind die Leute dort unter ihrer Herrschaft. Die Leute, die gegen die Kooperativen sind, gehen überall hin und verbreiten das Gerücht, daß «es wilde Besetzungen sind», was aber nicht wahr ist. Denn es gibt keine kleinen Güter, die besetzt worden sind, und alle Kleinbauern, die arbeiten und Arbeit geben, werden respektiert. In diesem Moment ist bei uns eine Massenbewegung unter den Landarbeitern im Gang, die das Recht auf Land beanspruchen. Man sieht kilometerweit brachliegendes Land, dessen Herren in der Stadt leben, ohne von ihrem Grundstück, noch von der Arbeitslosigkeit vieler Landarbeiter etwas wissen zu wollen.

F.: Habt ihr ein Bankkonto, auf das man Geldspenden überweisen kann?

A.: Nein, da wir kein Geld haben, haben wir auch kein Bankkonto. Wir sind in der Welt nicht bekannt. Die Zuschüsse, die wir erhalten, sind keine Zuschüsse in diesem Sinne, sondern Beiträge von Personen aus dem Ausland, die der Kooperative geholfen haben. Von Leuten, die bei uns waren und sahen, unter welchen Bedingungen wir leben, und uns etwas gegeben haben.

Freie Wahlen: Der Mythos, der aus der Hauptstadt kam

Als innerhalb der Bewegung der Streitkräfte um die Jahreswende 1974/75 (nach ihren ersten intensiven Begegnungen mit der Bevölkerung auf den ländlichen Dynamisierungskampagnen und bei Arbeitskämpfen in den Fabriken), Überlegungen angestellt wurden, ob die Wahlen möglicherweise nicht den Demokratisierungsprozeß zum Stoppen bringen oder sogar rückgängig machen könnten, brachten sie ihre Erfahrungen sehr schnell auf die Kurzformel: «Das Volk ist für die Wahlen noch nicht reif.» Aber hatten nicht auch Salazar und Caetano mit genau dieser Begründung jeden Demokratisierungsprozeß verhindert? In der Tat begegnete den progressiven Offizieren dieser Vorwurf bei jedem Versuch, das Für und Wider von allgemeinen Wahlen zu diesem Zeitpunkt zu diskutieren. Dazu kam eine internationale Pressekampagne, die sofort mit dem Zeigefinger auf die MFA-Offiziere deutete und «Militärdiktatur» schrie. Mário Soares, Generalsekretär der Sozialistischen Partei, gab dabei den Kronzeugen ab. Die Pressekampagne selbst überraschte die Militärs von der MFA nicht, wußten sie doch, wie wenig dieselbe Presse an der Diktatur Salazars und Caetanos Anstoß genommen, wenn sie sie nicht sogar entschuldigt hatte. (Damals hatte etwa Robert Held von der FAZ, der sich nach dem 25. April unablässig um die Gefährdung der portugiesischen Demokratie sorgte, gefordert: «Schießt nicht auf Salazar!»)

Zu den nachdrücklichsten Verfechtern allgemeiner Wahlen gehörte neben Mário Soares der Generalsekretär der Demokratischen Volkspartei PPD, Sá Carneiro. Sein demokratisches Engagement für freie Wahlen beunruhigte die Offiziere besonders. Welches Interesse hatte er wohl an einem freien Wahlkampf? Was würde er mit einem Wahlsieg machen? Derselbe Sá Carneiro hatte noch knapp ein Jahr zuvor auf der ersten Vollversammlung der MFA im Juni 1974 eine Militärdiktatur für General Spínola gefordert. Sein Hauptargument damals waren die seiner Meinung nach undisziplinierten und unreflektierten Aktionen und Forderungen der arbeitenden Bevölkerung, gegen die man hart vorgehen müsse (vergleiche Seite 81). Die wahre Enttäuschung für die fortschrittlichen Offiziere der MFA war jedoch der Generalsekretär der Sozialistischen Partei. Die Grundsatzerklärung dieser Partei (vom September 1973) war den Vorstellungen der damals noch im Untergrund arbeitenden Politischen Kommission der MFA am nächsten gekommen. Es hatte dort unter anderem geheißen:

«Die Sozialistische Partei strebt den Aufbau einer klassenlosen Gesellschaft in Portugal an, in der die Arbeiter assoziierte Produzenten sein werden, in der die Macht Ausdruck des Volkswillens und die Kultur Werk der schöpferischen Fähigkeit aller sein wird – die Sozialistische Partei glaubt, daß dieses Ziel, das eine neue Lebensauffassung beinhaltet, nur durch die Errichtung der Macht der Arbeiter erreicht werden kann, und zwar im Rahmen der Kollektivierung der Produktions- und Verteilungsmittel sowie der Wirtschaftsplanung unter Wahrung der Vielfalt der Initiativen.

Ohne das ausschließen zu wollen, was die bürgerliche Demokratie an Fortschrittlichem mit sich brachte – ein Erbe übrigens, das die heutige Bourgeoisie verleugnet – kämpft die Sozialistische Partei für den Aufbau einer neuen Gesellschaft, deren Fundament nicht Lohnabhängigkeit und Gewinn, Entfremdung von Arbeit und Bewußtsein, die Herrschaft von Warenkategorien und juristischen Zwangsbeziehungen und die Ausbeutung und Manipulation des Menschen durch den Menschen ist . . .

Die Sozialistische Partei bekämpft das kapitalistische System und die Herrschaft der Bourgeoisie. Sie lehnt technokratische Methoden ab und ist überzeugt, daß der Neokapitalismus nirgends eine Gesellschaft wird schaffen können, die von den Idealen sozialer Gleichheit inspiriert wird, sondern eher die Ausbeutung der Mehrheit durch eine Minderheit in heimtückischer Weise verschlimmern wird. Die Sozialistische Partei lehnt die Trugbilder von Gesellschaftsformen ab, die nur der Form nach als Demokratie erscheinen und sich als Konsumgesellschaften bezeichnen, während sie in Wirklichkeit die Ungleichheit der Menschen verstärken und ihre legitimsten Hoffnungen täuschen und dabei nicht einmal eine echte Lösung für das Problem der Verelendung anbieten können, sogar in technologisch hochentwickelten Gebieten.

Die Sozialistische Partei lehnt die Richtung jener Bewegungen ab, die sich sozialdemokratisch oder sogar sozialistisch nennen und doch nur, bewußt oder taktisch, die Strukturen des Kapitalismus beibehalten und den Interessen des Imperialismus dienen.»

Ohne daß dieses Programm offiziell revidiert worden wäre, entwickelte die Parteiführung unter Soares schon während der Verhandlungen zur Entkolonialisierung dazu ein ähnliches Verhältnis wie die SPD zu ihrem Programm nach dem Krieg (wenn man sich die Entwicklung von den Reden Schumachers bis zu den Berufsverboten heute ansieht). Zu ihren Hauptverbündeten im Kampf für die Durchsetzung ihres Programmes machte sie jene Kräfte in der Welt, die dieses Programm als Hauptfeinde einer sozialistischen Demokratie nannte: die USA und die EG.

Die einschneidendste Folge dieser Bündnispolitik Soares' war der Bruch zwischen der Sozialistischen Partei und allen anderen fortschrittlichen Parteien und Gruppen, insbesondere der Kommunistischen Partei. (Selbst die innerparteilichen Kritiker, die den Generalsekretär allzusehr mit dem Parteiprogramm konfrontierten, wurden ausgeschlossen oder marginalisiert.) Die Offiziere der MFA mußten diese Wendung als doppelt infam empfinden: die PS scherte einerseits aus der gemeinsamen

Arbeit für einen pluralistischen Sozialismus auf der Grundlage des MFA-Programmes (und des der PS) aus; auf der anderen Seite denunzierte sie das Resultat dieses Ausscherens, nämlich die Tatsache, daß die Kommunistische Partei zusammen mit den Gruppen der revolutionären Linken als einzige parteipolitische Verbündete der MFA übriggeblieben war, als deren Absage an den sozialistischen Pluralismus. Während Unternehmer, Bischöfe, ehemalige Faschisten und auch General Spínola von «Pluralismus» und «Sozialismus» sprachen (um wieder gesellschaftsfähig zu werden), meinten die progressiven Offiziere es damit genauso ernst wie mit ihrer Politik für «die bisher am wenigsten begünstigten Schichten des Volkes», ein Programmpunkt, der anfangs belächelt worden war.

Das betraf besonders auch ihre kritische Haltung der Kommunistischen Partei gegenüber. Einerseits wußten die MFA-Offiziere: wenn sie mit ihrem Programm ernst machen wollten, waren sie auf die Zusammenarbeit mit der PCP angewiesen, nach dem 25. April der einzigen antifaschistischen und organisierten politischen Kraft außerhalb der Kasernen. Andererseits wußten sie auch, daß sie mit der im Untergrund entwickelten Kaderpartei, die ähnlich wie einige osteuropäische Länder einen bürokratischen Weg wählten, allein ihre Konzeption eines pluralistischen Sozialismus nicht verwirklichen konnten. Die Erfahrungen der Arbeiter und Angestellten, die bei ihren Kämpfen einerseits von der PCP und der Intersindical unterstützt worden waren, andererseits sich jedoch gegen deren Disziplinierungs- und Bevormundungsversuche (etwa durch den kommunistischen Arbeitsminister in der Regierung Spinolas) hatten zur Wehr setzen müssen, bestärkten die Offiziere in dieser Auffassung. Auch hier konnten sie sich im Grundsatzprogramm der Sozialistischen Partei bestätigt sehen. Dort hieß es: «In Ablehnung bürokratischer und totalitärer Modelle, denen der Sozialismus aus geschichtlichen Gründen und im Widerspruch mit der Grundidee des Marxismus in einigen Ländern gefolgt ist, will die Sozialistische Partei in der Diskussion der Ideen und im Handeln des Volkes und der Arbeiter den portugiesischen Weg zum Sozialismus in Freiheit suchen. Im Bewußtsein, daß der Faschismus und der Kolonialismus die repressivsten und brutalsten Formen des Kapitalismus sind, meint die Sozialistische Partei, daß im gegenwärtigen Augenblick des portugiesischen Lebens der antifaschistische und antikolonialistische Kampf die Voraussetzung für die Zerstörung der kapitalistischen Gesellschaft und den Aufbau des Sozialismus ist. Dieser Kampf mit dem Ziel, die sozialen Stützen der faschistischen und kolonialistischen Gesellschaft zu zerbrechen, muß sich nach Ansicht der PSP in der Aktionseinheit mit allen anderen Kräften, die die gleichen Ziele anstreben, vollziehen.»

In einer Erklärung der Sozialistischen Partei vom 28. April 1974 wurde die Notwendigkeit einer «kritischen Aktionseinheit» noch einmal ausdrücklich betont. Mit einer derartigen kritischen Aktionseinheit hatte die antikommunistische Kampagne Mário Soares', die verstärkt Anfang 1975 einsetzte, nichts zu tun. Während Mário Soares systematisch vor den totalitären Ansprüchen der PCP und ihres zum Symbol des Stalinismus erklärten Generalsekretärs Cunhal zu Felde zog, bekämpfte sie in Wirklichkeit auch genauso linke Bewegungen, die nichts mit der PCP, wohl aber mit dem Konzept einer ernst gemeinten pluralistisch-sozialistischen Demokratie zu tun hatten – wie sie die PS, zumindest verbal, propagierte. (So die Arbeiter der «República», die vom COPCON unterstützten Haus- und Landbesetzungen, die Demokratisierungsversuche in der Armee selbst).

Die Offiziere, vor allem die des COPCON, hatten von den Arbeitern in den Betrieben, von den Bankangestellten, von den Landbesitzern im Alentejo gelernt, daß sich die dortigen demokratischen Institutionen Schritt für Schritt entwickelt hatten. In die Kommissionen etwa wurden Kollegen gewählt, die – unabhängig von ihrer Parteizugehörigkeit – für die anstehenden Aufgaben am besten geeignet schienen. Durch die enge Verbindung zwischen Wahl und täglicher Praxis erkannten sie schnell das Risiko, das jede Delegierung von Macht mit sich brachte. Deswegen hatten sie bald das Prinzip der jederzeitigen Abwählbarkeit eingeführt. Aus diesen Erfahrungen heraus mußte es als äußerst riskant erscheinen, die Macht über alle Angelegenheiten in einem Wahlgang auf Jahre hinaus zu delegieren, zumal große Teile der Bevölkerung vom Demokratisierungsprozeß bisher nicht erreicht worden waren. Mußte nicht gerade im obskurantistischen Weltbild jener Bevölkerungsgruppen – aus religiösen Ängsten, verinnerlichten Verboten, Abhängigkeit von Gerüchten und Einflüsterungen, verbunden mit ihrer materiellen Abhängigkeit von den lokalen Größen – der Gang zur Wahlurne wie ein magischer Akt erscheinen? Kam es der etwa durch Fatima und Faschismus geprägten Passivität und Resignation nicht entgegen, daß ein Sá Carneiro, ein Alvaro Cunhal oder ein Mário Soares die eigenen Probleme lösen würden?

Diese prinzipiellen Einwände der Militärs stießen bei den Parteien, abgesehen von der PCP, die sich zu diesem Zeitpunkt noch keine großen Chancen ausrechnen konnte, auf erbitterten Widerstand. Während die Militärs in nächtelangen Debatten diese Problematik erörterten und ständig mit den Erfahrungen konfrontierten, die sie in ihrem Kontakt mit der Bevölkerung machten, machten die Führer der Rechten und auch Mário Soares «freie Wahlen» zu einem abstrakten Symbolbegriff, der, einem Dogma gleich, nicht mehr zur Diskussion stand. Mário Soares zu dem Korrespondenten Dominique Pouchin von le Monde:

«Sie sagen, daß die Rechte das Haupt erhebt? Das ist der Tribut, den ein Sozialist, der die Demokratie respektiert, an die Freiheit zahlt.» Später, als diese Rechte durch den von den Wahlen eingeleiteten Prozeß im Norden wieder so stark geworden war, daß nicht nur Kommunisten, sondern zunehmend auch die Sozialisten an Leib und Leben bedroht wurden, erfuhr man, daß Mário Soares sogar bereit war, notfalls auch eine Allianz mit den Kommandos der faschistischen (aus Söldnern und Ex-Pide-Agenten zusammengesetzten) «Portugiesischen Befreiungsarmee» (ELP) zu schließen, um «den ununterbrochenen Verschwörungen der PC» Einhalt zu gebieten.

Die Überlegungen, Taktiken und Strategien der Parteihauptquartiere in Lissabon freilich blieben den Wählern in den Dörfern und Kleinstädten verborgen, obwohl sie die Mehrheit der Abgeordneten stellten. Die folgenden Momentaufnahmen aus solchen Orten Mittel- und Nordportugals lassen vermuten, daß die Wähler auch nicht ahnen konnten, was diese Hauptquartiere mit ihrem Mandat anfangen würden.

Im Dezember 1974 führten rund hundert Soldaten, Sergeanten und Offiziere des Heeres eine 10tägige Aufklärungskampagne in der Provinz Guarda durch. In dem Dorf Sintrão kam es zu folgendem Gespräch zwischen Bauern, MFA-Vertretern und einem begleitenden Reporter:

Bauer: Ich bin ein Analphabet, ich verstehe von all diesen Sachen nichts. Ich bin in diesem Dorf aufgewachsen. Wichtig ist, daß wir immer etwas zu essen und zu trinken haben und daß wir niemand etwas Schlechtes antun.

Reporter: Sie haben doch bestimmt schon was von Parteien gehört?

MFA-Vertreter zum Reporter: Sie fragen uns nicht, was die einzelnen Parteien wollen, sondern sie fragen gleich, welche Partei wir wählen sollen.

Bauer: Ja, wir wollen einfach für unser Wohl abstimmen.

R.: Sie haben aber doch sicher schon von den Parteien gehört?

Bauer: Ja, aber wir wissen nicht, welche Partei die beste für uns ist, die beste für unser Wohl.

R.: Aber hören Sie nicht manchmal im Radio etwas über die Parteien?

Bauer: Unser ganzes Dorf will einfach, daß es ihm gutgeht. Wir wollen ein Ganzes sein und uns gut verstehen, so wie wir uns jetzt auch immer gut verstanden haben. In unserem Dorf ist noch nichts passiert.

R.: Von welchen Parteien haben sie schon gehört?

Bauer: Von demokratischen Parteien.

(Beim Aussprechen fällt ihm das Wort demokratisch sehr schwer. Es ist ihm nicht geläufig.)

MFA-Vertreter: Sie sprechen hier immer von demokratischen Parteien, sie meinen damit aber immer nur eine bestimmte Partei. Wir versuchen den Leuten immer zu erklären, daß alle Parteien, die heute zugelassen sind, demokratisch sind und nicht nur eine einzige. Aber in dieser Gegend verbinden die Leute mit demokratisch nur eine einzige Partei, nämlich die PPD. Vielleicht, weil das letzte Wort des Parteinamens demokratisch heißt.

(PPD – Partido Popular Democrático)

Bauer: Vor einiger Zeit gab es den 25. April, aber danach gab es auch noch irgendetwas. Da war hier irgendetwas los auf den Straßen gegen den 25. April. Das waren die Faschisten, nicht?

R.: Ja, ja!

Bauer: Aber ich will nur die Einheit aller Portugiesen.

R.: Diese Faschisten sind die Leute, die noch für das alte Regime gearbeitet haben. Sie wollten mit der Demokratie Schluß machen, sie wollten wieder die alten Zeiten.

Bauer: Ja, aber, die alten Zeiten dürfen nicht mehr zurückkommen, das war die Misere, das war die Armut für uns. Ich will nicht wieder die Armut. In den alten Zeiten wurde ich mit Gemüsesuppe ernährt, die ganz einfach war, nur mit Salz, nicht einmal Olivenöl war darin. Aber jetzt geht's uns besser, jetzt haben wir mehr. Mit viel Arbeit und Gesundheit, die Gott uns schenkt, können wir weiterleben. Ich habe immer viel gearbeitet, ich habe neun Kinder großgezogen. Gott sei Dank konnte ich sie mit Freude großziehen, und heute geht es mir besser. Und so, wie es jetzt ist, so möchte ich auch alt werden.

R.: Für die Wahlen müssen sie jetzt zwischen den verschiedenen Parteien wählen . . .

Bauer: Ja, aber ich weiß nicht, wen ich jetzt wählen soll, für wen ich mich entscheiden soll. Ich weiß nicht, was für mein Wohl gut ist. Das ist es eben, was ich jetzt suche. Das ist es, was nicht nur ich, sondern mein ganzes Dorf sucht.

R: Also, es gibt mehrere Parteien. Es gibt die Kommunistische Partei, die Sozialistische Partei . . .

Bauer: Ja, für die Kommunistische Partei bin ich nicht gut. Aber Sozialismus (Socialismo, Anm. d. Hrsg.), das heißt doch von der Gesellschaft (Sociedade, Anm. d. Hrsg.), gut, das ist, was wir wollen. Wir wollen doch in Gesellschaft leben. Gut, es lebe die Gesellschaft!

R.: Aber warum sind sie nicht gut für die Kommunistische Partei, was meinen Sie damit?

Bauer: Ich mag das einfach nicht, wir haben bisher auch so gut miteinander gelebt.

R.: Ja, aber was haben Sie für eine Vorstellung von Kommunismus, was ist für Sie Kommunismus?

Bauer: Kommunismus ist die Gleichheit oder so, ich weiß es nicht.

R.: Finden Sie die Gleichheit etwas Schlechtes?

Bauer: Ich finde das nicht gut, nein der Kommunismus ist nicht gut.

R.: Sagen Sie doch mal genau, was Ihnen am Kommunismus nicht gefällt. Wissen Sie, manchmal hat man so festgelegte Vorstellungen, Vorurteile, weil man nicht gut informiert ist. Zum Beispiel manchmal mögen einige Leute keinen Speck. Aber der Speck an sich ist ja nichts Schlechtes, vielleicht hat man ihn auch noch nicht probiert. *Frage an jemand anderes*: Was halten Sie denn vom Kommunismus?

Derselbe Bauer: Für uns also, die Gesellschaft, . . . also ich denke, wir sollten alle gut leben und in Frieden.

Der Wahlausgang, wie ihn ein Teil der deutschen Presse sah.

R.: Also, sociedade – socialismo, es gibt auch das Wort Sozialismus. Sozialismus heißt, daß der Reichtum auf alle gleich verteilt wird. Und Kommunismus heißt, daß alle Leute gleich sein sollten, also unter allen Gleichheit herrschen sollte.

Bauer: Aber ich habe nie Reichtum gehabt.

R.: Sie wissen sicherlich, daß es Leute gibt, die sehr reich sind, zu reich, und andere, die sehr arm sind.

Bauer: Ja, aber diejenigen, die mehr haben, sollen denen, die weniger haben, was geben und sie unterstützen.

R.: Aber normalerweise werden die armen Leute nur von anderen armen Leuten unterstützt. Die sehr reichen Leute unterstützen nicht die armen Leute, und außerdem beuten sie die armen Leute noch aus.

Bauer: Früher, wenn wir was brauchten, sind wir oft zu den reichen Leuten gegangen, aber die haben uns den Rücken gekehrt, und wir haben sie dann nicht mehr gesehen.

R.: Es gibt Parteien, die organisiert sind, und die dafür sind, daß diese reichen Leute nicht auf Kosten anderer Leute leben sollen. Das sind gerade die Parteien, die von Kommunismus und Sozialismus sprechen. Aber man hat normalerweise falsche Vorstellungen vom Kommunismus. Denn hier in der Gegend gibt es einige Dörfer, wo die Leute wirklich denken, wenn die Kommunisten kommen, werden sie den Frauen die Röcke runterreißen und die Kinder auffressen. Das ist natürlich Blödsinn! Es gibt keine Partei, die den Frauen die Röcke runterreißt, und noch dazu in einer Gegend wie hier, wo es so kalt ist, das wäre doch Blödsinn!

Sie sollten verlangen, daß die Vertreter der Parteien hierherkommen, damit Sie aufgeklärt werden. Damit sie erklären, was die einzelnen Parteien wollen. Dann würde zum Beispiel die Kommunistische Partei kommen und erklären was sie will. Und wenn sie dann hier im Dorf nicht mit diesen Ideen einverstanden sind, dann können Sie natürlich dagegen sein. Dann würde vielleicht die Sozialistische Partei kommen, auch erklären, was sie alles machen will und was sie machen würde wenn sie an der Regierung wäre, und so weiter. Dann käme die PPD, die MDP, es gibt ja viele Parteien. Und am Ende könnte man besser wählen, aber zuerst muß man sich informieren, man muß zuerst etwas wissen, bevor man wählen kann. Warum laden Sie die Vertreter der Parteien nicht ein? Genauso wie jetzt die Streitkräfte hier sind, so können morgen auch die Vertreter der Parteien kommen, um mit Ihnen zu sprechen. Natürlich werden wir Ihnen jetzt nicht sagen, welche Partei Sie wählen sollen. Das war früher so, da wurde gesagt, bitte wählen sie die Nationale Union (UN) – die faschistische Partei –, weil die am besten ist. Heute ist das anders, ich kann zum Beispiel für die Kommunistische Partei sein, und Sie für eine andere, weil Sie anders denken. Das ist ihr gutes Recht! Jetzt haben wir die Freiheit zu wählen, was wir wollen, Salatkartoffeln oder Speisekartoffeln.

MFA-Vertreter: Das Ganze ist wie auf dem Markt, wenn Sie dort etwas kaufen wollen, müssen Sie ja auch zuerst ein bißchen auswählen. Der eine verlangt vielleicht mehr als die anderen. Sie erkundigen sich bei mehreren und vergleichen dann die Preise. Außerdem müssen Sie sich überlegen, welches Produkt Sie kaufen wollen. Ob Salatkartoffen oder Speisekartoffeln.

Bauer: Also, ich werde meine Kartoffeln ganz schwer los. Früher hat man mir noch vier Mark für die Kartoffeln gegeben, jetzt nicht einmal das.

Anderer Bauer: In dieser Gegend gibt es im Moment zu viele Kartoffeln, und da sinken die Preise, und trotzdem werden die Kartoffeln nicht alle verkauft.

MFA-Vertreter: Zurück zur Sache, Sie müssen sich ja jetzt zwischen den Parteien und ihren Vorstellungen entscheiden. Sie müssen wissen, was Sie wollen und sich dementsprechend für eine Partei entscheiden.

Bauer: Ich will wohl leben. Ich weiß nicht, aber ich will, daß man mir erklärt, welches die Partei ist, die uns Wohlstand bringt. Ich will von den Parteien wissen, wie wir jetzt besser leben können. Und es ist so schwer für mich, die Entscheidung für eine Partei zu treffen, ohne daß ich das weiß.

R.: Sie haben vollkommen recht.

MFA-Vertreter: Die einzige Parteien, die hier in dieser Gegend tätig sind, sind die PPD und die MDP. Diejenige Partei, die die meisten Flugblätter verteilt und Plakate geklebt hat, ist die PPD. Aber die Leute würden sich doch für die Partei entscheiden, die die lokalen Bonzen empfehlen, und weniger nach den Plakaten gehen. Aber da die Streitkräf-

Die Markenzeichen der Parteien zur freien Auswahl: den Bauern im Norden fiel sie schwer.

Einigen Westeuropäern – wie hier dem CDU-Studentenverband – fiel die Wahl leichter.

te jetzt hier sind und die Leute uns vertrauen, werden wir von ihnen gefragt, was sie wählen sollen. Wir können aber keine Partei empfehlen, obwohl wir wissen, daß die Leute bestimmt nach unseren Empfehlungen wählen würden. Wir können das nicht, wir haben noch nicht einmal genügend Zeit, um die Leute über die einzelnen Parteien aufzuklären.

Bauer: Die Wahlen sind schon sehr bald, und ich weiß immer noch nicht, was ich wählen soll. Und ich habe Angst, daß ich dann eine Strafe zahlen muß, denn dafür habe ich kein Geld. Außerdem will ich auch dafür nicht im Gefängnis sitzen müssen.

R.: Nein, die Gefahr besteht nicht! Sie müssen sich mal erkundigen, vielleicht können Leute aus Trancoso kommen, um über die politischen Parteien zu sprechen.

MFA-Vertreter: Die einzelnen Parteien haben einfach zu wenig Kader, um überall in dieser Gegend Aufklärung zu treiben. Das ist auch ein nationales Problem.

R.: Man müßte vielleicht die Aufklärungskampagnen der MFA, so wie hier, fortsetzen und vermehren.

MFA-Vertreter: Das wäre nur möglich mit sehr viel mehr Zeit und mehr Leuten. Allein in diesem Distrikt liegen 74 Dörfer, und da ist es schon schwierig, eine intensive Aufklärung zu betreiben.

Bauer: Das ist überall so, die Leute sind alle so wie ich. Wir wollen unser Wohl und nichts Schlechtes für die anderen.

In einem anderen Dorf unterhielt sich der Reporter allein mit dort lebenden Bauern:

Reporter: Ist bisher jemand von der PS, der MDP oder sonstigen Parteien hier gewesen, um mit Ihnen zu diskutieren?

Leute: Nein, nein, niemand!

R.: Aber wenn Sie jetzt wählen müssen, dann wissen Sie ja nicht, welche Partei sie wählen wollen.

Bauer: Ich habe schon ein Flugblatt gelesen, und deshalb weiß ich schon ...

Stimme: Sagen Sie doch gleich, welches ist denn Ihre Partei?

R.: Nein, Sie brauchen nicht zu sagen, welche Partei das ist.

B.: Meine Partei ist die PDC (Partido Democrático Cristão).

R.: Warum muß die Partei denn christlich heißen? Die Sozialistische Partei ist ja auch eine christliche oder sogar die Kommunisten.

B.: Ja, aber wir haben Priester ...

R.: Wieso, empfiehlt Ihnen der Priester irgendeine bestimmte Partei zu wählen?

B.: Nein, bis jetzt hat er uns noch keine Partei empfohlen. Er hat uns nur gesagt, wir hätten die Pflicht zu wählen.

R.: Das Problem ist also, daß Sie sich jetzt für eine Partei entscheiden müssen. Von welchen Parteien haben Sie schon gehört?

B.: Von der «Democracia Livre» («Freie Demokratie», – solch eine

Partei gibt es nicht).

R.: Ja, alle Parteien nennen sich demokratisch, die MDP, die PS, die PC und so weiter.

B.: Aber wir sind doch christlich, und einige Parteien sagen doch, sie würden mit der Religion Schluß machen, sie würden die Religion verbieten.

R.: Welche Parteien sagen das?

B.: Ja, die Kommunisten . . .

R.: Wer erzählt Ihnen so etwas, sind das Leute aus dem Dorf oder Leute, die von außerhalb kommen?

B.: Ja, es sind Leute von außerhalb, die so was sagen und ich bin dagegen, wenn sie so was sagen.

R.: Reden die Doktoren («Gebildete Leute») auch über Politik?

B.: Nein, nein, sie reden nicht über Politik.

Stimme: Doch, doch, sie reden natürlich über Politik!

B.: Nein, sie gehen sogar immer zur Messe, nehmen auch an der Kommunion teil.

Stimme: Ach, was!

B.: Ja, ihre Kinder gehen nicht mehr zur Messe, aber die Eltern.

R.: Keine Partei in Portugal hat in ihrem Programm stehen, daß die Kirche abgeschafft werden soll. Keine Partei will die Zerstörung der Kirche.

B.: Nein, gibt es keine solche Partei?

R.: Sie müssen jetzt zwischen den Parteien wählen. Die eine Partei sagt, der Reichtum muß auf alle Leute verteilt werden . . .

Stimme: Das ist der Kommunismus! Das ist die Kommunistische Partei, sie ist für die Gleichheit, sie will das Beste für uns alle, sie ist für die Arbeiter und das Wohl des Volkes, sie ist für die Mildtätigkeit. Ich bin Kommunist, das ist auch ein demokratischer Sozialismus, der für die Erneuerung der Kirche eintritt. Wir wollen das, was es gibt, nicht kaputt machen, und wir wollen nicht gegen das sein, was unsere Vorfahren jahrhundertelang mit viel Liebe für uns gemacht haben.

Im Dorf Ribeira de Carinhos versuchte der MFA-Vertreter, Vertrauen in die Parteien zu wecken:

Bauer: Uns interessiert die eine Partei genausoviel wie die andere, das ist doch egal für uns. Ich weiß nicht, welche Partei uns am meisten bringt, diese oder jene.

MFA-Vertreter: Es gibt schon Parteien, die die Interessen des Volkes besser verteidigen als die anderen.

B.: Aber wir wissen nicht, welche Partei damit gemeint ist.

MFA-V.: Wenn Sie das wissen wollen, müssen Sie die Parteien schon hierherbestellen und hören, was sie zu sagen haben.

B.: Ja, aber ich habe doch keine Macht, um die Leute hierherzubestellen.

MFA-V.: Natürlich können Sie das machen, diese Parteileute sind alle in Guarda, und sie kommen sogar gerne hierher, wenn sie darauf angesprochen werden.

B.: Was für eine Partei sind Sie?

MFA-V.: Ich habe schon meine Partei, aber ich werde es Ihnen nicht sagen, sonst würde ich Sie ja beeinflussen. Sie müssen die Parteien hierherbestellen und sie mit Fragen bombardieren und sie einfach über alle Probleme ausfragen. Die PS, die PC, die MDP, die PPD, jede wird darauf etwas antworten. Und Sie hier im Dorf müssen ganz aufmerksam zuhören, denn Sie kennen ja Ihre Probleme am besten und können das dementsprechend beurteilen.

B.: Ja, aber, die werden uns betrügen!

Reporter: Nein, nein, sie betrügen euch nicht.

MFA-V.: Sie können die Leute doch kontrollieren, zum Teil kennen Sie die Leute aus der Zeit des Faschismus und wissen, wie sie sich verhalten haben. Und wenn sie dann heute hierherkommen und von den Arbeitern reden, deren Interessen sie verteidigen wollen, da müssen Sie dann aufpassen. Dann fällt Ihnen vielleicht jemand auf, der Sie früher betrogen und ausgebeutet hat, und heute spricht der plötzlich ganz anders. Da kann was nicht in Ordnung sein! Sie müssen nicht nur hören, was gesagt wird, sondern auch darauf aufpassen, wer so was sagt. Und Vorsicht, wenn sie so einfach die Farbe wechseln. In diesem Land hat man in letzter Zeit viel Farbstoff gebraucht, um die Farbe zu wechseln.

Im Dorf Pinhel gab die Lissabonner Theatergruppe «Comuna», die an zahlreichen Dynamisierungskampagnen teilnahm, eine Vorstellung. Nach der Vorstellung berichtete eine Frau über ihre Furcht vor dem Kommunismus. Nicht einmal die Frauen würden dort respektiert.

Reporter: Man hat Ihnen also gesagt, daß es im Kommunismus keinen Respekt mehr gäbe zwischen Männern und Frauen?

Frau: Ja, ja. Ich bin eine verheiratete Frau . . .

Stimme: Und jemand hat ihr gesagt, daß sie es dann mit allen treiben müßte.

F.: Und das hat man mir als Kommunismus erklärt.

S.: Das gibt's doch nicht, das kann doch nicht wahr sein!

R.: Wann hat man Ihnen das gesagt?

F.: Das war in der Zeit von Norton de Matos (ein General, der gegen Salazar gekämpft hat). Damals hatte ich gerade geheiratet, ich hatte noch ein kleines Kind, und ich kannte den Doktor im Dorf, ich gehörte praktisch zu seiner Familie. Er hat mir damals gesagt, ich sollte niemals den Kommunismus wählen, weil es keinen Respekt mehr unter Männern und Frauen gäbe und so weiter. Es kann ja sein, daß für andere Regionen der Kommunismus gut ist, aber für diese Gegend hier nicht. Wir sind sehr einfache Leute, wir sind alle Analphabeten, und von Politik verstehen wir nichts.

R.: Aber Sie haben doch das Theaterstück sehr gut verstanden. Sie sagten doch, daß die eine Figur ein PIDE-Mann sein sollte und die schwarzgekleideten Schauspieler würden den Staat darstellen.

F.: Ja, ja, das habe ich ganz genau verstanden.

R.: Also, verstehen Sie doch solche Sachen.

F.: Ja, aber trotzdem wissen wir nicht, welche Partei wir wählen sollen, welche für uns, mich und meine Kinder besser ist.

R.: Gab es hier nie so Aufklärungsveranstaltungen?

F.: Ich war auf einer Veranstaltung, wo von dem Kommunismus gesprochen worden ist. Sie erzählten von Gleichheit und so.

R.: Haben Sie dort das erzählt, was Sie mir vorhin berichtet haben, wie die Kommunisten über die Frauen denken?

F.: Nein, ich habe mich geschämt vor so vielen Leuten. Ich wollte erst sprechen, aber dann habe ich mich doch geschämt.

In Almeida berichteten Bürgermeister und Lehrer über das Vorgehen der Rechten, unter anderem mit Hilfe von Gerüchten:

Bürgermeister: Die Gerüchte, die man hier über uns verbreitet, sind unvorstellbar. Das fängt an mit der Behauptung, wir seien Kommunisten, bis zu folgendem konkreten Fall: In einer Versammlung mit Arbeitern habe ich einen Schüler gebeten, den Anwesenden mal zu erklären, was Klassenkampf ist. Ich selbst habe keine Rede gehalten, sondern nur eine Frage gestellt. Nach der Versammlung wurde dann von jemand verbreitet, ich hätte die Arbeiter aufgefordert, gegen die Bonzen zu revoltieren, ich hätte die Arbeiter gegen die Bonzen aufgehetzt.

Lehrer: Ein anderes Beispiel: Der Verantwortliche für die Landwirtschaft dieser Gegend hat seinen Arbeitern vor kurzem eine Lohnerhöhung gezahlt, der Betrag lag aber noch weit unter dem, was sogar schon vor dem 25. April versprochen worden war. Der Pfarrer von hier schreibt in seinem Kirchenblatt ständig gegen die Streitkräfte und sagt, daß er den Kommunismus bekämpfen muß, da die Kommunisten die Kinder fressen würden. Er behauptet, daß die Kommunisten den Arbeitern die Häuser und Länder wegnehmen würden. Den armen Arbeitern macht so was natürlich Angst. Und man kann schon sagen, daß solche Gerüchte, die durch den Pfarrer verbreitet werden, sogar sehr viel wirksamer sind als eine Aufklärungskampagne der MFA. Die einfachen Leute denken dann, daß alle MFA-Leute Kommunisten sind und daß man gegen sie sein muß, gegen die provisorische Regierung und für die Zustände vor dem 25. April. Solche Gerüchte werden tagtäglich verbreitet, flüsternd weitererzählt auf der Straße und in Cafés. Dadurch bekommt das Volk Angst, wirklich offen zu sprechen, weil sie Angst haben, daß ein 25. April wiederkommt und daß sie dann für das bestraft würden, was sie heute sagen oder sagen könnten. Meine Frau und ich sind Lehrer an einer Schule, wir wurden Opfer einer schändlichen Versammlung, die von mehreren Eltern einberufen wurde. Es ging bei der Versammlung um linke Säuberungen, das ist doch einfach unmöglich. Das ganze hatte einen politischen Hintergrund, angezettelt unter anderem von einer reaktionären Lehrerin und dem Religionslehrer. Wir wurden insofern angegriffen, als man uns vorwarf, wir würden die Schüler nicht erziehen, sondern deformieren. Auf der Versammlung waren 90 Leute, Eltern und Schüler, keiner war auf diese Angriffe vorbereitet, und man hat sie scharf zurückgewiesen. Die kleine Gruppe von Eltern, zusammen mit der Lehrerin und dem Pfarrer, hatten plötzlich eine fertig verfaßte Resolution zur Verabschiedung vorgelegt. Sie erhielten kaum Unterstützung, nur 11 Unterschriften, wovon 1 gefälscht war, und 4 Eltern wußten überhaupt nicht, was sie da unterschrieben hatten. Die Frustration dieser reaktionären Gruppe war dann natürlich entsprechend groß. Das sind also Beispiele dafür, welche Methoden die reaktionären Kräfte in dieser Gegend anwenden, um die wenigen Demokraten, die es hier schon gibt, einzuschüchtern und um damit die Demokratisierung unseres Landes zu verhindern. Aber glücklicherweise haben wir nur wenige schlechte Angewohnheiten aus der Zeit des Faschismus geerbt, wir sind arm, aber besonders auf wirtschaftlichem Gebiet sind wir nicht korrupt, wir sind ehrliche Leute. Und deshalb werden wir auch mit der Unterstützung der MFA für ein neues Portugal kämpfen, koste es was es wolle. Wir sind sehr froh, daß die MFA zu uns gekommen ist, um uns aufzuklären. Zum ersten Mal in unserem Leben haben wir frei sprechen können. Aber es wurde auch schon das Gerücht verbreitet, daß die MFA eine Aufklärungsveranstaltung gemacht hat, nur um den Kommunismus zu verteidigen.

Bürgermeister: Noch ein anderes Beispiel: Ein Tag nach der MFA-Veranstaltung in Almeida wurde gesagt, daß die MFA bezahlt wird, sehr gut bezahlt sogar, und zwar von Alvaro Cunhal.

Reporter: Und wie war das hier am 28. September?

B.: Unmittelbar vor dem 28. September waren die Reaktionäre hier in der Gegend ganz euphorisch. Wir haben das zwar bemerkt, wußten aber nicht, was das zu bedeuten hatte.

R.: Hat man hier nicht auch versucht, einen Ausflug nach Lissabon zu veranstalten? (Zu Spínolas Demonstration der «Schweigenden Mehrheit»)

B.: Ja, es gab hier jemand, der davon gesprochen hat, der hatte Propagandamaterial dabei von der Fortschrittspartei, der Partido do Progresso, in der viele Funktionäre des alten Regimes organisiert waren und die nach dem 28. September verboten wurde.

Stimme: Die Leute vom Land waren fest davon überzeugt, daß 1975 folgendes passieren würde: daß man nur noch 1 Paar Schuhe haben dürfe, daß man keine Jagdgewehre mehr besitzen dürfe, daß die alten Frauen einfach verschwinden müßten und daß der Staat den Leuten die Kinder wegnehmen würde. So sah für sie die Zukunft aus, und es war sehr schwer, die Leute von dem Gegenteil zu überzeugen. Heute, nach der MFA-Veranstaltung bin ich etwas optimistischer, vielleicht werden die Leute doch noch den Versuch machen, sich zu vereinigen.

R.: Zu Anfang der Veranstaltung waren die Leute sehr schüchtern und zurückhaltend.

Stimme: Ja, sie waren sehr verschlossen, und vor allem hat man gesehen, wie wenig die Leute informiert waren. Fernsehen kann man hier nicht empfangen, Strom gibt es nur in der nächsten Kreisstadt. Wenn dort im Fernsehen mal eine Demonstration aus Lissabon gezeigt wurde, nahmen die Leute automatisch an, die Demonstration sei gegen eine kommunistische Regierung gerichtet.

Im selben Dorf: Gespräch mit einem Mann, der Angst um sein Leben hat.

Mann: Wir waren in einem Café, beim Rausgehen sagte der andere Mann zu mir, daß ich mit bestimmten Leuten nicht mehr verkehren sollte, und zwar mit solchen Leuten, die die MFA unterstützen, ich sei noch zu jung. Und eines Tages – wenn sich die Zeiten in Portugal wieder geändert hätten – würde er ganz normal mit mir reden, dann plötzlich die Pistole ziehen und mich erschießen! Ich würde dann im Straßengraben liegen, und niemand würde erfahren, wer das gemacht haben könnte. Der Mann war fest davon überzeugt, daß sich die Lage in Portugal wieder umkehren würde, und er hatte schon bestimmte Leute im Auge, die er dann töten wollte. Das ganze war ganz eindeutig eine Todesdrohung, er hatte mich auf seine Liste gesetzt; das sind doch dieselben Methoden, die die PIDE früher angewandt hat.

Reporter: Wir sind hier in der Gegend noch weit entfernt vom 25. April. Hier wissen die Leute nicht einmal, was der 25. April war. Die Leute haben durch das Fernsehen und das Radio schon davon erfahren, sie wissen schon, daß da etwas passiert ist, aber sie wissen nicht genau, was. Die Leute haben einfach Angst vor den Personen, die die Gerüchte verbreiten. Denn es sind dieselben Leute, die während des Faschismus den größten Einfluß hatten.

Anderer Mann: Ich habe auch Angst. Wenn die Regierung in Lissabon nicht endlich Militärs hierherschickt, die eine wirkliche Säuberung durchführen, zur Sicherheit der Bevölkerung hier, dann besteht die Gefahr, daß meine Familie und ich und andere von heute auf morgen eliminiert werden. Mir wurden schon solche Andeutungen gemacht, und jetzt, nachdem die MFA und Sie gekommen sind, bin ich erst recht in Gefahr.

Gespräch mit Pfarrer Abílio der Gemeinde Pereiro im Kreis Pinhel.

Pfarrer: Als ich vor 17 Jahren in meine Gemeinde kam, hatte ich den Eindruck, daß hier alles sehr primitiv war. Die Mehrheit der Häuser war ganz flach, es gab Familien mit zehn Personen, die alle in einem Zimmer gewohnt haben. Die Eltern haben in diesem Zimmer geschlafen, die Kinder mußten zusammen mit den Tieren im Stall schlafen. Die Kinder schliefen in Futterkrippen, sie blieben dort, auch wenn sie krank waren. Das war jahrelang so. Am Anfang dachte ich, das liegt alles an den Leuten selbst, sie sind egoistisch oder geizig, um Geld zu sparen. Ich hatte mich geirrt, sie hatten gar kein Geld. Als ich hierher kam, verdiente ein Mann 1.70 DM am Tag. Es ist mir einfach unvorstellbar, wie ein Mann mit seiner Frau und so vielen Kindern für dieses Geld auch nur Wasser kaufen sollte (wenn er es hätte bezahlen müssen). In dieser Gemeinde gab es kein Wasser (nur aus dem Brunnen), keine Straßen und keinen Strom, kein Telefon. Elektrischen Strom gibt es heute immer noch nicht. Die Post aus Lissabon oder Porto kam immer mit einer Verspätung von vier bis fünf Tagen. Wir hatten überhaupt keine Zeitung. Heute ist die Situation schon ein bißchen besser, aber bei weitem noch nicht so, wie wir es uns wünschen. Als Pfarrer dieser Gemeinde habe ich meine Mission niemals nur als eine geistliche, religiöse verstanden. Die Gläubigen sind für mich Personen mit einer Seele und einem Körper. Ich habe mich immer auch um die materielle Situation der Leute gekümmert, vielleicht sogar mehr als um die Religion. Ich habe selbst die Schaufel in die Hand genommen und mich am Straßenbau beteiligt, überhaupt bei allen Verbesserungen im Dorf, die vom Volk selbst durchgeführt wurden. Die wenigen Verbesserungen, die wir bis heute haben, sind allein vom Volk geschaffen worden. Das Volk hat zum Beispiel 5000 Quadratmeter Straßen gebaut. Damals kostete der Quadratmeter 4.50 DM, vom Rathaus bekamen wir aber nur einen Zuschuß von 1 DM pro Quadratmeter, das, was sie normalerweise einem Steinsetzer bezahlen würden. Bei uns hat die Bevölkerung alles allein gemacht, die Steine geholt, bearbeitet und so weiter.

Reporter: Meinen Sie also, daß der 25. April erst dann eine Bedeutung für das Dorf hat, wenn die Bedürfnisse der Leute durch konkrete Maßnahmen befriedigt sind?

Pfarrer: Natürlich! Ich sage den Leuten immer: Wenn wir gleichgestellt sind, bei der Bezahlung der Steuer, wenn wir also die gleichen Pflichten haben wie die anderen, dann müssen wir auch die gleichen Rechte haben. Wir verlangen ja keinen Luxus, keine Gärten, keine großen Theater, keine geschmückten Brunnen, keine Kunstwerke. Wir verlangen nur das, was die Menschen zum Leben brauchen, wir verlangen solche Lebensbedingungen, damit wir zu essen haben; Bedingungen, damit wir auch ein bißchen von dem Leben genießen können; wir verlangen das, was die Menschen brauchen, um Menschen zu sein, um wie Menschen zu leben und nicht wie primitive Tiere. Eigentlich ist die Steinzeit ja schon längst vorbei, und es sollte solche «primitiven Tiere» nicht mehr geben, aber wie ich hier ankam, gab es sie doch noch, und ich habe noch lange Jahre mit ihnen gelebt. Ich glaube, nur in einem befreiten Land auf dem Weg zum Sozialismus ist es möglich, diese Probleme zu lösen. Der Reichtum muß auf alle verteilt werden. Gott hat das Land für die Menschen geschaffen. Ich wurde zwar nicht gefragt, ob ich auf die

Welt kommen wollte, aber ich kam auf die Welt mit denselben Rechten wie die anderen, und ich habe auch das Recht auf ein Stück Land. Und wenn ich das kleine Stückchen Land nicht besitze, dann nur deshalb, weil es mir jemand anderes schuldet.

Internats-Schüler holen die MFA-Offiziere zu Hilfe
In Manteiga veranstaltete die MFA eine Versammlung im dortigen Internat. Es war das einzige der ganzen Gegend. Der Besitzer der Privatschule, ein Priester, war zugleich ihr Direktor. Einige Schüler hatten die MFA-Offiziere gebeten, die Versammlung in der Schule zu machen, um so einmal die Gelegenheit zu erhalten, die dortigen Zustände offen zur Sprache bringen zu können.

Schüler: Die 3. und 4. Jahrgangsklasse (7. und 8. Klasse in der BRD) steht in dieser Schule schon unter staatlicher Kontrolle. Bekanntlich ist es ja staatlich kontrollierten Klassen verboten, die Schüler zu schlagen, wenn sie nicht verstehen, was der Lehrer erklärt. Dafür gibt es ja wohl andere Methoden oder Strafen, also Eintragungen in das Klassenbuch oder ähnliches. Warum wird in dieser Schule weiterhin geschlagen, zum Beispiel mit einem Lineal oder anderen Gegenständen?

MFA-Vertreter: So wie es eben erzählt wurde, ist das natürlich eine sehr heikle Sache (Applaus der Schüler). Erstens weiß ich nicht, ob es vielleicht in dieser Schule eine interne Regelung gibt, die das Schlagen ausdrücklich erlaubt. Selbst wenn es so eine Regelung gibt, so wird das nicht in Frage gestellt, was ich jetzt sagen will: Du weißt, daß es verschiedene pädagogische Methoden gibt. Früher gab es andere Methoden als heute, es gibt aber Leute, die diese Entwicklung nicht mitgemacht haben. Früher war es eine ganz banale Sache, Sklaven zu halten und sie auch zu schlagen. Heutzutage ist das für uns alle unvorstellbar, daß irgend jemand sich einen Sklaven hält. Nicht wahr? Also, die Welt hat sich geändert, und dementsprechend auch die Methoden und Prozesse, die man anwendet. Aber es gibt Leute, die dieser Entwicklung in der Welt nicht ganz folgen können. Aber paß mal auf, so wie es vor dem 25. April nicht möglich war, miteinander zu sprechen, wie wir es jetzt tun, genauso gibt es jetzt Leute, die sich nicht auf die neuen Verhältnisse einstellen können. Ich bin aber fest überzeugt, daß ihr mit den Lehrern, die noch solche Methoden anwenden, darüber sprechen könnt. Sie werden sicherlich darüber nachdenken und sich vielleicht in diesem Punkt ändern; besonders um zu verhindern, daß eine tiefe Kluft entsteht zwischen euch und den Lehrern. Denn die Hauptaufgabe der Lehrer ist ja, mit euch zusammen zu sein, verstehst du?

Direktor: Da hier schon der Punkt Disziplin angesprochen wurde, muß ich als Direktor unbedingt etwas dazu sagen. Es ist notwendig, die Gründe zu verstehen, warum man sich so verhalten hat. Man hat hier gefragt, warum es in dieser Schule noch Strafen gibt und die Schüler geschlagen werden. Jede Bestrafung geschieht nur zum Wohl des Schülers. Es gibt eigentlich kein anderes Ziel. Es gibt wohl keinen normalen Menschen, der annimmt, daß der Lehrer aus Freude bestraft. Wenn wir die Schüler in unserer Schule aufnehmen, werden sie meistens von den Eltern hier abgegeben. Die sagen uns dann: «Herr, ich überlasse Ihnen meine Kinder. Ich bin an dem Wohl meiner Kinder interessiert, wenn es also notwendig ist, sie zu bestrafen, sie zu ohrfeigen – bitte sehr, machen Sie das ruhig, haben Sie keine Bedenken!» Das ist immer das erste, was uns die Eltern empfehlen. (Große Unruhe im Saal)

Direktor (schreit): Respekt, Respekt! Ich habe immer angenommen, daß die Schüler meiner Schule den Direktor respektieren, wenn er etwas zu sagen hat. Ich dachte immer, sie seien gut und anständig erzogen. Wenn die Kinder von den Eltern hierher gebracht werden, geben sie uns immer diese Empfehlungen. Ich kenne keinen Vater, der das nicht so gesagt hat. Respekt! Respekt! Also, wenn sich der Direktor oder die Lehrer so verhalten, so ist das nur im Sinne der Eltern. Ich frage also, was ist das beste: daß der Lehrer die Schüler an ihr Ziel bringt und sie dabei ein paar Bestrafungen in Kauf nehmen oder daß man die Schüler am Ende des Jahres einfach durchfallen läßt? Denn es gibt hier Schüler, die glauben, daß es genügt, einfach zum Unterricht zu kommen, um am Ende des Schuljahres das Ziel zu erreichen. Die würden es auch noch für richtig heißen, wenn sie am Ende des Jahres erfolgreich abschließen, ohne überhaupt zum Unterricht zu kommen. Einige sind davon überzeugt, daß sie ihr Leben lang ein Schuljahr wiederholen können oder es auch weiterhin so läuft wie in diesem Jahr, wo die Regierung eine automatische Versetzung angeordnet hat; sonst wären einige nämlich nicht weitergekommen. Einige sind in die nächste Klasse gekommen ohne jegliche Kenntnisse. Sie haben inzwischen auch nichts nachgeholt, die werden dieses Jahr alle hängenbleiben. Sie werden alle, alle durchfallen. Manchmal frage ich meine Schüler, was ist dir am liebsten: ab und zu ein paar Schläge mit dem Lineal oder am Ende des Jahres durchfallen? Und sie antworten alle: bestrafen Sie mich lieber! Und das sagen sie sehr oft; ich selbst habe keine Freude daran, die Schüler zu bestrafen, ganz im Gegenteil. Ich bin sogar davon überzeugt, daß ich mehr darunter leide als der bestrafte Schüler. Meine Haltung ist die eines Vaters. Der Vater bestraft die Kinder normalerweise nicht, und wenn er sie doch bestraft, tut er dies etwa aus Haß? Oder weil er ihnen etwas Schlechtes antun will oder wünscht? Nein, er will sie doch nur auf einen guten Weg bringen. Ein Schulmeister hat für mich schon eine Vatermission. Aber jetzt was anderes: die Regelungen dieser Schule werden so bleiben, wie sie jetzt sind. Und wer nicht einverstanden und nicht zufrieden ist, der braucht ja nicht hierherzukommen. Niemand ist verpflichtet, zu uns zu kommen, wer nicht einverstanden ist, soll gleich morgen zu Hause bleiben. Ich bin seit 21 Jahren Direktor dieses Internats, und ich habe nie einen Schüler eingeladen hierherzukommen. Wer mit unserer Schule nicht zufrieden ist, kann gleich morgen schon zu Hause bleiben, gleich morgen!

Schüler: Warum können wir Schüler, während wir Hausaufgaben machen müssen, nicht miteinander reden? Während dieser Zeit gibt es immer eine Person, die aufpaßt, daß wir nicht über unsere Studienprobleme reden, wir dürfen das nur mit dem Direktor oder den Lehrern klären, warum nicht auch unter uns? Wenn wir doch zusammen sprechen, dann gibt es Strafen wie in der Ecke stehen oder auf den Knien hocken.

D.: Nein, nein, das ist nie passiert!

S.: Sicher ist das schon passiert! (Die Schüler stimmen dem zu, Applaus)

D.: Die Dozenten dieser Schule haben ein Hauptziel, diese Schüler zu aufrichtigen Männern für die Zukunft zu erziehen. Das ist bei uns schon Tradition. Auch Lehrer von den staatlichen Gymnasien haben schon öffentlich festgestellt, daß unsere Schüler am besten auf die Prüfungen vorbereitet wären. Ich habe da meinen gewissen Stolz, aber es stimmt ja tatsächlich. Es gab schon Eltern, die ihre Kinder von einem anderen Gymnasium hierher gebracht haben, da sie dort Schwierigkeiten hatten. Die Eltern waren froh, daß ihre Kinder hier endlich einmal etwas Richtiges lernen. Ist der Jorge da? Kannst du meine Behauptungen widerlegen?

Jorge: Nein, nein, natürlich nicht!

D.: Für einige Schüler wäre es ideal, wenn sie sich keine Mühe geben brauchten, keine Opfer bringen müßten, nichts arbeiten müßten, nicht früh aufstehen müßten; das wäre ihr Ideal, weil sie keine Arbeitsfähigkeiten haben. Und unsere Aufgabe ist es, sie dazu zu zwingen, diese Arbeitsfähigkeiten zu erwerben, damit sie sich später im Leben erfolgreich durchboxen können. Das ist die große Mission der Erzieher, die Schüler aufs Leben vorzubereiten. Heute verstehen die Schüler das noch nicht, aber wenn sie groß sind, werden sie uns recht geben, daß wir sie dazu gezwungen haben.

S.: Ist das wahr, daß es im Internat verboten ist, mit Mädchen zusammenzusein?

D.: Ist verboten? Es ist verboten, die Mädchen zu mißbrauchen! Es ist auch verboten, in entfernt gelegenen Gärten mit Mädchen spazierenzugehen, aber mit ihnen vor der Schule spazierenzugehen, ist meines Wissens nicht verboten. Wenn du mit den Regeln dieser Schule nicht einverstanden bist, dann brauchst du ja morgen nicht mehr zu kommen.

S.: Ich will aber kommen, ich will ja noch etwas werden und einen Beruf erlernen! Ich bin nur nicht mit den Regelungen dieser Schule einverstanden.

D.: Bist du der Direktor dieser Schule oder ich? Du hast doch keinerlei Macht, um hier neue Regeln einzuführen. Wenn du zufrieden bist, kommst du weiterhin, wenn nicht, dann gehst du eben woanders hin.

S.: Ich will ja hier keine neuen Regeln erzwingen, aber ich will schließlich meine Meinung sagen können.

D.: Deine Meinung ist doch nichts weiter als deine Meinung.

Gespräch mit Schülern außerhalb der Versammlung.

Mädchen: Der Direktor kann die Ideen der Jugend einfach nicht verstehen, vielleicht, weil er schon zu alt ist. Unser Physiklehrer erklärt eine Sache sechs- bis siebenmal, und wir verstehen es eben immer noch nicht. Ich finde, man sollte neue Lehrer holen.

Reporter: Wie ist denn euer Verhältnis zu den Jungens?

M.: Wenn einer von uns aus einer Klausur kommt und auf dem Flur mit den anderen über die Ergebnisse sprechen will, dann ist das verboten. Wenn einige Lehrer vorbeikommen, geht das gerade noch, aber wenn wir nur den Schatten des Direktors spüren, dann springen wir sofort auseinander. Einfach aus Angst, daß er uns beim Reden miteinander erwischt und uns gleich bestraft.

R.: Man hat mir über euren Schulausflug erzählt, was war da los?

M.: Ja, wir sind in einem Bus gewesen, und die Sache ist im Bus der Jungens passiert. Als ihr Bus durch Santa Comba Dão (Geburtsort von Salazar) fuhr, schrie der Direktor: «Viva Salazar, viva Salazar!» Die Jungs im Bus haben nicht mitgemacht, sondern protestiert.

Junge: Dazu hat der Direktor noch unmögliche Sachen über die Streitkräfte erzählt. Die Militärs würden sich hinter dem Begriff Demokratie verstecken und sich jetzt für die Helden halten. Zwischendurch rief er dann wieder: «Viva Salazar!» Er wollte uns dazu zwingen, daß wir Salazar beklatschen. Wir aber haben «Avante camarada», ein Kampflied, das oft auf Versammlungen der PC gesungen wird, gesungen, der Direktor hat uns fast aufgefressen, er hat es wohl bloß nicht gemacht, weil er es nicht geschafft hätte.

Junge: Wir haben dann mit ihm diskutiert, und er hat den Kommunismus schwer angegriffen. Einer von uns fragte ihn: «Wie erklären Sie sich, daß die PIDE so viele Kommunisten getötet hat, zum Beispiel die Catarina Eufémia?» (eine Landarbeiterin aus dem Alentejo, sie führte 1954 eine Hungerdemonstration an. Die GNR-Polizei eröffnete das Feuer auf die Schwangere.) Er meinte dann nur, Catarina Eufémia sei ja auch eine Prostituierte gewesen.

Die LUAR in Trás-os-Montes

Zwei Wochen vor den Wahlen zur Verfassunggebenden Versammlung vom April 1975 veranstaltete eine Gruppe, die sich selbst nicht zur Wahl stellte, die LUAR, in Cachão eine Diskussion. Cachão liegt in der Provinz Trás-os-Montes (Hinter den Bergen), ganz im Norden Portugals. Diese Provinz gilt als die ärmste und rückständigste des Landes. Der Ort Cachão bildete eine Ausnahme, weil hier ein agrar-industrieller Komplex zur Verarbeitung von Landwirtschafts-Produkten errichtet worden war. Der Komplex war von reichen Grundbesitzern und Zwischenhändlern errichtet worden, die gute Beziehungen zum alten Regime hatten und bei ihrem Projekt mit Staatsgeldern unterstützt worden waren. Die rückständige Landwirtschaftsstruktur der Umgebung konnte

Ein Holzschnitt: Catarina Eufemia.

jedoch die Produktionskapazitäten des Komplexes nicht ausfüllen. Nur 30 Prozent der Kapazität waren – auch wegen mangelhafter Organisation – ausgelastet. Das Prestigeobjekt der Anlage, ein Schlachthof, war noch nie in Gang gesetzt worden.

Die Anlage beschäftigte 800 Arbeiter, die in einer ghettoähnlichen Barackensiedlung wohnten, durch eine Mauer von der Außenwelt abgetrennt. Nach dem 25. April wählte die Belegschaft eine Arbeiterkommission.

An der Veranstaltung der LUAR nahmen deren Mitglieder Camilo Mortágua und José Pulido Valente sowie der Sänger Francisco Fanhais teil, der einige der bekanntesten Lieder nach dem 25. April verfaßt hatte.

José Pulido Valente: Als ich heute diesen Komplex besucht habe, war ich entsetzt, entsetzt als Techniker. Wir alle waren sehr bestürzt, als wir die vielen Fabriken gesehen haben, die alle stillstehen und in die Millionen von DM umsonst investiert wurden. Die Verantwortlichen haben dort auf unvorstellbare Weise staatliche Gelder verschwendet. Sie haben etwas aufgebaut, was mit der Struktur unseres Landes und besonders dieser Region nur sehr wenig zu tun hat. Wir brauchen nur den Schlachthof anzusehen; wenn er fertig wäre, könnte man 200 Schafe pro Stunde töten. Ich frage mich nur, wo in Portugal können wir so viele Schafe zusammenkriegen, um diesen Schlachthof über das ganze Jahr hinweg voll auszunutzen? Egal wie man dazu steht, der 25. April war keine Revolution, es war zwar ein Wechsel, eine Erschütterung, aber keine

Revolution. Es hat sich sehr wenig geändert; besonders erschrocken war ich, als ich in Porto hörte, daß der Staat nach dem 25. April einen sehr reaktionären Mann für die Verwaltungskommission von Cachão ernannt hatte: den Ingenieur Paulo Valadas. Daraufhin habe ich mit verschiedenen verantwortlichen Personen, auch mit Leuten von den Parteien, darüber gesprochen, um ihnen klarzumachen, daß dies die falsche Person für Cachão ist. Alle haben es ignoriert, inzwischen aber hat es sich bestätigt, und er wurde entlassen. Dieser Ingenieur hatte schon vor dem 25. April sein Leben lang nur die Arbeiter ausgebeutet. Er hat mit Grund und Boden spekuliert, hat landwirtschaftlich genutzten Boden gekauft, um dort Siedlungen zu bauen und um die Wohnungen dann zu verkaufen. Er baute Siedlungen, dachte aber nicht daran, Straßen und Abwässerkanäle zu bauen, fließendes Wasser fehlte auch. Diese Probleme überließ er dann den Leuten, sie mußten alleine damit fertigwerden. Er baute Häuser für 100 Leute, später wohnten dort aber 1000, und entsprechend hoch war auch sein Verdienst dabei. Solche Leute waren kein Einzelfall, nach dem 25. April wurden noch andere ernannt. Das zeigt eben, daß die faschistische Maschinerie noch ziemlich intakt ist. Die Reaktion sitzt immer noch im Land; es muß noch viel gesäubert werden, das müssen *wir* aber machen und nicht die MFA oder die Parteien für uns. Die Reaktion versucht, die alten Strukturen aufrechtzuerhalten und ihre Positionen zu behalten. Diese Tatsachen sind um so ernster, als man gesehen hat, daß keine der Regierungen nach dem 25. April wirklich den Mut hatte, eine echte Säuberung in diesem Land durchzuführen. Wir können einfach nicht mit denselben Institutionen weitermachen, in denen noch die alten Leute sitzen, die nach zehn, zwanzig, dreißig Jahren Arbeit für die Faschisten einfach kaputte Menschen sind. Wir können nur mit anderen Leuten vorwärtsgehen, und zwar mit den einfachen Leuten, mit den Armen, mit den Leuten, die sie früher den Mob genannt haben, mit Leuten, die nichts besitzen, die ganz unten sind, nur mit ihnen können wir ein neues Land aufbauen. Die alten Strukturen müssen verändert werden, es langt nicht, wenn man nur andere Leute da reinsetzt, die kein Interesse an Veränderungen haben. Wir müssen durchschauen, was für Leute sich hinter den Parteiabzeichen verstecken. Leute, die nach dem 25. April nur zu ihrem Schutz in die politischen Parteien gegangen sind. Wir müssen unterscheiden zwischen echten und nicht echten Demokraten. Wir wollen keine Opportunisten mit dem Abzeichen dieser oder jener Partei; das Volk hat einfach kein Fleisch mehr, um es diesen Haien zum Fraß zu geben. Das Volk muß die Bürokraten in den staatlichen Ämtern zwingen, endlich mal etwas für das Volk zu tun und die Tatsachen offen auf den Tisch zu legen. Es passiert immer noch, daß man bei den Ämtern auf den nächsten Tag verwiesen wird, obwohl man oft von sehr weit herkommt. Wir wissen genau, daß dies sehr oft Ausreden sind, weil der Beamte gerade noch die Zeitung lesen will, schlechte Laune hat oder irgend so ein familiäres Problem lösen muß. Sie müssen den Leuten einfach klarmachen, daß sie unsere Beamten sind, für uns da sind und nicht umgekehrt, sich wie Bosse verhalten und uns Befehle erteilen ...

Camilo Mortágua: Die CDS ist eine Partei aus der Zeit des Faschismus, die noch viel Dreck an den Händen hat, eine Partei, die von Kapitalisten organisiert ist. Die CDS wurde gegründet, um gegen die Demokratie zu kämpfen, um alles rückgängig zu machen und um die alten Zustände von vor dem 25. April wiederzuerlangen. Jeder Arbeiter, der in diese Partei eintritt, ist ein Verräter seiner Klasse und an sich selbst. Ich weiß, daß es Arbeiter gibt, die in die CDS reingegangen sind, weil ihnen vieles versprochen worden ist. Die Versprechungen wurden aber nur gemacht, um die Arbeiter für sich zu gewinnen. Denn sie brauchen die Arbeiter zum Plakatekleben, um Wände mit Inschriften zu bemalen, weil sie niemand haben, der so was macht. Die Mitglieder der Partei haben Angst, das selbst zu machen. Wir haben die CDS eine faschistische Partei genannt, das ist die Wahrheit. Wir sprachen davon, daß die CDS mit dem alten faschistischen Regime verbunden ist, das ist auch wahr. Wir sprachen von der CDS als einer Partei, die die Hände mit im Spiel hatte am 28. September 74 und am 11. März 75. Wir haben Beweise dafür, das ist auch die Wahrheit. Aber die CDS ist nicht die einzige kapitalistische Partei. Wie kann man so viele Leute betrügen, wenn man von Demokratie spricht? Was ist Freiheit, Freiheit für wen und Freiheit von was? Freiheit bedeutet für uns, in der Fabrik nicht so beobachtet und kontrolliert zu werden, wie früher ein Antifaschist von der PIDE beobachtet und kontrolliert wurde. Die Repression findet nicht nur auf der Straße, sondern in den Häusern und in den Fabriken statt. Denn es gibt noch sehr viele Leute, die sich angewöhnt haben, andere Leute zu bespitzeln, was sie jetzt nicht mehr ablegen können. Sie werden das, zumindest unbewußt, auch weiterhin tun ... Die Parteien, die sich «popular» und «democrático» nennen, die haben das Kapital der Industrie, deren Mitglieder sind die Bosse, die Großgrundbesitzer, die Rechtsanwälte, die Doktoren und all die Individuen, die 15-, 20-, 50mal mehr verdienen als ein einfacher Arbeiter. Wie können sich diese Herren «popular» und «democratico» nennen? Wenn uns jemand auffordert, in diese oder jene Partei zu kommen, so müssen wir nicht nur darauf achten, was er sagt, sondern was er ist. Was steht hinter dieser Person, was macht die Person, wovon lebt diese Person? Wenn wir darauf eine Antwort bekommen, dann wissen wir schon, ob uns diese Partei interessiert oder nicht. Zum Beispiel ein Arzt verdient im Durchschnitt 4000 bis 8000 DM im Monat, für eine Behandlung verlangt er zwischen 30 und 400 DM, je nach Entfernung. Oft weigert er sich sogar, für diesen Preis einen Kranken zu besuchen. Wie kann so ein Arzt oder Rechtsanwalt mit solch einem Verdienst behaupten, er wäre ein Demokrat oder ein Sozialist? Jeder Arzt kann nur soviel Geld verdienen, weil noch kein richtiges Krankenkassensystem aufgebaut worden ist; weil in den «casas do povo» ein Landarbeiter stundenlang stehen muß, nur um für den Arztbesuch eine Nummer zu bekommen. Unter diesen schlechten Bedingungen und besonders in Notfällen sind die Kranken aus ihrer Verzweiflung heraus natürlich bereit, dem Arzt soviel zu bezahlen. In solchen Fällen verpfänden die Leute alles, sogar die Unterhosen, nur damit sie der Arzt empfängt. Jetzt frage ich Sie also: dieser Mann, der einfach auf Kosten der Armut des Volkes lebt, der die Situation ausnützt, daß das Krankenkassensystem noch nicht richtig aufgebaut ist, daß die «casas do povo» nicht gut funktionieren, der einfach alles ausnützt, was der Faschismus hinterlassen hat, um selbst noch besser zu leben, kann dieser Mann ein Demokrat sein, ein Sozialist sein?

Publikum (Rufe, Applaus): «Nein, das kann nicht sein.»

«Tod der PPD!»

«Tod dem Kommunismus!»

Camilo Mortágua: Wir sind nicht hierher gekommen, um irgend jemandem den Tod zu erklären, sondern um zu diskutieren und aufzuklären.

1. *Mann:* Ich bin ein Sympathisant der PPD, und wenn das so ist, dann bin ich wohl der erste, der geopfert wird.

2. *Mann:* Ich bin von der kommunistischen Partei, ich will hier auch sprechen.

Camilo Mortágua: Ich bin nicht für die Rufe hier verantwortlich.

1. *Mann:* Wenn der PPD der Tod angesagt wird, dann werde ich wohl auch ans Kreuz geschlagen. Ich bin für alle Parteien, ich gehe in keine Partei, ich bin nur gegen die Diktatur.

(Unruhe)

3. *Mann:* Wir sind bewußte Leute! Egal ob PC, PS oder PPD, wir müssen die verschiedenen Meinungen anhören. Wer das nicht will, soll gefälligst rausgehen.

Klatschen. Ein Mann will von Camilo Mortágua die Erlaubnis, sprechen zu können.

Camilo Mortágua: Ich bin hier nicht die Autorität. Ich bin hier, um mit euch zu diskutieren.

Mann: Camilo Mortágua, Camilo Mortágua, ich will reden, ich will reden!

Camilo Mortágua geht nicht darauf ein. Der Mann fängt auch nicht an zu reden, obwohl er reden könnte, denn niemand anderes spricht.

Francisco Fanhais: Es ist doch ganz natürlich, daß hier verschiedene Meinungen aufkommen. Das war doch zu erwarten, und das ist sogar gut so, sonst hätten wir uns ja nicht treffen brauchen. Wir sind doch da, um mit euch zu reden. Aber wir sollten uns jetzt nicht spalten, auseinanderdividieren, sondern wir sollten uns verständigen und in Ruhe unsere Meinungen austauschen. Vielleicht spricht jetzt Camilo erst zu Ende, und dann können sich alle per Handzeichen zu Wort melden. In der Reihenfolge wie ihr die Hände hochhebt, sprecht ihr dann auch, ganz in

Ruhe und mit Gelassenheit.

Applaus.

Camilo Mortágua: Ich bin mit den Rufen von vorhin nicht einverstanden, weder mit dem einen, noch mit dem anderen.

Klatschen.

Stimme: Ja, aber die sind doch verantwortlich für das, was hier geschehen ist, weil sie die Leute aufgehetzt haben . . .

Camilo Mortágua: Es ist falsch, in eine Partei zu gehen, nur weil Herr X oder Dr. Y dort drin ist. Vor der Wahl einer Partei muß man sich die Frage stellen, wer hat dieselben Interessen wie ich? Wer lebt wirklich von seinem Lohn, wer verhungert, wenn er keine Arbeit hat? Und dann muß man sich fragen, in welcher der Parteien ist die Mehrzahl der Leute Arbeiter. Ein Arbeiter kann nicht in eine Partei gehen, die sich in der Mehrheit aus Bossen zusammensetzt. Und diese Probleme kann man nicht lösen, indem man sagt, Tod dieser oder jener Partei. Und wenn ein Arbeiter in einer falschen Partei ist, dann können wir das nicht von vornherein übelnehmen; denn wenn wir alle schon so aufgeklärt wären, wäre der Faschismus nicht 50 Jahre lang an der Macht geblieben und hätte uns nicht so kaputtgemacht. Der Faschismus konnte sich nur so lange an der Macht halten, weil er uns unfähig gemacht hat, richtig zu wählen. Deswegen ist es auch kein Verbrechen, wenn man jetzt schlecht gewählt hat. Aber wenn wir schlecht gewählt haben, müssen wir später auch den Mut haben zuzugeben, daß wir betrogen worden sind. Warum wechseln gerade in letzter Zeit viele Leute von einer Partei zur anderen Partei über, von der PC zur PS oder umgekehrt? Warum passiert das so oft? Weil das eben wie in einer Ehe ist, ohne vorher befreundet gewesen zu sein, ohne voreheliche Erfahrungen. Wir wissen genau, daß, wenn wir heiraten, ohne vorher befreundet zu sein, ohne sich gut zu kennen, daß die Ehe dann bestimmt schiefgeht. In der Politik ist es genauso wie im Leben: man sollte sich gut kennen, lange befreundet sein, vielleicht sogar ein paar Experimente machen, bevor man sich entscheidet, zu heiraten oder nicht. Beim Fußball ist das anders, der eine ist bei Benfica, der andere bei Sporting; wenn sie über Fußball sprechen, bekommen sie sich bestimmt in die Haare, werden vielleicht sogar handgreiflich. Das kann ich verstehen. Denn es gibt einfach keine Lösung des Problems, welcher Verein der beste ist. Aber in der Politik ist das anders, man ist nicht einfach nur so in einer Partei, vielleicht der Farbe wegen: schwarz, rot oder gelb. Man geht erst in eine Partei, wenn man alles gut studiert und überlegt hat, was die vertreten, was sie wollen und so weiter. Und wenn ich dann reingehe, weiß ich ganz genau, daß das die einzige Partei ist, die mich interessiert. Aber wir dürfen auch nicht in eine Partei gehen, nur weil sie momentan unsere Interessen am besten vertritt. Wir dürfen erst dann in eine Partei gehen, wenn wir wissen, daß sie die Interessen der Klasse, zu der wir gehören, am besten verteidigt. Wir müssen uns die Frage stellen, welche Partei vertritt die Interessen unserer Arbeitskollegen am besten, und nicht nur unser individuelles Interesse. Wir dürfen in solchen Sachen nicht individuell denken. Wenn wir so denken würden, würden wir dasselbe machen wie die Leute von der ANP im Faschismus (Acção Nacional Popular, Staats-Partei Caetanos, Anm. d. Hrsg.). Die Leute, die in die ANP eintraten, haben das nur getan, weil es für sie individuell günstig war. Entweder suchten sie so einen Posten oder so etwas wie Schutz. Aber wir suchen doch keinen individuellen Schutz, sondern einen kollektiven Schutz für unsere Klasse. Ich höre jetzt auf, ich komme mir schon wie ein Schulmeister vor, und das mag ich nicht.

Diskussion.

Frage: Warum nimmt die LUAR nicht an den Wahlen teil?

Camilo Mortágua: Die Wahlen werden nichts nützen, sie werden höchstens den Leuten beibringen, wie sie zu dem Wahllokal laufen sollen. Diese Wahlen sind eine reine Übung, sogar die Verantwortlichen der Regierung meinten, es sei nur eine große Wahlübung. Zuerst einmal müssen wir zugeben, daß unser Volk innerhalb von einem Jahr noch nicht lernen konnte, was Demokratie nach 48 Jahren Faschismus ist. Den Beweis haben wir heute in diesem Saal geliefert, wir können nicht miteinander diskutieren, andere Meinungen hören, ohne uns dabei aufzuregen. Wir wissen auch, auf welche Art und mit welchen Methoden, durch welche Individuen und durch welche Druckmittel die Stimmen zusammengetrieben werden. Solche Stimmen können keine bewußten und verantwortlichen Stimmen sein. Man versucht, in den Dörfern die Bonzen und die einflußreichen Leute für bestimmte Parteien zu gewinnen, mit der festen Überzeugung, daß alle Leute, auf die diese Personen Einfluß haben oder die von ihnen abhängig sind, auch für dieselben Parteien stimmen werden. So wird vorgegangen! Es ist überall noch üblich, daß die einfachen Leute zu den Bonzen gehen, zu dem Arzt zum Beispiel, und fragen, welche Partei sie wählen sollen. Die Partei, die der Arzt dann empfiehlt, wird auch gewählt. Unter solchen Umständen zu wählen bedeutet, anderen die Vollmacht zu geben, uns später als Schafe dahin führen zu können, wo sie hinwollen. Wir sind der Meinung, daß die verschiedenen politischen Organisationen mindestens für 1 bis 2 Jahre als Volksschulen der Politik beauftragt werden müßten, um von Dorf zu Dorf, von Fabrik zu Fabrik zu gehen, um die Leute aufzuklären. Sie müßten zuerst als Volksschule der Politik fungieren, um den Leuten das ABC der Politik überhaupt erst einmal beizubringen. Erst später könnte man dann zu den politischen Parteien, zu den Wahlen übergehen; das entspräche aber schon dem entwickeltsten Stadium der Universität für Politik. Aber im Moment sind wir ja noch auf der Volksschulebene. Dies ist alles nicht gemacht worden. Aber da die Parteien geschaffen wurden, um Wahlen zu gewinnen, müssen sie diese auch gewinnen, koste es was es wolle. Sie müssen dann die Stimmen zusammentreiben und sogar kaufen, um die Wahlen zu gewinnen, mit welchen Methoden auch immer. Die kurze Zeit einer Wahlkampagne ist absolut unzureichend, um die Leute aufzuklären, deshalb müssen die Parteien auch solche Manipulationen anwenden, um die Wahlen zu gewinnen. Die Stimmen, mit denen sie dann gewinnen werden, sind ganz offensichtlich keine bewußten Stimmen. Es gibt Dörfer, wo bestimmte Parteien hinkommen und ständig davon reden, daß das Volk noch nicht aufgeklärt sei, aber am Ende der Veranstaltung werden den Anwesenden Formulare ausgeteilt für den Eintritt in ihre Partei. Die Leute werden praktisch aufgefordert einzutreten; die Parteivertreter ziehen dann wieder ab mit einer Tasche voll neuen Eintrittserklärungen. Wie kann ein Volk noch nicht genügend aufgeklärt sein und doch so aufgeklärt, um die Beitritterklärungen zu unterschreiben? Das zeigt doch nur zu deutlich, was die Parteien eigentlich wollen. Sie wollen nur Stimmen zusammentreiben, egal, ob es bewußte Stimmen sind oder nicht. Deswegen sagen wir ja, daß die Wahlen eine Farce sind.

Mann: Ich spreche hier als militantes Mitglied der PPD seit vier Tagen. Ich danke für die Anwesenheit dieser Herren von der LUAR. Ich appelliere an alle Arbeiter, sich nicht an den Farben der Parteien zu orientieren. Wir sollen alle nur an den historischen Moment denken, den unser Land zur Zeit durchmacht. Wir alle, aufrechte und bewußte Leute, müssen uns vereinigen, unabhängig von unseren Berufen und Klassen. Wir müssen die Spaltung unter den Arbeitern verhindern. In unserer Gegen ist das noch nicht geschehen, deshalb gratuliere ich der LUAR für ihre Anwesenheit. Bitte ein Applaus für die LUAR . . .

Klatschen.

. . . Es leben alle Parteien! Nur durch die Arbeit der Männer in der Verfassunggebenden Versammlung können wir auf eine Demokratie hoffen in Portugal, auf ein freies unabhängiges Portugal. Es lebe Portugal, es lebe das freie und unabhängige Portugal, es lebe die LUAR! . . .

Leute: Es lebe, es lebe!

. . . Im Namen der PPD begrüße ich alle Anwesenden, auch die von anderen Parteien. Ich appelliere an sie, in mir nicht einen PPD-Mann zu sehen, sondern einen Freund . . .

Klatschen.

. . . Ich freue mich sehr, unseren Freund und Genossen Francisco Fanhais kennengelernt zu haben. Obwohl die PPD als eine bürgerliche Partei betrachtet wird, sagt sie, daß wenn die Leute von der LUAR nichts dagegen haben, dann können wir ja zusammen ein, zwei Flaschen Whiskey trinken, und wir werden ihnen auch noch was schenken. Ich danke nochmals für die Anwesenheit der LUAR und den Vertretern anderer Parteien, es lebe Portugal! Raus mit dem Faschismus! Raus mit dem Imperialismus.

Großer Applaus.

Camilo Mortágua: Für uns sind nur die Geschenke annehmbar, die von Arbeitern kommen und nicht von irgendeiner politischen Partei. Wenn Sie als Arbeiter meinen, daß wir gemeinsam einen trinken sollten, dann gut, aber nicht als Mitglied von einer Partei.

Zögerndes Klatschen.

Francisco Fanhais: Ich spreche jetzt für mich und nicht für die anderen LUAR-Genossen: für mich war Whiskey noch nie das Getränk der Arbeiter!

Klatschen.

Rufe: Rotwein sollte man trinken!

PPD-Mann: Das ist richtig, dann trinken wir eben Rotwein.

Applaus.

Leute rufen: Wir wollen das Lied hören: «O que faz falta» («Was uns fehlt»)! Wir wollen, was uns fehlt. Wir wollen, was uns fehlt!

Francisco Fanhais: Was euch fehlt, könnt ihr nicht mit Liedern oder Gesängen erreichen. (Er singt das Lied nicht.)

Gastarbeiter der Multis oder Herr im eigenen Land?

Der Industrialisierungsprozeß begann in Portugal erst spät, in den 50er Jahren, da (der an «bäuerlichen» Werten orientierte) Salazar den zu starken Einfluß des «kapitalistischen Westens» fürchtete. Deshalb hatte Salazar stets eine protektionistische Politik betrieben (deutlich in starker Besteuerung der Einfuhren).

Nach dem Ausbruch der Kolonialkriege Anfang der 60er Jahre mußte er jedoch dem ausländischen Kapital die Tore öffnen, da Portugal sonst mit keiner maßgeblichen militärischen Unterstützung von seiten der westeuropäischen Mächte hätte rechnen können und auch den Kolonialkrieg nicht hätte finanzieren können. Die Auslandsunternehmen ergriffen die Gelegenheit und investierten verstärkt sowohl in Portugal selbst wie auch in den großen und reichen portugiesischen Afrika-Besitzungen. Portugal selbst war an einer schnellen wirtschaftlichen «Entwicklung» dieser Kolonien interessiert, da es hoffte, auf diese Weise den Befreiungsbewegungen den Boden der Revolte zu entziehen.

Die Kolonien waren für die portugiesische Wirtschaft stets ein maßgeblicher Faktor gewesen: als Devisenbringer (alle Exporte der Kolonien liefen über Portugal), als Rohstoff-Lieferant und nicht zuletzt als Absatzmarkt für bestimmte portugiesische Produkte. Die Monopolstellung in den Kolonien bedeutete für die rückständigen und schwerfälligen Kapitalisten und Händler Portugals eine Absicherung für die Zukunft.

Diese Situation veränderte sich nach dem Ausbruch der Kolonialkriege in den 60er Jahren zunehmend. Während der Diktatur Caetanos ab 1968 mußten viele Zollschranken abgebaut werden, die Investitionen in Portugal nahmen zu, immer öfter wurde von einer notwendigen Integration Portugals in den Gemeinsamen Markt gesprochen.

Die Industrialisierung des Landes ging rasch voran und erreichte gegen 1970 einen ersten Höhepunkt: damals hatte das Land bereits Großbetriebe wie die «Lisnave»-Werft, die auch im europäischen Vergleich gut abschnitten. Ein erstes großes Stahlwerk, die «Siderurgia Nacional», ein Zentrum zur Kernenergieforschung, Automontagefabriken, petrochemische Industrien waren entstanden, obwohl sie für die Selbstversorgung noch nicht ausreichten.

Auf wessen Kosten war diese Industrialisierung vorangetrieben worden? Auf Kosten der arbeitenden Bevölkerung insgesamt (die vom faschistischen Staat in Schach gehalten wurde), insbesondere jedoch auf Kosten der Bauern. Die Politik der Regierung zielte ausdrücklich darauf ab, die Löhne niedrig zu halten, indem sie die Preise für Grundnahrungsmittel auf einem niedrigen Niveau hielt. Dies ging auf Kosten der unterbezahlten Landarbeiter und Kleinbauern. (Deshalb die Massenauswanderung der Landbevölkerung ins Ausland.)

Die schnelle Industrialisierung brachte eine extrem starke Konzentration wirtschaftlicher Macht in wenigen Händen mit sich. Einige Banken kontrollierten fast die gesamte Wirtschaft, wobei die meisten dieser Banken in der Hand einer oder weniger Familien waren. Der Industrielle Champalimaud (Besitzer unter anderem der Stahl- und Zementfabriken) stand auf der Liste der reichsten Männer Westeuropas unter den ersten Zehn. Die Gruppe CUF, der größte portugiesische Konzern (Privatbesitz der Familie Melo, inzwischen verstaatlicht) zählte zu den größten Konzernen der Welt. 1969 besaßen 168 Unternehmen (die oft nur formal einzelne Unternehmen, also in Wirklichkeit noch weniger waren) über die Hälfte des gesamten Stammkapitals. Sie gehörten zu den knapp zweihundert Unternehmen, die mehr als 500 Beschäftigte hatten. Auf der anderen Seite beschäftigten 7700 Unternehmen weniger als fünf Personen.

Diese Machtkonzentration drückte sich auch geographisch aus: im Großraum Lissabon wurden 35 % der Industriegüter produziert, zählt man die 40 km südlich gelegene Region der Stadt Setúbal hinzu, sind es 54, mit Porto im Norden 65 %.

Die verarbeitende Industrie erwirtschaftete 1970 den größten Anteil des Bruttosozialproduktes: rund 40 %, das heißt doppelt soviel wie die Landwirtschaft oder genausoviel wie alle Dienstleistungen zusammen. Innerhalb der verarbeitenden Industrie erwirtschafteten die Metallindustrie und der Maschinenbau den größten Anteil am Bruttosozialprodukt, gefolgt von der Textil-, der Schuh- und der Chemieindustrie. Ein Arbeiter in diesen Industrien erwirtschaftete soviel wie drei Beschäftigte der Landwirtschaft.

In der Metallindustrie und im Maschinenbau betrug die Auslandsbeteiligung ca. 60 %, in der Gummiindustrie waren es 72 %, in der sonstigen chemischen Industrie 48 %.

Die Wirtschaftsinteressen der USA in Portugal direkt waren gering, rund 50 Millionen Dollar, wovon das meiste auf Investitionen der ITT entfiel. Bedeutender waren die US-Investitionen in den damaligen portugiesischen Afrika-Besitzungen, insbesondere in der zu Angola gehörenden Enklave Cabinda, in der die US-Firma Gulf-Oil investiert hatte. Aber auch die westeuropäischen Länder hatten in den einstigen Afrika-Kolonien riesige Summen investiert, darunter Krupp im Süden Angolas.

Die größten Auslandsinvestitionen in Portugal selbst kamen aus England, dem ältesten Verbündeten. Die grünen Leyland-Doppeldeckerbusse in Lissabon und die roten englischen Telefonhäuschen zeugen davon. Das englische Kapital in Portugal belief sich auf etwa zwei Milliarden US-Dollar. 70 % der Welt-Korkproduktion kommen aus Portugal. Der größte Teil dieser Produktion wurde von zwei englischen Familienunternehmen kontrolliert. Ähnliches galt für die Portweinindustrie.

Über 70% des portugiesischen Handels werden mit den USA und Westeuropa abgewickelt (darunter die größte Import-Menge aus der Bundesrepublik).

Streikexplosion nach dem 25. April 1974

In der ersten Phase nach dem 25. April 1974 wurde auf allen Ebenen gestreikt, besonders in kleinen und mittleren Betrieben. Manche Lohnforderungen gingen weit über 100% hinaus. Die meisten dieser Forderungen wurden akzeptiert. Außerdem wurde eine Reihe anderer Forderungen gestellt, die das Arbeitsleben betrafen, wie kürzere Arbeitszeit, 13. Monatsgehalt, Urlaubsregelung. Das faschistische Regime hatte derartige Forderungen gleich im Keim erstickt. Dazu tauchten in unzähligen Betrieben Forderungen nach Säuberungsaktionen auf. Viele Arbeitgeber, leitende Angestellte und Verwaltungsbedienstete hatten entweder mit der Geheimpolizei zusammengearbeitet oder waren offensichtlich korrupt. In einigen Betrieben, besonders in Großbetrieben, wurde sogar ausschließlich dafür gestreikt. Allerdings mit wenig Erfolg, weshalb dieser Kampf permanent weiterging.

Die erste provisorische Regierung verabschiedete daraufhin auch mit Unterstützung der PCP ein «Anti-Streikgesetz», nach dem unter anderem Fabrikbesetzungen und Streiks aus politischen Gründen verboten wurden. Der Vergleich mit dem Streikgesetz der ersten, vom liberalen Bürgertum geprägten Republik 1910 ist aufschlußreich:

1910:

In einer Reihe der wichtigsten Industrie-Branchen verlangte man vor jedem Streik eine Vorwarnung von 8–12 Tagen. Bei Nichtbeachtung dieser Bestimmung konnten den Arbeitern hohe Geldstrafen auferlegt werden. Die Delegierten der Arbeiter mußten den Behörden und Unternehmern die Gründe und Ziele des Streiks mitteilen. Die Arbeiter mußten schriftlich ihre Einwilligung zum Streik erklären.

- Arbeiter, die Streikbrecher behinderten, konnten zu sechs Monaten Gefängnis und zu einer Geldstrafe verurteilt werden.
- Die Arbeitgeber hatten das Recht auf Aussperrung als Antwort auf einen Streik.
- Beamten wurde unter Androhung von Entlassung das Streikrecht überhaupt verwehrt.

1974:

Vor Ablauf des Tarifvertrages sind Streiks verboten. Bevor der Streik ausgerufen wird, muß eine Frist von 30 Tagen eingehalten werden, um einen Vergleich mit dem Arbeitgeber zu versuchen. Dazu ist es notwendig, daß die Forderungen schriftlich, vom Gewerkschaftsvorstand unterschrieben, dem Unternehmer vorgelegt werden. Zwischen Streikbeschluß und Streikbeginn muß mindestens eine Woche verstreichen, bzw.

mindestens eine Frist von 10 Tagen bei Betrieben, die für das Funktionieren des öffentlichen Lebens notwendig sind. Dem Arbeitsministerium muß eine Liste mit Namen und Personalien der Mitglieder der Streikkommission vorgelegt werden.

Dieses Anti-Streik-Gesetz wurde von den Arbeitern ignoriert, auch von der großen Masse der Intersindical- und PCP-Mitglieder, obwohl die PCP sich damals gegen die Streiks stellte und sie mit allen Mitteln zu verhindern suchte. Ihre Verankerung in der Arbeiterklasse gab ihr das Gewicht, um der ersten provisorischen Regierung und der MFA klarzumachen, daß ohne sie das Land nicht zu regieren sei.

Für die Politiker, die übrigens wieder zum großen Teil aus Rechtsanwälten, Universitätsprofessoren, Technokraten bestanden, stand der wirtschaftliche Aufschwung des Landes im Vordergrund. Der Demokratisierungsprozeß sollte ihrer Auffassung nach hauptsächlich in der Presse, im Rundfunk und Fernsehen, auf dem Gebiet der bürgerlichen Freiheiten stattfinden. Die Produktionsverhältnisse in den Fabriken waren jedoch unverändert geblieben. Für die Arbeiter gab es zunächst nur eine Möglichkeit, sich Gehör zu verschaffen, ihre Forderungen durchzusetzen, bessere Lebensbedingungen zu erkämpfen: Streik.

Die Gewerkschaften und Parteien spielten in dieser Periode eine mehr oder weniger sekundäre Rolle, da sie im allgemeinen schwach organisiert waren und noch keine Massenbasis hatten. Der portugiesische Gewerkschaftsbund Intersindical, der 1970 gegründet worden war, stellte sich sogar gegen viele Arbeiter bei deren Mindestlohnforderung in Höhe von 600 DM – eine Forderung, die von der Intersindical selbst vor dem 25. April aufgestellt worden war. Die Intersindical erklärte, dieser Betrag sei zu hoch. Speziell zu dieser Frage bildeten sich spontane «Arbeiterkommissionen», von Arbeitern in Vollversammlungen gewählte Organe für bestimmte Aufgaben; sie waren die eigentlichen Träger der Streikbewegung.

Diese Streiks wurden bereits damals von Fabrikbesetzungen begleitet. Besetzte Fabriken, diese aktive Form des Streiks, bedeuteten für die Arbeiter die erste Gelegenheit frei zu reden, sich in Aktionen zu politisieren. Eine der ersten Fabriken, die besetzt wurden, war die Schreibmaschinenfabrik Messa im Industriegebiet Mem Martins bei Lissabon. Die Geschäftsführung war ausgesperrt worden. Die von allen Arbeitern gewählte Streikkommission erklärte damals:

Streikkommission: Alle Portugiesen, die unsere Lage kennen, wissen, daß dies ein gerechter Streik ist. Vor allem in unserem Betrieb, wo sehr niedrige Löhne bezahlt werden, war der Streik notwendig, um die Löhne durchzusetzen, die wir verlangen. Wir haben die Fabrik besetzt, und wir gehen nicht einfach nach Hause wie bei einem normalen Streik. Wir halten die Fabrik deshalb besetzt, weil die Verwaltung unsere Forderungen und unsere Rechte ignoriert. Unsere Forderungen sind 600 DM, die 40-Stunden-Woche, ein 13. Monatsgehalt und schließlich die Säuberung von faschistischen Personen. Das sind die wichtigsten Punkte.

Frage: Was halten Sie von der Behauptung der Arbeitgeber, sie seien nicht in der Lage, Ihnen mehr Geld zu geben?

S.: Das ist eine Lüge! Das ist ja ihr Problem, nur sie können es lösen.

F.: Wie ist die Haltung der Streitkräfte gegenüber den Forderungen der Arbeiter?

S.: Die Streitkräfte unterstützen die Forderungen der Arbeiter, da wir ja schließlich 48 Jahre lang versklavt worden sind, was unsere Forderungen heute wirklich rechtfertigt.

F.: Sollten sich die Streitkräfte in diesen gerechten Kampf einmischen? Oder sollten sie neutral bleiben und die Lösung den Arbeitern überlassen?

S.: Sie sollen neutral bleiben und uns allein die Forderungen beim Arbeitgeber durchsetzen lassen.

F.: Wie soll der Streik organisiert werden? Vor dem 25. April gab es nur ein Gebilde aus Minigewerkschaften ohne jeden Zusammenhang, deren Verantwortliche die Bestätigung der faschistischen Regierung brauchten. Diese Gewerkschaft hat jetzt ausgedient, und die Intersindical, im Untergrund entstanden, ist noch nicht überall präsent. Die Aufgabe der Stunde lautet: Selbstorganisation. Wer soll die Organisation übernehmen: die Arbeiter hier, oder die Gewerkschaft?

S.: Ich glaube, wir sollten der Gewerkschaft vertrauen. Aber es steckt ja alles noch in den Anfängen, und sie haben noch keine richtige Verbindung zu uns.

F.: Wer soll in diesem Falle handeln?

S.: In diesem Fall wir. Wir sind neun Leute in der Initiativkommission. Und es gibt dort zwanzig Leute, die mitarbeiten, nicht nur um die Kommission zu entlasten, sondern um die Organisation aufzubauen. Wir geben auch eine Zeitung heraus, in der wir unsere Position erläutern. Darin wurde auch die Problematik unseres Kampfes für andere Betriebe analysiert, denn das ist ein gerechter Kampf, den die Arbeiter überall beginnen müssen. Die Betriebsleitung erkennt unsere gerechten Forderungen nicht an, aber wir müssen weiterkämpfen, damit sie sie anerkennt, ob sie will oder nicht. Sie sollten auch ihre Gründe dafür darlegen, damit wir ihre Argumente kennen. Der von uns ausgelöste Kampf wird sie zwingen, das Problem anzufassen. Was uns im Augenblick fehlt, ist ein anständiger Lebensstandard. Wir gehen davon aus, daß alle Menschen einen bescheidenen Wohlstand haben können. Bis jetzt hatten wir ein elendes Leben, für ein besseres müssen wir weiterkämpfen, für einen Lebensstandard, der für alle gleich ist, allen gleiche Rechte gewährt. Nach einer Studie, die die Gewerkschaft gemacht hat und auf die wir uns jetzt stützen, braucht man für ein normales Leben mindestens 600 DM im Monat. Das heißt also, ein normales – nicht ideales Leben. Die meisten von uns haben bisher wesentlich weniger verdient, der niedrigste Lohn lag bei 200 DM. Was wir brauchen, ist eine Gewerkschaft, die die Interessen der Arbeiter umfassend verteidigt, die keinerlei Bündnis zwischen Unternehmern und Arbeitern schließt. Das ist völlig uninteressant für uns. Jahrzehntelang wurden die Unternehmer von überallher verteidigt. Es ist höchste Zeit, daß jemand wirklich einmal die Interessen der Arbeiter vertritt.

F.: Die konservative Regierung Palma Carlos erwartet von den Linksparteien Verantwortungsbewußtsein, vor allem gegenüber der Streikbewegung. Wie sehen die Arbeiter die Rolle der linken Parteien und der äußersten Linken?

S.: Jeder sollte sich den politischen Weg aussuchen, den er für richtig hält, denn dafür sind wir ja frei. Aber der jetzige Prozeß kann nur dann weitergehen, wenn sich die Arbeiter die bestmöglichen Bedingungen schaffen, um diesen politischen Weg zu bestimmen. Zuerst einmal müssen wir die Interessen der Arbeiter sehen, die ausgebeutet werden, und erst wenn diese Interessen wahrgenommen sind, stellt sich die Frage der politischen Richtung.

Die Zentralen aller politischen Parteien hatten ebenso wie die provisorische Regierung die vom Faschismus ererbte katastrophale Wirtschaftssituation des Landes vor Augen. Zwar verbesserte sich die Situation zunächst durch den Sturz der Diktatur: die Inflationsrate ging zurück, das Einkommen der Arbeiter stieg. Doch Portugal befand sich am Schluß einer Reihe von kapitalistischen Ländern, die von der weltweiten Rezession betroffen waren. Hinzu kam der Boykott durch das westliche Ausland, von dem Portugals Wirtschaft so abhängig war. Kapitalflucht, der Rückgang des Tourismus auf Grund von Hetzkampagnen in der Auslandspresse und der gleichfalls zurückgehende Devisenzufluß von portugiesischen Gastarbeitern im Ausland, Investitionsstop ausländischer Unternehmen, all das machte sich immer drückender bemerkbar. Parteien und Regierung versuchten, dem Problem durch eine Steigerung der Arbeitsleistung zu begegnen. Auch die zweite provisorische Regierung unter dem progressiven MFA-Offizier Vasco Gonçalves rief zur «Produktionsschlacht» auf und organisierte einen Arbeitstag für die Provisorische Regierung. Mit diesen Kampagnen sollten dem Staat Gelder zur Belebung der Wirtschaft zugeführt werden. Insgesamt wurden Spenden in Millionenhöhe an die Regierung übergeben. Gegen diese Politik, die letztlich auch versuchte, die Wirtschaftskrise auf dem Rücken der Arbeiter auszutragen, begannen die fortschrittlichsten Arbeiterkommissionen (vor allem in Großbetrieben) Alternativen zu diskutieren. Die «Timex»-Arbeiter starteten die Kampagne: «Ein Tageslohn für die streikenden Arbeiter».

Schon die ersten Arbeitskämpfe nach dem Sturz des Faschismus, bei denen es scheinbar «nur» um Lohnerhöhungen ging (und die von manchem linken Theoretiker als rein «ökonomistisch» geringschätzig beurteilt wurden), zeigten, daß die Arbeiter der Industriezentren bereit waren, ihre Geschicke selbst in die Hand zu nehmen, nicht nur unter ökonomischen, sondern gleichermaßen unter politischen und kulturellen Aspekten.

In der ITT-Filiale Oliva in der Gegend von Porto war eine der Hauptforderungen die Entlassung («Säuberung») von leitenden Angestellten, die mit dem faschistischen Regime allzusehr kollaboriert hatten:

Frage: Was hat sich für Sie seit dem 25. April geändert?

Antwort: Ja, wir haben schon viel getan, zum Beispiel die Säuberung in den Konzernen. So sind Leute, die als Kollaborateure des faschistischen Regimes identifiziert wurden, sie sind alle, das heißt in einigen Konzernen, von ihren Posten entfernt worden. Auf politischem Gebiet hat man sehr viel Initiative ergriffen und versucht, den Faschismus soweit wie möglich abzubauen, und an diesem Abbau des Faschismus werden wir weiterarbeiten.

F.: Gab es in Ihrem Betrieb Lohnerhöhungen?

A.: Ja, es gab eine allgemeine Lohnerhöhung von 1500 Escudos (150 DM), und man hat so versucht, die Arbeiter zu beruhigen; das heißt, diese Erhöhungen sollten der revolutionären Haltung der Arbeiter den Wind aus den Segeln nehmen.

F.: Die Lohnerhöhungen sind also nicht von den Arbeitern gefordert, sondern spontan gewährt worden?

A.: Ja, sie wurden spontan aus eigener Initiative der Konzerne gegeben. Am Anfang gab es eine Erhöhung, aber die war nicht allgemeingültig und betrug nicht für alle 1500 Escudos. Aber nach einer Woche bekamen alle 1500 Escudos.

Es gibt da noch etwas Interessantes zu berichten. Vor dem 25. April weigerte sich der ITT-Konzern, eine Lohnerhöhung zu geben. Nach dem 25. April gab man sie spontan, das, so glaube ich, muß man wissen, es ist wichtig.

F.: Wie setzt sich in Ihrem Betrieb die Direktion zusammen?

A.: In diesem Augenblick versuchen wir von seiten der Arbeiter aus, die Direktion abzubauen, weil diese Leute die Arbeiter bisher sehr benachteiligt haben. Ich zum Beispiel bin demokratisch gewählter Vertreter der Gewerkschaft der Metallarbeiter des Aveiro-Distrikts. Zusammen mit meinen Kollegen stellen wir gerade Forderungen auf und kämpfen für sie. Und in diesem Augenblick fühlen wir, daß wir sehr viel machen müssen, daß wir zuerst die Arbeiterklasse politisieren müssen, eine Klasse, die seit 48 Jahren unterdrückt war. Man hat sie immer wie eine Sache behandelt, wie Objekte wurden wir manipuliert, von den Kapitalisten wurden wir bestohlen und ausgeplündert, und zwar nicht nur von den portugiesischen, sondern auch von ausländischen Kapitalisten.

F.: Wer sind die ausländischen Kapitalisten, die hier etwas zu sagen haben?

A.: In diesem Augenblick ist es der ITT-Konzern, und unsere Regierung war bei der Ausplünderung immer auf der Seite der Kapitalisten, und die portugiesische Regierung hat uns nicht nur selbst ausgeplündert, sondern sie hat dazu auch noch erlaubt, daß die ausländischen Konzerne uns ausbeuten. Und deshalb muß die Arbeiterklasse zusammenhalten, wir müssen uns unserer selbst bewußt und uns einig sein, denn die Arbeiterklasse ist die stärkste Kraft in jedem Land. Wir alle, die verantwortlich sind, müssen zusammenarbeiten und das Volk politisieren. Denn dieser Augenblick ist sehr wichtig, und es gibt keine Zweifel, das haben der 25. April und der 1. Mai gezeigt, daß wir in Angst gelebt haben, in einem Klima der Unterdrückung. Es gab sehr viele subversive Gruppen, und diese subversive Bewegung war die Triebfeder, die zum Höhepunkt des 25. April geführt hat. Das heißt, die Streitkräfte haben einen Höhepunkt erreicht, und was sie erreicht haben, entsprach dem Wunsch des Volkes, aller Portugiesen und dem Wunsch der Arbeiterklasse.

F.: Haben die Ausländer hier immer noch etwas zu sagen?

A.: Ja, aber man hofft, daß bis zum kommenden Montag alle mit einem Fußtritt herausbefördert sein werden.

F.: Sind sich die Angestellten einig mit den Arbeitern?

A.: Ja, das kann man sagen, ziemlich.

F.: Sind Sie Angestellter?

A.: Ein Teil von uns hier sind Angestellte. Mein Kollege und ich, Gewerkschaftsvertreter auf Arbeiterebene, sind Arbeiter. Wir arbeiten mit Eisen, eine harte Arbeit; wir sind hier eine kompakte Masse, die sich der Lage bewußt ist. Sie können erkennen, was wir jetzt durchmachen, all das: Vernichtung des Faschismus, Umwandlung des Faschismus in eine Demokratie, das ist unsere derzeitige Situation, und auch die Angestellten wissen das und arbeiten mit uns zusammen. Wir versuchen jetzt hier im Konzern eine Säuberung, das hat gestern angefangen. Wir haben Dokumente, Beweise an die Direktion gegeben und warten auf eine Antwort.

F.: Gewisse Leute sagen, daß die Lohnerhöhungen zum jetzigen Zeitpunkt ein Versuch sind, die Wirtschaft Portugals zu zerstören. Was sagen Sie dazu?

A.: Ich glaube, wenn man jetzt eine Gehaltserhöhung gewährt, dann ist das eigentlich keine Gehaltserhöhung, sondern wie in unserem Fall ein politischer Trick, mit dem der ITT-Konzern versucht, die Arbeiterklasse zum Schweigen zu bringen.

F.: Halten Sie internationale Solidarität für notwendig?

A.: Wir brauchen die Erfahrungen aller Arbeiter in allen Ländern, gleich, welche politische Meinung dort herrscht, ob Kommunismus oder etwas anderes. Wir brauchen die Unterstützung von Arbeitern, die gewerkschaftlich organisiert sind, aus den Ländern, die weiter entwickelt sind. Wir brauchen direkte Kontakte, damit wir eine Arbeit leisten können, die die Arbeiterklasse wirklich befreit. Denn es gibt bei uns zwar viele Arbeiter, die schon sehr bewußt sind und Vertreter in den Gewerkschaften sind, aber wir brauchen die Unterstützung aller Arbeiter.

F.: Warum gibt es bei Ihnen einen brasilianischen und nicht einen portugiesischen Direktor?

A.: Das ist auch ein Manöver des ITT-Konzerns, die einen brasilianischen Direktor eingesetzt hat, ohne jemand zu fragen. Die haben den einfach eingesetzt, und als der gestern um 14 Uhr hierherkam, war das eine große Überraschung für uns alle. Überall gibt es diese Manöver des ITT-Konzerns, um uns zu schwächen, uns zu dämpfen, das heißt, um unsere interne Säuberungsaktion zu verhindern. Sie versuchen einen Brasilianer einzustellen, weil es in unserem Land eine Konvention gibt, wonach Brasilianer die gleichen Rechte haben wie Portugiesen. – Sie besitzen einen portugiesischen Paß. – Aber das hat für uns keine Bedeutung. Wir wollen keinen Ausländer. Wir wollen jemand haben, den wir selbst bestimmt haben, damit er uns führt. Wir müssen mitbestimmen, das ist es, was wir wollen. Und was die gemacht haben, ist einfach wieder ein Manöver, indem sie die Konvention des faschistischen Regimes entdeckten, wonach ein Brasilianer kein Ausländer ist. Wir sind jetzt aber in einer Demokratie, und überall, wo es eine Demokratie gibt, geschieht alles nach dem Willen des Volkes.

Die Besetzungen mit dem Versuch, die Produktion weiterzuführen, erreichten im Juni/Juli 1974 einen Höhepunkt, als das Problem der Entlassungen und Kurzarbeit immer mehr in den Vordergrund rückte. Nachdem den ausländischen Unternehmern klar wurde, daß Portugal als Super-Billigland nicht mehr in Frage käme, begannen sie zu überlegen, wie sie ihre Investitionen am besten retten oder mögliche Verluste wettmachen könnten. Massenentlassungen waren die erste Konsequenz. Die Antwort lag in der Besetzung vieler Fabriken unter der Führung von Arbeiterkommissionen, die oft schon kurz nach dem Umsturz gewählt worden waren. In einigen Fällen, in denen die Unternehmer ins Ausland flohen – in einem anderen Fall versuchte der Unternehmer, mit geplatzten Schecks zu bezahlen –, wurde die Arbeit unter eigener Kontrolle weitergeführt. Die Unternehmer ließen nichts unversucht. Sie versuchten zunächst, sich des Streikgesetzes zu bedienen, doch dieses Gesetz wurde von den Arbeitern nicht befolgt, und keine Polizei oder Armee wollte damals für seine Einhaltung sorgen. Andere Unternehmer versuchten, ihre Arbeiter durch Konkursverfahren auszumanövrieren. Doch dieses Mittel war bei Betrieben, in denen Produktion und Verkauf von den Arbeitern und Angestellten selbst kontrolliert wurden, zwecklos. In der Tinturaria Portugália, einer Kette von Färbereien, versuchten die Unternehmer mit dem Argument gegen die Fabrikbesetzer vorzugehen, die Kassen des Unternehmens seien leer. Gleichzeitig versuchten sie, in einer kostspieligen Propagandakampagne in Presse und Rundfunk die Arbeiter zu denunzieren. Ihre Pläne wurden durchkreuzt, als die Arbeiterkommission des ersten angesprochenen Rundfunksenders den

Im Schutz der Soldaten versuchen die Arbeiter, ihre Direktion zu entmachten.

«Auftrag» ablehnte und stattdessen die Version der Arbeiterkommission von Tinturaria Portugália sendete. Um das Ausmaß der Betriebsübernahmen durch Belegschaften zu verdeutlichen: bis Ende August 1975 waren über 300 Betriebe übernommen.

LE NOUVEL observateur

«Wir alle sind portugiesische Arbeiter», ruft der Besitzer einer kleinen Möbelfabrik. Beifall prasselt im runden Saal der Technischen Hochschule in Lissabon, wo sich vom 10. bis 12. Juli 1975 die Vertreter der Vereinigungen portugiesischer Industrieunternehmer versammelt haben. Zwei Tage lang dreht sich ihr Kongreß im Kreis: Die Unternehmensleiter haben ‹ihre Identität verloren›, sie wissen nicht mehr, wer sie sind, noch wo sie hinwollen.

Die C. I. P. (Konföderation der Portugiesischen Industrie) hat sie auf Initiative eines jungen Führers ihres liberalen, der PS nahestehenden Flügels, Morais Cabral, zusammengerufen, und zwar zu einer Diskussion über die Rolle der «Privatinitiative in einer Wirtschaft, die sich in einer Übergangsphase zum Sozialismus befindet». Das war schon schwer zu schlucken, und einige schimpften: «Übergang zum Chaos, ja.» Dennoch sind sie gekommen, vor allem die «Kleinen» und die «Mittleren» – die Großen sind schon nach Brasilien ausgewandert. Sie fingen gerade an, sich an die Idee zu gewöhnen, «Unternehmer im Übergang zum Sozialismus» zu sein, da machen die ungeduldigen Militärs eine neue Wendung und stürzen sich in Richtung «Sozialismus ohne Übergang»: die direkte Demokratie, Arbeiterkommissionen in den Fabriken, Volksversammlungen und so weiter. Mit einem Wort, die Unternehmer wissen nicht mehr, welchem Heiligen sie sich zuwenden sollen.

Zerschlagene Monopole

Seit fast sechs Monaten hat die Vereinigung der Industrie keinen einzigen offiziellen Kontakt mit der Regierung gehabt. In der Zwischenzeit wurden die großen Unternehmen, die Banken und die Versicherungen verstaatlicht. Der traditionelle Geld-Umlauf, bisher auf der Grundlage familiärer und geschäftlicher Beziehungen, wurde demontiert. Die Besitzer Tausender kleiner Unternehmen sind auf der Suche, sie wissen noch nicht einmal, an wen sie sich wenden sollen, um einen Kredit zu erhalten, eine Steuerermäßigung zu erwirken, einen Konkurs zu vermeiden. Ihnen ist schwer ums Herz. Die Angst ist da: die der Unternehmensleiter, die glauben, daß man ihnen gleichzeitig mit der Bilanz auch ihr Instrumentarium verdirbt, die Angst auch einer sozialen Klasse, die ihr Prestige und ihren Einfluß untergraben sieht und die sich schrecklich unbehaglich in ihrer Haut fühlt. Morais Cabral versucht, einiges klarzustellen:

«Das revolutionäre Gerede kann nicht die Grundsätze der Verwaltung ersetzen. Die Vertreter der Industrie müssen ihre Meinung bei der Ausarbeitung der Pläne äußern. Man kann nicht mit einem Streich die Marktwirtschaft unterdrücken, ohne die neuen Spielregeln zu definieren: Finanzen, Kreditwesen, Investitionen, Arbeitsbeziehungen und so weiter.»

Im Sitzungssaal sieht man ganze Bankreihen von Kongreßteilnehmern in die Lektüre der Sondernummer der «Financial Times» vertieft, die Portugal gewidmet ist. Was sagt denn nun das sehr seriöse und sehr konservative Londoner Blatt? Daß alles in Lissabon so schlecht nicht geht, wie man es gern gesagt hätte: «Es ist ein Irrtum, Portugal so darzustellen, als sei es am Rande des wirtschaftlichen Zusammenbruchs.» Die Neuordnung der Wirtschaft, wie sie von den Militärs unternommen wird, ist eher heilsam. Man hat endlich die alten Familienmonopole zerschlagen, welche die Modernisierung der Strukturen blokkierten. Der Reichtum Portugals hat künftig mehr Chancen, auf produktive Weise investiert zu werden, nachdem er bis heute dem «Überkonsum» der besitzenden Klassen gewidmet war. «In der Tat», fügt die Financial Times hinzu, ohne ihren strengen Ton aufzugeben, «die portugiesischen Reichen waren fabelhaft reich.»

Am Abend des zweiten Tages beginnt sich ganz plötzlich die Flaute in der Unternehmerseele zu verziehen: Man wird sich zur Wehr setzen müssen. Man hatte, komme was mag, Vertreter der Militärmacht, Mitglieder des Revolutionsrats, eingeladen. Im Grunde rechnete niemand mit ihrem Kommen. Die Unternehmer hatten ihre Existenz als die großen Vergessenen der Revolution schon «verinnerlicht». Und siehe da, die Militärchefs General Fabião und Admiral Coutinho durchqueren die Bankreihen, besteigen die Tribüne und lassen sich nieder. Das ist das Psychodrama. Das gibt Unordnung: ein ungeheures Bedürfnis, sich zu rechtfertigen und sich beruhigen zu lassen.

«Ich bin ein Sohn des Volkes. Ich arbeite schon, seit ich dreizehn war», ruft einer von ihnen. «Hier habe ich eine Krawatte an, aber kommen Sie in die Fabrik, da werden Sie mich im blauen Arbeitsanzug sehen.»

«Ich habe ausgezeichnete Beziehungen zu meinen Arbeitern», erklärt ein anderer. «Mein ganzes Leben ist in diesem Unternehmen. Viele von uns sind bereit, als Geschäftsführer ihres Unternehmens zu arbeiten. Aber wer wird die Spielregeln definieren?»

«Wie wollen Sie, daß ein Unternehmer seine Pfennige unter den derzeitigen Umständen investiert?» fragt der nächste. «Man weiß doch gar nicht, ob das Unternehmen die nächsten drei Monate überlebt. Es gibt Unternehmer, die sind nach Brasilien gegangen. Wir, wir sind geblieben.

Wir sind nicht die Saboteure. Wenn wir in den Sozialismus marschieren, muß es Gerechtigkeit für alle, einschließlich der Unternehmenschefs, geben. Es genügt nicht, im Radio und im Fernsehen zu schreien: ‹Gewinnen wir die Produktionsschlacht!› Man muß uns die Mittel geben, um die Unternehmen unbeschädigt zu verwalten.»

Admiral Coutinho führt die Gegen-Attacke: «Sie sagten, daß Sie gute Beziehungen zu Ihren Arbeitern haben. Ich beglückwünsche Sie dazu. Aber das ist nicht bei allen der Fall. Ich habe schändliche Dinge erfahren.» Was die Rolle der privaten Initiative betrifft, so ist er eindeutig: Sie muß unterstützt werden in dem Maße, in dem sie sich an der nationalen Produktion beteiligt. «Aber wir werden nicht hinnehmen, daß das Privateigentum ermöglicht, die Macht *über* die Massen auszuüben. Das, meine Herren, ist vorbei.»

Die Rolle des Unternehmers? «Er muß sein Ansehen wiederfinden, indem er das Vertrauen der Arbeiter gewinnt. Es gibt Unternehmer, die unterzeichnen den erstbesten Lohntarif und kommen dann heulend in die Ministerien, weil sie vor dem Konkurs stehen.» Einige Kongreßteilnehmer rufen: «Wie soll man das anders machen, wenn man von den Arbeitern eingesperrt wird?» «Dies beweist, daß Sie nicht das Vertrauen Ihrer Arbeiter haben», antwortet der Admiral, der den Unternehmern rät, sich die «sozialistische Mentalität» zuzulegen. Der Dialog geht weiter, leidenschaftlich. Militärs und Unternehmer trennen sich als gute Freunde. Man beschließt, sich wiederzusehen.

Sicher werden nicht alle da sein. Einige werden in der Zwischenzeit ausgewandert sein. Andere sind entschlossen, auszuhalten und auf die göttliche Überraschung zu warten: einen Spinola oder, in Ermangelung, einen Pinochet. Aber es gibt auch jene, die bereit sind mitzumachen. Sie glauben, daß man sich mit den Arbeitern, mit den Militärs – kurz mit der Revolution arrangieren kann.

In dem Dokument, das sie der Regierung vorlegen werden, bedauern sie den Mangel an Autorität «in der Anwendung der revolutionären Gesetzgebung» – soll heißen die wilden Streiks, die Besetzungen . . . Sie fordern, daß «der Wert der Unternehmensleiter im revolutionären Prozeß» anerkannt werde, damit sie nicht täglich beleidigt und wie Bürger zweiter Klasse behandelt würden. Sie wenden sich gegen «die böswilligen Anspielungen, die sie mit den monopolistischen Ausbeuter-Kapitalisten gleichstellen». Und als gute Unternehmer schlagen sie schließlich trotzdem vor, daß man die Löhne bis auf weiteres blockiere.

Insgesamt sind es also, abgesehen von diesem letzten Punkt, eher vernünftige Forderungen. Diese Vertreter der Privatindustrie sind keine Desperados. Mangels Macht, es anders zu machen, werden sie eher bereit sein, Arrangements mit dem neuen Regime zu treffen. Um das schwierige Kap der Wirtschaftskrise der kommenden Monate zu passieren, zählen sie sehr auf die anderen europäischen Länder. Und vor allem auf den finanziellen Beistand der Neun. Aber Brüssel scheint ihnen die Tür vor der Nase zuschlagen zu wollen. Warum? In wessen Auftrag und für wie lange?

François Schlosser

Fabrikbesetzungen

Einer der wichtigsten Arbeitskämpfe des Sommers 1974 war der Kampf der 48 Arbeiterinnen von Sogantal. Dieser Kampf hatte für die portugiesischen Arbeiter exemplarischen Charakter. Zum ersten Mal in Portugal gelang es Arbeitern, einen Betrieb zu besetzen und in Selbstverwaltung zu übernehmen. Sogantal, an der Südseite des Tejo, war die Niederlassung eines französischen Unternehmens aus der Textilbranche. Im Gegensatz zu dem Mindestlohn von 560 DM in Frankreich, zahlte die Firma den portugiesischen Arbeiterinnen nur zwischen 100 und 160 DM, wie viele andere Auslandskonzerne auch. Nach dem 25. April stellten die Arbeiterinnen einen Forderungskatalog auf, der von der französischen Firmenleitung im großen und ganzen zurückgewiesen wurde. Daraufhin besetzten sie die Fabrik. Eine Woche später versuchte der Firmeninhaber, die Fabrik in der Nacht zu räumen. Er hatte dabei die Unterstützung des portugiesischen Arbeitsministeriums und der GNR-Polizei. Als er mit seinen Helfershelfern überrascht wurde, begannen diese, Maschinen und Einrichtungen zu zerstören. Die von den Arbeiterinnen und der Bevölkerung herbeigerufene COPCON-Mannschaft nahm den Besitzer und seine Begleiter fest (da die bereits anwesende GNR nichts unternahm), ließ sie aber später wieder frei. Die Arbeiterinnen übernahmen daraufhin den Verkauf der Produkte in eigener Regie und begannen mit dem Wiederaufbau des Betriebes.

Nach dem Rücktritt von Spínola und mit dem zunehmenden Einfluß der progressiven MFA-Offiziere auf die Regierungspolitik fanden die Arbeiter einen zu Beginn noch zögernden, im Laufe der Auseinandersetzungen jedoch immer entschlosseneren Verbündeten: das COPCON.

Bei den Großunternehmen war die Gefahr von Betriebsschließungen geringer als in den kleinen und mittleren Betrieben. In den meisten Fällen handelte es sich um Konzerne, die unter dem Faschismus bereits riesige Gewinne gemacht hatten. In den Großbetrieben war eine der Hauptforderungen die Entfernung von Managern, die als Faschisten bekannt waren.

Anfang 1975 wurden mehrere Betriebe der Brauerei Sociedade Central de Cervejas (SCC) besetzt, um die Säuberung (Saneamento) der Manager und die Verstaatlichung der Firma zu fordern. Durch «Honorare, Gratifikationen, Dividenden und so weiter» hatten die 13 Direktoren allein im Jahr 1974 zehn Millionen DM verschlungen. «Sie hatten Chauffeure, Autos, Benzin, Brennstoff für ihre privaten Klimaanlagen, unbegrenzten Kredit bei der Einkaufsstelle für Firmenangehörige» und vieles mehr, wie die Arbeiter erklärten. Diese forderten die Abschaffung sämtlicher Privilegien, die Reduzierung der Direktorenzahl auf maximal fünf, die Herabsetzung deren Gehälter, die Abschaffung der Schichtarbeit, des Prämiensystems ...

Ein Teil der Direktoren hatte wichtige Verbindungen zu faschistischen Kreisen. Einige -zig Millionen Gewinn hatten sie im Ausland, beispielsweise in Brasilien, angelegt.

Überstunden, Kurzarbeit, Arbeitslosigkeit

Andere Kämpfe in Großbetrieben drehten sich um die Weigerung, Überstunden zu machen. So etwa im Stahlwerk Siderurgia Nacional oder dem Elektrounternehmen EFACEC, wo auf einer Arbeitervollversammlung Januar 1975 folgende Resolution angenommen wurde:

In Anbetracht:

1. daß Überstunden zur Arbeitslosigkeit beitragen und es in diesem Moment bereits ca. 200000 Arbeitslose gibt;

2. daß im konkreten Fall der Siderurgia Nacional die Weigerung der Arbeiter, Überstunden zu arbeiten, das Kapital zwang, 800 Arbeiter einzustellen;

3. daß bereits ein von den Arbeitern angenommener Vorschlag existiert, solange keine Überstunden zu machen, wie die Firmenleitung unseren Forderungskatalog nicht unterschrieben hat; wurde beschlossen:

1. sich erneut zu weigern, Überstunden zu machen, gleichgültig ob es sich um die Arbeiter, die Techniker oder die Angestellten der Verwaltung handelt;

2. daß die Lohnlisten und Bücher, in denen die Überstunden registriert werden, von uns eingesehen werden können, wenn wir dies für notwendig halten;

3. daß alle Arbeiter sich weigern, an den freien Tagen zu arbeiten, und daß die Arbeiter den Urlaub, wie er ihnen zusteht, ausnutzen;

4. daß im Sinne der Beschlüsse, die auf der Plenarversammlung vom 8. Juni 1974 gefaßt wurden, alle Arbeiter, insbesondere aber die Techniker, die davon Kenntnis erhalten, daß die Firmenleitung Aufträge ablehnt, sich nicht um Aufträge bemüht oder andere Machenschaften plant, die zu Entlassungen führen können, uns sofort davon informieren.

Damals bildete sich zum ersten Mal ein Zusammenschluß mehrerer Arbeiterkommissionen, eine überbetriebliche Organisation: ‹Interempresas› (Zwischenbetriebliche Verbindungsorganisation). Hier waren in der Hauptsache Großbetriebe des Raumes Lissabon zusammengeschlossen.

Sichtbarster politischer Ausdruck dieses Zusammenschlusses von Arbeiterkommissionen war die große Demonstration vom 7. Februar 75 (30000 Teilnehmer), die erste Demonstration, die ausschließlich von den

Arbeiterkommissionen beschlossen, geplant und durchgeführt wurde – ohne und gegen den Willen der großen Linksparteien. Die Demonstration richtete sich gegen die wachsende Arbeitslosigkeit und dagegen, daß Tausende von NATO-Soldaten während der damals stattfindenden Manöver in Lissabon an Land gehen sollten. Die Demonstration war von der Regierung, vom Lissabonner Zivilgouverneur und von den Militärs untersagt und von der Intersindical verurteilt worden. Die Soldaten, die schließlich geschickt wurden, um das Demonstrationsverbot durchzusetzen, verbrüderten sich statt dessen mit den Arbeitern.

Die Demonstration war von 38 Arbeiterkommissionen des Großraumes Lissabon einberufen worden. Der große Erfolg dieser Demonstration war auch der einer Strömung, die in den Kommissionen vorherrschend war. Sie bezeichnete sich als «apartidário», als parteienunabhängig und versuchte, den Interessen der Arbeiter stets den Vorrang vor parteipolitischen Interessen zu sichern, um so eine Spaltung der Arbeiterbewegung in den Betrieben zu verhindern.

Dieser erste Zusammenschluß von Arbeiterkommissionen dauerte einige Monate und scheiterte schließlich an internen Schwierigkeiten wie etwa dem Versuch einiger politischer Gruppen, die die Organisation für ihre sektiererischen Parteiinteressen umfunktionieren wollten.

Antwort des Staates

Die sich verschärfende Haltung des Auslands der portugiesischen Wirtschaft gegenüber (Annullierung bereits erteilter Aufträge, Investitionsstopp, Vorauszahlungen, Risikozulagen), die wiederholten Verstaatlichungsforderungen von seiten der Belegschaften und die Fabrikbesetzungen verlangten nach einer Antwort des Staates. Diese Antwort wurde auch erteilt – eine schwache und späte Antwort. Im Februar 1975 wurde der Wirtschaftsplan von Melo Antunes vorgelegt. Der Staat behielt sich das Recht vor, einige Schlüsselindustrien (Übernahme von mindestens 51 % des Kapitals durch den Staat) zu kontrollieren, der Zeitpunkt für diese Kontrollausübung war jedoch nicht genannt. Um «die Wirtschaftstätigkeit zu dynamisieren», sollten öffentliche und private Investitionen stimuliert werden. Verstaatlichungen sollten dagegen, um «plötzliche und heftige» Veränderungen, die der «ökonomischen und sozialen Realität des Landes nicht entsprechen», zu vermeiden, nur vorgenommen werden, wenn dies «unvermeidlich» wäre. Kleinere und mittlere Unternehmen sollten Krediterleichterungen erhalten, um die Produktion anzukurbeln.

Die Beteiligung der Arbeiter «an den Geschäfts- und Aufsichtsorganen der Unternehmen», so erklärte der Plan, werde in Zukunft definiert werden. Dieser Plan wurde jedoch sehr schnell überholt. Nach dem mißglückten Rechtsputsch vom 11. März 1975, der eine Verstärkung des linken Flügels in der Bewegung der Streitkräfte mit sich brachte, war im neugebildeten Revolutionsrat die äußerste Rechte nicht mehr vertreten. Innerhalb eines Monats wurde die Enteignung der Schlüsselindustrie, der Versicherungen, der Banken und des Großgrundbesitzes beschlossen. Dieser radikale Schritt ging weit über die Forderungen der Kommunistischen Partei hinaus. Er war durch die Aktionen der Arbeiter, durch ihre Diskussionen in den Betriebskommissionen und Vollversammlungen bereits vorbereitet.

Eine Lektion aus der Intimsphäre des Kapitals

Für den Aufklärungsunterricht, der ganz Portugal nach dem Sturz der Diktatur erfaßt hatte, lieferten die Lissabonner Angestellten der wichtigsten portugiesischen Handelsbank, der Banco Espírito Santo e Comercial de Lisboa, ein polit-ökonomisches Lehrbuch aus der Intimsphäre des Kapitals. Das etwa 15 Zentimeter dicke Werk, das aus Fotokopien von Bankauszügen, vertraulichem Schriftverkehr und anderen internen Bankdokumenten bestand, hatten die Bankangestellten bis zum 11. März streng vertraulich behandelt und lediglich Premierminister Vasco Gonçalves zur Einsicht überlassen. Als die führenden Militärs der MFA in der Nacht vom 11. zum 12. März über die Konsequenzen aus dem gescheiter-

Von der Diktatur zur Volksmacht.

ten Rechtsputsch berieten, gab dieses Dokument den letzten Anstoß zur Verstaatlichung der Banken. Im Gegensatz zu den Linksparteien PCP und PS hatte die Gewerkschaft der Bankangestellten zuletzt sogar durch Streik ihre Forderung nach Verstaatlichung der Banken unterstrichen. Was sie auf Kundgebungen, in Flugblättern und Wandzeitungen als Begründung angab, hatte sie in ihrer vertraulichen Dokumentation gut belegt: die Kredite wurden bisher zuerst den eigenen, beziehungsweise verbundenen Unternehmen gewährt (ohne viel Rücksicht auf Rückzahlungsvermögen und Gewinnträchtigkeit), die Kapitalflucht wurde begünstigt, die Rechtsparteien wurden begünstigt.

So wiesen die Bankangestellten nach, daß die Banco Espírito Santo e Comercial de Lisboa die zweckgebundenen Kredite der portugiesischen Zentralbank in ihrem eigenen Privatinteresse verwandte. Von ihrem Anteil an jenen rund vier Milliarden Mark, die die Provisorische Regierung den Banken nach dem 25. April zur Schaffung neuer Arbeitsplätze zur Verfügung gestellt hatte, hatte die Banco Espírito Santo keinen einzigen Arbeitsplatz geschaffen. Wäre dieser Kredit richtig investiert worden, hätte man damit 164 000 Arbeitsplätze schaffen können.

Die Bank hatte das Geld in zwei ihr gehörende Firmen gesteckt, die sie systematisch abwirtschaftete: während sie das Kapital ihrer Holzfirma SIAF um das Vierfache und das ihrer Brauerei Sociedade Central de Cervejas um das Doppelte erhöhte, fanden dort keinerlei Investitionen statt. Den Arbeitern wurde erklärt, wegen der schlechten Geschäftslage müsse mit weiteren Entlassungen gerechnet werden.

Sich selbst hatte die Familie Espírito Santo riesige Überziehungskredite eingeräumt, von denen sie dann auch für ihren privaten Konsum eifrig Gebrauch machte. Gleichzeitig wurden auf getarntem Wege umfangreiche Kredite an vier Rechts- und Zentrumsparteien gegeben, die diese für Parteipropaganda, für Meinungsumfragen und auch zur Vorbereitung der Putschversuche vom 28. September und 11. März verwandten.

Im Direktionszimmer der Banco Espírito Santo e Comercial de Lisboa, das für seine Kristalleuchter und Möbel im Stil Ludwigs des XIV. bekannt war, zeigten die fünf Mitglieder der Bankangestelltenkommission (darunter drei neue vom Premierminister ernannte Direktoren) einige der Fotokopien aus ihrer Dokumentensammlung:

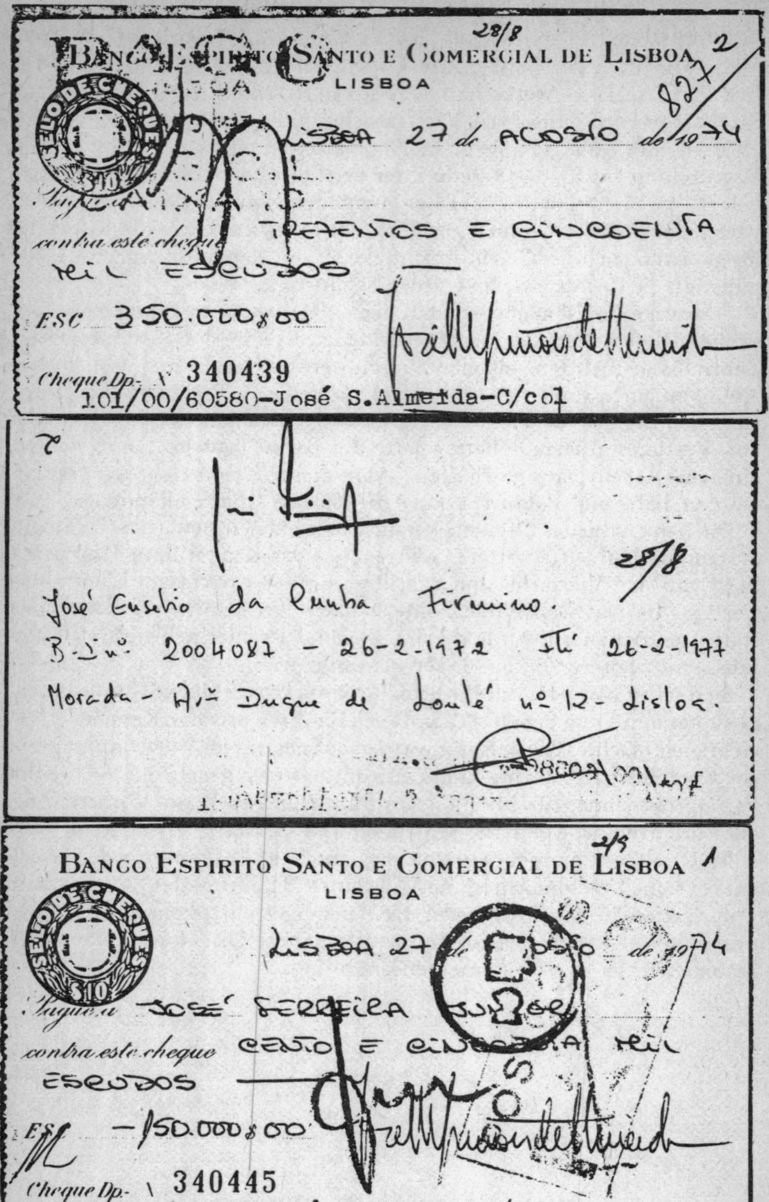

28/8
Banco Espirito Santo e Comercial de Lisboa
Lisboa
827 2
Selo de Cheques
$10
Lisboa 27 de Agosto de 1974
Pague-se a
contra este cheque Trezentos e cinquenta
mil escudos
ESC 350.000$00
Cheque Dp.- 340439
101/00/60580-José S.Almeida-C/col

2
28/8
José Eusebio da Cunha Firmino.
B. I. nº 2004087 – 26-2-1972 até 26-2-1977
Morada – Av. Duque de Loulé nº 12 – Lisboa.

2/9
Banco Espirito Santo e Comercial de Lisboa
Lisboa
1
Selo de Cheques
$10
Lisboa 27 de Agosto de 1974
Pague-se a José Ferreira Junior
contra este cheque cento e cinquenta mil
escudos
ESC —150.000$00
Cheque Dp.- 340445
101/00/60580-José S.Almeida-C/col

Aus dem Lehrbuch über die Intimsphäre des Kapitalismus: heimlich fotokopierte Schecks.

«Wir haben hier einen Fall der Liberalen Partei, der äußerst bezeichnend ist. Es handelt sich um Jorge de Mello, der ständig ungedeckte Schecks ausgab. Am 27. September war sein Konto mit 120000 DM im Minus. Diese Person machte ein Transfer nach Porto, um ein Konto in Porto zu eröffnen, welches zur Finanzierung der sogenannten «Schweigenden Mehrheit» diente. Äußerst bedeutsam ist die Tatsache, daß die Summe, die von dem einen Konto abgehoben wurde, das erst am 26. September eröffnet worden ist, auf dem anderen Konto mit dem Datum vom 19. September abgebucht ist. Das Geld, das das zuerst erwähnte Konto verläßt, war schon abgebucht, bevor es entnommen werden konnte. Das ist sehr bedeutsam. Wieso kann man am 19. von einem Konto Geld abheben, das erst am 26. eröffnet wird? Wir, die Bankangestellten, wissen, daß so etwas nur durch das Einverständnis der Geschäftsleitung möglich ist.

Dann haben wir einen Fall der Christlich-Demokratischen Partei (PDC), einer vor kurzem gegründeten Partei. Es handelt sich um José Eduardo Fernandes Sanches Osório, der Informationsminister in der ersten provisorischen Regierung war. Als er Mitglied der Christlich-Demokratischen Partei wurde, wies sein Konto normalerweise ein Plus zwischen 500, 600 und 1100 DM auf. Als er Minister wurde, stieg sein Guthaben auf 4000 DM. Als er seinen Ministersessel verließ, sank auch sein Guthaben. Dann erschien er hier im Februar dieses Jahres, um einen ungedeckten Scheck in Höhe von 22500 DM einzulösen. Genehmigt wurde das durch den Direktor dieses Hauses, Jorge Manuel Pinheiro Espírito Santo Silva, ehemaliges Mitglied der Portugiesischen Legion. Dieser Mann genehmigte die Einlösung eines ungedeckten Schecks über 22500 DM. Das war offenbar nur möglich, weil Sanches der Christlich-Demokratischen Partei angehörte. Das Geld kann also als Investition in die Christlich-Demokratische Partei betrachtet werden.

Wir haben hier noch zwei Fälle, die von Pedro Luis Marçal und Jorge Manuel da Silva. Wir vermuten, daß es diese Personen gar nicht gibt. Das Kontoeröffnungsformular enthält keinerlei Angaben zur Person, weder den Wohnsitz, noch die Nummer des Personalausweises. Wir glauben, daß es sich hier um nicht existierende Personen handelt, die zur Eröffnung von Konten dienen sollten, obwohl der Direktor dieser Bank, Jorge Manuel Pinheiro Espírito Santo Silva, mit Jorge Manuel Silva identisch sein könnte. Der zweite Name ist ja im ersten enthalten. Durch dieses Konto wurde eine Finanzierung in Höhe von 500000 DM vorgenommen, die dann auf 550000 DM aufgestockt wurde. Aus diesem Konto wurde Geld an das Konto der Partei des Demokratisch-Sozialen Zentrums (CDS) bei der Bank Pinto & Sotto Mayor überwiesen. Damit ist die Verbindung zwischen diesem Konto und einem CDS-Konto bei einer anderen Bank bewiesen.

Hier noch ein Beispiel für die Finanzierung der «Demokratischen Volkspartei» (PPD), wobei die Einzahlung auf den Namen José S. Almeida und Manuel Arrochela vorgenommen wurde. Bei der Eröffnung dieser Konten wurde auch hier versucht, die Identität der Inhaber zu verschleiern, denn José S. Almeida heißt in Wirklichkeit José Manuel Rodrigues Simões de Almeida. Er ist leitender Angestellter bei der Lisnave-Werft, Mitglied der «Demokratischen Volkspartei» (PPD) und Mitarbeiter ihrer Zeitung «Povo Livre». Der PPD wurde ein Kredit in Höhe von 600000 DM gewährt, der von der Partei dazu benutzt wurde, laufende Ausgaben zu decken, für die wir ein Beispiel geben wollen: Eine Rechnung über 2600 DM, die die PPD an die Firma Casa das Bandeiras für Fahnen und Fahnenstangen bezahlt hat. Diese Rechnung wurde mit einem Scheck des Kontos bezahlt, auf dem die Kreditsumme abgebucht ist. Wir haben noch viele andere Schecks, mit denen die PPD Rechnungen bezahlt hat.

Wir haben auch viele Beispiele für die Verwicklung der Bank Espírito Santo in die Ereignisse vom 28. September, und zwar, indem die Bank Personen finanzierte, die in den 28. September 74 verwickelt sind, aber es wäre lästig, sie alle aufzuzählen.

Wichtig ist, zu betonen, daß diese Arbeit, der ganze Bericht, der dem Ministerpräsidenten letzten Monat vorgelegt wurde, nur durch die Mobilisierung aller Bankangestellten möglich war, die seit dem 25. April Unregelmäßigkeiten bei den Banken aufzuspüren versuchten. Dies war nur möglich durch die anonyme Mitarbeit aller Angestellten, die heimlich Fotokopien der Dokumente anfertigten, die wir dann analysierten und sammelten. Wir nahmen Verbindung mit den Angestellten anderer Unternehmen auf, um die Auskünfte einzuholen, auf die diese Dokumente hinwiesen. Das geschah in enger Zusammenarbeit mit den Gewerkschaften verschiedener Unternehmen. Nur so war es möglich, einen Bericht zusammenzustellen, der in klarer Form die Verwicklung des Vorstandes der Bank Espírito Santo in den reaktionären Putschversuch vom 28. September 74 nachweist.»

Nach den Verstaatlichungen hatte der Staat potentiell die direkte oder indirekte Kontrolle über 65 % der Wirtschaft. Sogar die (nicht von den Verstaatlichungsmaßnahmen betroffenen) Klein- und Mittelbetriebe waren auf die Kredite der inzwischen verstaatlichten Banken und somit auf den Staat angewiesen.

Für viele Arbeiter bedeuteten die Verstaatlichungen zunächst eine gewisse Absicherung ihrer Arbeitsplätze und die Hoffnung auf eine Besserung ihrer Situation. Die Verstaatlichungen waren zweifellos ein Fortschritt. Sie waren von einer kleinen Gruppe von fortschrittlichen Offizieren in einem günstigen Moment nach der Niederschlagung des Rechtsputsches durchgesetzt worden. Doch weder diese Gruppe noch deren Basis in den großen Fabriken waren stark genug, die folgenden Schritte zu tun. Während es genügend Einzelinitiativen gab, die Produktion auf die Bedürfnisse des Landes umzustellen und die politischen Entscheidungen auf die kontrollierbare Ebene von Arbeiterkommissio-

nen und Bewohnerräten zu verlagern, gab es keine Partei oder zentrale Entscheidungsgewalt, die die Gesamtheit dieser Initiativen auf staatlicher Ebene koordinieren und absichern konnte. Im Gegenteil, je stärker sich diese Arbeitermacht entwickelte, um so größer wurde die Spaltung innerhalb der MFA, die an den Hebeln der Macht saß. Währenddessen bereiteten sich die Hauptquartiere der «großen Parteien» CDS, PPD, PS – deren Parteibüros am 25. April nichts anderes als Privatwohnungen einzelner Personen gewesen waren – darauf vor, mit Hilfe der Wahlen die bürgerliche Legitimität herzustellen und der gefährlichen Tendenz einer Machtverlagerung in die Produktionsstätten zu begegnen. Aus der Sicht der ersten Arbeiterkommission des nationalen Stahlwerkes Siderurgia Nacional stellten sich diese Ereignisse – von der Wahl der Kommission bis zur Zeit nach den Wahlen – folgendermaßen dar:

Die Arbeiterkommission des Stahlwerks berichtet
«Zuerst wollen wir darauf hinweisen, daß die Arbeiterkommission von der gesamten Belegschaft des Stahlwerkes gewählt wurde, und insofern repräsentiert sie auch alle Arbeiter des Werkes. Sie wurde für ein Jahr gewählt. Während dieses Jahres, das bald abgelaufen ist, haben wir einige Kämpfe gehabt, von denen ich die wichtigsten hervorheben will. Einer dieser Kämpfe war die Durchsetzung des Tarifvertrages, der uns trotz

Mängel einige Vorteile brachte: die Einführung eines Mindestlohnes und die Entlassung gewisser faschistischer Personen, die uns früher das Leben schwer gemacht hatten. Ferner die Überwindung interner Parteigegensätze im Werk selbst, die es immer wieder gibt. Die Arbeiterkommission hat sich von Anfang an um Überparteilichkeit bemüht. Ein anderer Sieg der Arbeiter des Stahlwerkes war: die Angleichung von Rechten und Pflichten für alle, und zwar durch die Abschaffung der sogenannten Geheimbriefe, die bestimmte Leute – die Bonzen sozusagen – zu Weihnachten bekamen.

– Ich möchte etwas näher auf den Kampf um die Abschaffung der Geheimbriefe eingehen. Die sogenannten Geheimbriefe stellten ein Privileg dar, das gewisse Arbeitnehmer hatten, vor allem die technischen Angestellten. In dem Umschlag sollte sich eine bestimmte Geldsumme befinden, eine Geheimsumme sozusagen, denn niemand wußte, wie hoch sie war. Eines Tages hat man herausgefunden, daß es sich dabei um eine Gesamtsumme von 300 000 DM handelte, die unter etwas mehr als 100 Angestellte des Werkes verteilt wurde. Die Arbeiterkommission bekämpfte diese Bevorzugung und erreichte, daß dieses Geld jetzt in einen Sozialfonds fließt, der allen Arbeitern zugute kommen wird. Um diesen Sieg zu erreichen, sah sich die ganze Belegschaft genötigt, die technischen Angestellten für vier Tage am Betreten des Werksgeländes zu hindern. Solange haben sie nämlich gebraucht, um auf dieses Geld zu verzichten. Dieser Kampf mobilisierte alle Arbeiter des Werkes und sogar von anderen Fabriken, die unser Beispiel erfolgreich nachahmten. Ein großer Sieg für alle Arbeiter! In diesen Kämpfen wurde deutlich, welches Klassenbewußtsein die Arbeiter des Stahlwerkes schon damals besaßen. Ein Kampf von besonderer Bedeutung war der Kampf um die Ausdehnung bestimmter Vorteile einiger Arbeitergruppen auf alle Arbeiter: Darunter fielen 30 Tage bezahlter Urlaub für alle Arbeitnehmer, der vielen früher nicht zukam, die Lohnfortzahlung im Krankheitsfalle, die bis dahin auch nur einem Teil der Arbeiter zustand.

– Für den Zustand kapitalistischer Ausbeutung, den wir vor dem 25. April hatten, gibt es ein flagrantes Beispiel: Es geschah mehrmals, daß Arbeiter nach vielen Jahren Beschäftigung unter gesundheitsschädigenden Bedingungen zum Arzt gingen. Nachdem der Arzt den ernsten Zustand des Arbeiters der Verwaltung mitgeteilt hatte, wurde der Arbeiter gegen eine Entschädigung entlassen. Die Entschädigung war damals eine lächerliche Summe, die auf keinen Fall reichte. Kein Arbeiter konnte damit anständig leben. Nach dem 25. April und der Wahl der Arbeiterkommission wurde das gänzlich abgeschafft und niemand mehr entlassen.

Es muß noch erwähnt werden, daß durch den Druck der Arbeiter 150 Kollegen wieder eingestellt wurden, die in der Zeit von 1972 bis 25. April 1974 grundlos entlassen worden waren. Sie genießen jetzt dieselben Rechte, als wären sie überhaupt nicht entlassen worden. Ferner ist zu sagen, daß die Verstaatlichung des Stahlwerkes alle Arbeiter erfreut hat. Damals hatten wir nur einen Vorbehalt: die Verstaatlichung sollte effektiv dem Volke dienen, den Arbeitern dienen und nicht der Stärkung des Kapitalismus.

– Nach der Nationalisierung hat sich die Richtung unserer Forderungen geändert, und die Arbeiterkommission machte der Arbeitervollversammlung den Vorschlag, Leitlinien für das Stahlwerk aufzustellen. Diese Leitlinien wurden mit großer Mehrheit vom Plenum angenommen und sollten dem Revolutionsrat zugeleitet werden. Die Leitlinien bestanden aus einem Mindestlohn von 800 DM im Monat, den wir für unser Werk für richtig halten, und einem Höchstlohn von 2000 DM. Ferner die Einfrierung der Löhne über 1200 DM. Damit werden auch Leitlinien für den Revolutionsrat aufgestellt; das wollen wir tun, denn wir akzeptieren nicht, daß die Bewegung der Streitkräfte unsere Avantgarde sein soll. Die Bewegung der Streitkräfte muß es nur ermöglichen, daß wir unsere Forderungen stellen können. Deshalb geben wir ihr die Leitsätze, indem wir voranschreiten und erwarten, daß sie sie sanktioniert. Diese Resolution enthält außer den Leitlinien auch die Forderung an die provisorische Regierung, sich zum Volk zu bekennen. Aber bei ihrer gegenwärtigen Zusammensetzung wird sie es nicht tun, aber sie sollte wenigstens Farbe bekennen.

– Ich möchte hier nur hinzufügen, daß wir zur Durchsetzung unserer Forderungen noch nie an Streik gedacht haben. Die Siderurgia Nacional ist in ihrer Art das einzige Stahlwerk im Lande. Es ist uns klar, daß wir das Werk nicht lahmlegen können. Aber unser Kampf wird weitergehen. Wir haben den Privatkapitalismus nicht aufgegeben, um in einen Staatskapitalismus zu fallen, denn der kann den Arbeitern nicht wirklich dienlich sein.

– Zu erwähnen ist noch die Entfaschisierung. Unmittelbar nach dem 25. April ist in dieser Richtung vieles geschehen. Dann kam die Regierung Palma Carlos, es kam der 28. September, das alles trug dazu bei, daß die Lage nicht mehr klar war. Es entstanden Probleme mit der Entfaschisierung, denn die Leute, die aus einem Betrieb gesäubert wurden, fanden bald woanders eine neue Stelle. Ein Beispiel dafür gab es bei der Lisnave, die zur CUF-Gruppe gehört, wo ein Geschäftsführer auf Druck der Arbeiter hin entlassen wurde; aber alsbald wurde er Geschäftsführer eines anderen Betriebes der CUF-Gruppe. Das zeigt deutlich, daß am Anfang die Entfaschisierung nicht sehr wirksam war, denn die Arbeiter, aus welchen Gründen auch immer, setzten keine effektive Säuberung durch. Danach haben sich die Arbeiterkommissionen organisiert, und sie sind auch jetzt besser organisiert, gerade um solche Fälle zu verhindern. Die verschiedenen Kommissionen stehen auch untereinander in Kontakt. Wenn ein Angestellter die Fabrik wechselt, so braucht er die Einwilligung der Arbeiterkommissionen des neuen und des alten Betriebes. Erst dann kann er eingestellt werden. Wir hatten schon solche Fälle im Werk, bei

Mitglieder der Arbeiterkommission berichten über ihre Tätigkeit bei der «Siderurgia Nacional».

Mittagspause bei der «Siderurgia».

denen wir mit anderen Arbeiterkommissionen in Kontakt getreten sind: Wir haben zum Beispiel die Einstellung eines Personalleiters verhindert, der in einem anderen Betrieb alle Arbeitskämpfe sabotiert hatte. Da ist das Beispiel eines Herren, der hier eingestellt werden wollte, und der kein geringerer war als der Führer einer politischen Gruppe namens CDS, die wir für faschistisch halten. Wir hatten auch den Fall des Geschäftsführers Amílcar Marques, dessen Entlassung wir durchgesetzt hatten, aber kurz darauf bekam er eine noch bessere Stelle bei der Fluggesellschaft TAP. Inzwischen gibt es aber immer weniger solcher Fälle, da die Wachsamkeit des Volkes, der Arbeiter größer ist. Das Klassenbewußtsein ist immer stärker geworden.

– Wie ich vorhin sagte, verlangen wir, daß die provisorische Regierung Farbe bekennt; wir halten nichts von ihren Mitgliedern. Die Arbeiter der Lisnave-Werft demonstrierten gegen den Willen der provisorischen Regierung, der politischen Parteien und des faschistischen Teils der Bewegung der Streitkräfte. Und trotz dieser Hindernisse haben wir uns am 7. Februar 75 durchgesetzt. Das war eine Manifestation, die ohne Zweifel in die Geschichte des Fortschritts eingehen wird. Die Arbeiter des Stahlwerkes haben sich zusammengeschlossen, sie sind vereint, das ist ganz klar, sie haben die Widerstände überwunden und werden es nicht zulassen, daß, sei es die provisorische Regierung oder die MFA selbst, sich ihnen entgegenstellen.

– Was die Wahlen betrifft, die am 25. April stattfanden, meinen wir, daß es im allgemeinen gut ist für das Volk, frei wählen zu können, um selbst seine Repräsentanten für die Regierung aussuchen zu können. Allerdings gab es bei dieser Wahl viele Leute, die wählten, ohne überhaupt ein klares Bewußtsein davon zu haben, worauf es eigentlich ankam. Es ist ganz natürlich, daß das noch so ist, denn nach 48 Jahren Faschismus und Obskurantismus ist es nicht einfach, sich so plötzlich auf den Sozialismus einzustellen. Dazu ist ein progressiver Denkprozeß nötig. Aus diesem Grund glauben wir, daß die Wahlen nicht die Bedeutung hatten, die ihnen eigentlich zukäme. Deshalb glauben wir auch, daß die Wahlen zu nichts weiter führen. Mit Wahlen kann man nicht den Sozialismus aufbauen. Nur die Revolution führt zum Sozialismus, die Revolution des Volkes. Niemals führt die Wahl zum Sozialismus. Es ist klar, daß der portugiesische revolutionäre Prozeß ein einzigartiger Prozeß ist; ein Prozeß, wie es ihn bisher nirgends auf der Welt gab, und in diesem Sinne ist es möglich, daß auch die Wahlen dazu beitragen. Aber das wird erst die Zukunft entscheiden.

– Nach 50 Jahren politischem Obskurantismus waren die Leute nicht auf die Wahlen vorbereitet. Im Norden, wo die Religion vorherrscht und die Priester, ist es natürlich, daß sich die Leute für die Rechtsparteien entscheiden. Der Süden, der weniger religiös ist, entscheidet sich mehr für das Zentrum oder die extreme Linke. In diesem Augenblick sehen die Wahlresultate so aus, weil die Parteien der Linken und extremen Linken

Übungen in grobschlächtiger Demagogie

Von politischen „Aufklärungsaktionen" portugiesischer Militärs berichtet Walter Haubrich

Portugal, wie wir es kennen: Fröhliches Touristenleben an der Algarve.

Jeder jagt jeden – und es wird Nacht in Lissabon

Jetzt beginnt d… Brutalität regier…

● „Merkt euch gefährliche Autonummern!"

● „Faschisten" kriegen kein Benzin!

● Eine Putzfrau kontrolliert die Fluggäste

● Englische Witwen und alte Könige fliehen

„Wenn ihr Faschisten und Reaktionäre fiede… 690819, 691481 oder 667253 an!" Immer wie… sen im staatlichen Rundfunk diesen Aufruf. U… schenjagd ist in vollem Gange!

Ein tiefroter Tag der Arbeit in Lissabon

Für die offizielle Feier waren nicht einmal die Sozialisten links genug / Bericht von Robert Held

Lenin's laughter over Lisbon

By DOUGLAS BROWN

Portugal is to be governed … a Revolutionary Council of … officers, who will exercise … control over the civilian … the elected parlia… fratricidal struggle. Here, it might … have been thought … was a unique … to the coming Constituent Assembly as a serious element in … leadership. It could be shown …

Ein Lenin für Lissabon?

KP-Chef Alvaro Cunhal will auf dem Rücken der Offiziere an die Macht / Von Horst Bieber

Ingrid Steeger: Trennung ohne viel Klimbim

Ohne viel Klimbim hat sich Ingrid Steeger (Foto), Deutschlands attraktivster Nackedei, von Ehemann Lothar Stickelbrucks getrennt. Die 26jährige Berlinerin, Star der Fernseh-Blödel-Show „Klimbim", zu BILD: „Wir haben uns im letzten Jahr nur vier Monate gesehen. Ich hatte soviel zu tun. Es hat einfach keinen Zweck mehr." Die kesse Blondine hatte den 32jährigen Kameramann im April 1973 in Berlin geheiratet. Ingrid: „Wir wollen uns noch nicht scheiden lassen. Ich ziehe erst einmal nach München."

Frankfurter … Zeitung für …

30./31. März 1975 1,20 DM

Druck in FRANKFURT

C 1109

Bild am Sonntag

Der deutsche Leser war immer gut informiert.

sich nicht zusammengeschlossen haben gegen die extreme Rechte. Auf Grund der Entpolitisierung der Leute glauben wir nicht an eine besondere Bedeutung der Wahlen, auch die MFA glaubt nicht daran. Wir sind sicher, daß es nicht die Wahlen sind, die die Probleme lösen werden.

Ein Mitglied der Arbeiterkommission befragt seine Kollegen im Betrieb:

Frage: Was denken Sie darüber, daß die Presse kapitalstarker Länder, der Bundesrepublik zum Beispiel, behauptet, wir hätten eine Militärdiktatur?

Antwort: Wir haben überhaupt keine Militärdiktatur. Wir sind dabei, ein freies Volk zu schaffen, denn unser Volk war ja nicht frei. Wir haben keine Militärdiktatur, das wollten wir nie haben, und wir denken auch nicht daran.

F.: Halten Sie die Allianz mit den Streitkräften für erforderlich?

A.: Ja. Das Volk muß sich eine Zeitlang mit den Streitkräften verbünden, bis sich die Nerven gewisser reaktionärer Leute beruhigt haben. Dann werden wir mit den Problemen fertig, sogar ohne die Streitkräfte.

F.: Sind Sie mit den Wahlen zur Verfassunggebenden Versammlung zufrieden?

A.: Ja, ich bin zufrieden. Ich stelle fest, daß sich das ganze immer mehr auf die Seite der Arbeiter schlägt.

F.: Sind Sie zufällig von der Sozialistischen Partei?

A.: Nein, ich bin Kommunist.

F.: Sie denken also, daß das Volk eines Tages die Avantgarde sein wird?

A.: Natürlich.

F.: Und fühlen Sie sich wirklich schon dafür vorbereitet? Denken Sie, daß Ihre Kraft ohne Waffen ausreicht?

A.: Die Kraft des Volkes braucht keine Waffen. Ein Volk, wenn es vereint ist, braucht keine Waffen, um alles zu überwinden, was sich ihm je in den Weg stellt.

F.: Was denken Sie über die letzte Wahl zur Arbeiterkommission und über diejenige, die demnächst stattfindet?

A.: Eine gute Sache insofern die Arbeiter durch die Kommission gewisse Garantien erreichten. Wir können heute sagen, daß es uns besser geht. Es wäre gut, wenn sich noch mehr Kommissionen überall bilden würden, damit alle bessere Lebensbedingungen bekommen, so wie wir hier. Ich wäre allen Arbeitern dankbar, die in ihren Betrieben durch die Gründung von Kommissionen sich einen Lebensstandard sichern könnten, der den heutigen Bedingungen entspricht.

F.: Und was denken Sie über die Verstaatlichung?

A.: Die Verstaatlichung war richtig, jetzt wissen wir wenigstens, daß wir für die Nation arbeiten. Bisher wußten wir ja nicht, für wen wir arbeiteten. Wir arbeiten für gewisse Kapitalisten, die schließlich das Geld kassierten, während wir im Elend lebten und nicht einmal eine anständige Rente hatten.

F.: Was denken Sie über die Verstaatlichung des Stahlwerkes?

A.: Sie war eine der fortschrittlichsten Maßnahmen, die je in unserem Land getroffen wurden, denn nur durch Verstaatlichung kann unser Land den sozialistischen Weg verfolgen, an dem wir alle interessiert sind.

F.: Haben Sie sich über den Wahlsieg der Sozialistischen Partei gefreut?

A.: Sicher, falls die Sozialistische Partei einen sozialistischen Weg einschlägt, gut, denn wir gehen dem Sozialismus entgegen.

F.: Ist es Ihnen gleichgültig, wenn der Privatkapitalismus, der in unserem Land herrscht, zum Staatskapitalismus wird?

A.: Nein, auf keinen Fall! Ich glaube nicht, daß das geschehen wird. Wenn das doch geschehen würde, wäre es sehr schlecht für uns.»

Intersindical-Gewerkschaft und Arbeiterkommissionen

Die fortgeschrittensten Gruppen in der Arbeiterschaft versuchten, das Machtvakuum, das den ganzen Sommer 1975 durch die Pattsituation der Kräfte innerhalb der MFA entstanden war, mit dem Aufbau einer «Volksmacht» zu füllen, die sich auf Arbeiterräte, Bewohnerräte und die teils legalen, teils illegalen Soldatenräte stützte. Dabei konnte der Mangel an zentraler Organisation weder von der Kommunistischen Partei mit ihrer Doppelstrategie, noch von den zu schwachen revolutionären Linksgruppen (PRP-BR, MES, LUAR, FSP, UDP) aufgefangen werden. Die Intersindical-Gewerkschaft konnte und wollte nicht die Organisation der «Volksmacht» (Poder Popular) sein.

Unter dem Einfluß der Kommunistischen Partei hatte die Intersindical am 25. April ihre alten Strukturen beibehalten, die so aufgebaut waren, daß die faschistische Diktatur sie hatte leicht beherrschen können. Die ganze Gewerkschaftsbewegung war in Hunderte von winzigen Gruppen aufgespalten und basierte auf Berufszweigen. Es gab über 400 dieser Gewerkschaftsgruppen, in einer einzigen Fabrik manchmal zwischen dreißig und vierzig. Sogar nach Geschlecht war die Gewerkschaftsbewegung noch einmal aufgesplittert. Schneider etwa gehörten nicht derselben Gewerkschaft an wie Schneiderinnen. Die 7000 Schiffsbauer der Lisnave zum Beispiel waren in 24 verschiedene Gewerkschaften aufgeteilt. Außerdem war die innergewerkschaftliche Entscheidungsstruktur aus der Zeit des Faschismus dieselbe geblieben, die bürokratische Manipulation stark begünstigte. Alle endgültigen Entscheidungen wurden nicht auf Delegiertenversammlungen getroffen, sondern von einer Vollversammlung, an der theoretisch alle Mitglieder der Gewerkschaft teilnehmen konnten. So war es zum Beispiel nach dem 25. April etwa bei der Gewerkschaft der Bankangestellten in Porto dazu gekommen, daß die Forderung nach Verkürzung der Arbeitszeit zwar auf allen Delegiertenversammlungen mit großer Mehrheit angenommen wurde; der Zentrale der Gewerkschaft aber, die gegen diese Forderung war, gelang es, zeitlich und geographisch eine Vollversammlung einzuberufen, die von relativ wenigen besucht, die Arbeitszeitverkürzung ablehnte, was somit bindender Beschluß für die Gewerkschaft insgesamt war.

Die Arbeiterkommissionen und Arbeiterräte verstanden sich einerseits als Gegengewicht zu dieser Struktur, andererseits wollten sie damit nicht eine weitere Spaltung der Arbeiterschaft verursachen. So waren viele der Intersindical-Delegierten gleichzeitig engagierte Mitglieder von Arbeiterkommissionen.

Zum Beispiel Fernando d'Almeida, Schlosser bei der Setenave-Schiffswerft:

«Ich heiße Fernando d'Almeida, ich bin Rohrschlosser, arbeite bei der Setenave, bin Gewerkschaftsdelegierter der Metallgewerkschaft. Die Setenave ist ein Unternehmen zum Bau und zur Reparatur von Öltankern. Sie hat zur Zeit etwa 4000 Arbeiter. Es ist eine neue Werft, die angesichts ihrer Größe und ihrer Kapazität die größte Werft Europas ist. Derzeit hat die Setenave wie die meisten portugiesischen Unternehmen, insbesondere die vom Außenhandel abhängigen, große Schwierigkeiten mit der Arbeit: der westliche Block, insbesondere die Amerikaner, üben einen aktiven Boykott und eine ökonomische Sabotage gegenüber dem portugiesischen Revolutionsprozeß aus. Die Setenave bekommt dies wie die anderen Unternehmen auf eine recht schlimme Art und Weise zu spüren. Derzeit ist bei der Setenave für die nächste Zukunft keine Stabilisierung der Beschäftigungslage abzusehen. Die Arbeitsbedingungen auf der Werft sind gut, gut im Sinne der kapitalistischen Produktionsmittel, sie sind vernünftig, die Installationen sind modern, obwohl die Werft noch nicht einmal ganz fertig ist, sondern nur in der sogenannten ersten Phase fertiggestellt ist. In diesem Moment gibt es auch noch keine Aussicht in bezug auf die zweite Phase, ob die Werft so bleibt wie sie ist, weil es bisher für die Verbesserung der Beschäftigungslage noch keine Perspektive gibt.

Die Arbeiter der Setenave sind in zwei Organisationstypen repräsentiert und organisiert. Sie sind Mitglied in der Gewerkschaft, repräsentiert in der Gewerkschaftsdelegiertenkommission, und sie sind in ihrer Arbeiterkommission organisiert. Jeder dieser beiden Organisationstypen hat einen anderen Schwerpunkt. Während die Gewerkschaftsorganisation auf eine Perspektive des ökonomischen Kampfes ausgerichtet ist, führt die Arbeiterkommission einen mehr politischen Kampf. Derzeit – die Setenave ist ein Beispiel auch für andere Unternehmen – funktioniert die autonome Organisation der Arbeiter in Portugal überall gleich. Die Delegierten, die Vertreter der Arbeiter, werden auf der Arbeitervollversammlung gewählt, sie sind also anerkannte Vertreter der Basis. Die wichtigsten Entscheidungen werden direkt auf der Arbeitervollversammlung getroffen. Zur Zeit strebt die Arbeiterkommission bei der Setenave die Kontrolle der Produktion durch die Arbeiter an. Sie strebt auch eine Säuberung der Strukturen an, das heißt nach und nach – nicht auf radikale Art – die rigiden kapitalistischen Produktionsstrukturen zu verändern. Wir haben eine Administration, die von der Regierung ernannt ist. Das Unternehmen wurde verstaatlicht. Das Kapital gehört dem Staat. Wir haben deshalb eine Administration, die Repräsentant der Regierung ist. Normalerweise werden die Beschlüsse der Arbeiter über die Arbeiterkommission der Verwaltung vorgelegt. Zwischen der Gewerkschaftskommission und der Arbeiterkommission gibt es etwas, was man eine Arbeitsdialektik nennen könnte. Es sind keine Zusammenstöße zwischen der Arbeiterkommission und der Gewerkschaftskommission festzustellen, da beide sich häufig zusammensetzen, die Probleme gemeinsam analysieren und die Aufgaben verteilen.

Eine bestimmte Aufgabe fällt der Gewerkschaftskommission zu, eine andere Aufgabe der Arbeiterkommission. Die Arbeiter einigen sich also und lösen ihre Probleme auf der Grundlage der Diskussion. Zur Zeit versucht man bei der Setenave auf dem Weg zu einer überbetrieblichen Organisation weiterzukommen, das heißt, eine gewisse Einheit herzustellen zwischen den Arbeiterkommissionen der benachbarten Betriebe zusammen mit den Bewohnerkommissionen der Stadt Setubal und zusammen mit der Kaserne der Stadt: um so etwas aufzubauen, was man eine lokale Volksversammlung nennen könnte. Im Raum Setúbal wurden schon die ersten Initiativen unternommen. Derzeit sind wir dabei, ein Sekretariat zu bilden, das die verschiedenen Aktivitäten der Bewohner, der Soldaten und der Arbeiter des Distrikts koordiniert. Im übrigen ist die Arbeiterkommission der Setenave integriert in eine Reihe von Arbeiterkommissionen der Unternehmensgruppe CUF (inzwischen verstaatlichte Firmengruppe mit 168 Unternehmen, zu der auch die Setenave gehört). Die Arbeiterkommissionen der verschiedenen CUF-Betriebe haben auch ein Sekretariat gegründet, wo wichtige Entscheidungen getroffen werden. Andererseits werden Erfahrungen mit nichtregionalen Arbeiterkommissionen ausgetauscht. Zum Beispiel im Norden in Ovar mit einer japanischen Autofabrik, der TOYOTA. Unsere Arbeiterkommission ist dorthin gefahren, um mit den Genossen Arbeitern zu sprechen, um ihnen eine Organisationsperspektive zu geben. Es gibt auch viele Kontakte für gemeinsame Initiativen, etwa um Demonstrationen, Kämpfe zu organisieren oder zur Unterstützung von Kämpfen anderer Unternehmen. Deshalb kann man sagen, daß wir bereits über eine Reihe antikapitalistischer Perspektiven hinaus gelangt sind und die Grundlagen legen für eine Machtergreifung der Arbeiter auf der Basis dieser Kommissionen.

Die Arbeiterkommission der Setenave und alle anderen Arbeiterkommissionen in Portugal waren eine revolutionäre Alternative zum alten gewerkschaftlichen Reformismus: Vom Beginn des revolutionären Prozesses in Portugal an bis heute führen die Arbeiterkommissionen einen konsequenteren Kampf als die eigentlichen Gewerkschaften. Die Gewerkschaften in Portugal sind bürokratisch, sind dirigistisch, während die Arbeiterkommissionen in demokratischer und direkter Form vorgehen, wobei sie auch direkt auf die Administration einwirken. In ihrem Vorgehen gibt es keine Bürokratie. Das würde ihrem eigenen dynamischen Prozeß widersprechen.

Frage: Kannst du uns Beispiele für eure Kämpfe geben?

Antwort: Seit ihrem Bestehen führte die Arbeiterkommission der Setenave wichtige Kämpfe gegen den ausbeuterischen Kapitalismus. Im Mai 1974 stellte die Arbeiterkommission Gehalts- und Lohnforderungen, die von der Verwaltung nicht sofort beantwortet wurden, so daß die Arbeiter auf der Vollversammlung beschlossen zu streiken. Dieser Streik dauerte neun Tage. Während der Streikzeit spielte die Arbeiterkommission eine wichtige Rolle, indem sie die Zeit für die Aufklärung der Arbeiter nutzte, für die politische Diskussion; so wurde die Zeit des Streiks so gut wie möglich für die Weiterentwicklung des Klassenbewußtseins der Arbeiter genutzt. Die Arbeitervollversammlung beschloß die «Säuberung» (saneamento) verschiedener Personen, die sich eindeutig auf die Seite der Unternehmer geschlagen hatten und sich nicht für die Probleme der Arbeiter interessierten. Die Arbeitervollversammlung beauftragte dann die Arbeiterkommission mit der Durchführung dieser Entscheidung. Um mehr auf die jetzige Zeit zu kommen: Vor kurzem hatten wir einen wichtigen Kampf, bei dem es um die Beendigung der Samstagsarbeit ging. In der Setenave wurde bis zum Dezember 1974 samstags gearbeitet, und zwar vier Stunden. Die Arbeiter der Setenave leben normalerweise nicht in der Stadt, sondern außerhalb. Das heißt, die Hin- und Rückfahrt zwischen Wohnort und Arbeitsplatz dauert in einigen Fällen sogar drei Stunden. Die Arbeiter waren also der Meinung, es sei nicht gerechtfertigt, drei Stunden unterwegs zu sein, um vier Stunden zu arbeiten, und beschlossen deshalb, mit der Samstagsarbeit Schluß zu machen. Sie beriefen eine Vollversammlung ein und präsentierten das Problem der Administration, die sich weigerte, darauf einzugehen. Währenddessen versammelten sich die Arbeiter, diskutierten die nötigen Kampfformen und entschlossen sich zu einem Streik, der nach und nach zeitlich ausgedehnt werden sollte. Das hieß, am ersten Tag würde die Werft eine Stunde lang lahmgelegt, am zweiten Tag zwei Stunden und so weiter. Das wurde so besprochen und der Administration, die immer noch ablehnte, vorgelegt. Der Kampf brauchte dann gar nicht erst anzufangen, da die Administration sich gezwungen sah nachzugeben. Außerdem gab es in der Setenave Kämpfe in einzelnen Abteilungen, die nicht die ganze Werft betrafen. Das waren Kämpfe einer bestimmten Abteilung. Diese Arbeiter und die Arbeiterkommission versuchten aber immer die ganze Werft darüber zu informieren, damit alle Arbeiter am antikapitalistischen Kampf teilnehmen konnten.

Außer um die Kämpfe gegen das Patronat kümmerte sich die Arbeiterkommission auch um die politische Erziehung der Arbeiter. Und so entstand für die Arbeiter der Setenave und andere eine Zeitung mit dem Titel «Kampf in der Arbeit». Eine Zeitung von linken Arbeitern, von ziemlich linken Arbeitern, die durch die Behandlung politischer und gewerkschaftlicher Themen versucht, das politische Bewußtsein der Arbeiter zu erweitern. Darüber hinaus, um eine Erziehung auf proletarischer Linie bemüht, verlangte die Arbeiterkommission erst kürzlich von der Administration den Kauf eines chilenischen Films, «Quando o povo acorda», das ist ein unter politischen Gesichtspunkten recht interessanter Film, denn er zeigt den Fall des chilenischen Reformismus und seine Folgen. Die Arbeiterkommission war sich einig, daß es wichtig wäre, daß alle Arbeiter diesen Film sehen könnten, und verlangte deshalb von der Administration den Kauf des Films. Die Arbeiter der Setenave haben jetzt auch eine Bibliothek zu ihrer Verfügung, auch die war eine neue Errungenschaft der Arbeiter. Im Augenblick finden keine sehr harten Kämpfe bei der Setenave statt, denn die Instabilität der Arbeit, die derzeit ein Risiko von Entlassungen mit sich bringt, wirkt sich auf die Maßnahmen der Arbeiter aus. Deshalb versuchen die Arbeiter, in dieser Sackgasse mit autonomen Organisationsformen weiterzukommen, mit höheren autonomen Organisationsformen. Deshalb werden sich die Arbeiter der Setenave in einem Organisationstyp organisieren, der recht breit sein soll, um so auf der Ebene des Unternehmens sowohl die politische als auch die ökonomische und die militärische Macht zu erlangen. Das sind also drei Aspekte, die sich die Arbeiter als Form einer höheren Organisation zum Ziel gesetzt haben.

Ich möchte noch sagen, daß in den beiden größten portugiesischen Werften, der Lisnave und der Setenave, das Kapital versucht, die Arbeiter zu spalten, die Arbeiter gegenseitig zu Konkurrenten zu machen, was die Arbeiter zurückwiesen. Die Arbeiter der Setenave und der Lisnave lehnen jede Form der Konkurrenz ab, sei es auf der Ebene der Arbeit, sei es auf der Ebene der Löhne und Gehälter. Deshalb sind sowohl die Arbeitszeit als auch die Löhne identisch. Die Arbeiter lehnen alles ab, was sie spaltet. Es besteht eine permanente Verbindung zwischen den beiden Arbeiterkommissionen, um den Kampf gemeinsam zu führen, was bisher recht positive Resultate gebracht hat. Eine der Formen, mit der die kapitalistische Administration auch versucht hat, die beiden Arbeiterkommissionen auseinanderzudividieren, war der Vorschlag, den Betrieb in Selbstverwaltung zu führen. Die kapitalistische Verwaltung gab vor, die Arbeiterkommission weiterzuentwickeln, indem sie den Arbeitern die Selbstverwaltung anbot. Dies haben die Arbeiterkommissionen der Setenave und der Lisnave abgelehnt. Sie lehnen die Selbstverwaltung innerhalb eines kapitalistischen Systems ab. Die Arbeiterkommissionen nehmen statt dessen eine sehr kritische Position gegenüber der Administration ein und stellen deren Entscheidungen ständig in Frage. Wir praktizieren aber nicht die Selbstverwaltung, innerhalb eines kapitalistischen Systems lehnen wir sie ab.

F.: Sind die Betriebe privat oder verstaatlicht?

A.: Die Setenave ist ganz verstaatlicht, denn das Kapital ist national.

Die Administration wurde von der Regierung eingesetzt. Die Lisnave besteht aus multinationalem Kapital, vor allem aus schwedischem und holländischem. Nur der nationale Kapitalanteil wurde bisher verstaatlicht, die ausländischen Anteile nicht.

F.: Warum kann die Selbstverwaltung in den Betrieben heute ein Mittel dazu sein, die Arbeiter auseinanderzudividieren?

A.: Die Arbeiter lehnen die Selbstverwaltung ab, weil sie zur Konkurrenz unter den Arbeitern führt, und zwar zwischen den bereits selbstverwalteten Betrieben und solchen, die noch kapitalistisch geführt werden. Diese Konkurrenz verursacht dann eine Konkurrenz der Arbeiter. Außerdem ist der portugiesische Kapitalismus in einer Phase totaler Dekadenz. Es ist ein Kapitalismus, der vom Ausland sehr abhängig ist. Zur Zeit ist zumindest der nationale Kapitalismus total verstaatlicht worden, und für diese kapitalistischen Betriebe gibt es keine Aussicht, ihre Macht zurückzugewinnen, es sei denn, der politische Prozeß würde zurückgeschraubt. – 70 Prozent des nationalen Kapitals sind verstaatlicht worden. In Privatbesitz sind also vor allem noch die großen internationalen Konzerne und die Kleinbetriebe, ungefähr in 80 Prozent der Betriebe gibt es Arbeiterkommissionen. – Wenn die Arbeiter in solch einem System, das ja in seinen Strukturen immer noch kapitalistisch ist, die Betriebe in Selbstverwaltung übernehmen würden, so wäre das nur eine Verstärkung des Kapitalismus. Die Arbeiter von Setenave sind erst dann bereit, den Betrieb in Selbstverwaltung zu führen, wenn die Planung der Wirtschaft sozialistisch ist und wenn die Produktionsmittel tatsächlich in den Händen der Arbeiter sind.

F.: Wie setzt sich die Arbeiterkommission zusammen?

A.: Die Arbeiterkommission ist das gewählte und jederzeit wieder abwählbare Exekutivorgan der Arbeitervollversammlung. Die wichtigsten Entscheidungen im Betrieb werden aber von der Arbeitervollversammlung getroffen, und die Arbeiterkommission hat nur die Aufgabe, die Beschlüsse dann durchzuführen. Die Arbeiterkommission, bei uns Arbeiterrat genannt, besteht aus zwanzig Mitgliedern, die ein Sekretariat bilden. Außerdem gibt es die sogenannten Basiskommissionen der verschiedenen Abteilungen im Betrieb, die immer dann zusammentreten, wenn aktuelle Probleme anstehen; sie kontrollieren auch den Arbeiterrat. All diese Organe werden in der Arbeitervollversammlung gewählt. Der Arbeiterrat hat ein Programm, das auch von allen Arbeitern verabschiedet wurde. Das Programm ist ganz praxisbezogen, wie zum Beispiel bestimmte Entscheidungen durchgeführt werden sollen. Außerdem hat der Arbeiterrat die Befugnis, auch über andere Probleme zu entscheiden, nur muß er immer die Grundlinie des Programms, das von allen Arbeitern verabschiedet wurde, befolgen.

F.: Wie hat sich die Situation am Arbeitsplatz seit dem 25. April verändert?

A.: Ursprünglich gab es bei Setenave wie auch bei Lisnave eine Akkordprämie, aber im Mai 1974 führte einer unserer Kämpfe zur Abschaffung dieser Prämie. Wir haben diese Prämie abgelehnt und forderten bessere Arbeitsbedingungen und mehr Lohn. Momentan gibt es weder bei Setenave noch bei Lisnave Akkordprämien, diese Prämien hatten auch zu Konkurrenz zwischen den Arbeitern geführt.

F.: Wie steht es um die Sicherheit am Arbeitsplatz, hat sich hier etwas verbessert?

A.: Eine der Aufgaben der Arbeiterkommissionen ist es auch, sich um mehr Sicherheit der Arbeitsplätze zu kümmern und in der Richtung auch Forderungen aufzustellen. Es gab schon konkrete Fälle, wo sich die Arbeiter einfach weigerten, bestimmte Arbeiten durchzuführen, da auch minimale Sicherheitsbedingungen nicht erfüllt waren. Inzwischen verfügt die Setenave über sehr moderne Sicherheitsinstallationen. Dazu gehört auch ein neuer Krankenwagen, der, glaube ich, aus Deutschland kommt. Dieser Krankenwagen hat 50000 DM gekostet und ist sehr gut ausgerüstet. Auch dieser Krankenwagen war eine Forderung der Arbeiter gewesen. Sie hatten dazu auch einen Hubschrauber für den Krankentransport gefordert, eine Forderung, die jedoch nicht erfüllt wurde. Da die Arbeit bei Setenave und Lisnave sehr gefährlich ist – es passieren sehr viele Unfälle –, deshalb verlangten die Arbeiter weiterhin den Ausbau der Sicherheitsvorkehrungen, und wir kontrollieren das auch.

F.: Wird daran gedacht, die Produktion umzustellen?

A.: Aufgrund des wirtschaftlichen Boykotts, der auch Setenave betrifft, beraten die Setenave-Arbeiter über die Möglichkeiten einer Umstruktuierung der Produktion. Die Arbeiter sind der Ansicht, daß man den Bau und die Reparatur von Schiffen auch weiterhin fortsetzen sollte. Sie sind allerdings der Meinung, daß Setenave irgendwann einmal seine Produktion auch auf den Bereich der mechanischen Schwerindustrie ausweiten kann, und zwar als Zulieferer. Das ist durchaus möglich, da die Produktionsstrukturen bei Setenave sowieso noch im Aufbau sind. Setenave befindet sich zur Zeit noch in einer Expansionsphase, wo Änderungen leicht vorgenommen werden könnten, indem man etwa den mechanischen Sektor innerhalb des Betriebes umstellt. Wir denken dabei an die Schwerindustrie, der wir Teile liefern könnten, die für den Bau von Kränen, Öltürmen oder Turbinen und so weiter gebraucht werden. In dieser Richtung ist unser Betrieb gut ausgerüstet, und wir könnten im Sinne von Dienstleistungen für andere Betriebe tätig werden. In Portugal plant man zur Zeit den Aufbau und Ausbau von hydroelektrischen Staudämmen; oder der Hafen von Sines soll jetzt für eine Raffinerie umgebaut werden, das wäre für uns auch eine Möglichkeit, viele Aufträge zu bekommen. Wir, die Arbeiter von Setenave, denken an die Umstellung der Produktion, ohne die bisherige Produktion einzustellen, wir werden auch weiterhin Schiffe bauen und reparieren.

F.: Kannst du das Verhältnis Arbeiterkommissionen – Gewerkschaften etwas genauer darstellen?

A.: Die Tatsache, daß es auf der einen Seite Gewerkschaften und auf der anderen Seite Arbeiterkommissionen gibt, führt unserer Meinung nach nicht zu einer Spaltung der Arbeiter. Die Gewerkschaften in Portugal haben keine so große Macht in der Arbeiterschaft wie etwa in Frankreich, Italien oder der Bundesrepublik. Die Arbeiter bei uns sind nicht so stark an die Gewerkschaften gebunden. Deshalb ist es normal, daß einige Forderungen und Kämpfe von seiten der Arbeiterkommissionen einen gewerkschaftlichen Charakter haben. Diese Tatsache läßt sich nur so erklären, daß die Aktivität der Arbeiterkommission besser funktioniert als die Aktivität der Gewerkschaften. Wir, die Arbeiterkommissionen, führen eben auch politische Kämpfe, wie etwa die «Hinaussäuberung» von Verwaltungsleuten und Ingenieuren. Ein anderes Beispiel war die Herabsetzung der Gehälter: Der Unterschied zwischen den Löhnen und Gehältern in unserem Betrieb ist heute schon sehr viel geringer geworden. In dieser Frage sind wir sogar weiter gekommen als die Gewerkschaften. Unser Kampf hat zu einem wesentlich kleineren Abstand zwischen Löhnen und Gehältern geführt, als es die Gewerkschaften jemals gefordert haben. Der Kampf um die Abschaffung der Arbeit am Samstag hat dazu geführt, daß unsere gesamte Arbeitszeit kürzer wurde. Wir haben die 42-Stunden-Woche durchgesetzt, im Gegensatz zur Gewerkschaft, die nur die 45-Stunden-Woche gefordert hat. Das war für uns ein politischer Sieg gegen das Kapital und sogar gegen die Gewerkschaften. – Es gibt in Portugal noch für jeden Berufszweig Gewerkschaften. Allein in der Setenave sind es 27. – Ein anderer Kampf, der jetzt anläuft und bestimmt siegreich ausgehen wird, ist folgender: Es gibt bei Setenave eine bestimmte Anzahl von Beschäftigten, nämlich die Ingenieure und die Techniker, die keine Stechkarten benutzen müssen. Die Arbeiter verlangen jetzt, daß auch für die Ingenieure, Techniker und Direktoren Stechkarten eingeführt werden. Es gibt bei Setenave außerdem Ingenieure und Direktoren, die ihre Dienstwagen auch privat benutzen. Das wollten die Arbeiter aber nicht, und deshalb dürfen die Firmenwagen jetzt nicht mehr zu Privatzwecken gefahren werden.

F.: Die Arbeiterkommissionen könnten ja künftig die Basisorganisationen von Einheitsgewerkschaften sein. Sind Bestrebungen im Gange, über die Arbeiter neue Gewerkschaften aufzubauen?

A.: Ich glaube nicht, daß die Arbeiterkommissionen in Portugal kurzfristig die Gewerkschaften ersetzen können. Solange das kapitalistische System noch herrscht und wir noch am Anfang der sozialistischen Phase stehen und so lange es noch kapitalistische Produktionsformen gibt, während dieser Zeit sind die Gewerkschaften noch notwendig, um einen antikapitalistischen Kampf zu führen. Ich glaube, wenn die Arbeiterkommissionen weiter ausgebaut und organisiert werden, dann haben sie eine wichtige Rolle beim Aufbau des Sozialismus und überhaupt für die Machtergreifung der Arbeiter. Sie ersetzen aber nicht die Gewerkschaften, die eine ganz andere Rolle spielen. Sie ersetzen weder die Gewerkschaften, noch können sie die Gewerkschaften eliminieren. Während der Übergangsphase zum Sozialismus, oder sogar noch im Sozialismus, spielen die Gewerkschaften eine wichtige organisatorische Rolle im antikapitalistischen Kampf.

F.: Da liegt doch ein Widerspruch: Einerseits Gewerkschaften als wichtiges Instrument für den antikapitalistischen Kampf, vorher wurde aber gesagt, daß sie schwach sind und daß sie eher noch dirigistisch und ökonomistisch sind. Was wird getan, um die Gewerkschaften umzubauen zu einem funktionsfähigen Instrument für einen antikapitalistischen Kampf?

A.: Die Gewerkschaften machen nicht die Revolution, Gewerkschaften haben noch nie die Revolution gemacht. Und wenn ich sage, daß die Gewerkschaften im Augenblick unter der Arbeiterschaft wenig Gewicht haben, dann deshalb, weil der revolutionäre Prozeß in Portugal bereits über die rein ökonomischen Forderungen der Gewerkschaften hinausgegangen ist. In diesem Sinn haben die Gewerkschaften im Augenblick in der Arbeiterschaft in Portugal wenig Gewicht. Denn es entstanden auf der anderen Seite politische Kampforganisationen der Arbeiter, das sind die Arbeiterkommissionen, die Arbeiterräte, aber das soll nicht heißen, daß die Arbeiter in der Fabrik, wenn sie irgendwelche Forderungen haben mit Akkord und so weiter, sich nicht an ihre Gewerkschaft wenden und versuchen, an der Gewerkschaftsbasis die Gewerkschaft in ihrem Sinne umzubilden. In der Tat besteht im Augenblick ein Widerspruch, der eben genannt wurde, politischer Kampf – rein ökonomischer; ein Widerspruch zwischen den Arbeiterräten und den Gewerkschaftsorganisationen, das ist ein Widerspruch, der im Verlauf des portugiesischen Revolutionsprozesses aufgetreten ist. Dieser Widerspruch existiert im Augenblick. Er muß aber nicht so weiterexistieren und wird sich in Zukunft auch noch ändern. Wenn es nach den Gewerkschaften gegangen wäre, hätte es im ersten Produktionsjahr keine Lohnforderungen und keine Fabrikbesetzungen gegeben. Aus der revolutionären Dynamik heraus entstanden die Arbeiterkommissionen; gleichzeitig bauen die Arbeiter aber den Gewerkschaftsapparat nicht ab, weil das im Augenblick eine Arbeitsüberlastung wäre. Aber sie kontrollieren ihn, und das ist wichtig. Sie üben eine starke politische Kontrolle aus, aber sie beschränken sich eben nicht auf die politische Kontrolle des Gewerkschaftsapparates, sondern führen auch ihren eigenen Kampf zur Machtergreifung der Arbeiter.

F.: Ist der Organisationsgrad der Arbeiter in den Gewerkschaften größer oder in den Arbeiterkommissionen?

A.: Der Organisationsgrad ist in den Arbeiterorganisationen größer, denn die Arbeiter sind für unsere Art von Kampf empfänglicher: ein objektiver, direkter und revolutionärer Kampf. Dies zeigte sich auch auf der größten, wenn nicht *der* größten Massendemonstration, die bis heute in Portugal stattfand und die von der autonomen Organisation der

Arbeiter organisiert wurde.

F.: Ist die Forderung nach einem garantierten Mindesteinkommen angesichts der schlechten Auftragslage nicht ein sehr schwieriges Problem?

A.: Im Moment wird in Portugal um die Festsetzung eines Mindest- und die Festsetzung eines Höchstlohnes gekämpft. Es gibt bereits einen Minimallohn, aber das ist ein Hungerlohn, und was den Distrikt Setúbal angeht, so reicht er nicht einmal aus, um die Miete zu bezahlen. Dieser nationale Mindestlohn, der festgelegt wurde, kam ungefähr 70 % der portugiesischen Arbeiter zugute. Das zeigt nur, in welchem Grade des Elends sie vorher gelebt hatten, und wenn man sieht, wie niedrig der Mindestlohn ist, in welchem Grad des Elends sie heute noch leben. Um ein konkretes Beispiel zu geben: Vor dem 25. April und auch noch danach – jetzt nicht mehr – verdiente der Administrator der Lisnave in einem Monat soviel wie ein Arbeiter in zwei Jahren. Der Administrator von Lisnave verdiente, abgesehen von dem Wagen, der ihm zur Verfügung gestellt wurde, außer den «mysteriösen Briefumschlägen», das waren alle möglichen Gratifikationen, deren Höhe niemand kennt, 17400 DM im Monat. Ein Arbeiter, der im Schnitt 700 DM verdiente, mußte zwei Jahre arbeiten, um auf den Monatsverdienst des Administrators zu kommen.

Für die Festsetzung des Höchstlohnes gibt es bereits einige Beispiele, wie etwa in Marinha Grande, in einer Fabrik für Glasscheiben: dort begannen die Arbeiter durch einen Kampf einen Höchstlohn einzuführen. Niemand in dieser Fabrik verdient jetzt mehr als 1500 DM, vorher jedoch gab es Gehälter bis zu 3600 DM. Und trotzdem: Kein Techniker ist gegangen, kein Ingenieur, alle sind geblieben.»

Über die Umstellung der Produktion auf Initiative der Arbeiter gaben die Arbeiter und Angestellten der Automontagefabrik Movauto ein Beispiel. Die 905 Arbeiter des Unternehmens stellten im Januar 1976 die Produktion auf Kühlschränke um, da diese notwendiger seien als Autos und es auf dem Automarkt wachsende Absatzschwierigkeiten gab. Was jedoch sollte mit den vielen PKWs geschehen, die die Firma auf Lager hatte? Die Karosserien wurden so verändert, daß die Mercedes-PKWs etwa in kleine Lieferwagen umgebaut wurden. Oder aber die Autos wurden auseinandergenommen und als Ersatzteile verkauft, die auf dem portugiesischen Markt um so stärker gefragt waren, als der Lieferboykott aus der Bundesrepublik und anderen westlichen Ländern immer spürbarer wurde. Später erfolgte die Umstellung der Produktion auf Kühlschränke, und zwar in Zusammenarbeit mit einer Mailänder Firma. Von dieser Umstellung können jetzt auch die portugiesischen Zuliefererfirmen profitieren, so etwa die Kunststoff-, Papier- und Farbenhersteller.

Als die Vollversammlung der MFA im Juni 1975 ein Aktionsprogramm verabschiedet hatte (siehe Seite 119), antwortete die Vollversammlung der Lisnave-Arbeiter mit einem konkreten Vorschlag zur Strukturierung der Arbeiterkontrolle, der wie folgt aussah:

Programm zur Arbeiterkontrolle im Betrieb
und Umstrukturierung des Arbeiterverteidigungsrates
«Contrôlo Operário» ist Aufgabe aller Arbeiter und wird auf der Grundlage von Arbeiterkontrollräten der Sektion durchgeführt und vom Arbeiterverteidigungsrat/CDT koordiniert. Der CDT wird sein Vorgehen mit der zu schaffenden Gewerkschaftskommission absprechen müssen. Daher müssen im CDT Vertreter der Gewerkschaftskommission Sitz und Stimme haben.

– Es wird davon ausgegangen, daß in der gegenwärtigen Phase des revolutionären Prozesses die Arbeiterkontrolle eine entscheidende Rolle bei der Errichtung der Grundlagen für den Aufbau der sozialistischen Gesellschaft spielt.

– Es wird davon ausgegangen, daß die Arbeiterkontrolle nur dann wirklich revolutionär sein wird, wenn sie in der Basis verankert ist und in ihren eigenen Kampferfahrungen wurzelt.

– Es wird davon ausgegangen, daß die Arbeiterkontrolle nur wirkungsvoll sein kann, wenn sie die gut durchdachten und auf der Grundlage des demokratischen Zentralismus beruhenden Regeln zur Organisation und Verfahrensweise befolgt.

Daher wird vorgeschlagen: Die sofortige Umstrukturierung des Rates als Weg zur Umsetzung der oben diskutierten Grundsätze in die Praxis.

Arbeiterkontrollrat

1. Zusammensetzung: Für jeden der verschiedenen Sektoren des Betriebes wird ein Arbeiterkontrollrat geschaffen. Der CDT schlägt vor, daß die Personen, die die verschiedenen Räte bilden werden, demokratisch gewählt werden. Die Wahl erfolgt durch Listen und durch Abteilungsversammlungen auf der Grundlage der Vertretung der verschiedenen Abteilungen des Sektors. Er schlägt weiter vor, daß ihre Anzahl nach der Notwendigkeit bestimmt wird, die Arbeiterkontrolle im Bereich der gesamten Fabrik zu sichern. Es ist erforderlich, daß die Wahl auf dem Kriterium der beruflichen Fähigkeit und der vollständigen Eingliederung in den ablaufenden revolutionären Prozeß beruht. Dies sind wesentliche und absolut unabdingbare Voraussetzungen, die den Gewählten eine richtige Erfüllung der Aufgaben ermöglichen werden.

2. Funktion: Entwicklung jeder einzelnen Tätigkeit, die sich in die Regeln und Grundsätze der Arbeiterkontrolle gemäß dem auf der Vollversammlung vom 27. 5. 1975 angenommenen Vorschlag einfügt. Und diese sind:

– Überwachung der sozialen Aufgaben der Werft, namentlich in den Bereichen Personal- und Informationswesen, kulturelle Belange und technische Ausbildung, Arbeitslosigkeit und Sozialverhalten, mit der Absicht, die Arbeits- und Produktionsbeziehungen umzuwandeln, indem ihr gegenwärtiger kapitalistischer Charakter bekämpft wird.

– Überwachung der Tätigkeit der Werft in den Bereichen Produktion und Handel, Finanz- und Rechnungswesen, Einkauf und Vorratshaltung, Planung und Arbeitsvorbereitung, Produktionsmittel und Zuliefererverträge.

– Kontrolle und Zugang zu allen Unterlagen, nicht nur zu den innerbetrieblichen, sondern auch zu denjenigen, die sich auf Vorgänge zwischen der Geschäftsleitung und außerbetrieblichen Stellen beziehen. Dazu soll die Vorenthaltung von Unterlagen und Informationen ein Vergehen gegen die Allgemeinheit sein und der Bestrafung nach den geltenden Gesetzen unterliegen. Völlige Abschaffung der Berufsgeheimnisse innerhalb der Produktionseinheit. Verpflichtung zur Weitergabe jeglicher Information an die Organe der Arbeiter, die zur Überwachung de r Produktion notwendig sind.

– Überwachung der Betriebsausgaben, das heißt der Produktions-, Repräsentations- und sonstiger Kosten. Immer, wenn solche Maßnahmen den Kampf gegen den Wirtschaftsboykott zum Ziel haben, sollen die Arbeiter der verschiedenen Sektoren über die Produktionskosten unterrichtet werden, um sie in die Überwachung der Produktion einzubeziehen und um sie zur Kostensenkung anzuregen.

– Keine Beteiligung an den Entscheidungen der Geschäftsführung, aber das Recht, gegen jede Maßnahme, die den Arbeitern schadet, ein Veto einlegen zu können, sei es bei der Besetzung bestimmter Plätze in der Geschäftsführung, sei es bei der Einstellung von Personal oder bei anderen Maßnahmen.

– Überwachung aller Delegationen ins Ausland, indem ihnen immer eine Person des Vertrauens der Arbeiter beigegeben wird. Das gleiche gilt für alle ausländischen Besichtigungs- und Verhandlungsdelegationen. Dies geschieht, damit angesichts des Boykotts diesem keine Ansatzpunkte geliefert werden.

– Anregung zum Kampf gegen die Wirtschaftspolitik der Kapitalisten auf der Ebene des Betriebes und des nationalen Wirtschaftszweiges Schiffsbau und -reparatur, das heißt gegen Ausschluß, Boykott, Wirtschaftssabotage, Spekulation, Defätismus, Gerüchtemacherei, etc., um die Arbeitslosigkeit, die Spekulation und die kapitalistischen Maßstäbe in der Produktionslenkung zu bekämpfen.

– Erzwingen von Planungsgremien im Wirtschaftsleben der Werft, um die Wirksamkeit der Arbeiterkontrolle zu verstärken. Dadurch wird die Entwicklung der Produktivkräfte und die daraus sich ergebende Produktionssteigerung gefördert.

Die Arbeiterkontrolle wird notwendigerweise die bisher geltenden Richtlinien der Verwendung des produzierten Mehrwertes in Frage stellen müssen. Sie wird sie auf die Garantie von Einstellung, Verbesserung der Arbeitsbedingungen und Aufbau von Strukturen und Erfahrungen ausrichten, die zu einer späteren Leitung der Wirtschaft im Dienste des

Volkes durch die Arbeiter beitragen.

– Vorantreibung der Umklassifizierung all jener Betriebsangehörigen, bei denen sich herausstellt, daß sie zur Erfüllung ihrer gegenwärtigen Aufgaben ungeeignet sind, sei dies wegen Untauglichkeit oder weil sich herausstellt, daß sie sich nicht den neuen Vorschriften anpassen können, denen der Betrieb und die Wirtschaft im allgemeinen Folge werden leisten müssen.

– Ausrichtung seines Vorgehens auf das Ziel, die kapitalistische Disziplin der Bosse zu bekämpfen, um die Errichtung einer revolutionären Disziplin im Dienste der Arbeiterkontrolle, der Verstärkung der Organisation der Arbeiter anzustreben, und so einen Beitrag zum Vorantreiben des revolutionären Prozesses zu leisten.

Arbeiterkontrolle auf Landesebene

Der CDT rät dazu, auf nationaler Ebene unverzüglich die Arbeiterkontrolle in Angriff zu nehmen, indem schon jetzt alle Kräfte zur Schaffung folgender Organe der Arbeiter entfaltet werden:

1. Nationaler Kontrollrat für die Schiffsbau- und -reparaturindustrie (gebildet aus Delegierten aller portugiesischen Werften).
2. Nationaler Produktionskontrollrat für die Betriebe der CUF-Gruppe.
3. Nationaler Produktionskontrollrat für die portugiesische Industrie.

Im August 1975 trafen sich Vertreter aus verschiedenen Unternehmen, nicht nur aus dem Produktionsbereich, sondern auch aus dem Dienstleistungsbereich, um über Möglichkeiten von Arbeiterkontrolle zu diskutieren und ihre bisherigen Erfahrungen zu vergleichen:

Frage: Was sagt ihr zu der Verbindung zwischen den Arbeitern der Dienstleistungsbetriebe, die in ihrer Mehrzahl aus der Kleinbourgeoisie stammen, und den Arbeitern aus dem Produktionsbereich?

Lisnave-Vertreter: Ich glaube, daß die Verbindung möglich ist, aber die Arbeiter müssen sich auf allen Ebenen organisieren; nur durch eine solche Organisation können die Arbeiter auf dem Weg zu einer Produktionskontrolle weiterkommen. Die Hauptsache ist, daß wir die Teilnahme aller Arbeiter erreichen, die an dem revolutionären Prozeß interessiert sind! Damit meine ich alle diejenigen, die mit den Ideen der Industriearbeiter einverstanden sind, weil nur die es sind, die die Avantgarde dieses Prozesses sein können. Wir müssen also eine Organisation aufbauen, die imstande ist, die Betriebe auf wirtschaftlicher, politischer und sogar auf militärischer Ebene zu kontrollieren.

Ich glaube, es ist wichtig zu erwähnen, was zum einen in den verstaatlichten Betrieben abläuft und zum anderen in den nicht verstaatlichten. An der Spitze der verstaatlichten Betriebe sind momentan immer noch Leute, die nicht das volle Vertrauen der Arbeiter haben. Es handelt sich im Grunde genommen auch um die gesamte kapitalistische Struktur, die immer noch nicht zerstört worden ist. Deshalb glaube ich, daß momentan die wichtigste Aufgabe der Industriearbeiter und aller anderen Arbeiter darin liegt, diese Strukturen zu verändern, insbesondere diese Strukturen zu säubern. Dies bedeutet auch Säuberung von Personen, damit die Strukturen wieder in den Dienst der Arbeiter gestellt werden können. In den nichtverstaatlichten Betrieben haben die Arbeiter auch nichts zu verlieren, wenn sie sich jetzt schon organisieren, die alten Strukturen sanieren, schon im Hinblick auf eine spätere Verstaatlichung; daß, wenn die Betriebe in die Hände der Arbeiter übergehen, sie dann auch dazu fähig sind, diese Betriebe zu führen.

TAP-Vertreter: Ich glaube, daß diese Analyse einige grundlegende Probleme außer acht gelassen hat. Wir können auf keinen Fall davon ausgehen, daß die verstaatlichten Betriebe sozusagen Inseln des Sozialismus darstellen. Wir sind integriert in einen nationalen Kontext, wo von den 100 größten Industriebetrieben die Mehrheit noch nicht verstaatlicht worden ist und wo nur 5 % des aktiven Teils der Bevölkerung in verstaatlichten Betrieben arbeitet. Ich glaube, daß wir von dem Prinzip der Arbeitersolidarität ausgehen müssen, die im Moment sehr wichtig ist. Ich möchte dazu auch ein Beispiel geben, wie Arbeitersolidarität aussehen kann: Da ist der Fall der Betriebe, aus denen die ausländischen Kapitalisten einfach abgehauen sind und die Arbeiter haben sitzenlassen, ohne jegliche Möglichkeiten, weiterproduzieren zu können. In diesen Betrieben stellte sich dann die Notwendigkeit, die Produktion umzustellen.

F.: Ich erinnere mich an den Fall der Firma Hertz, die zugemacht hat. Die Arbeiter wurden mit einer Entschädigung entlassen, und später konnte man nur feststellen, daß sie alle keine neue Arbeit gefunden haben.

Lisnave: Es gibt einfach keine Entschädigung, die die Arbeitslosigkeit der Leute überhaupt bezahlen könnte.

TAP: Gerade deswegen sage ich ja, daß die Arbeitersolidarität so wichtig ist. Ich erinnere mich an den konkreten Fall von TAP, die viel Material im Ausland einkauft, Material, das hier in Portugal hergestellt werden könnte, und womit zugleich etwas gegen unsere Arbeitslosigkeit getan würde. Das wäre eine Form von effektiver Arbeiterkontrolle und Arbeitersolidarität. Außerdem muß die Arbeiterklasse, um die Betriebe führen zu können, ganz hart gegen die Bürokratie kämpfen, die immer noch herrscht. Ein Beispiel von TAP: Nur um ein Ersatzteil zu holen, sind fünf verschiedene Formulare notwendig. Ein anderer Aspekt zu den verstaatlichten Betrieben ist, daß sie sehr abhängig sind vom ausländischen Markt, und da ist es sehr schwierig, eine Arbeiterkontrolle auszuüben, deshalb ist der Kampf gegen die Arbeitslosigkeit um so wichtiger.

Lisnave: Ich glaube, daß sich die Arbeiter so schnell wie möglich auf Betriebsebene organisieren müssen, um eine Kampagne zu starten, damit sich alle anderen auch organisieren, um nicht nur betriebsintern eine Kontrolle zu haben, sondern auch über andere Branchen auf nationaler

Ebene. In dieser Richtung sind die Arbeiter von Lisnave schon vorangekommen, und zwar mit einigen konkreten Organisationsformen, was Betriebe im Bereich des Schiffbaus betrifft. Bei Lisnave, die immer noch in privaten Händen ist, sind wir nicht daran interessiert, den Kapitalismus zu reformieren. Wir denken nur an die Umstellung der Produktionsmittel. Ein anderer Aspekt von großer Bedeutung ist, daß die Arbeiter, die in den Betrieben organisiert sind, die Säulen der Volksorganisationen darstellen werden. Ich glaube, daß es die in den Betrieben organisierten Arbeiter sein müssen – zusammen mit den Einwohnerkommissionen und allen anderen Arbeiterkommissionen –, die die Organe der Volksmacht aufbauen müssen; Organe, die das Land effektiver kontrollieren können und die später die Machtorgane auf nationaler Ebene bilden werden.

F.: Wir sollten jetzt zu dem Punkt Verbindung zwischen dem Produktions- und Dienstleistungssektor kommen. Dann: wie sieht die Verbindung der Volksorgane zu den traditionellen Organen wie der Gewerkschaft aus?

TAP: Wir müssen feststellen, daß sich die politische Macht heute noch nicht in den Händen der Arbeiter befindet. Wir sind uns da wohl alle einig. Angesichts dieser Tatsache frage ich, wo ist der Unterschied – wenn wir schon von Arbeiterkontrolle reden – zwischen einem verstaatlichten und einem nicht verstaatlichten Betrieb? Natürlich gibt es schon Unterschiede, aber meiner Meinung nach liegen die nur auf einer sekundären Ebene. Im wesentlichen verhindert ein verstaatlichter Betrieb die Aneignung von Mehrwert nicht, nur die Formen der Aneignung sind andere geworden.

Dienstleistungsbereich: Es steht außer Zweifel, daß die Verstaatlichung eines Betriebes, einer Branche, Fortschritt bedeutet, nämlich auf der Ebene des Kampfes um die Macht zum Beispiel. Aber das Wesentliche bleibt ungelöst.

Zu dem zweiten Punkt: Ich glaube, der zentrale Punkt ist die Herkunft der Arbeiter aus den Dienstleistungsbetrieben, die Kleinbourgeoisie. Nicht eine traditionelle Kleinbourgeoisie, aber eine neue Kleinbourgeoisie, die sich auf politischer Ebene im Grunde genauso verhält wie die Kleinbourgeoisie der Händler. Also können wir nicht davon ausgehen, daß die Kleinbourgeoisie eine revolutionäre Klasse ist. Wenn man von der Kontrolle der verstaatlichten Dienstleistungsbetriebe spricht, dann ist der Standpunkt nicht vertretbar, daß die Kontrolle dieser Dienstleistungsbetriebe auch von den Arbeitern dieser Branche durchgeführt werden soll. Und warum? Weil sie eine sehr eingeschränkte Perspektive haben, sie können sich auf keinen Fall revolutionär verhalten und das System in Frage stellen. Notwendigerweise muß aber eine Kontrolle auch solcher Betriebe durchgeführt werden. Ich meine nicht, daß die Kontrolle dann ausschließlich durch die Arbeiterklasse gemacht werden sollte, aber doch überwiegend und unter der Herrschaft der Arbeiterklasse.

Dienstleistungsbereich: Was die Organe der Volksmacht – Gewerkschaften betrifft: Meiner Meinung nach werden die Gewerkschaften früher oder später nur noch Organe sein, die Forderungen stellen, das heißt Organe, die nur die unmittelbaren Interessen der Arbeiter verteidigen. Sie stellen aber nie die Ausbeutung in Frage, sondern senken nur den Grad der Ausbeutung. Auf jeden Fall werden sie letztlich nur ein Anhängsel des kapitalistischen Staatsapparates sein, sie orientieren sich nur an diesem Staat. Obwohl sie nicht Organe dieses Staates sind, stehen sie ihm doch sehr nahe; fast wie eine Verlängerung des Staates. Von den Gewerkschaften kann man höchstens verlangen, daß außer der Funktion, die sie sowieso haben, sie vielleicht noch Bedingungen schaffen, damit sich die Organe der Volksmacht besser entwickeln können. Aber dabei können sie zwangsläufig keine Konkurrenten sein.

Dienstleistungsbereich: Wir wissen, daß bestimmte politische Kräfte Schlüsselpositionen im Staatsapparat besitzen, und im konkreten Fall haben sie ihre Machtpositionen ausgenutzt zum Beispiel bei den Verstaatlichungen, um den Prozeß in ihrem Sinne voranzutreiben. Sie haben Leute in die administrativen Kommissionen (der verstaatlichten Betriebe) ernannt, die zum Teil nicht das Vertrauen der Arbeiter hatten, dafür aber das Vertrauen jener politischen Kräfte. Damals gab es zu dieser Politik keine echte Alternative, abgesehen von gewissen sozialdemokratischen Strömungen, die eine Art Selbstverwaltung einführen wollten. Andererseits waren wir in unserem Sektor bei den Versicherungen mit verschiedenen Positionen konfrontiert, die man kurz so beschreiben könnte: Die eine Richtung sah die Teilnahme an der Verwaltung vor, entweder durch Selbstverwaltung oder Mitbestimmung. Die andere Richtung (auch unsere Position) ist für die Kontrolle und Aufsicht im Sinne von Arbeiterkontrolle. Auf der einen Seite haben wir also die reformistischen Kräfte, die alles versuchten und immer noch versuchen, um die Zusammenarbeit der Klassen zu fördern und um ihre Positionen im Staatsapparat zu verteidigen. Deshalb verteidigen sie auch die Mitbestimmung in den Verwaltungsgremien, deren Mitglieder vom Finanzministerium und von den Gewerkschaftskommissionen ernannt werden. Erstaunlich ist, daß dieses Gremium in etwa die Funktion eines Aufsichtsrates hat, typisch für die kapitalistische Gesellschaft. Hier liegt auch die Gefahr dieses Vorschlages; denn die politisch wichtigste Kraft, die für diesen Vorschlag kämpfte, hat alles versucht, um die Verwaltungsgremien zu kontrollieren und später auch die Kontrolle über all jene Betriebe zu bekommen. Auf der anderen Seite hatten wir die Kräfte mit einem sozialdemokratischen Ursprung, die verteidigten zwar nicht die unmittelbare Kontrolle, da sie auch keine starken Positionen im Staatsapparat besaßen, aber sie bereiteten die Wahl des Verwaltungsrates vor und einer Arbeiterkommission, die diesen Rat kontrollieren sollte im Namen der Arbeiter.

Im übrigen denke ich, daß diese Leute, die neokapitalistische Organisationsformen verteidigen, auf keinen Fall einen imperativen Wirtschaftsplan verteidigen können, weil das die Negation der kapitalistischen Entwicklung und kapitalistischen Akkumulation überhaupt darstellen würde. Weil die Arbeiter das Kapital nicht verwalten wollen, auf welche Art auch immer, haben sie andere Vorschläge gemacht, und zwar den Vorschlag der direkten Kontrolle durch die Arbeiterkommissionen. Die Arbeiterkommissionen verstehen wir als Organe der Arbeiter mit einer spezifischen politischen Funktion. Deshalb sollte man sie auch nicht mit den gewerkschaftlichen Organen verwechseln, wie es die Sozialdemokraten machen. Die Sozialdemokraten nehmen die Gewerkschaftsdelegierten und, statt sie Gewerkschaftskommission zu nennen, bezeichnen sie sie einfach als Arbeiterkommission, was aber nichts mit den Arbeiterkommissionen zu tun hat, die wir verteidigen. Die Arbeiterkommissionen schließen zwar auch Gewerkschaftsdelegierte mit ein, was nur von Vorteil sein kann für eine Zusammenarbeit mit den Gewerkschaften, aber es ist unbedingt notwendig, daß die Gewerkschaftsvertreter in den Arbeiterkommissionen in der Minderheit bleiben. Im Moment haben die sozialdemokratischen Kräfte viel Sorgen mit der Volksmacht, warum? Weil sie alles auf die westlichen Institutionen setzen, auf die Parlamente, Gerichte und so weiter. Wir hingegen sind der Meinung, daß die Arbeiterkommissionen in den Betrieben einen eminent politischen Charakter haben. Sie sollen sehr engen Kontakt haben mit den Stadtteilkommissionen und den Basisorganisationen auf dem Land, zum Beispiel mit den Dorfräten. Die Arbeiterkommissionen müssen vom Staatsapparat unabhängig sein, weil diese Zusammenarbeit mit anderen Organen der Volksmacht der Kern für einen neuen Staat sein wird, der von den Volksmassen vollkommen kontrolliert wird. Und das ist es, was die Sozialdemokraten hauptsächlich erschreckt, und nicht nur das.

Datenverarbeitung: Wir kennen andere Länder, wie etwa Italien, Frankreich, Belgien, wo Arbeiterkontrolle versucht worden ist. Bloß gab es sie dort nur auf Betriebsebene oder auf Branchenebene. Das waren also nicht mehr als einige exemplarische Fälle, die zwar unsere Unterstützung verdienen; aber in Portugal – in der revolutionären Situation, in der wir leben – müssen wir das Problem schon auf nationale Ebene angehen. Und das ist möglich, weil es eine Art von Machtvakuum gibt. Weil die politische Macht, die aktiv ist, abwesend ist; es handelt sich um eine Übergangsphase, eine revolutionäre Phase, in der weder die Bourgeoisie auf politischer Ebene fähig ist, die Arbeiter zu unterdrücken, noch die Arbeiterklasse die politische und wirtschaftliche Macht hat. In dieser Situation ist es interessant, wie die sozialdemokratischen und reformistischen Kräfte versuchen, angesichts der Dynamik der Gesellschaft die Organe der Volksmacht zu negieren, sie nicht anzuerkennen; oder sie versuchen ganz verzweifelt, diese Macht in die schon existierenden gesellschaftspolitischen Institutionen einzugliedern. Die Arbeitermacht kann nicht allein als der Wille der Arbeiter auf Betriebsebene oder Branchenebene verstanden werden, sondern sie muß global verstanden werden. Insofern kann nur die Arbeiterklasse, die auch die Avantgarde der sozialistischen Revolution ist, die Oberherrschaft haben. Das ist ganz entscheidend, da es sehr viele Arbeiter gibt, die nicht im Produktionsbereich tätig sind, die das einfach nicht verstehen. Es gibt aber einige Leute im Dienstleistungsbereich, die schon bedingungslos die Oberherrschaft der Arbeiterklasse anerkennen bezüglich der Kontrolle über die Produktion. Wenn ich mich auf den Bereich der Banken und Versicherungen beziehe – also auf Bereiche, die im Produktionskreislauf die Aufgabe haben, den Mehrwert umzuverteilen und nicht, neue Güter zu schaffen –, da ist es ganz offensichtlich, daß sich die Oberherrschaft der Arbeiterklasse verwirklichen muß, die Kontrolle über den Mehrwert, den sie ja selbst geschaffen hat. Das Vetorecht der Arbeiter über bestimmte Investitionen, die die Arbeiter offensichtlich benachteiligen, muß unbedingt eingeführt werden.

Lisnave: Ich glaube, daß es im Dienstleistungssektor ganz natürlich ist, wenn in einer ersten Phase die Kontrolle durch Leute dieses Sektors selbst gemacht wird, die das Vertrauen der Arbeiter aus dem Produktionsbereich genießen. Also in der ersten Phase brauchen wir sogar die Hilfe dieser Leute aus dem Dienstleistungsbereich, damit wir anfangen können, auch die Verwaltungen der Produktionsbetriebe zu kontrollieren: Daher die Koordinierung in jeder Branche, die später auf nationale Ebene übergehen soll. Im Augenblick ist die Koordinierung zwischen den verschiedenen Sektoren noch nicht leicht, weil die Organisation der Arbeiter immer noch in den Anfängen steckt.

Andererseits ist besonders bedeutsam die Verbindung der Arbeiterorganisation mit der Organisation der Volksmacht auf lokaler Ebene, auf Kreisebene; diese Verbindung soll später auch auf Bezirksebene ausgeweitet werden, dann auf nationale.

Die Tatsache, daß nach dem 25. April die Arbeiterkommissionen gebildet wurden, hat ganz bestimmte Ursachen. Zum einen, weil die Gewerkschaften in einer kapitalistischen Struktur stecken und nicht auf die Wünsche der Arbeitenden eingehen können. Unter diesen Bedingungen sind die Arbeiterkommissionen das höchste Organ zur Verteidigung der Arbeiter selbst, und deswegen müssen sie auch an der Spitze der Kämpfe stehen. Das heißt nicht, daß sich die gewerkschaftliche Organisation rückentwickeln sollte, sie ändert sich auch. Aber die Arbeiter müssen lernen, den bloßen Forderungsaspekt ihrer Kämpfe zu überwinden, um den politischen Aspekt immer mehr zu betonen. Das muß dazu führen, daß eine wirkliche Gleichstellung aller Arbeiter in diesem Land erreicht werden kann. Ich glaube, daß es zwei parallele Strukturen geben muß: zum einen die gewerkschaftliche und zum anderen die Organe der Arbeitermacht. Sie sollen sich aber nicht gegenseitig bekämpfen, sondern sich ergänzen. Noch ein wichtiger Punkt: Vor dem 25. April sollte die Lisnave erweitert werden, und zwar in Brasilien. Nach dem 25. April hat die Regierung sogar die Erlaubnis dazu gegeben. Dabei ist folgende Frage aufgekommen: in einem Moment, wo die Lisnave eine ernste Krise durchmacht, hat es da einen Sinn, auf kapitalistische Weise in Brasilien zu investieren? Die Arbeiter von Lisnave haben das abgelehnt. Die Investitionsabsichten wurden auf Druck der Arbeiterkommission von Lisnave und den Arbeitern der Bank Totta-Açores fallengelassen. Was diese Investition betraf, hatte man sich die Frage gestellt, ob es nicht doch sinnvoller sei, die 30 Millionen DM in Portugal zu investieren, um neue Arbeitsplätze zu schaffen – zumindest für einige der 250000 Arbeitslosen.

Dienstleistung: Ich wollte nur sagen, daß die Arbeiter keine geborenen Esel oder Dummköpfe sind. Die Frage der Trennung zwischen Kopf- und Handarbeit muß unbedingt gelöst werden; die Trennung muß aufgehoben werden. Es gibt niemand, der von Natur aus oder des Schicksals wegen unfähig sei, sich Einstieg in die «verborgenen, heimlichen» Wissenschaften zu verschaffen, einen Einstieg in den Bereich der Wissenschaft und Technik.

Obwohl die Kleinbourgeoisie für den Dienstleistungsbereich typisch ist, so hat doch die Gruppe gesiegt, die für die Kontrolle und Aufsicht unter der Oberherrschaft der Arbeiter aus dem Produktionssektor war.

Dienstleistung: Diese Richtung wurde im Versicherungswesen zunächst nur von einer Minderheit unterstützt, aber im Laufe der Zeit, aufgrund von Diskussionen und Vollversammlungen, hat sich dann doch ein bedeutender Teil der Arbeiter dafür entschlossen. Bisher haben wir sehr abstrakt über Arbeiterkontrolle gesprochen, ich will jetzt ein konkretes Beispiel geben: Im Bereich der Versicherungen gibt es ein großes Problem, nämlich das der Arbeitsunfälle, die dort ja registriert werden. Die überwiegende Mehrheit der Opfer sind Arbeiter. Die Ausfallöhne, die ihnen von den Versicherungen bezahlt werden, sind Hungerlöhne. Die Entschädigungen und Pensionen für die Familien etwa sind sehr klein. Das gleiche Problem stellt sich bei den Banken. Wie können nun die Angestellten aus dem Dienstleistungsbereich etwas über die Bedürfnisse der Arbeiter erfahren? Nur die Arbeiter selbst können uns sagen, wie diese Probleme gelöst werden sollten, zum Beispiel unter welchen Bedingungen sie behandelt werden wollen bei Ärzten und in den Krankenhäusern.

TAP: Die Hauptsorge unseres Landes ist momentan die Arbeitslosigkeit, ist der Hunger und die Misere, die die Arbeitslosigkeit mit sich bringt. Bei der TAP zum Beispiel gab es Verhandlungen mit der FRELIMO wegen Charterflügen. Die TAP hat einen Vertreter gesandt, von dem die FRELIMO sagte, daß er ein Kolonialist, ein Faschist, ein Rassist sei. Die FRELIMO hat ein entsprechendes Dokument an die Regierung geschickt, um zu erklären, daß sie nicht weiter daran interessiert sei, mit diesem TAP-Vertreter zu verhandeln. Wie nun sah die Reaktion der

Regierung aus? Sie hat denselben Vertreter nochmal zur FRELIMO geschickt mit dem Ergebnis, daß die FRELIMO den Auftrag an die British Airways gab. Das hat zwar noch keinen endgültigen Charakter, da die FRELIMO das portugiesische Volk trotzdem respektiert. Die Arbeiterkommissionen sollten die Betriebe unterstützen, wo die Bosse abgehauen sind, damit dort die Produktion umgestellt werden kann, um Arbeitslosigkeit zu verhindern. Wir müssen noch betonen, daß Arbeiterkontrolle auf Betriebsebene nicht bedeutet, daß man die Arbeiter kontrollieren will, um sie dadurch zu spalten. Alle Organisationen, Volks- und Arbeiterversammlungen müssen lernen, wie sie die entsprechenden Bereiche verwalten können, damit sie später auch die Macht übernehmen können.

Lisnave: Wenn der Genosse von TAP behauptet, daß das Ziel die Machtübernahme ist, so bin ich einverstanden. Aber ich frage mich, müssen wir nicht zuerst noch eine Phase der Organisierung der Arbeiterklasse durchmachen? Wie werden wir das Problem lösen, daß wir Rohstoffe importieren müssen? Das müssen wir ganz ohne Angst anpacken. Natürlich können wir die Lösung der Probleme nicht nur den Arbeiterkommissionen jeder Branche überlassen, obwohl ihre Arbeit sehr wichtig ist. Die Hauptsache ist, daß wir eine Struktur aufbauen, die die Verbindung zwischen den verschiedenen Arbeiterkommissionen herstellt, um gemeinsam Mittel zu finden, verschiedene Barrieren zu überspringen. Nur einfach so über die Machtübernahme zu sprechen, kann demagogisch sein. Wir müssen die verschiedenen Phasen durchlaufen, bis dieses Ziel erreicht wird, ohne daß wir inzwischen arbeitslos werden. Sonst wäre der Reaktion die Tür geöffnet, wie es in Chile und anderen Ländern bereits schon geschehen ist.

Datenverarbeitung: Was ist die Arbeiterkontrolle eigentlich? Die Arbeiterkontrolle wird in einem bestimmten historischen Moment aufgebaut als kämpferische Antwort auf versteinerte Strukturen, wie etwa die gewerkschaftlichen Strukturen, besonders in Europa. Die Arbeiterkontrolle ist dezentralisiert; die Arbeiterkontrolle ist auch eine Antwort auf die Mystifikationsmechanismen, die der Kapitalismus bei der Verwaltung seiner Betriebe anwendet. Die Realität eines Betriebes drückt sich nicht auf der Ebene der Buchhaltung aus, auch wenn die Buchhaltung sehr transparent sein mag. Die Realität kann nicht in Abrechnungen zum Ausdruck kommen. Normalerweise verfälschen die Großbetriebe die Buchhaltungen nicht; was sie aber verfälschen, ist die infrastrukturelle Realität; das sind zum Beispiel die Lagerbestände, die Zahl der Maschinen. Gerade darin besteht die Notwendigkeit der Dezentralisierung der Arbeiterkontrolle, weil die Arbeiter über die Bestände Bescheid wissen, mit den Maschinen umgehen und am besten wissen, ob Maschinen ausgewechselt oder nur repariert wurden. Nur der Arbeiter kennt die tatsächlichen Lagerbestände. Eines der Hauptprobleme, das sich den Arbeiterkommissionen stellt, ist die Dezentralisierung dieser Macht, weil eine zentralistische, bürokratische Kontrolle nie richtig funktionieren kann. Hier stellt sich dann wieder die Notwendigkeit einer Zusammenarbeit zwischen dem Produktions- und dem Dienstleistungsbereich. In unserem Sektor arbeiten wir zum Beispiel mit Zahlen und mit Daten, die nur auf Betriebsebene direkt zu kontrollieren sind, auf der Ebene der Betriebe, die produzieren. Im Gegensatz dazu etwa die Banken, die ihre Buchführung offenlegen müssen, damit die Arbeiter des Produktionsbereichs die Finanzen der Banken kontrollieren können. Eine andere Sache ist das Problem der politischen Avantgarde als Avantgarde der produzierenden Klasse. Diese Avantgarde muß während der Entwicklung des Prozesses durch die Klasse kontrolliert werden, während die Revolution vorangeht und die soziale Dynamik sich entwickelt. Die Avantgarde ist keine Avantgarde für immer. Ich will damit sagen, daß die Avantgarde nicht daraus resultieren kann, daß durch eine Wahl die Macht übertragen wird, also von der revolutionären Klasse bedingungslos auf jemanden übertragen wird, dem wir vertrauen. Nein, diese Avantgarde muß jederzeit von der revolutionären Klasse kontrolliert werden, sie muß in Frage gestellt werden, sobald sie nicht mehr die Interessen dieser Klasse verteidigt. Bis zur Machtübernahme ist die Rolle der Avantgarde tatsächlich eine sehr wichtige Sache, und nach der Machtübernahme muß sich die Avantgarde auflösen zugunsten der allgemeinen Interessen dieser revolutionären Klasse. Dann muß das Problem der Organisation neu überdacht werden. Ich erwähne diese Dinge, weil wir die traditionellen Bestrebungen zum Dirigismus, zum Führertum, zu bürokratischen und reformistischen Konzepten, die wir ja schon kennen, vermeiden müssen.

Die revolutionäre Partei hat zwei Hauptrollen zu spielen. Ich spreche von Partei, weil die organisierte Avantgarde, von der du gesprochen hast, wohl nur eine Partei sein kann. Ich sehe die Partei nicht als ein Ziel an sich, sondern als ein Instrument, um die Macht zu erobern, zur Konsolidierung der Demokratie. Die erste Rolle der Partei ist zu bestimmen, wie der Ablauf aussehen soll, um die Macht zu übernehmen. Im Moment gibt es in Portugal nicht nur eine Avantgarde, sondern mehrere, die zersplittert sind, manchmal streiten sie sich nur wegen ganz nebensächlicher Sachen. Das Problem ist also, wie kann man Bedingungen schaffen, damit sich die Avantgarde vereinheitlicht, sich zusammenschließt. Die Vereinheitlichung muß konkret sein und nicht abstrakt. Die zweite Rolle der revolutionären Partei ist, günstige Bedingungen zu schaffen für den Aufbau von Organen der Volksmacht. Ich spreche von Organen der Volksmacht, genauso könnte ich von Sowjets (Räten) reden; das heißt in einem gewissen Moment gibt es autonome Organe, die unabhängig vom Staat sind, die von den Arbeitern geschaffen werden und die die kapitalistische Herrschaft in Frage stellen. Diese Teilung der Macht hat auch einen doppelten Zweck: auf der einen Seite die Herrschaft der Kapitalisten in Frage zu stellen – nicht nur wirtschaftlich, sondern auch ideologisch, politisch –; auf der anderen Seite werden die Organe der Volksmacht die Basis des zukünftigen sozialistischen Staates darstellen. Die

Partei soll also die Schaffung solcher Organisationen fördern und ihnen soviel Autonomie geben, wie es nur irgend geht.

Am 18. September 1975 rief das Sekretariat der Interkommissionen (Koordinierungsbüro aller Arbeiterkommissionen) des Großraumes Lissabon zu einer Demonstration auf, an der sich mehr als 100000 Arbeiter, Angestellte, Bauern aus Kooperativen und Soldaten in Uniform beteiligten. Die Demonstration wandte sich gegen einen Rechtsrutsch, der sich im Rahmen der Parteipolitik abzeichnete, gegen die Entfernung linker Regierungsmitglieder, gegen eine Zensur der Zeitungen und gegen faschistische Organisationen wie die ELP. «Weg mit der Sozialdemokratie», riefen die Demonstranten, womit sie die Regierung unter Premierminister Pinheiro d'Azevedo meinten, die als Regierung Soares ohne Soares galt. Diese sechste Übergangsregierung erließ am 31. Oktober 1975 ein Dekret, um den immer weitergehenden Forderungen der Arbeiter nach Kontrolle entgegenzutreten. In diesem Dekret hieß es unter anderem: «Das Dokument hat das Ziel, Bedingungen für eine organisierte Teilnahme der Arbeiter an der Produktionsschlacht zu schaffen. Diese Produktionsschlacht wendet sich gegen Sabotage und soll die Produktion quantitativ und qualitativ verbessern, damit dann der sozialistische Weg eingeschlagen werden kann, den das Volk und die Streitkräfte gehen wollen . . .

Statt Arbeiterkontrolle zurück zur Kontrolle über die Arbeiter?

Die Kontrolle der Produktion darf nicht dazu führen, daß die normale Aktivität der Unternehmen beeinträchtigt wird und darf auch nicht bei der Wahrnehmung der Funktionen eingreifen, die der Geschäftsleitung zukommen.»

Dieser Erlaß war eine Weiterentwicklung eines schon früher von der PCP während der «Produktionsschlacht» und Antistreikbewegungs-Phase eingebrachten Gesetzesvorlage. Die Zeitung «República» schrieb am 3. November 1975 dazu: Dieser Vorschlag zielt auf eine Rückgewinnung der Arbeiterkontrolle im Sinne der Kontrolle über die Arbeiter ab, indem aus der Arbeiterkontrolle ein einfaches Instrument der Produktionsschlacht gemacht wurde und man sie in ein rigoroses gewerkschaftliches Korsett zwängte.»

Auf dem ersten großen Treffen der Arbeiterkommissionen des Lissabonner Industriegürtels am 8. November trat eine Arbeitsgruppe «Arbeiterkontrolle» auf und verabschiedete ein Dokument, in dem es hieß: «Es ist von größter Bedeutung, daß alle Aktionen mit den Gewerkschaften abgesprochen werden. Wenn nicht, besteht die Gefahr einer Parallelorganisation, die der Weiterentwicklung schadet. Dieses Sekretariat muß vor allem der Unterstützung der Gewerkschaften dienen . . . Man soll die Arbeiterkontrolle nicht ausufern lassen.»

«Normalisierung»

Mit dem Rechtsrutsch bei den Streitkräften im Spätsommer '75 und der daraus resultierenden sechsten Regierung begann in Portugal eine Phase der Eindämmung und Repression der Volksinitiativen, was sich nach dem 25. November noch spürbar verstärkte.

Unterstützt von der sechsten Regierung, treten in dieser Phase die Unternehmer-Interessen wieder in den Vordergrund. Im Dezember 1975 wurde bei «Applied Magnetics» die seit langem besetzte Fabrik von der Polizei geräumt, und die Multis scheuen sich nicht mehr, Arbeiter massenhaft zu entlassen; so bei TIMEX zum Beispiel, wo 668 Arbeiter entlassen wurden und 500 weitere Entlassungen geplant sind. Der Kampf der Arbeiter gewinnt wieder einen eher gewerkschaftlichen Charakter: Kampf gegen Entlassungen, Kampf gegen die Regierungsmaßnahmen wie Lohnstopp, Teuerung der Lebenshaltungskosten und so weiter, Kampf um die Erhaltung der Arbeitsplätze, wie bei den Betrieben in Selbstverwaltung.

In der Stadt Porto zum Beispiel gibt es alleine 150 Betriebe in Selbstverwaltung mit 20000 Beschäftigten. Diese Betriebe kämpften Anfang des Jahres 1976 beim Arbeitsministerium für die Verlängerung ihrer Betriebsgenehmigungen. Die betroffenen Arbeiter hatten Anlaß zur Sorge, da schon in einigen Fällen die alten Unternehmer zurückgekommen waren.

Noch beunruhigender waren die Äußerungen des Arbeitsministers, Hauptmann Tomás Rosa, gegenüber einer Lissabonner Tageszeitung: «Es wird keine Säuberungen oder Suspendierungen mehr geben, die von den Arbeitern – egal welcher politischen Couleur – entschieden werden.»

In einem offiziellen Communiqué des Ministers hieß es sogar: «In Vorbereitung ist ein Gesetz, das die Säuberungen in den Betrieben betrifft. Nicht nur für die Zukunft, sondern auch für vergangene Verfahren, in denen die Betroffenen in ihrer Verteidigung nicht berücksichtigt worden sind.»

Die Mitglieder des Sekretariats der Kooperativen und Betriebe in Selbstverwaltung von Porto: «Wenn es so ist, dann wird den Unternehmern, die abgehauen sind, nachdem sie Sabotage betrieben, Arbeiter entlassen und Geld für private Zwecke entnommen haben, die Möglichkeit eingeräumt, wieder zurückzukehren, und zwar im Schutze des Gesetzes. Wir haben auf einer Vollversammlung aller Arbeiter in Selbstverwaltung einstimmig beschlossen, vom Ministerium eine automatische Verlängerung aller Betriebsgenehmigungen zu verlangen.»

Und, die Argumente des Ministers umdrehend: «Der Minister erklärte wiederholt, daß Arbeiter manchmal Maschinen zerstört hätten. Wir wollten Beispiele wissen, und er konnte uns keine nennen. Weiter sagte er uns, er wolle in unseren Betrieben Prüfungen vornehmen lassen, um zu sehen, ob unsere Geschäftsführung ausgeglichen ist und ob die Gründe für den Abgang der Unternehmer legal und berechtigt waren.

Zur Frage der ausgeglichenen Geschäftsführung sagen wir, diese Betriebe erbten eine sehr schwierige wirtschaftliche Situation und wurden nie unterstützt. Deshalb möchten wir gern wissen, mit welchem Recht der Arbeitsminister sich jetzt nach einer ausgeglichenen Geschäftsführung zu erkundigen gedenkt?

Was die moralischen Probleme beim Abgang der Unternehmer betrifft, so würden wir gern erfahren, welche Moral der Minister zum Kriterium machen will, wo es Hunderte von Unternehmern gibt, die die Tarifverträge nicht einhalten und den Arbeitgeberanteil an der Sozialversicherung nicht zahlen. Was unternimmt das Arbeitsministerium dagegen? Nichts! Werden die Gesetze jetzt nur noch gemacht, um den Arbeitern allein aufgezwungen zu werden?»

Setenave nach dem 25. November 1975

F.: Wie ist die Haltung der Arbeiter gegenüber der Inflation, dem Lohnstopp, den Krediten aus dem Ausland und so weiter?

A.: Die antipopularen Maßnahmen der Regierung, wie die Erhöhung der Lebenshaltungskosten, der Lohnstopp, die Repression, haben entschiedenen Widerstand von seiten der Arbeiter hervorgerufen. Was die Kredite und finanziellen Hilfen vom Ausland betrifft, so kümmern sich die Arbeiter nicht darum. Die Regierung kümmert sich ja sehr intensiv um diese Art von Fragen. Demagogisch nutzt sie die Tatsache aus, daß sie von dem Imperialisten und Subimperialisten wirtschaftliche Hilfe bekommen, wie von der EG, um zu zeigen, daß ihre Politik korrekt ist. Aber die «Hilfe» aus dem Ausland für die portugiesischen Arbeiter ist ganz deutlich zu sehen, zum Beispiel in Fällen von Betriebsschließungen und den daraus resultierenden Entlassungen von Tausenden von Arbeitern bei mehreren internationalen Konzernen in Portugal; wie etwa bei «Applied-Magnetics», Timex und ITT.

F.: Wie sehen die Ergebnisse der letzten Wahl für die Arbeiterkommission bei Setenave aus, wie hoch war die Wahlbeteiligung? Welche Bedeutung hat diese Wahl?

A.: Ende letzten Jahres gab es die Wahl für die Arbeiterkommission. In einer Arbeitervollversammlung hatte man entschieden, über die Satzung für die Arbeiterkommission abzustimmen. Die Kommission hat jetzt als Hauptaufgabe die Anwendung der Arbeiterkontrolle. Für diese Abstimmung wurden fünf verschiedene Vorschläge zur Arbeiterkontrolle vorgelegt. Fünf verschiedene Programme, die von verschiedenen Arbeitergruppen des Betriebes aufgestellt worden sind. In wesentlichen Punkten waren die Programme nicht sehr verschieden, was uns veranlaßt hat, zu überlegen, ob man nicht ein einheitliches Programm, d. h. nur einen Vorschlag machen könnte. Das war aber unmöglich auf Grund des Sektierergeistes einiger politischer Gruppierungen, die keinen einheitlichen Vorschlag akzeptieren wollten. Die Wahlbeteiligung lag unter

COVA DA PIEDADE

SEBASTIÃO DA COSTA JÚNIOR

DECLARAÇÃO

Vem declarar publicamente que nunca pertenceu nem teve ligações de qualquer espécie com a PIDE/DGS, nem com qualquer agremiação de carácter político.

Foi-lhe passada pela Junta de Salvação Nacional uma declaração de não ter pertencido à PIDE/DGS.

AGRADECIMENTO

JOAQUIM DE JESUS FERREIRA, EX-PIDE-DGS — Quintanilha —, na impossibilidade de agradecer pessoalmente a todas as pessoas que se interessaram e o ajudaram nesta fase difícil da sua vida, vem agora fazê-lo por este meio.

A todos o meu muito obrigado.

Bragança, 2 de Fevereiro de 1976

«DANKSAGUNG *Joaquim de Jesus Ferreira, ehemaliger Agent der PIDE/DGS, in der Unmöglichkeit, sich persönlich bei allen Personen zu bedanken, die sich in dieser schwierigen Phase seines Lebens für ihn interessierten und ihn unterstützten, tut dies auf diesem Wege. Allen sei ausdrücklich gedankt. Braganca (Nordportugal), 2. Februar 1976.» Die Anzeige erschien in einer katholischen Zeitung des Distriktes Braganca.*

Kurz nach dem 25. April waren in den Zeitungen fast täglich ähnliche Anzeigen erschienen, jedoch mit umgekehrtem Inhalt. Etwa die folgende in der «Republica» vom 8. Mai 1974: Sebastiao da Costa jr. «ERKLÄRUNG *Ich erkläre öffentlich, daß ich niemals der PIDE/DGS angehört, noch irgendwelche Verbindungen zu ihr unterhalten habe . . .» Die «schwierige Zeit», auf die der Ex-Pide-Agent sich bezieht, war seine Zeit im Gefängnis nach dem 25. April. Mit Beginn der Sechsten Übergangsregierung wurden Hunderte von ehemaligen Agenten der faschistischen Geheimpolizei freigelassen.*

Portugal, Mai 1975 **Zeichnung: Hicks (Copyright DIE WELT)**

Sonnenuntergang

So hatten zwei der großen politischen Zeitungen der BRD die Entwicklung gesehen.

50 %, das erklärt sich zum Teil daraus, daß mehrere Programme zur Wahl gestellt wurden, zum Teil auch daraus, daß die Wahlen nach dem 25. November stattfanden und die Leute politisch etwas demobilisiert waren. Zur Zeit versucht die Arbeiterkommission, zusammen mit den Arbeitern von Lisnave die Arbeiterkontrolle auszuüben. Das ist sehr schwer, nicht nur wegen bestimmter Eigenschaften des Betriebes, sondern auch auf Grund der politischen Schwierigkeiten, denen man unter dem neuen Regime in Portugal ausgesetzt ist.

F.: Gab es nach dem 25. November Diskussionen über möglicherweise begangene Fehler von seiten der Organe der Volksmacht?

A.: Meiner Meinung nach gab es unglücklicherweise zu wenige Diskussionen darüber. Die Hauptkritiken beziehen sich auf folgende Punkte:

1. Mangel an politischer Perspektive und Mangel bei der Definition konkreter Aufgaben und Ziele.

2. Die Manipulation durch reformistische Organisationen, besonders durch die Kommunistische Partei und maoistische Parteien und Organisationen, die viel mehr an ihre eigenen politischen Ziele und Interessen dachten als an die Interessen der Arbeiter.

3. Das Sektierertum in den politischen Basisorganisationen, das ein fruchtbarer Boden war für die kleinbürgerlichen Radikalen, die nur durch schöne Parolen und Reden die Leute mitreißen können.

F.: Wie läßt sich der Rechtsrutsch erklären? Die Auflösung der linken Militärstrukturen, die Aufgabe des Projekts Volksmacht und so weiter?

A.: Die Rechte und der CIA waren in Portugal sehr clever, sie haben alles auf die Gemäßigten in den Streitkräften, auf die «Gruppe der Neun» gesetzt, als sie den Putsch vom 25. November auslösten mit dem Ziel, den Kampf der Arbeiter zu stoppen, um das wiederzugewinnen, was die Arbeiterklasse ihnen weggenommen hatte. Im Moment aber werden die «Neun» und die Sozialdemokraten immer mehr von den extrem Rechten überholt, die sich bereits in den Machtorganen installiert haben. Apropos Volksmacht, wir haben das Projekt Volksmacht nie aufgegeben; was es gab, war ein Rückschlag bei den Organen der Volksmacht; es gab eine Änderung der Kräfteverhältnisse auf der politisch-militärischen Machtebene. Aber wir werden weiterhin für die Volksmacht kämpfen.

F.: Wie funktioniert heute die Verbindung der verschiedenen Organe der Volksmacht im Bezirk von Setúbal?

A.: Nach dem 25. November hat das Kampfkomitee von Setúbal versucht, den Kampf um die Volksmacht zu dynamisieren. Zunächst haben sie das Kampfkomitee umstrukturiert, es besteht jetzt aus einem Sekretariat der Arbeiterkommissionen und dem Sekretariat der Bewohnerkommissionen, die in einem Plenum gewählt werden, das aus Delegierten der Volksmacht besteht. Dieses Plenum hat Entscheidungsbefugnisse, die Sekretariate dagegen sind nur ausführende Organe. Parallel dazu gibt es verschiedene Arbeitsgruppen zu bestimmten Themen wie:

Wohnsituation, Gesundheit, Erziehung, Verbindung Stadt – Land. Was die Arbeitsgruppe Stadt – Land betrifft, sie haben schon mehrere Initiativen ergriffen, um die Zusammenarbeit zwischen Stadt und Land zu verbessern. Sie haben sich um den Verkauf von landwirtschaftlichen Produkten der Kooperativen dieses Gebietes gekümmert; die Produkte wurden direkt an die Konsumenten verkauft. Man hat bis jetzt schon regelmäßig Volksmärkte organisiert, und zwar in Setúbal, Almada und Barreiro (große Industriezentren auf der Südseite des Tejo), wo die Landwirtschaftsprodukte zu Erzeugerpreisen verkauft wurden. Das Kampfkomitee von Setúbal hilft auch den Landkooperativen bei Aufgaben wie der Organisation der Produktion und der Selbstverteidigung.

F.: Wie ist der Einfluß der Parteien auf die Bevölkerung einzuschätzen?

A.: Im Augenblick ist der Einfluß der Parteien auf die Bevölkerung so klein, wie er noch nie war. Die Tendenz bei der Bevölkerung, überparteilich zu sein (apartidario), ist immer noch sehr groß.

F.: Gibt es in den Betrieben den Versuch, Linkssäuberungen vorzunehmen?

A.: Nein, in den Betrieben sind die Rechten noch sehr schwach. Die Linkssäuberungen wurden bis jetzt im Staatsapparat, bei den Streitkräften, in den Massenmedien und bei öffentlichen Stellen, Beamten, vorgenommen.

F.: Was sind die politischen Folgen des 25. November und die Lehren daraus?

A.: Die Rechte hat schon vor dem 25. November versucht, die Situation in ihren Griff zu bekommen. Die Kampfkraft der Linken war sehr stark. Höhepunkte waren der Kampf der Soldaten in den Kasernen, der Kampf der Arbeiter von Rádio Renasçenca und República und der Kampf der Arbeiter bei der Bauindustrie. In einer solchen Situation, wo der Bruch nahe war, haben die reformistischen PCP-Leute eine Versöhnungspolitik gegenüber der Bourgeoisie betrieben; das war mit einer der wesentlichsten Gründe dafür, daß die Arbeiter in ihrem Kampf so demobilisiert worden sind. Die wichtigste Lehre, die man aus dem 25. November ziehen kann, möchte ich mit einem Zitat von Rosa Luxemburg ausdrücken: «Keine Revolution kann sich in der ‹gerechten Mitte› halten, ihr Naturgesetz hingegen erfordert schnelle Entscheidungen: Entweder steigt die Lokomotive den historischen Hang mit vollem Dampf bis zur Spitze hoch, oder sie wird durch ihr eigenes Gewicht bis zum Fuß des Berges - wo sie gestartet war – wieder heruntergerissen, und mit ihr stürzen, ohne Hoffnung auf Rettung, alle diejenigen, die mit ihren schwachen Kräften versuchen, die Lokomotive auf halbem Weg zu halten.»

Die internationale Krise des Kapitalismus hat auch ihre Reflexe in Portugal. Portugal ist zwar ein kapitalistisches Land Europas, hat aber die Eigenschaften eines unterentwickelten Landes. Da die wirtschaftlichen

Instrumente nicht vorhanden sind, um die Lage zu stabilisieren und um die Kämpfe der Arbeiter zu stoppen oder einzudämmen, gibt es für die Bourgeoisie nur eine Lösung, und die heißt Faschismus. Die Bourgeoisie ist aber unfähig, auch nur die elementarsten Bedürfnisse der Arbeiterklasse zu befriedigen; deshalb braucht die Bourgeoisie jetzt die Wahlen, um im Gegensatz zu Chile (oder zu Portugal 1926), endlich an die Macht zu kommen, so wie Hitler es gemacht hat. Sie wollen den Faschismus von innen heraus auf «legalem Weg» erzwingen. Obwohl die Lage für die Arbeiter zur Zeit sehr düster aussieht, haben sie trotzdem immer noch einen sehr kräftigen Willen, weiterzukämpfen und zu siegen.

Vale de Mondego, Modellschule für Volkserziehung. Ein Gespräch mit Judith Cortesão

Judith Cortesão kehrte im Sommer 1974 nach Portugal zurück. Sie war unter Salazar zu 25 Jahren Exil verurteilt worden, weil sie (als erste Frau) Vorsitzende einer Studentenvereinigung war und weil sie einen Namen trug, der dem Diktator verhaßt war. Ihr Vater hatte eine der ersten Revolten gegen Salazar angeführt und war 1960 Präsidentschaftskandidat der portugiesischen Opposition gewesen. Bereits im Alter von 17 Jahren hatte Judith Cortesão fünf Monate in einem unterirdischen Verlies in Lissabon verbringen müssen, in einem Militärgefängnis. Als ihr Vater und die mit ihm revoltierenden Offiziere verhaftet wurden, wurde auch sie verhaftet und kam erneut ins Gefängnis, ehe sie zum Exil verurteilt wurde. Eine Anklage war nie gegen sie erhoben worden. Einer politischen Partei hatte sie nie angehört. Nach Ablauf der 25 Jahre kehrte sie nach Europa zurück, nahm in Wien am Internationalen Kongreß von Amnesty International teil und arbeitete in einem Komitee, das sich mit den medizinischen Aspekten der Folter beschäftigte. Als sie nach Portugal zurückkehrte, stellte sie fest, daß das Nationale Alphabetisierungsprogramm PNA noch nicht Praxis war, zu der es auch später nie werden sollte. In Vale de Mondego im Nordportugal, einem Gebiet von Mini-Landwirtschaftsbetrieben, gründete sie eine Kooperative, die zugleich die erste Schule für Erwachsenenbildung Portugals nach dem 25. April 1974 war.

Frage: Wie kam es dazu?

Antwort: Nach meiner Rückkehr blieb ich einige Monate in einem kleinen Dorf meiner Familie, das heißt in einem Dorf, wo mein Vater gelebt hatte. Die Bauern kamen mit einer Abordnung und sagten zu mir: Judith, hör mal. Dein Vater ist tot. Jetzt mußt Du dich um unsere Angelegenheiten kümmern, um unsere Wünsche. Also, rühr Dich mal, wir wollen fließendes Wasser, Kanalisation, eine Apotheke und eine Schule für Erwachsene. Damals hatte ich schon an der Universität mit medizinischen Forschungen angefangen.

F.: Wann war das?

A.: Das war im Juli 1974. Ich begann, mich darum zu kümmern und dachte, man brauchte nur nach Lissabon aufs Ministerium zu gehen und darum zu bitten, einen Lehrer zu schicken. Aber als ich nach Lissabon kam, merkte ich, daß es einen Skandal, einen wirklichen Skandal hinsichtlich der Erwachsenenbildung gab. Es gab kein Programm – und das im September 1974, fast sechs Monate nach dem 25. April. Es gab zwar

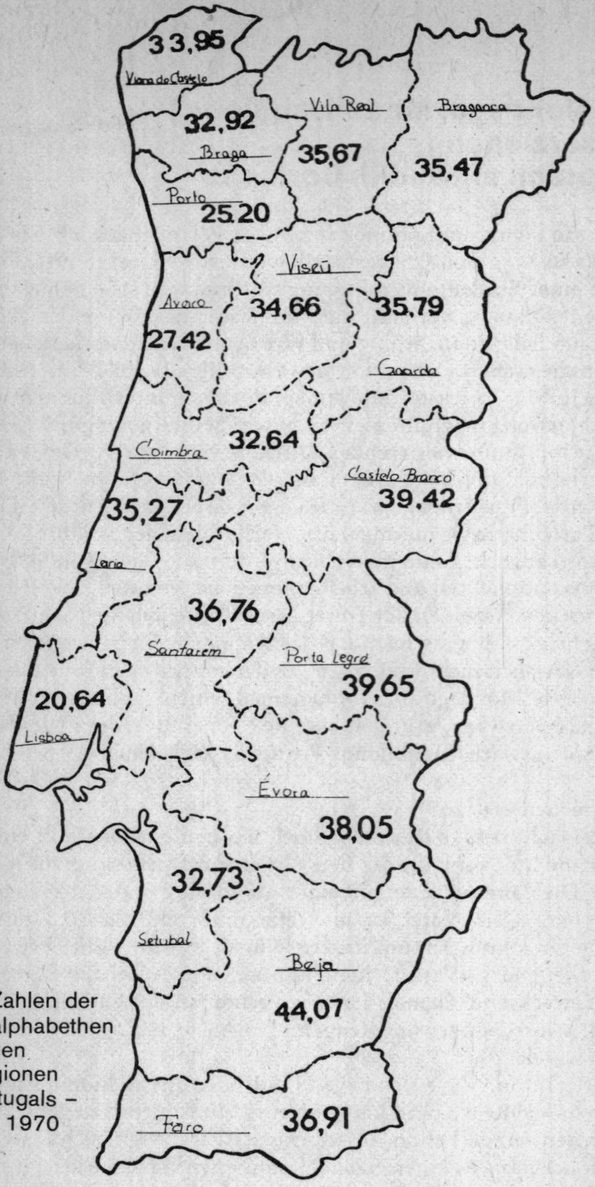

%-Zahlen der Analphabethen in den Regionen Portugals – Mai 1970

eine Kommission von fünf Experten, die Texte und Programme für alle Formen des Unterrichts redigierten, für Privatschulen, für Wirtschafts-, Höhere- und Handelsschulen, aber die Erwachsenenbildung hatte man völlig vergessen.

Nach der Eröffnung der Schule war die Zahl der Einschreibungen sehr hoch: zweihundert. Zunächst brauchte man die Erlaubnis, eine Schule zu eröffnen. Ein Blick auf die Landkarte reichte mir, und ich konnte dem Minister ein Memorandum schicken: Mein lieber Minister, in ganz Portugal ist dieses Gebiet im Norden gerade das richtige, um mit der Erwachsenenbildung anzufangen. Denn das Problem in Portugal wird nicht der Übergang vom Großgrundbesitz zur kooperativen Arbeitsform sein; der wirkliche Kampf wird zwischen dem ganz kleinen Besitz und der Kollektivierung stattfinden. Denn wenn man sein ganzes Leben lang Blut und Wasser geschwitzt und seinen Großvater und seinen Vater im Kampf um ein Stückchen Land hat sterben sehen, dann ist es viel schwerer, das aufzugeben und zu kollektivieren. Um so mehr, als wir Europäer – obwohl ich mich nur noch als halbe Europäerin betrachte, ich habe fast 30 Jahre in Südamerika gelebt –, einen sehr ausgeprägten Sinn für Besitz haben, und nur eine innere Revolution kann uns wirklich dorthin bringen, wo es hingehen muß. Denn wir wollen besitzen: unsere Frau, unseren Mann, unsere Kinder. Die Kinder wollen die Mutter besitzen, naja. Wir leiden unter einer heftigen Besitzwut, und der Übergang zum Nicht-Besitzen-Wollen, das ist der wirkliche Schritt, der der Menschheit bevorsteht. In unserem Textbuch sprechen wir also vom Problem der Erde, des Bodens. Wir sprechen aber immer vom Zugang zum Land, nicht vom Besitz des Landes. Es gibt ein Lied aus Uruguay, ein zeitgenössisches revolutionäres Lied gegen die Stacheldrahtzäune. Es heißt darin: man muß die Stacheldrähte wegnehmen, jederman muß Zugang zum Land haben, genau das ist es. Es handelt sich keineswegs darum, das Land in kleine Stücke aufzuteilen, auch nicht, große Stücke zu nehmen und sie an Kooperativen zu geben, ganz und gar nicht.

Der Minister hat also die Schaffung einer Modellschule genehmigt, in Vale de Mondego und an einem anderen Ort, in Mira, einem ganz kleinen Fischerdorf. Es begann am 2. Dezember 1974. Nach und nach haben wir zehn Lehrer zusammengeholt. Warum diese zwei Orte? Eine unserer ersten Forderungen war: keine biologischen Sammlungen, keine toten Tiere, keine ausgestopften Vögel. Man wollte das Leben am Leben studieren. Man wollte eine dialektische, dynamische Kenntnis des Lebens vermitteln. Wir haben also unberührte Naturgebiete für die Erwachsenenbildung gefordert. Wir fanden sofort drei: ein Sumpfgebiet, das Gebiet der heutigen Kooperative, ein Waldgebiet und eins in Mira zum Studium des Problems der Dünen, das eines der wichtigsten Probleme der heutigen Welt ist, nämlich des Kampfes gegen die Wüste.

F.: Heißt das, daß diese Schulen auf diese Fragen besonders spezialisiert sind?

Modell-Kooperative Val de Mondego. Die erste Schule für Erwachsenenbildung in Portugal nach dem 25. April.

A.: Das ist ein Ziel des Programms. Wir verbinden miteinander Bodenreform und Naturschutz. Wenn man dem Volk sagt: die Erde gehört dir, muß man hinzufügen, man muß sie kennen, lieben und schützen. Wir lehren die Erhaltung der Natur als etwas sehr Technisches, überhaupt kein Blabla, keine poetischen Vorträge. Wir beginnen in der ersten Klasse damit, das Profil eines Waldes zu bestimmen, die Höhe der Bäume zu messen und die Schichten des Untergrundes zu untersuchen und so weiter.

Nicht schockieren

Zuerst einmal mußte ein Lehrbuch für die Alphabetisierung erarbeitet werden, es gab noch keines; ein Lehrbuch, das ganz besondere Eigenschaften haben mußte.

Unserer Meinung nach mußte man etwas tun, das ganz anders war als das, was man in Nordportugal oder anderswo bisher gemacht hatte, wo junge Leute, meist sehr idealistisch und wohlmeinend, dem Land schreckliche Wunden geschlagen haben, politische und kulturelle Wunden. Aus verschiedenen Gründen: erstens, weil sie die Methode Paulo Freires angewandt haben, die wir sehr bewundern und als deren Schüler wir uns betrachten, aber, ohne etwas dagegen sagen zu wollen: die

Alphabetisierungsmethode von Freire entstand – ich war damals gerade in Brasilien – während der Landarbeiterrevolten im Nordwesten Brasiliens. Sie war für eine fast traditionslose Region mit einer sehr gemischten Bevölkerung gedacht. Es war einfach nur ein Anstrich von Alphabetisierung mit, sagen wir, militärischem Charakter, um den Leuten zu ermöglichen, Parolen und so zu lesen. Hier in Nordportugal wandte man sich an eine Bevölkerung mit einer Tradition von 800 Jahren, die ein zusammenhängendes Weltbild hatte. Es war eine gänzlich mittelalterliche Zivilisation, die nur mündlich und visuell war, die aber von einer gemeinsamen Vorstellung über das Leben, über die Gesellschaft getragen war. Man konnte das nicht durch Wortfetzen, Andeutungen von Informationen und einen ganz unverdaulichen und demagogischen Wortschatz ersetzen. Es handelte sich hier wirklich um ein Phänomen der Kulturzerstörung, um eine wirkliche Aggression. In unserem Lehrbuch haben wir mit großer Sorgfalt darauf geachtet, kein einziges demagogisches Wort in unsere Texte aufzunehmen.

F.: Können Sie uns ein Beispiel für ein demagogisches Wort nennen?

A.: Gern – «Diktatur des Proletariats.» Die Leute verstanden das so: «Diktatur», also sind es Freunde von Caetano. «Proletariat» war ein Wort, das keinerlei Bedeutung für sie hatte. Das Wort Faschist ist jetzt zum Beispiel schon assimiliert, damals noch nicht. «Kapitalismus», «Mehrwert», nein, unser Handbuch enthält kein einziges demagogisches Wort. Die Wörter sind Wörter. Außerdem haben wir keine banalen Wörter aufgenommen wie in der Methode Freires, zum Beispiel Fahrrad, Backstein. Man hat Wörter voller Würde aufnehmen und damit arbeiten wollen, Wörter wie Erde, Sonne, Leben, Kampf, Wasser. Dennoch hat man ein Handbuch erstellt, das deutlich politisierend, wenn auch völlig parteiunabhängig ist. Anstatt nur die negativen Aspekte der Gegenwart zu betonen, wie in Brasilien, wo man von Arbeitslosigkeit, Elendsquartieren, Armut, Not, Leid sprach, wollen wir dem Volk das Bewußtsein vermitteln, ein siegreiches und kämpferisches Volk zu sein. Also nennt sich das Handbuch: «Es lebe das Volk». Die erste Seite lehrt: Das Volk lebt. Nach der ersten Lektion ist der Schüler sehr zufrieden, weil er gelesen und geschrieben hat: Es lebe das Volk. Das dient als Grundlage, um über die Gemeinschaft zu diskutieren. Warum «Es lebe das Volk»? Wer ist das Volk in dieser Gemeinschaft? Wer sind die Arbeiter, welches sind ihre Arbeitsbedingungen? Ihre Forderungen? Wie ist das mit der Familie, gehen die Kinder zur Schule? Dazu kommen sanitäre Fragen und so weiter. Auf der zweiten Seite heißt es: «Es lebe der Friede!» Also diskutiert man den Krieg in Afrika. In unserer ersten Schule hatten wir zwei «Comandos» (Elitesoldaten, die in den Kolonien berüchtigt waren) unter den Schülern. Insgesamt gab es im Dorf 17 Soldaten, die in Afrika gewesen waren. Wir beschritten also «heißen Boden».

Man fragte nach der Bilanz des Krieges: 10000 Tote, Portugiesen, ohne die anderen, die Afrikaner. 30000 Krüppel. Die Nation wirtschaftlich ruiniert, mehr als 50 % der staatlichen Gesamtausgaben vom Krieg verschlungen. Also sagen wir: Stellen wir einen Vergleich mit dem Leben der Völker in diesen Ländern an. Wie lebt die Frau in Moçambique oder in Afrika? Und die Schüler sehen, daß sie das Wasser trägt wie unsere Frauen. Die Frauen bei uns tragen das Wasser auch auf dem Kopf, wie in Afrika machen sie sich jeden Tag Gedanken, ob die Kinder etwas zum Essen haben werden. In der Klasse wird die Frage diskutiert: «Liegen die Grenzen außen, zwischen den Völkern, oder liegen sie innen, zwischen den Menschen des gleichen Volkes?» Wir beginnen mit: «Es lebe das Volk, es lebe der Frieden.» Und kommen dann zu «Das Leben des Volkes», wo die Minderheiten studiert werden: die Alten, die Witwer und die Witwen; die Frauen, die wie Witwen leben, weil ihre Männer als Gastarbeiter in der Fremde sind; die Zigeuner, die Kap-Verdianer, die Behinderten. Der Dialog kommt zu dem Schluß, daß jede Minderheit eine Bereicherung für die Gemeinschaft ist und daß es Sache jedes einzelnen und der Gemeinschaft ist, sich um sie zu kümmern.

F.: Das ist fast zu schön, um schnell genug von den Leuten im Dorf gelernt werden zu können, weil es normalerweise alle Arten von Mythen, Geschichten, alle Arten von Aggressionen gegen diese Minderheiten gibt.

A.: In der Stadt, ja. In diesem Fall handelte es sich um einen Kurs in Medizin. Alle unsere höheren Kurse im Rahmen der «Wissenschaft der Aktion» verbinden Basisarbeit mit der weit höher entwickelten Expertenarbeit. Während die Schüler also Datenverarbeitung, Anatomie, Biologie, das Funktionieren elektronischer Apparate und so weiter lernen, lernen sie zugleich Tischlerei, Elektroinstallation, Reinigung. Wir hatten eine kleine Klasse – Thema: medizinische Information – mit Kindern genommen, die fast alle aus dem gleichen Dorf waren. Wir wollten ein Parallelexperiment zu dem der Erwachsenen machen. Einer der Schüler war behindert. Er lief mit einem Krückstock. Er kam aus dem Dorf. Das Dorf hat ihn nie diskriminiert. Er spielte mit den anderen Fußball, lernte Fahrrad fahren. Er ist jetzt einer unserer Gruppenhelfer, arbeitet als Führer bei Biologieexkursionen.

Der Text geht dann weiter, von Seite zu Seite, über Sätze, die sehr eng miteinander verbunden sind, weil man Mitteilungen nicht zerstückeln sollte. Also sagt man: die Sonne gibt das Leben, die Sonne ist für alle da. Das Wasser gibt auch Leben, das Wasser ist noch nicht für alle da. Die Erde ist unsere große Lebensquelle, aber sie ist noch nicht für alle da, und das Volk kämpft um die Erde, das Land. So gelangen wir zum Thema Land; und weiter: alle Menschen sind gleich, und doch gehört die Erde nicht allen. Alle Menschen sind gleich wie die Wassertropfen. Ein Wassertropfen, vereinigt mit anderen Wassertropfen, wird ein Fluß, eine Überschwemmung, und schließlich, wenn es sich vereint, kann das Volk herrschen und entmachten. Dann wird das Problem der Einigung besprochen, die Wichtigkeit, sich zusammenzutun, um Unwissenheit, Elend,

Angst zu überwinden.

Danach kommt das Thema Menschenrechte, und es wird gefragt, wie viele in diesem Land und in anderen Ländern gestorben sind, weil sie die Menschenrechte sichern wollten. Man spricht von Catarina Eufémia. Dabei wird gleichzeitig mit begleitenden Dias gearbeitet. Der Teamleiter benutzt sie entsprechend dem Assimilationsgrad der Gruppe. Wenn es schon eine sehr, sehr vorangeschrittene Gruppe ist, kann er Bilder von Camilo Torres präsentieren, von Che Guevara oder Catarina Eufémia. Wenn es eine Gruppe ist, die noch viel weiter zurück ist, präsentiert er andere Fotos, und man kommt dann zum Problem der Folter.

Man sagt: am 25. April hat die MFA die Regierung der Diktatur ins Exil geschickt. Drei Tage später öffneten sich die Tore der Gefängnisse, und für die Opfer der Diktatur war die Folter vorbei. Man fügt hinzu: man darf nicht vergessen, in anderen Ländern der Erde gibt es Menschen, die weiter unter der Folter leiden, und man muß die Schande der Folter vom Angesicht der Erde wegwischen. Man geht zum Thema der Wachsamkeit über. Um frei zu sein, muß man ständig wachsam sein. Nach einem Monat fängt man gewöhnlich an, Texte zu machen. Die Texte sprechen von der Land- und Fabrikarbeit, die sich ergänzen, von der Arbeit der Frau und der Kinder, vom Problem der Frau. Es gibt Bilder und Sätze über Frauen, die auf das Feld arbeiten gehen. In Portugal müssen die Frauen ihre Kinder in Körben mitnehmen, die sie während ihrer Arbeit auf den Feldern auf die Erde stellen. Das ist natürlich sehr gefährlich, weil die Kinder alles in den Mund nehmen, Tiere, Blätter, Steine; sie werden gestochen, von der Sonne verbrannt . . . Man sagt dazu, wenn du eine Frau siehst, die mit ihren Sprößlingen auf die Felder geht, dann ziehe deinen Hut, denn sie ist es, die dir zu essen gibt. Sie wissen ja, in Portugal liegt fast die ganze Landwirtschaft in den Händen der Frauen.

Dann kommt eine sehr ausführliche Seite über die Menschenrechte; und am Ende reiht man all die kleinen Sätze von allen Seiten auf, und das ergibt einen Text und Parolen. Die Parolen lauten z. B.: Man muß die Zukunft aufbauen. Darüber wird diskutiert. Man muß die Meinungen der Bauern und Arbeiter sehr aufmerksam anhören und ihre Einstellung gegenüber der Zukunft kennenlernen.

Dieses Alphabetisierungshandbuch ist als gemeinsamer Nenner von den gegensätzlichsten Parteien angenommen worden.

F.: Das ist das Problem, nein?

A.: Mitglieder der PCP fanden es orthodox. Mitglieder der UDP (maoistisch) verwenden es in ihren Schulen. In Braga hat man mich eingeladen, um über die Modellschulen zu sprechen. Ich ging hin wie ein Christ, der den Löwen vorgeworfen werden soll, denn noch nicht einmal der Erziehungsminister hatte den Mut gehabt, dorthinzugehen, nicht einmal Mário Soares. Braga ist extrem rechts. Ich habe an der Universität gesprochen. Man hatte mir gesagt, es handele sich um eine kleine Versammlung von Professoren. Ich ging hin, und als die Tür aufging, waren da mehr als 400 Leute. Ich fing an zu sprechen, ich hatte mir noch nicht einmal Notizen gemacht, da es eine Arbeitssitzung sein sollte. Sie baten mich, das Handbuch zu erklären, und ich habe Seite um Seite mit der größten Ruhe erklärt, aber auch mit allergrößter Vorsicht, nicht ein Wort zuviel zu sagen. Doch ich habe auch nicht die Richtung des Handbuches verleugnet, noch viel weniger die Bedeutung jeder einzelnen Seite, und am Ende geschah etwas Erstaunliches: alle kamen, alle wollten sich in die Modellschulen eintragen. Wir haben jetzt im Norden 22 Modellschulen.

F.: Schulen nach diesem Modell?

A.: Beachten Sie, daß unsere Schulen keineswegs Alphabetisierungsschulen sind. Das ist eines unserer größten Anliegen. Wir glauben, daß es eine verheerende Inflation des Wortes Alphabetisierung in Portugal gegeben hat. Es sei denn, man gebraucht den Begriff Alphabetisierung in so weitem Sinn, daß er uns alle betrifft, wir brauchen alle Alphabetisierung. Aber es gab eine ungerechte, politisch gefährliche und sogar grausame Inflation. Und die Bauern spüren das sehr genau. Sie sagen sich: da es für uns ist, muß ein Knochen ausreichen.

F.: Was für Gruppen sind das, die diese Inflation betreiben?

A.: Sie findet sich überall, Sie finden diese Inflation in der gesamten Presse. Von links bis rechts spricht man nur von Alphabetisierung.

F.: Hat es auch konkrete Initiativen gegeben?

A.: Natürlich hat es die gegeben. Selbst vor dem 25. April gab es bereits eine Gruppe von, sagen wir, linken Katholiken, die wichtige Alphabetisierungsarbeit leisteten. Es gab nach dem 25. die Kommunistische Studentenvereinigung, die die Kampagne im Norden durchführte, jedoch mit sehr kläglichem Ergebnis.

F.: Und die Armee in der Dynamisierungskampagne?

A.: Auch die Armee machte mit. Mit etwas mehr Umsicht, sie waren nicht so jung, so unvorsichtig. Vor allem ließ man sich nicht die Zeit, das Dorf, die Region, kennenzulernen. Ich habe dieses Problem in Südamerika mit Simon Romeiro besprochen, der Missionschef der UNESCO für Erziehung in Chile war. Wir stimmten darin überein, daß das Problem niemals die Alphabetisierung, sondern die Aufmachung der Alphabetisierung ist. Wenn man ihnen nur eine schnell aufgesetzte Alphabetisierung vermittelt, überantwortet man die Bauern gratis jedwedem politischen Abenteurer: sie können unterschreiben, wählen und laufen jedem Schwätzer hinterher. Ich diskutiere darüber immer mit dem Generaldirektor der «Permanenten Erziehung» und sage ihm, in seinem Programm habe er das Wesentliche nicht genug herausgestellt. Es hieße das Land verraten, wenn er Erwachsenenbildung anders definiere als die unerläßliche Erziehung mit dem Ziel, das Volk auf das Niveau der Entscheidungsfähigkeit zu bringen. Dies nicht zu sagen, hieße lügen.

Jedenfalls muß man die Erziehung in diesem Sinn programmieren und nicht eine Alphabetisierung machen, ohne daß der Bauer einen kulturellen, sanitären oder politischen Begriff verdaut hätte. Wie dem auch sei, unsere ganze Anstrengung galt der Aufmachung der Alphabetisierung. Der Minister hatte uns mit der Aufgabe betraut, neue Methoden der Erwachsenenbildung auszuarbeiten und zu versuchen. Wir taten dies auf allen Ebenen. Er beauftragte uns ferner damit, die Ergebnisse einzuschätzen und Kader auszubilden.

Derzeit haben wir ein wirklich demokratisches Ineinandergreifen: die operationelle Einheit, die mit drei oder vier Lehrern arbeitet; das ist die billigste Sache der Welt. Jedes Dorf kann tatsächlich eine höhere Schule haben. Denn alle unsere Schulen, selbst die kleinsten, bereiten bis zum Abschluß der höheren Schule vor. Warum das? Weil die einzige Schlacht, die einen Sinn hat, um den Abschluß des Gymnasiums geht, der den Zugang zu den technischen Schulen, zur landwirtschaftlichen Ausbildung, zur medizinischen Laufbahn und schließlich zur Universität selbst ermöglicht. Das nicht einzusehen, ist sehr schlimm, denn die höheren Fachschulen waren früher eine Agentur zur Kolonialisierung der Provinz durch die Stadt. Man hat den Reichtum, die Traditionen, den Sinn für Unabhängigkeit in den kleinen Gemeinwesen ausgewischt. Man hat ihnen ein völlig künstliches Leben aufgezwungen, moderne amerikanische Einbauküchen an Stelle der schönen alten portugiesischen Küchen. Deshalb müssen es die Bauern und Arbeiter sein, die auf die höheren technischen Schulen gehen, ganz abgesehen von den anderen Bereichen.

Weiterhin mußten wir außer dem Handbuch für die Alphabetisierung vier Bücher für die Volkschulstufe vorbereiten, die, parallel zur Vorbereitung auf die offiziellen Prüfungen und offiziellen Programme, den Stoff weiterführen, der mit dem Handbuch für Alphabetisierung vorbereitet worden war. Diese Bücher sind «Die rechte Hand», über die menschliche Arbeit, «Ein Tag, ein Leben», das Problem der Frau, «Die Fahne der Hoffnung», nach einem Gedicht von Gil Vicente – dort geht es um die Frage des Landes. Wir behandeln das auf eine sehr allgemeine, keineswegs national beschränkte Weise. Wir behandeln die Landlosen, die Nomaden, beispielsweise die Patagoniens, die kein Land haben, keines haben wollen; sie verachten diejenigen, die welches wollen. Dann kommen wir nach Peru, mit dem sehr alten System des Gemeindebesitzes von Grund und Boden, und dann nach Portugal, zu den Restformen von Agrarkommunismus, den gemeinsamen Viehherden, dem gemeinsamen Backofen und so weiter. Das vierte Buch, «Wachsamkeit der Erde», behandelt die Erhaltung der Natur.

Nachdem wir diese Aufgabe bewältigt hatten, machten wir uns an eine andere: eine Methode für den Unterricht der höheren Schule zu schaffen, die schnell genug wäre, um der Bevölkerung in einem Minimum an Zeit Zugang zu technischen und anderen Fachschulen zu verschaffen, damit wir nicht unterspezialisierte Arbeiter exportieren würden, Arbeiter ohne jede Spezialisierung, sondern Arbeitskräfte höherer Qualität und auch im Land selbst einen Schritt in der Entwicklung weiterkämen.

Wir entwickelten also eine Methode, die wir «Erde–Mensch» nannten. Diese Methode ist wahrscheinlich unser originellster Beitrag zum nationalen Erziehungswesen. Sie vermittelt eine Vorgehensweise, die in Europa und vielleicht in der Welt vollkommen neu ist, denn sie gründet sich auf zwei wesentliche Ausbildungsstränge: einen biomathematischen und einen geopolitischen. Wir beginnen diese Methode mit einer Analyse der Entwicklungsstufen der Schriftsprache, wobei wir bei den zunächst realistischen Höhlenmalereien anfangen.

Methodologie «Erde–Mensch»

Wir haben drei Grundsätze: nicht an entkultivierenden Aktivitäten teilnehmen, sondern maximal von den regionalen Werten profitieren und sie zum Leben bringen. Zweitens: auf allen Ebenen einen einheitlichen Block von beruflicher, handwerklicher und intellektueller Ausbildung schaffen, was wir die Fusion der Erfahrung Hand und der Erfahrung Gehirn nennen. Drittens, und das ist vielleicht das Wichtigste: wir wollen nicht nur für Portugal, sondern für Europa eine Kultur der Synthese präsentieren. Wir sind der Ansicht, daß wir alle unter einem großen Übel gelitten haben, dem Exzeß an Analyse, und daß die Analyse entmobilisierend ist. Um mobilisiert zu sein, um sich in einer Aktion für das Gemeinwesen zu engagieren, muß man eine langfristige Perspektive haben. Ich sage immer: wenn man die Beine einer Fliege zählt oder Nabelschau betreibt wie die Buddhisten – ich leugne keineswegs die Bedeutung der Philosophie zu gewissen Zeiten oder als Erfüllung, aber dazu ist jetzt in Portugal nicht die Zeit –, wenn man nur mit engumgrenzten analytischen Routineaufgaben beschäftigt ist, verliert man den allgemeinen Sinn für das Leben, geht am Leben vorbei und ist für das Handeln völlig entmobilisiert. Wir sagen also unseren Lehrern immer, daß sie ihren Schülern eine Vorstellung der Einheit geben sollen. Man studiert Algebra, als hätte sie absolut nichts mit der Biologie zu tun und um Gottes willen nichts mit der Philosophie. Nun, das ist absolut dumm und absolut willkürlich.

Im Gymnasium gibt es zwei Abschnitte: Ein erstes Jahr «Erde und Mensch»; ein zweites Jahr «Allgemeine Gesetze des Lebens und der Gesellschaft».

Wir sagen «Erde (Land) und Mensch», weil dadurch das Volk eine Stufe höhergestellt wird als der einzelne Lehrer, während es im traditionellen Unterricht umgekehrt ist. Wenn Sie zu einem Bauern kommen und ihm sagen: ich werde Ihnen die analytische Algebra beibringen, dann stellt man sich auf ein Podest, und der arme Typ wird erdrückt. Wenn man sagt: also, wir werden zusammen den Boden studieren, dann weiß er sehr wohl, daß er selbst weit mehr darüber weiß als wir.

F.: Das ist vielleicht eine List, um eine bessere Ausgangsposition für den Unterricht zu haben?

A.: Das ist eine gute Frage, aber so ist es nicht. Wir beginnen mit dem Studium der Schrift vom Realismus zur Abstraktion, mit der Entwicklung der Schrift, und wir gehen dann von der Schriftsprache zur Entwicklung der mathematischen Sprache über.

Normalerweise fangen wir mit Bildern aus verschiedenen Zivilisationen an, zum Beispiel mit den römischen Ziffern, den Digitalzahlen, und wir zeigen, wie die Völker von ganz realistischen Dingen zu abstrakten Gegebenheiten kamen. So zeigen wir auch die Entwicklung der arabischen Zahlen in Richtung auf die unseren. (. . .)

Wir zeigen, wie sich die mathematische Sprache vom größten Realismus zur größten Abstraktion entwickelte. Und dann sagen wir: gut, Sie haben gesehen, wie man vom Realismus zur Abstraktion kommt. Jetzt werden wir diesen Weg andersherum zurückgehen. Da die Mathematik nichts anderes als das Studium der grundlegendsten Strukturen des Lebens ist, werden wir vier grundlegende Strukturen des Lebens studieren: die Gerade, das Polygon, den Kreis und die Spirale. Man fängt mit der Senkrechten an und studiert sie unter fünf Gesichtspunkten: als biologischer Vektor, als Axe der Symmetrie, System zur eindimensionalen Sicht der Welt, als magnetischen Doppelpol, als Senkrechte und Strahl. (. . .) Ich muß diese Details nennen, sonst wird der Unterschied zur traditionellen Methode nicht sichtbar.

Wir beginnen mit der Geraden. Wir sind der Ansicht, daß die Biologie darunter leidet, daß sie im Zusammenhang mit dem Tod behandelt wird, im Zusammenhang mit Kadavern, Museen. Man studiert die Biologie, die die Wissenschaft vom Leben ist, an Kadavern. Man muß sie an lebendigen Wesen studieren. Man studiert die Mathematik, als sei sie statisch. Nein, man muß sie als eine Dynamik studieren, als eine Dialektik des Lebens. Wir fangen mit einem Baum an, beispielsweise der Pappel, die ein sehr weit verbreiteter Baum in Portugal ist. Wir gehen immer von regionalen Elementen aus. Wir sagen: wenn wir uns alle Bäume betrachten, was gibt es zwischen ihnen Gemeinsames? Es gibt den Durst der Wurzel, die das Wasser sucht, und den Hunger der Spitze nach Sonne. Die Gerade erscheint also als biologischer Vektor, der den Durst und den Hunger des Baumes repräsentiert. Der Baum wird nicht als eine Summe von Zellen studiert, sondern als eine lebende Einheit, in der eine dauernde Zirkulation vom Gipfel zur Wurzel und umgekehrt stattfindet. Das ermöglicht, eine Menge Sachen einzuführen. Positive und negative Zahlen, Kartesianische Sätze. Das ermöglicht, zur Agrarchemie zu kommen, also zum Umlauf des Kohlenstoffes, des Eisens, der Mikroelemente und so weiter. Man beginnt also mit der Chemie des Bodens. Und es werden viele Experimente, gewöhnlich 14–16 gemacht, um die verschiedenen Funktionen den ganzen Baum entlang zu bestimmen. Oder es werden Klee oder Eukalyptus gepflanzt, und die Schüler markieren alle fünf Tage den von der Wurzel aus durchmessenen Raum. Dann notiert man negative Zahlen – den Weg der Wurzel, positive Zahlen – den Weg der Spitze. Dann trägt man Raum und Zeit ein und gelangt zur Geschwindigkeit der einzelnen Arten. So entdecken die Schüler, ohne es zu wissen, ein sehr wichtiges Gesetz.

Die Ausbildung von Ärzten

Ich kritisiere in keiner Weise den bedeutenden Beitrag der zeitgenössischen Medizin, aber wir wollen keine Amateure. Unsere Ärzte haben sechseinhalb bis sieben Jahre Ausbildung. Nur, sie machen alles. Es handelt sich um ein «Anti-Kasten»-Programm. Sie lernen, sich um die Abwässerleitungen zu kümmern, eine Notarztstation zu errichten (mit Fertigbauteilen, elektrischen Installationen, Fundamentlegung). Sie lernen den Boden zu waschen, die Patienten zu waschen, Spritzen zu geben, all die schmutzige Arbeit zu tun, die sonst den Krankenhelfern und Schwestern vorbehalten ist.

F.: Machen sie das symbolisch oder . . .?

A.: Sie machen das richtig. Sie arbeiten. Aber es handelt sich um ein Internats-Regime. Wenn wir Internat sagen, meinen wir das ernst, denn die experimentellen Kurse, die wir gemacht haben, begannen um sechs Uhr morgens und gingen bis halb elf abends. Das lief sehr gut, sehr gut.

F.: Ist das eine eigene Schule, oder existiert sie im Rahmen der anderen Schulen?

A.: Nein. Wir haben dieses Experiment gesondert durchgeführt mit der Hilfe eines Gesundheitszentrums in Aljustrel im Alentejo. Der Direktor, Dr. Cardoso Ferreira, ist einer der besten Schüler des Direktors für das nationale Gesundheitswesen, Dr. Sampaio. Er leitete diese Ausbildung. Wir waren in Militärzelten untergebracht – ich war auch dabei –, man stand um sechs Uhr auf. Wir hatten eine halbe Stunde zum Duschen – mit kaltem Wasser natürlich, das war übrigens im Sommer –, um die Schlafsäcke und die Decken zu ordnen, strikt nach Marine-Art, so daß das Zelt fertig für die Inspektion war, und man mußte vor halb sieben in der Kaffeeschlange stehen. Eine Minute Verspätung – und es gab keinen Kaffee. Die Disziplin wurde nicht von uns auferlegt, sie wurde durch eine Vereinbarung zwischen den Teamleitern festgelegt.

F.: Waren das Militärs?

A.: Nein, das waren Studenten. Das waren 51 Freiwillige. Eine Schwedin, ich glaube zwei Brasilianer, einer aus Uruguay, die übrigen waren Portugiesen: 16 Bauern, einige Arbeiter, ein Feuerwehrmann, Medizinstudenten, Ärzte, Studenten anderer Fakultäten. Dazu hatten wir auch eine Gruppe Heranwachsender, um einen Vergleich über den Widerstand gegen die angewandten Methoden machen zu können. Diese Jugendlichen hatten also ein Minimum desselben Programmes wie wir. Um

Ausbildung für ein medizinisches Sofortprogramm in Aljustrel. Die Schüler werden zugleich in praktischen Arbeiten ausgebildet, hier in einer Tischlerei.

halb sieben also tranken wir Kaffee, dann wurde – ziemlich anstrengend – Sport gemacht, Brandbekämpfung, Rettung aus Tiefbrunnen und so weiter. Um halb neun wurde Kanalisation gelegt. Es wurde ein altes Haus instand gesetzt, um ein Altersheim daraus zu machen, das im September 1975 nach eineinhalb Monaten eingeweiht wurde. Der Beitrag des Dorfes war sehr groß. Die Leute brachten Blumentöpfe, Seidendecken, kleine Teppiche und so weiter. Nachmittags kamen die praktischen Arbeiten in den Krankenhäusern dran, die Spritzen, Brüche.

F.: In den Krankenhäusern der Region?

A.: Ja, der Region. Wir hatten eineinhalb bis zwei Stunden theoretischen Unterricht mit Ärzten. Vor dem Abendessen gab es noch zwei Stunden Berufsausbildung in Verbindung mit einem Arbeitszentrum des Arbeitsministeriums. Also praktische Ausbildung in fünf Bereichen: darunter Tischlerei, Elektroinstallation, Schlosserei. Jedenfalls nannte der Kurs sich: «Erster Kurs zur Ausbildung von Unterstützungseinheiten für das sanitäre Nothilfeprogramm.»

Es wurden also wie in der Armee Einheiten von fünf Personen gebildet, in denen sich ein Tischler, ein Schlosser, ein Elektriker und so weiter befanden. Diese Erfahrung veranlaßte uns, Projekte vorzulegen, darunter das für eine Schule für ein medizinisches Sofortprogramm an der Universität von Porto.

Zur Zeit befinden wir uns in drei unterschiedlichen Phasen. Die meisten unserer höheren Schulen im Rahmen der «Wissenschaft der Aktion» sind den neuen Universitäten angegliedert, Braga, Aveiro, Evora und auch Porto. Diese neuen Universitäten bestehen seit dem 25. April. Es sind neugeschaffene Universitäten.

Im Plan der Schule für ein medizinisches Sofortprogramm von Porto sind folgende Programmbereiche vorgesehen: Techniken der Recherche, Geopolitik der Dritten Welt (mit besonderem Akzent auf den Gesundheitsproblemen), Faktenanalyse, Biostatistik, Datenverarbeitung, statistische und topographische Zeichnung, Techniken zur bibliographischen Recherche und Registrierung, Umgang mit Krankenhausausrüstung, nationale und internationale Verwaltungspolitik im Gesundheitswesen. Dazu kommt Berufsausbildung in: Bauwesen, also Kanalisation, elektrischer Installation; medizinischen Hilfstechniken (mit Reinigungs- und Desinfektionsarbeiten), einfacher Diagnostik, Elementar-Radiologie und Prinzipien der Anästhesie. Dann kommen Fragen der Logistik für medizinische Zeltlager: Ausrüstung, Versorgung, Transport, vor allem von Verletzten, und Fernmeldewesen; dann die medizinische Grundinformation. Das geht drei Semester, dann kommt ein Semester Praktikum, wenn nötig. Wenn der Schüler sehr gut war, braucht er das eventuell nicht; auch, wenn er vorher schon entsprechende Erfahrungen gemacht hat. Danach beginnt ein System von fünfjährigen Studien, wo man aber bereits in den Krankenhäusern arbeitet. Da es in Portugal, in Afrika, auf den zu Portugal gehörenden Inseln sehr schwierig ist, Ärzte für das Innere des Landes zu bekommen, sollen dadurch die Kader der Krankenhäuser jetzt gleich durch Interne verstärkt werden. Diese Internen müssen zwei Drittel des Jahres als Interne der Krankenhäuser arbeiten. Sie leisten also Arbeit, während sie zugleich die theoretischen und praktischen Aspekte der Medizin lernen. Dann, drei bis vier Monate im Jahr – sie sind per Vertrag dazu verpflichtet – leisten sie in intensiven Kursen die theoretische Vorbereitung, die dem Jahr entspricht. Das heißt, daß wir nach Beendigung dieser sechseinhalb bis siebenjährigen Studien die bestmöglichen Sofortprogramm-Ärzte zu haben hoffen, da sie nicht zwei, sondern fünf Jahre interne Ausbildung haben, die wahren Herausforderungen der Medizin in Portugal kennengelernt haben werden, das heißt die Provinz, die Inseln. Wir werden auch afrikanische und südamerikanische Schüler haben.

Die erste Universität, die das akzeptiert hat, ist Porto. Aber auch Aveiro, Braga und Evora, vor allem Evora, sind sehr interessiert, diese Kurse zu haben, die parallel und auf Internatsbasis laufen. Die einzige Befürchtung, die beispielsweise die Universität von Porto hat – obwohl ich meine, daß sie unbegründet ist –, geht dahin, daß alle anderen Schüler dieses Konzept haben wollen.

F.: Auch die Studenten der normalen medizinischen Fakultät?

A.: Meinen die, ja.

F.: Ist der Zugang zu diesen Kursen leichter, oder muß man auch die üblichen Zeugnisse haben?

A.: Wir haben beides. Wir haben den üblichen Zugang, über den die meisten kommen. Das kommt daher, daß bei uns das für alle Fakultäten geltende praktische Jahr vor Studienbeginn, nach dem 25. April eingeführt, mit abgeleistet werden kann. Alle unsere höheren Schulen sind im Prinzip als Arbeitsplätze im Rahmen dieses praktischen Jahres akzeptiert. Das heißt also, daß dies die einzigen Fakultäten sind, wo man nicht vor dem Studium noch das praktische Jahr machen muß, da man es schon während der Kurse macht. Deshalb bekommen wir alle diese jungen Leute, die das Gymnasium beenden. Aber zugleich akzeptieren wir das Regime der offenen Universität. Deshalb ist auch immer die Rede von drei oder aber vier Semestern, denn je nachdem, ob es nötig ist, machen wir auch Umschulung. Jedenfalls hat unsere Erfahrung uns gezeigt, daß der Assimilationsgrad in heterogenen Studentengruppen sehr gut war.

F.: Die Krankenhäuser, in denen im Rahmen Ihres Programmes gearbeitet wird, sind doch in den Städten, nicht auf dem Land selbst?

A.: Die Regionalkrankenhäuser sind in den kleinen Städten, auf dem Land also. Es sind Gesundheitszentren, die immer ein Krankenhaus haben. Ein Beispiel: In Aljustrel gibt es sehr große Eisenerz- und Kupferminen. Es gibt dort ein staatliches Krankenhaus und ein Krankenhaus des Bergwerkes. Das Gesundheitszentrum dort funktioniert sehr gut. Es wird von Dr. Ferreira und seiner Frau geleitet. Dieses Jahr hatte die Regierung angeordnet, daß die neuausgebildeten Ärzte als erstes in die Provinz gehen sollten. Da niemand dorthin gehen wollte, gab man ihnen das doppelte Gehalt. Sehen Sie den Skandal? Unsere Freiwilligen werden auch bezahlt, selbstverständlich, aber sie sind unterbezahlt.

F.: Besteht nicht die Gefahr, daß es dann Ärzte erster Klasse gibt, die zum Beispiel das Doppelte bezahlt bekommen und auf der anderen Seite Ihre Ärzte, Ärzte zweiter Klasse, die da arbeiten, wo die reichen Ärzte nicht arbeiten wollen?

A.: Nein. In Portugal gibt es keine armen Ärzte. Alle Ärzte verdienen enorme Summen . . .

F.: Wie hierzulande . . .

A.: . . . selbst in den kleinsten Dörfern haben sie nach einigen Jahren alle ein, zwei Autos, also, es ist erschreckend. Die Ärzte werden, vor allem im Norden, zu «Kaziken», zu Machtpersonen, die die Abhängigkeit der Bevölkerung nutzen, um sie in ihrem Interesse zu beeinflussen. Kaziken, die die Leute dazu bringen, alles mögliche zu wählen, alles mögliche zu unterschreiben. Es ist unbedingt erforderlich, daß wir diesen Provinzkrankenhäusern eine Unterstützung geben, nicht nur den Krankenhäusern, sondern wir müssen gleichzeitig Sofortprogramm-Einheiten bilden. Für die Zigeuner zum Beispiel gibt es keine ärztliche Versorgung. Man schätzt, daß es in Portugal 800 000 Zigeuner gibt. Es gibt nicht einen einzigen ärztlichen Versorgungsposten für Zigeuner. Wir kümmern uns um sie. Ich will Ihnen an einem Beispiel zeigen, warum: vor einigen Monaten kam es in Caxias bei Lissabon zu einem Streit zwischen zwei Zigeunern. Die Polizei nahm sie fest und steckte, damit sie sich nicht mehr beschimpfen konnten, den einen ins Kommissariat, den anderen in den Leuchtturm. Es kamen rechte Agitatoren, die sind immer da, und ließen alle möglichen Geschichten im Ort kursieren. Die Bevölkerung drang in das Kommissariat und den Leuchtturm ein und tötete die Zigeuner mit Eisenstangen und Fußtritten. Das Schlimmste daran ist das fast vollständige Schweigen, das über diesen Vorgang gebreitet wurde. Wir haben also beschlossen, in unser Programm Zentren für Zigeunerkultur aufzunehmen. Es gibt eine Organisation für Zigeuner, eine Organisation des Episkopates, eine katholische Organisation also, die Alphabetisierung gemacht hat, und es gibt in ihr sogar sehr interessante Leute. Aber wir wollen keine Proselyten machen, wir wollen die Zigeuner nicht seßhaft machen, wir wollen sie nicht belehren; wir wollen von ihnen lernen.

Es werden also Posten für Zigeuner-Kultur geschaffen, und wir bereiten eine zweite, zweisprachige Ausgabe unseres Handbuches in Zigeuner-Romanisch und Portugiesisch vor. Es gibt schon drei unserer Lehrer, die in Pombal mit ihnen arbeiten, mit ausgezeichneten Ergebnissen, und wir werden in Mira – Mira (Nordportugal, Anm. d. Hrsg.) ist für uns sehr wichtig – von der Stadtverwaltung Gelände und Material zur Verfügung gestellt bekommen. Der nächste Kurs zur Lehrerausbildung wird ein Haus für die Zigeuner bauen.

Lehrerausbildung

Wir sind jetzt beim zehnten Lehrerausbildungskurs. Wir haben bereits etwas mehr als 500 Lehrer für unsere Methoden ausgebildet. Die Kurse dauern normalerweise drei bis vier Wochen. Aber wir werden sie beträchtlich verlängern müssen, denn sonst müssen wir eine Serie von Unterstützungstexten und Fernkursen dranhängen.

In allen Kursen gibt es jeweils einen Kurs zur Ausbildung in einem handwerklichen Beruf. Im kommenden Kurs werden wir sehr illustre Schüler haben – der Rektor der Universität von Aveiro hat sich eingeschrieben und mehrere Universitätsprofessoren. Diese illustren Schüler werden mit ihren eigenen Händen das Zentrum für die Zigeuner errichten. Die menschliche Gemeinschaft, die sich bildet, ist das Beste am Modellunterricht.

Parteienunabhängig

F.: Ich werde eine Frage stellen, wie sie nach den Wahlen der nächste Erziehungsminister stellen könnte, vielleicht ein Mann des CDS oder der PPD. Der könnte sagen: das ist alles sehr schön, aber wir brauchen disziplinierte Soldaten, wir brauchen Arbeitsemigranten, die Devisen bringen, und ein Arbeiter braucht das alles nicht zu wissen, Hauptsache, er macht, was man ihm sagt, und arbeitet wie ein Tier?

A.: Unsere Methoden, unser Programm stehen den offiziellen Programmen sehr nahe. Wir decken das gesamte offizielle Programm ab – in weniger Zeit. Das ist eine Ersparnis für die Nation. Außerdem arbeitet der Schüler immer mit anderen zusammen, lernt, in der Gruppe zu arbeiten. Jedesmal, wenn es bisher einen Regierungswechsel gab, flog alles raus. Und wir haben unverändert von der dritten Übergangsregierung bis heute überlebt. Ich glaube, es gibt einen vernünftigen Spielraum für pädagogische Stabilität insofern, als wir von Grund auf parteienunabhängig waren. Ich habe mir selbst und der Koordinationsgruppe das Recht versagt, politischen Parteien anzugehören. Ich bin nicht Mitglied, ich war nie Mitglied. Wir haben jeder unsere Meinungen, aber alle meine Mitarbeiter in der Koordinationsgruppe – ein Dutzend – stehen außerhalb parteipolitischer Strukturen. Dazu kommt: während alle Alphabetisierungsmethoden von einer sehr starken Manipulierung demagogischer Worte begleitet wurden – wir niemals, niemals, wirklich niemals ein einziges demagogisches Wort benutzt haben. Wenn natürlich die Schüler in den Diskussionen, in den Dialogen einen Begriff präsentieren, wird er diskutiert, man sucht ihn im Wörterbuch. Wir arbeiten mit politischen Wörterbüchern.

Der Bereich «Mensch»

«Mensch» umfaßt: nationale Gesetzgebung nach dem 25. April, Geopolitik der Dritten Welt. Im zweiten Jahr machen wir Geopolitik der kapitalistischen und der sozialistischen Welt, aber im ersten Jahr sind es also: Afrika, Asien, Südamerika, Nomaden, zum Beispiel Eskimos und kleine Nationen wie Albanien, Andorra und so weiter. Dann gehört dazu: Geschichte der Arbeit, Ökologie in Funktion zur Agrarreform, sanitäre Alphabetisierung – dies ist Pflicht auf allen Ebenen: alle unsere Schüler, alle, müssen einen Kurs in sanitärer Alphabetisierung machen. Wir sagen ihnen: das Volk bezahlt dich – indem es uns bezahlt – du mußt diese Schulden bezahlen, indem du ein Soldat der öffentlichen Gesundheit wirst. Wir haben schreckliche Raten an Kindersterblichkeit, an Lepra, an Tuberkulose, Cholera. Jeder, jeder muß ein Agent der öffentlichen Gesundheit sein. Es gibt auch das Gebiet Kommunikation, mit Fremdsprachen – wir fangen immer mit Französisch an, haben aber auch

«Das Wirtschaftschaos», heißt es links, und rechts «Nieder mit den Hungerlöhnen», wer hat recht? Anzeige eines Verlages für Literatur zur Erwachsenenbildung.

Deutsch und Englisch –, Schreibmaschine, Fotokopie und Abzugsmaschine, Foto. Alle unsere Ausbilder lernen fotografieren, weil die Schüler mit dem Bild arbeiten. Dann gibt es noch Aktivitäten in der Gruppe. Also Theater, Kinoclubs, Sport und so weiter.

Das Gebiet «Geschichte der Arbeit» wird nicht chronologisch behandelt. Die «Geschichte der Arbeit» wird in bezug auf Materialien behandelt. Beispielsweise Salz, Algen und Kohle. Salz – wir wollen einen wissenschaftlichen, physiologischen, industriellen und arbeitsbezogenen Begriff geben – der letzte Teil ist der wichtigste. Dadurch soll man die Indifferenz vor der Würde jeden Materials verlieren. (. . .)

F.: Wie wird beispielsweise das Gebiet «Nationale Gesetzgebung seit dem 25. April» behandelt? Wie erklärt man die Wandlungen der Gesetze, das Verhältnis von sozialem Druck und juristischem Überbau?

A.: Normalerweise wird ein Richter oder ein Rechtsanwalt eingeladen. Ein Richter, weil Richter in keiner Partei sein dürfen. Oder ein Anwalt. Man nimmt ein Gesetz – normalerweise werden die Themen von den Schülern vorgeschlagen –, zum Beispiel die Wahlgesetzgebung. Das Gesetz wird gelesen, und dann wird diskutiert. Die Gruppe arbeitet Texte aus, und man liest die Texte, oft Zeitungsausschnitte. Man nimmt zum Beispiel «Wirtschaftsverbrechen». Was ist das? Warum wurde ein Gesetz gegen Wirtschaftsverbrechen gemacht? Wer waren die Leute, die deshalb ins Gefängnis kamen? Wurden sie alle gefangengenommen, oder sind noch viele in Freiheit? Das Ganze ist vor allem eine Diskussionsrunde.

F.: Wie läßt es sich bei solchen Themen umgehen, von Parteien zu sprechen, da Sie doch möglichst parteienunabhängig bleiben wollen? Nehmen wir das Streikgesetz, das von ganz bestimmten Parteien verabschiedet wurde?

A.: Ich habe nicht gesagt, daß wir nicht von Parteien sprechen. Wenn wir die Geopolitik Afrikas machen, werden Daten angelegt, zum Beispiel von Ben Bella. Also Geburtsdatum: 19 . . ., familiäres Milieu, daß er einem Stamm angehört, Sohn eines Arztes ist, dann Studien. Die Studien sind sehr aufschlußreich, bei den Afrikanern wie auch bei unseren Politikern. Ob sie das auf einer Presbyterianer-Schule oder einem katholischen Institut gemacht haben. (. . .) Die Politik wird auf Tatsachen reduziert. Wir haben dasselbe mit den portugiesischen Politikern gemacht, von Alvaro Cunhal bis zur CDS. Nach demselben Muster. Natürlich haben wir Gefängnis, Flucht und so weiter hinzugefügt. Es war sehr interessant zu sehen, wer von den politischen Führungspersönlichkeiten eine politische Vergangenheit hatte und wer nicht, wer bäuerlicher Herkunft, wer aus der Arbeiterschaft kam.

F.: Warum diese Betonung des Faktischen?

A.: Wissen Sie, wir haben 50 Jahre leerer Reden, Demagogie und Rhetorik hinter uns. Eine politische Analyse auf objektive Tatsachen zu reduzieren, ist eine wirklich demokratische Aufgabe.

«Für heute und für die Ewigkeit»

F.: Die Erziehung ist, wie Sie gesagt haben, parteienunabhängig, wird von der Regierung akzeptiert, von den Kommunisten, vielleicht von der Kirche. Das Ergebnis wird aber parteiisch sein insofern, als die Schüler, die aus diesen Schulen kommen, vielleicht keine Demagogen, keine katholischen Mystiker, keine Faschisten sein werden. Es läßt sich also der Moment vorhersehen, wo es heißen wird, diese Schulen sind ein Produkt der Kommunisten, und vielleicht werden eines Tages zornige Bauern, wie es in der Presse heißt, die Einrichtungen angreifen, wie es zum Beispiel von rechts bezahlte Zigeuner im Norden mit einer Druckerei machten?

A.: Sie werden uns nicht anzünden, weil sie wissen, daß wir Freunde sind, die Zigeuner. Sehen Sie, meine Haltung ist völlig therapeutisch. Es gibt eine Krankheit, man wird versuchen, für den Kranken etwas zu tun.

In Portugal muß alles so getan werden, als wäre es für heute und für die Ewigkeit. Täten wir es nur für heute, wären wir dumm, denn die Erwachsenenbildung ist eine langfristige Investition, und ich weiß, daß die Regierung das zu begreifen beginnt. Man muß auf lange Frist investieren. Es ist, als müßte man eine verwüstete Gegend wieder bebauen. Diese

Bäume werden langsam wachsen. Zugleich müssen wir etwas tun als wäre es für die Ewigkeit – in einem der fragilsten Zeitabschnitte der portugiesischen Geschichte. Es muß jedoch mit der Kohärenz einer Sache getan werden, die von Dauer ist. Denn wenn wir anfangen zu lavieren, wie das mit anderen Programmen geschehen ist, dann werden wir Verräter sein an der Idee der Erwachsenenbildung.

Die Kunstschulen

Auf den Höheren Schulen gibt es Programme für eine Kunst neuen Typs, eine in die Industrie integrierte, eine funktionelle Kunst. Es sind technisch sehr versierte Programme: Widerstandsfähigkeit der Materialien, Physik und Chemie des Raumes und des Lichtes, kulturelle Anthropologie und so weiter. Das Wichtige ist aber die Praxis: auch hier sind es Internate, und die Schüler dieser Kunstschulen, wie jetzt in Braga und Aveiro (Norden) werden ein Praktikum bei den Handwerkern machen, um die Tradition eines Dorfes zu erfassen. Im ersten Jahr machen sie ein Praktikum in den Gemeinden und in Werkstätten für Kinder. Im zweiten Jahr arbeiten sie in Kooperativen und im dritten und vierten Jahr in Fabriken. Wir wollen dazu beitragen, den Skandal zu beenden, sehr teuer für ausländisches Design zu bezahlen, um nach dem Geschmack des Auslands zu produzieren. Wir wollen versuchen, eine industrielle, eine funktionelle Kunst zu entwickeln, Möbel, Keramik und so weiter, die aus den tiefen regionalen Wurzeln kommt.

Fragen der Politik

F.: Bisher versuchte man beispielsweise im Norden stets sehr autoritär zu unterrichten. Wie versuchen Sie, das abzubauen? Was machen Sie, wenn Priester beispielsweise erklären: diese Leute von der Dynamisierung sind eine Bande Kommunisten, die man schnell verjagen muß?

A.: In unserem Handbuch zur Alphabetisierung findet sich auf der ersten Seite eine Analyse der Gemeinschaft: wer sind die Arbeiter? Wer sind die pressure-groups? Welche Parteien vertreten wen? Welches sind die Forderungen der pressure groups? Und wenn die Pressionen von den Besitzern, von der Kirche, von den politischen Parteien oder wem auch immer kommen, dann wird das von den Schülern analysiert. Beachten Sie: von den Schülern. Da kommen die jeweiligen Forderungen, die Arbeitsbedingungen, mit rein. Normalerweise entwickeln sich die Dialoge über das Thema «Nationale Gesetzgebung». Dabei entwickeln sich meistens die Fragen und Diskussionen zu lokalen Problemen. Unsere Position oder zumindest die Position, die wir empfehlen, ist, daß der Kursleiter ein Moderator sein soll, der jeder in der Klasse vorhandenen

Meinung das Wort erteilt, daß er auch die seine präsentiert, aber erst in zweiter Linie, als eine Meinung unter anderen, niemals als die von jemandem, der im Besitz der Wahrheit ist.

F.: Haben die Leute nicht Angst, etwas über ihre Beziehungen zum Arbeitgeber zu berichten?

A.: Bisher haben wir immer frei gesprochen.

F.: Sie sagen bisher. Das klingt so, als ob sich das ändern könnte?

A.: Ich weiß nicht genau. Ich finde, man muß mit den Zukunftsvoraussagen sehr vorsichtig sein. Es kann auch sein, daß es eine allmähliche Entwicklung gibt, warum nicht? Außerdem, was mich frappiert hat, ist, daß man die Zukunft Portugals für vollkommen determiniert hält. Währenddessen sind viele Dinge im Fluß, die an dem, was Sie anklingen ließen, einiges anders aussehen lassen. Damit Portugal nicht mehr einen solchen Bruch mit dem übrigen Europa bedeutet, ist es offensichtlich, daß es eine stärkere Identifizierung Portugals mit seinen europäischen Banden geben wird. Aber vergessen Sie nicht, daß allein die Tatsache, daß Portugal fast zwei Jahre lang ein pädagogisches und soziales Laboratorium darstellte, für Europa zählen wird. Es sind Pyrrhus-Siege: Europa steht so, als hätte es gesiegt. Aber Rom sah auch so aus, als hätte es Griechenland besiegt.

F.: In Sines planen Sie ein neues Projekt?

A.: Das ist das «Instituto Peninsular d'Engenharia», ein polytechnisches Institut für Arbeiter, das heißt die erste höhere Schule für Arbeiter, die in Sines (großer Industriekomplex ca. 150 km südlich von Lissabon) arbeiten soll. Alle haben schon zugestimmt: die Universität von Evora, die Behörden in Sines und die Stadtverwaltung. Wir werden mit Sommeraktivitäten beginnen.

F.: Wie beurteilen Sie die Arbeit der politischen Partein unter dem Gesichtspunkt der Erziehung?

A.: Es ist schwierig darauf zu antworten. Die Tatsache, daß es viele Parteien und die Möglichkeit zu diskutieren gab – manchmal mit Gewalt –, war in sich eine Schule staatsbürgerlicher Aufklärung. Ich bin der Meinung, daß die Gesamtheit der Aktionen, nicht nur der Parteien, sondern auch der Bewohnerkommissionen, der Gewerkschaften, der Arbeiterkommissionen die wichtigste Aktivität zur Erwachsenenbildung im Lande waren.

Auf dem Dorf

F.: Als die Schulen eröffnet wurden – wie wurde da Reklame dafür gemacht? Ist man in die Dörfer gegangen und hat verkündet: jetzt können Sie Lesen und Schreiben lernen? Wie hat man das Interesse der Leute geweckt?

A.: Wir haben stets vermieden, Propaganda zu machen, auf Suche nach Gefolgschaft zu gehen, Popularität anzustreben. Wir machten ein experimentelles Programm, das begrenzt, bescheiden sein und sich allmählich entwickeln sollte. Also haben wir uns sehr familiär darauf beschränkt, in den Dörfern oder Vororten im Haus eines der Lehrer oder in der Volksschule – meist im Haus eines der Lehrer oder aber in der nächsten Wirtschaft, Einschreibungslisten für das erste und zweite Alphabetisierungsstadium auf amtlichem Papier auszuhängen. Und die Leute schrieben sich ein. Unten schrieb man einen Treffpunkt und einen Zeitpunkt hin. Meistens arbeitet man in den Schulen. Es sind alles Abendkurse, und meistens arbeitet man im Klassenzimmer der nächstgelegenen Volksschule.

F.: Wie groß war das Interesse im allgemeinen?

A.: Das Gros der Einschreibungen gilt dem 5. Jahr des Gymnasiums, das heißt, der höheren Schule, der mittleren Reife. Dann die vierte Grundschul-Klasse. Dafür war wenig Alphabetisierung gefragt. Sehen Sie, die Leute schämen sich zuzugeben, daß sie Analphabeten sind, und vor allem ihre Söhne, ihre Kinder, wenn sie auf dem Gymnasium, auf der Universität sind, schämen sich schrecklich, daß man entdecken könnte, daß ihre Eltern Analphabeten sind und sie nicht versucht haben, sie zu alphabetisieren. Scham und Schuldgefühl von seiten der Kinder von Analphabeten haben eine sehr ungünstige Wirkung. Vor allem von seiten der erwachsenen Kinder. Es kommen noch viele andere Faktoren hinzu. Die Frauen sind am Ende des Tages erschöpft. Wir hatten eine hohe Alphabetisierungsrate, weil wir für die Fabriken ein Rotativprogramm hatten. Außerdem verkürzten wir die offizielle Dauer des Unterrichtes stark. Für die höhere Schule sind es zwei Stunden abends – das ist anstrengend für jemanden, der zehn oder zwölf Stunden auf dem Feld gearbeitet hat – also machen wir normalerweise 40 Minuten, höchstens eine Stunde.

Und wir denken ernsthaft daran, mit der Alphabetisierung zu Hause anzufangen. Bei einer Nachbarin, die ihre Nachbarinnen holt. Ganz kleine Arbeitskreise – die keinen öffentlichen Charakter haben, sondern wie eine persönliche Tätigkeit sind.

Mit der Alphabetisierung ist es wie mit den Inseln der Zugvögel. Man kann nicht beschließen, zum Beispiel hier in Frankfurt Nester zu bauen, damit die Vögel kommen. Nein, nicht wir bestimmen die Orte. In der Alphabetisierung ist es ganz genau so. Das Vertrauen und den Zugang werden wir von unserer Seite nicht erzwingen können. In Portugal wird alphabetisiert werden, aber nicht mit Druck. Das wird langsam kommen. Wenn die Leute erst einmal sehen werden, daß es Prüfungen gibt, werden sie sagen: das ist was Handfestes. Da geht es nicht um Stimmenfang. Dann werden sie kommen. Aber das wird seine Zeit brauchen. Ich glaube, das wird eine stetige Zunahme sein. Bei uns ist es keineswegs so wie auf Kuba oder wie in China – wir befinden uns nicht in einer Phase der nationalen Mobilisierung. Also muß man Kader für die Alphabetisierung auf der Ebene höhere Schule ausbilden, die das volle Vertrauen ihres Dorfes genießen – sie werden die künftigen Alphabetisierer sein.

F.: Gab es Dorfschullehrer, die von sich aus den Wunsch äußerten, dabei mitzuarbeiten?

A.: Es gab immer ein großes Interesse. Viele unserer Lehrer kommen von Volksschulen, höheren Schulen, technischen Instituten, auch aus den Universitäten, aus kulturellen Institutionen.

F.: Was nun die Schüler betrifft, so hatten sie früher vier Volksschulpflichtjahre, dann waren es sechs, und jetzt?

A.: Die letzten zwei galten schon der Vorbereitung für das Gymnasium. Jetzt gibt es sieben Pflichtschuljahre. Dieses siebte Pflichtschuljahr hält eine viel engere Verbindung mit der sozialen Umwelt: es gibt Besichtigungen von Fabriken, es gibt einen Ansatz von Berufsausbildung. Besonders berücksichtigen wir in unseren Schulen die saisonbedingten Schwankungen. Wir machen keinen auf hart. Wir wissen, daß, wenn Olivenernte ist, die Schüler wegbleiben – das ist eben so. In unserem Fischerdorf beispielsweise kommt mit dem Sommer der Tourismus. Dann suspendieren wir die Klassen. Es gibt Schulen, die unterrichten die Woche nur dreimal. Zum Beispiel Dienstag, Donnerstag und den ganzen Samstagnachmittag von zwei Uhr bis acht Uhr abends. Andere unterrichten täglich, außer samstags. Es gibt alle möglichen Programme. Wir haben versucht, uns möglichst den arbeitsbedingten Ermüdungserscheinungen anzupassen.

F.: Und die Kader?

A.: Sehen Sie, es handelt sich um eine Operation, die man von oben nach unten beginnen muß: erst müssen wir Leute mit einem neuen Bewußtsein an den Universitäten haben. Aber dazu wird man wenigstens vier Jahre warten müssen. Um für die Volksschule Alphabetisierungen zu haben, die etwas taugen, muß man auf die Kader von der höheren Schule warten. Umgekehrt anzufangen mit Leuten voll guten Willens und sogar guter politischer Bildung – wie es der Fall war –, die aber nichts vom Leben im Dorf verstehen und die keine echte, verwurzelte Achtung vor der lokalen Kultur haben, nützt nichts.

F.: Wann werden Lesen- und Schreibenlernen in Ihr Programm eingeführt und auf welche Weise?

A.: Wir trennen nie die Programme, das heißt etwa politisierende Bildung und sanitäre Erziehung gehen eins in eins mit Lesen und Schreiben. Aber wir alphabetisieren gewöhnlich in eineinhalb Monaten, und der Schüler wird sofort und automatisch in eine Volksschulklasse eingefügt. Die, die Volksschulausbildung haben, gehen zur höheren Schulausbildung über, wir haben keine Zwischenprüfungen, wie es das vorher im zweiten Jahr Gymnasium gab. Das haben wir nicht. Wir haben auch die Berechtigung, Studienbescheinigungen und Diplome zu vergeben. Aber bedenken Sie, daß wir ganz am Anfang sind. Es gibt nur zwei Schulen, die tatsächlich ein Jahr Aktivität haben. Die meisten haben viel später angefangen, vor allem, da wir die ersten fünf Monate gegen einen völligen Mangel an Mitteln kämpfen mußten, und wir kämpfen noch immer um Mittel. Das Ministerium hat kürzlich große Summen zur Verfügung gestellt, und es werden weit größere kommen. Die Gulbenkian-Stiftung hat uns Bücher, wissenschaftliches Gerät und Stipendien zur Verfügung gestellt, aber das reicht noch nicht, und wir mußten mehr als einmal eine Schule schließen, weil wir nichts hatten, um den Lehrer zu bezahlen.

F.: Und die Bauern und Arbeiter, die kein Geld haben, um zu lernen?

A.: Sie lernen immer abends. Nur, was die Fabriken angeht, haben wir Vereinbarungen mit den Besitzern, die bezahlte und freie Zeit für den Unterricht sichern. Aber bei den Bauern nicht, die haben keinen Arbeitgeber. Wer wird bezahlen? Man gibt ihnen den Abendunterricht. Diese Frage der Bezahlung macht uns viel Sorgen. Deshalb sind unsere höheren Kurse alle mit Stipendien und Arbeit geplant.

F.: Ist das Lernen abends nicht zu anstrengend?

A.: Nein. Bedenken Sie, daß es für die meisten Frauen eine Entspannung ist, zur Schule zu kommen. Wenn sie zu Hause bleibt, muß sie Maisbrot machen, waschen, Wasser holen gehen.

F.: Aber das müssen sie trotzdem machen ...

A.: Aber normalerweise teilen sie die Aufgaben dann etwas mehr auf. Was fast alle Schulen gefordert haben, sind Kindergärten, um Zeit zum Lernen zu haben, um mehr freie Zeit zu haben. Fast überall arbeiten wir mit Kindergärten.

F.: Sie haben vorher gesagt, man müsse vor allem die lokalen Werte beachten. Vielleicht können Sie das noch etwas erläutern?

A.: Beispielsweise werden alle Begriffe auf regionale Begriffe bezogen. Wenn wir beispielsweise die großen Flüsse Afrikas studieren, sagen wir, daß der Nil 24mal so groß ist wie der Fluß Mondego. Wir beziehen uns immer auf regionale Maßstäbe. In der Biologie wird in dem nächstgelegenen Naturschutzpark das regionale Pflanzen- und Tierleben studiert. In der Kunstschule gehen wir von der Symbolik der Farben, der Materialien dieses Dorfes aus. Die Schüler der Medizinschulen gehen in die regionalen Krankenhäuser arbeiten, die der Architekturschule – sie hat noch nicht begonnen, sie wird in Porto anfangen – werden sich auf eine Landschaft spezialisieren, sie werden die Landschaft der Region als ein Recht des Arbeiters und des Bauern studieren. Sie werden lernen, die beschädigten Landschaften der Industriezonen zu sanieren, ebenso heruntergekommene Bauten oder Armenviertel. Sie werden die Erhaltung historischer Gebäude als Erbe des Volkes studieren und auch den Eigenbau für die Gemeinden. Die Dinge werden also immer auf Interessen bezogen, die den Schülern sofort einsichtig sind.

F.: In Lissabon hat sich nach dem 25. April an den offiziellen Kulturdarbietungen nichts geändert. Immer noch dieselben amerikanischen Filme ...

... jetzt ist es die Pornographie ...

... was hat sich auf dem Land getan?

A.: Die neuen kulturellen Aktivitäten, die es gibt, betreffen hauptsächlich das Theater, das viele neue Anstöße gab; es sind die musikalischen und sportlichen Aktivitäten. Wir haben auch angefangen, ein Netz von Foto- und Kinoclubs zu bilden; aber nicht nur von passiven, sondern von aktiven Clubs. Wir wollen mit der Super-Acht arbeiten, damit die Schüler ihre Berichte und Erfindungen machen können. Jedenfalls arbeiten die Schüler schon bei der Alphabetisierung mit Diapositiven. Das amüsiert sie sehr, und wir versuchen auf allen Ebenen, die Stereotypisierung zu vermeiden, sowohl die der Information wie die des Bildes.

Bücher erwecken oft den Anschein, als ob sie gebundenes Wissen vermitteln könnten: «Alles über ein Thema». Der Leser erhofft sich Antworten auf seine Fragen oft nur, um am Ende eines Buches feststellen zu müssen, daß aus jeder beantworteten Frage zwei neue entstanden sind. So ging es auch den Autoren dieses Buches, die ja auch nichts weiter als Leser, Zuhörer, Beobachter sind. Sie haben versucht, ein möglichst authentisches Bild zu geben, indem sie so oft wie möglich die Betroffenen selbst zu Wort kommen lassen. Und was das Entstehen von immer neuen Fragen betrifft, gibt es für Autoren eine einfache, wenn auch schmerzliche Lösung: die Termine der Verlagsplanung, der Druckerei, Klischeeanstalt sind unbarmherzig. Irgendwann muß man einfach einen Punkt machen. So bleibt auch dieses Buch fragmentarisch, Element einer Debatte, die weitergeht.

Die Autoren

Christiane Gerhards, geb. 1945. Studium der Pädagogik. Freie Fernsehautorin.
Malte Rauch, geb. 1937. Studium der Soziologie und Politik, dann Redakteur beim Hessischen Rundfunk, später bei der BBC in London, heute freier Fernsehautor.
Samuel H. Schirmbeck, geb. 1941. Studium der Soziologie, bis 1968 Redakteur bei Agence France Presse, Paris. Heute freier Reporter und Korrespondent für mehrere ARD-Rundfunkanstalten.
Die drei Autoren haben gemeinsam mit französischen und portugiesischen Kollegen den Film «VIVA PORTUGAL» gemacht, der in Mannheim 1975 den Preis der Internationalen Filmkritik (FIPRESCI) erhielt.

rororo aktuell

Herausgegeben von Freimut Duve

Soziale Konflikte / Arbeitskämpfe

PRODOSCH AICH (Hg.) Da weitere Verwahrlosung droht . . . Fürsorgeerziehung und Verwaltung. Zehn Sozialbiographien aus Behördenakten [1707]

DETLEV ALBERS / WERNER GOLDSCHMIDT / PAUL OEHLKE Klassenkämpfe in Westeuropa. England, Frankreich, Italien [1502]

ULRICH EHEBALD Patient oder Verbrecher? Strafvollzug provoziert Delinquenz. Gutachten zum Fall N. Vorwort: Gerhard Mauz [1501]

PIERRE HOFFMANN / ALBERT LANGWIELER Noch sind wir da! Arbeiter im multinationalen Konzern [1821]

PETER RATH (Hg.) Trennung von Staat und Kirche? Dokumente und Argumente [1771]

UWE SCHULTZ (Hg.) Umwelt aus Beton oder Unsere unmenschlichen Städte. Nachwort: A. Mitscherlich [1497]

HANS-HELMUT WÜSTENHAGEN Bürger gegen Kernkraftwerke. Wyhl – der Anfang? [1949]

Kritische Aufklärung

RUDI DUTSCHKE / MANFRED WILKE (Hg.) Die Sowjetunion, Solschenizyn und die westliche Linke [1875]

HARTMUT ELSENHANS / MARTIN JÄNICKE (Hg.) Innere Systemkrisen der Gegenwart. Ein Studienbuch zur Zeitgeschichte [1827]

JOHAN GALTUNG Strukturelle Gewalt. Beiträge zur Friedens- und Konfliktforschung [1877]

ROGER GARAUDY Marxismus im 20. Jahrhundert [1148]

WERNER HOFMANN Grundelemente der Wirtschaftsgesellschaft – Ein Leitfaden für Lehrende [1149]

REINHARD KÜHNL Formen bürgerlicher Herrschaft. Liberalismus – Faschismus [1342]

REINHARD KÜHNL (Hg.) Der bürgerliche Staat der Gegenwart. Formen bürgerlicher Herrschaft II [1536]
– Texte zur Faschismusdiskussion I Positionen und Kontroversen [1824]

Abrüstung und Militärpolitik

U. ALBRECHT / D. ERNST / P. LOCK / H. WULF Rüstung und Unterentwicklung. Iran, Indien, Griechenland/Türkei: Die verschärfte Militarisierung [4004]

A. BOSERUP / A. MACK Krieg ohne Waffen? Studie über Möglichkeiten und Erfolge sozialer Verteidigung. Kapp-Putsch 1920 / Ruhrkampf 1923 / Algerien 1961 / ČSSR 1968 [1710]

EGBERT JAHN Kommunismus – Und was dann? Zur Bürokratisierung und Militarisierung des Systems der Nationalstaaten [1653]

STUDIENGRUPPE MILITÄRPOLITIK Ein Anti-Weißbuch. Materialien für eine alternative Militärpolitik [1777]

817/5

771/10